DIE SCHÖNSTEN GEBETE DER WELT

DER GLAUBE GROSSER PERSÖNLICHKEITEN

DIE SCHÖNSTEN GEBETE DER WELT

DER GLAUBE
GROSSER PERSÖNLICHKEITEN

ZUSAMMENGESTELLT VON
CHRISTOPH EINIGER

CORMORAN

4. Auflage 1998

Umschlaggestaltung: Till Eiden
Abbildungen Titelbild (U1): Ludwig Reisner, Gundelfingen;
U4: Foto Wolf, München
Druck und Bindung: GGP, Pößneck
Printed in Germany

ISBN 3-517-07900-6

ZUM GELEIT

Heute, im Atomzeitalter, beginnt sich die Synthese von Philosophie, Wissenschaft und Religion zu verwirklichen: Das mechanistische Weltbild gilt als veraltet, eine neue Kosmologie und Naturerkenntnis bricht sich Bahn und damit – die Sehnsucht nach einer tieferen Religiosität.

Die moderne Physik beweist, daß es »keine Materie an sich« (Planck) gibt, sondern nur immer subtiler geartete Schwingungen, die eine unmittelbare »causa« erahnen lassen: den einen Schöpfergeist!

Diese Erkenntnis wird die Herzen aller gläubigen Menschen in Ost und West, in Nord und Süd stets aktiver bewegen, bis rassische Vorurteile, religiöse Unduldsamkeit und nationalistische Emotionen überwunden sind.

Bereits heute bedeuten die Lehren der Bergpredigt keine weltfremden Utopien mehr, sondern sie sind zu notwendigen realpolitischen Regeln geworden.

Die Menschheit erkennt im kosmischen Zeitalter mehr und mehr, daß der Ursinn und Geist der heiligen Schriften aller Völker *ein* Ziel, *eine* Quelle, *ein* Wissen haben: Das Himmelreich liegt im Innersten der Seele und kann nur durch Toleranz und Liebe erobert werden.

Alle großen Religionen verkünden die Lichtbotschaft der Herzensverbundenheit mit dem einen lebendigen Gott und weisen auf das Wesentliche und Gemeinsame hin.

Buddha sagte: »Der Edle achtet jede Form des Glaubens!«
Zarathustra offenbarte: »Alle Wege, woher auch immer, führen zu Dir, o Gott!«
Mohammed betonte: »Es ist kein Unterschied, was der Prophet empfing und was empfingen Moses, Jesus und die Propheten von ihrem

Herrn. Wir machen keinen Unterschied zwischen einem von diesen, indem wir Gottergebene sind!«

Dschelaleddin verkündete: »In 72 Sekten ist die Welt geteilt. Doch nur *ein* Gott, der Gläubige, der an mich glaubt, bin ich!«

Auch *Lao-tse* und *Konfuzius* bekannten sich zur größten Toleranz.

Der erste führte aus: »Es (Tao) liebt und nährt alle Wesen und macht sich nicht Herr! – Daher: Der heilige Mensch macht sich nie groß (über andere), darum kann er seine Größe vollenden!«

Und der andere: »Die Nächstenliebe ist das Wort, nach dem sich das ganze Leben richten kann. Was Du Dir nicht selbst wünschest, das tue auch keinem anderen.«

Die *Bibel* endlich bekundet: »Gott hat alle Völker aus dem gleichen Blut geschaffen, damit sie die Erde bewohnen. Gott ist Geist, und die ihn anbeten, müssen ihn im Geist und in der Wahrheit anbeten!«

In jeder Religion herrscht das eine Gesetz vor: Übe Gutes, widerstehe dem Bösen!

In jeder Religion wird versucht, den Menschen zum Einssein mit der unendlichen Kraft zu bringen.

In jeder Religion streckt Gott dem suchenden Menschen die Hand entgegen!

Die ewige Schlacht zwischen der Finsternis und dem Licht ist heute in ein entscheidendes Stadium gerückt: Der atomare Blitz erhellt die Tiefen der Menschenseele wie nie zuvor und stellt jeden vor die Entscheidung: Aktiviere deinen inneren Menschen, denn wenn dieser abstirbt, droht auch die körperliche Vernichtung, der Atomtod!

Kein Zweifel; trotz oder gerade wegen der mit negativer Potenz geladenen Weltangst gehen wir einem neuen geistigen Zeitalter entgegen, dem Zeitalter einer *kosmischen Religiosität!*

Keine neue Religion ist erforderlich, wie viele Weltverbesserer und Sektierer glauben, sondern es gilt, die bestehenden Religionen mit einem neuen Geist, dem Geist des Tatdenkens und der Tatliebe zu erfüllen.

So verlangt die Menschheit jetzt ein in die Praxis umgesetztes Christentum, einen lebendigeren Islam, einen tiefer empfundenen Buddhismus, einen auf die Quellen zurückgehenden Taoismus, einen beseelteren Shintoismus.

Da sich die Welt in den letzten fünfzig Jahren grundlegender verändert hat als im Laufe aller vorangegangenen Jahrtausende, müssen alle Völker der Erde, gleich welcher Rasse und Religion sie angehören, bemüht sein, ein neues, ein höheres Bewußtsein zu realisieren, das in wahrer Gotterkenntnis wurzelt.

Durch die Liebe allein kann die Menschheit in Gemeinschaft mit Gott gelangen; diese Gemeinschaft wird alle Kriege unmöglich machen und beweisen, daß Frieden und Güte die Gewalt sind, die jede Gewalt besiegt.

Der einzelne kann das höhere Bewußtsein nur erlangen, wenn er erkennt, daß Gott unmittelbar im Geist und Herzen als der unsichtbare Kybernetér, als der innere Führer und Helfer erfahrbar ist.

Mit der lebendig wirkenden und stets gegenwärtigen Kraft Gottes sich in Verbindung zu setzen, heißt sein eigenes Wesen aufwärts zu entwickeln, den Herabstieg des Geistes in den eigenen Gliedern zu erfahren und sein Leben harmonisch zu reorganisieren.

Diese Rückverbindung (*religio*) ist allein möglich durch die Macht und Gnade des *Gebetes!* Das Gebet allein vermag bloßen Glauben in selige Gewißheit zu verwandeln und letzthin zur Gottesschau und Gottvereinigung zu führen, zu jener echten *unio mystica,* in der der *eine* göttliche Urquell aller Religionen erlebt wird.

Es kommt einzig auf die Hingabe und Konzentration unserer tiefsten Seelen- und Geisteskräfte an, damit das Gebet als wirkliche Ausdrucksform der Ewigen Liebe gelten kann.

Denn das ist die große und einzigartige Gnade: Der allgegenwärtige Schöpfer ist jeden Augenblick im Leben bereit, auf unseren Anruf zu hören und uns zu helfen, zu trösten und zu stärken. Unsere Bitten müssen nur von wahrer Liebe und Ergebenheit durchdrungen sein, und dürfen nicht von Egoismus und Leichtfertigkeit diktiert werden. Jede Gebetserhörung hängt davon ab, ob sie unserer geistigen Weiterentwicklung und seelischen Reife dient.

Die Zahl wunderbarer Gebetserhörungen ist Legion; — der Schreiber dieser Zeilen wurde selbst öfter durch sein Gebet aus höchster Lebensgefahr und Not gerettet — und wenn nicht jeder Wunsch zum Himmel dringt und erfüllt wird, so liegt das im eigensten Interesse des Betenden, auch wenn er den Grund meist nicht so bald einsehen kann.

Doch das echte Herzensgebet, das dem Gesetz der schöpferischen Weltliebe nicht zuwiderläuft, findet seine Erfüllung oft mit der Schnelligkeit eines Lichtstrahles.

Zahllos sind auch die Fälle geistiger Heilungen, bei denen durch Gebetskraft sogar schwerste Krankheiten überwunden wurden, welche die Ärzte bereits als aussichtslos angesehen hatten.

Ein besonders lapidarer Fall sei hier wiedergegeben, der beweist, daß Religion und Wissenschaft keinesfalls Gegensätze zu sein brauchen, die sich ausschließen.

Der bekannte amerikanische Atomforscher *N. J. Stovel,* dessen wissenschaftliche Arbeiten Weltruf genießen, wurde durch folgendes Ereignis vom atheistischen Zyniker in einen tief religiösen Menschen verwandelt.

Er experimentierte lange Monate, um die Strahlungen des menschlichen Gehirns zu messen. Endlich erbrachten ihm seine Forschungen den exakten Beweis, daß jeder Mensch gleichsam ein »Funksender und -empfänger« ist — mit individueller Wellenfrequenz. In der Wirkung der Gehirnenergie meinte er, dem Schöpfungsgeheimnis selbst auf die Spur zu kommen und stellte nun Versuche an — über die Vorgänge im Zerebralsystem während des Sterbens.

Mit vier weiteren Wissenschaftlern begann N. J. Stovel in einer Klinik das außergewöhnliche Experiment, die Gehirnfunktionen einer sterbenden Frau zu registrieren. Die Meßgeräte befanden sich im Nebenzimmer der Patientin; hier wurden die beobachtenden Wissenschaftler mit dem letzten Gebet der Sterbenden konfrontiert. Sie bat um Verzeihung für ihre Feinde, Vergebung für ihre eigenen Schwächen und Sünden und gab sich dann mit einem innigen Stoßseufzer, der wie ein erstickter Aufschrei klang, ganz in die Hände des Herrn. Als sie laut Jesus Christus um Gnade bat, kamen sich die Wissenschaftler mit ihrer Observanz beschämend dreist und aufdringlich vor, als würden sie verbotenermaßen Zeuge eines sakralen Geheimnisses. Da gab unversehens das Meßinstrument einen hellen Laut von sich, der Zeiger schlug bis zur letzten Frequenz aus; das war der Höchstpunkt der Skala, über den nichts hinausging.

Die fünf Forscher blickten sich fassungslos an und sahen dann geradezu erschreckt auf die Kulminationsziffer. Was sie sahen, ging über jedes wissenschaftliche Begreifen; aber jeder Irrtum war ausgeschlossen: Sie alle hatten mindestens über dreißig Sekunden lang mit eigenen Augen wahrgenommen: Die Wirkung der Gebetskraft der sterbenden Frau.

Zum ersten Mal im Laufe der Menschheitsgeschichte war die geistige Kraft eines Gebetes unmittelbar auf einem Meßapparat kontrolliert worden; diese Kraft war fünfundfünfzigmal größer als die früher mit dem gleichen Instrument gemessene Energie des größten amerikanischen Rundfunksenders.

Aus diesem Fall ist ersichtlich: Wie die Atomphysik ungeheure, vor einigen Jahrzehnten noch ungeahnte Kräfte zu entfesseln vermag, so vermag die Gotteserkenntnis des Menschen sich unermeßlich zu entwickeln — durch das Gebet!

Das vorliegende Buch zeigt die tiefe Verwandtschaft der verschiedensten Religionen. Beglückend wird der Leser feststellen, wie wildfremde Menschen sich einander im Gebet plötzlich auf schönste Art gleichen, so tritt in den verschiedensten Glaubensoffenbarungen oft eine bezwingende Übereinstimmung und Ähnlichkeit zu Tage.

Selbst die mythische Gottverbundenheit und Versenkung alter, teils untergegangener Völker, wie der Ägypter, Babylonier oder Inkas — spricht uns »Heutige« mitunter seltsam vertraut an, als begegneten wir hier innersten Geheimnissen unserer eigenen Seele. Man vergleiche nur die glühende Demut des »Sonnengesangs« Echn-Atons, des revolutionären Monotheisten auf dem Pharaonenthron, mit dem aus tiefster Stille und Einkehr geborenen Weltjubel des »Sonnengesangs« des hl. Franz von Assisi.

Überraschende Parallelen treten oft auch unvermutet in den getrennten Kulturen hervor, als würden rätselhaft verzweigte unterirdische Adern plötzlich ans Tageslicht kommen, um — von der einen Sonne beschienen — blitzhaft die gleiche Uressenz aufleuchten zu lassen.

Was innerhalb von 5 Jahrtausenden viele Völker an gläubigen Bekenntnissen hervorgebracht, an »Aufschwüngen« des Geistes und der Seele, wird hier versucht, dem Leser konzentriert nahezubringen.

Dem Gebot der Stunde folgend, das den Kosmos der mitmenschlichen Beziehungen fordert, stehen neben christlichen Texten (Urchristentum, Ostkirche, Katholizismus, Reformation, Mystik) auch die des Islam, des Buddhismus, des Shintoismus und anderer Religionen.

Mit selbstloser Hilfe zahlreicher Kenner des In- und Auslandes wurden die Gebete aus einer fast unübersehbaren Fülle religiösen Gutes ausgewählt und während zweier Jahrzehnte vom Herausgeber unermüdlich gesammelt.

Besonders möchte ich den Vertretern der Regierungen herzlichst danken, die mir bei meiner Auswahl der schönsten Gebete ihrer Nationen gütig geholfen haben.

Außer hohen Kirchenstellen habe ich besonders zu danken: Se. Exzellenz Herrn Botschafter Dr. *Gholam Farugk* der Kgl. Afghanischen Botschaft in Bonn, S. Exzellenz Herrn Botschafter der Botschaft von Argentinien in Bonn, Herrn Kultursekretär *Adnan Nachabé* von der Botschaft der Vereinigten Arabischen Republik in Bad Godesberg, Herrn Informationsattaché *R. R. Drake* der Australischen Botschaft in Bad Godesberg, sowie dem Herrn Moderator-General der presbyterianischen Kirche Australiens, *Hector Harrison,* O. B. E., M. A., B. D., Canberra, und Pastor *J. W. Uebergang* der lutherischen Kirche in Canberra, der für die Übersetzung durch eines seiner Gemeindemitglieder, *Frau K. Schuetz,* sorgte.

Ferner gebührt Dank Herrn Botschaftssekretär *A. C. Diniz de Andrada* von der Brasilianischen Botschaft in Bonn, Se. Exzellenz dem Herrn Gesandten *Helge Knudsen* der Kgl. Dänischen Botschaft in Bonn, Se. Eczellenz Herrn Botschafter der Kgl. Botschaft Griechenlands in Bonn, Herrn Kulturattaché *D. Ramanathan* der Indischen Botschaft in Bonn, Herrn Presseattaché Dr. *A. Shafiyha* der Kaiserlich-Iranischen Botschaft in Köln, Herrn Kulturattaché *Yoshio Takayanigi* der Japanischen Botschaft in Bad Godesberg, Herrn Botschaftssekretär *A. Mounir* der Kgl. Botschaft von Marokko in Bad Godesberg, Herrn Botschaftssekretär der Kgl. Botschaft von Neapel in London, Herrn Kulturattaché *E. J. Korthals Altes* der Kgl. Botschaft der Niederlande in Bad Godesberg, Herrn Presseattaché *Per M. Ölberg* der Kgl. Norwegischen Botschaft in Bonn, Se. Exzellenz Herrn Botschafter der Botschaft von Portugal in Bad Godesberg, Herrn Kulturrat *Victor Aranegui* der Botschaft von Spanien in Bonn, Herrn Presse- und Kulturattaché Dr. *Nguyen van Thinh* der Botschaft der Republik Vietnam in Bonn, und Se. Eminenz *Sigurbjörn Einarsson,* Bischof von Island.

Auch allen anderen bereitwilligen Helfern, vor allem Herrn Dr. *Max Brod* aus Tel Aviv, der für dieses Buch sein »Glaubensbekenntnis« schrieb, und dem iranischen Mystiker Herrn *H. K. Iranschähr,* der mir noch kurz vor seinem Tode islamische Gebetstexte übersandte, ferner Herrn *Alexander von Bernus,* Donauwörth; Herrn Professor *Martin Buber* von der Universität Jerusalem; Herrn *Friedrich Ege* aus Helsinki; Herrn *Ben-Gavriël* aus Tel Aviv; Herrn Professor Dr. *Romano Guardini,* München; Herrn *Johannes von Guenther,* Seeshaupt, und Frau *Kitty Neumann,* München, — möchte ich für die wohlwollende Förderung meines Unternehmens aufrichtigen Dank aussprechen. Auch den zahlreichen Verlagen, die mir gütigst die Abdruckerlaubnisse der jeweiligen Texte gaben (siehe Anhang), danke ich herzlichst.

Eine Anzahl Texte erscheint hier zum erstenmal in deutscher Sprache und wurde teils völlig neu übersetzt.

Auch die zahlreichen *Zeugnisse,* aus denen das Herz echten Gottvertrauens spricht, durften den modernen gehetzten Menschen noch ein unmittelbares »Kompendium religiöser Erfahrung« an die Hand geben.

In dem Teil *»Der Glaube großer Persönlichkeiten«* kommen neben unsterblichen Künstlern und Denkern auch die Naturwissenschaftler zu Wort, wie z. B. Planck und Einstein.

Aus allen Bekenntnissen werden wir den einen Grundtenor vernehmen: Gott, der eine Vater, der Geist und Liebe ist, wird auch zum Schöpfer eines neuen Menschheitsbewußtseins. Im Augenblick des Gebetes ist jeder Mensch so gut, wie er nur irgend sein kann. So weist dieses Buch ausgleichend auf die kommende Einheit aller Menschen hin, die guten Willens sind, und zeigt die Welt trotz aller verschiedenen Rassen und Sprachen vereinigt im Geist: *Die Welt vereinigt im Gebet!*

Christoph Einiger

ZUR NEUAUFLAGE 1984

Da das vorliegende Gebete-Buch im Laufe von über zwanzig Jahren bei vielen Lesern im In- und Ausland geschätzt und beliebt war, sah sich der Herausgeber veranlaßt, weitere Gebete mit zum Teil neuen Themenkreisen aufzunehmen, und dankt an dieser Stelle dem Verlag dafür, daß er der Erweiterung der Texte, auch mit ausgewählten Farbtafeln, zustimmte.

Möge das Werk recht vielen Lesern in heutiger Zeit trostreich sein und vielleicht manchen zur Festigung ihres Glaubens dienen. Das ist mein inniger Wunsch!

Charles Waldemar
(Pseudonym Christoph Einiger)

INHALT

DER GLAUBE GROSSER PERSÖNLICHKEITEN

GEBETE AUS HEUTIGER ZEIT

RELIGION UND GOTTESVEREHRUNG

ERLEUCHTUNGEN UND VISIONEN DER HEILIGEN UND MYSTIKER

NICHTCHRISTLICHE RELIGIONEN

DIE SCHÖNSTEN GEBETE DER WELT

EINKLANG

MÖGE DER,
WELCHER „UNSER VATER“ FÜR DIE CHRISTEN IST,
JEHOVA FÜR DIE JUDEN,
ALLAH FÜR DIE MUSELMANEN,
AHURA MAZDA FÜR DIE ZARATHUSTRIER,
AARHAT FÜR DIE DSCHAINAS,
BUDDHA FÜR DIE BUDDHISTEN,
BRAHMA FÜR DIE HINDUS,
MÖGE DIESES ALLMÄCHTIGE UND ALLWISSENDE
WESEN,
DAS WIR ALLE ALS GOTT ANERKENNEN,
DEN MENSCHEN DEN FRIEDEN GEBEN,
UND UNSERE HERZEN IN EINER GEISTIGEN
BRUDERSCHAFT VEREINEN.

Vivekananda (1862–1902), ein Apostel des modernen Hinduismus

Vater unser, der du bist im Himmel,
Dein Name werde geheiligt
Dein Reich komme
Dein Wille geschehe wie im
Himmel, also auch auf Erden
Unser täglich Brot gib uns heute.
Und vergib uns unsere Schuld,
Wie auch wir vergeben unsern Schuldigern.
Und führe uns nicht in Versuchung,
Sondern erlöse uns von dem Übel,
Denn Dein ist das Reich
Und die Kraft und die Herrlichkeit
In Ewigkeit.
Amen!

Vater unser

Am Anfang war das Wort, und das Wort war bei Gott, und Gott war das Wort. Schon im Anfang war Es bei Gott. Durch das Wort ist alles geworden, und nichts, was geworden, ward ohne das Wort. In Ihm war das Leben, und das Leben war das Licht der Menschen. Und das Licht leuchtet in der Finsternis; aber die Finsternis hat Es nicht begriffen. Da ward ein Mann von Gott gesandt; sein Name war Johannes. Dieser kam als Zeuge; er sollte Zeugnis geben von dem Lichte, auf daß alle durch ihn zum Glauben gelangten. Er selbst war nicht das Licht, er sollte nur Zeugnis von dem Lichte geben. Das war das wahre Licht, das jeden Menschen erleuchtet, der in diese Welt kommt. Er – Christus – war in der Welt, und die Welt ist durch Ihn geworden. Allein die Welt hat Ihn nicht erkannt. Er kam in Sein Eigentum; doch die Seinigen nahmen ihn nicht auf. Allen aber, die Ihn aufnahmen, gab Er Macht, Kinder Gottes zu werden, all denen, die an Seinen Namen glauben, die nicht aus dem Blute, nicht aus dem Verlangen des Fleisches, nicht aus dem Wollen des Mannes, sondern aus Gott geboren sind. Und das Wort ist Fleisch geworden und hat unter uns gewohnt. Und wir haben Seine Herrlichkeit gesehen, die Herrlichkeit des Eingeborenen vom Vater, voll der Gnade und Wahrheit. Dank sei Gott.

Ehre sei Dir, Herr — Johannesevangelium 1,1—14

Ehre sei Gott in der Höhe
Und auf Erden Friede den Menschen, die guten Willens sind.
Wir loben Dich.
Wir preisen Dich.
Wir beten Dich an.
Wir verherrlichen Dich.
Wir sagen Dir Dank ob Deiner großen Herrlichkeit.
Herr und Gott, König des Himmels, allmächtiger Vater!
Herr, Jesus Christus, eingeborner Sohn!
Herr und Gott, Lamm Gottes, Sohn des Vaters!
Du nimmst hinweg die Sünden der Welt; erbarme Dich unser.
Du nimmst hinweg die Sünden der Welt: nimm unser
Flehen gnädig auf.
Du sitzest zur Rechten des Vaters: erbarme Dich unser.
Denn Du allein bist der Heilige, Du allein der Herr,
Du allein der Höchste, Jesus Christus,
Mit dem Heiligen Geist — in der Herrlichkeit Gottes,
des Vaters. Amen.

Das Gloria in Excelsis Deo

Ich glaube an den einen Gott, den allmächtigen Vater, Schöpfer des Himmels und der Erde, aller sichtbaren und unsichtbaren Dinge. Und an den einen Herrn Jesus Christus, Gottes eingeborenen Sohn. Er ist aus dem Vater geboren vor aller Zeit.

Gott von Gott, Licht vom Lichte, wahrer Gott vom wahren Gott, Gezeugt, nicht geschaffen, eines Wesens mit dem Vater; durch Ihn ist alles geschaffen.
Für uns Menschen und um unseres Heiles willen ist Er vom Himmel herabgestiegen.
Er hat Fleisch angenommen durch den Heiligen Geist aus Maria der Jungfrau, und ist Mensch geworden.
Gekreuzigt wurde er sogar für uns. Unter Pontius Pilatus hat Er den Tod erlitten und ist begraben worden.
Er ist auferstanden am dritten Tage, gemäß der Schrift;
Er ist aufgefahren in den Himmel und sitzet zur Rechten des Vaters.
Er wird wiederkommen in Herrlichkeit, Gericht zu halten über Lebende und Tote, und Seines Reiches wird kein Ende sein.
Ich glaube an den Heiligen Geist, den Herrn und Lebensspender, der vom Vater und vom Sohne ausgeht.
Er wird mit dem Vater und dem Sohne zugleich angebetet und verherrlicht. Er hat gesprochen durch den Propheten.
Ich glaube an die eine heilige, katholische und apostolische Kirche.
Ich bekenne die eine Taufe zur Vergebung der Sünden.
Ich erwarte die Auferstehung der Toten.
Und das Leben der zukünftigen Welt. Amen.

Das Credo der heiligen Messe

Ich glaube an Gott, den allmächtigen Vater,
Schöpfer des Himmels und der Erde,
und an Jesus Christus, Seinen eingeborenen Sohn, unsern Herrn,
der empfangen ist vom Heiligen Geiste,
geboren aus Maria der Jungfrau,
gelitten unter Pontius Pilatus,
gekreuzigt, gestorben und begraben,
abgestiegen zu der Hölle,
am dritten Tage wieder auferstanden von den Toten,
aufgefahren in den Himmel,
sitzet zur Rechten Gottes, des allmächtigen Vaters,

von dannen er kommen wird, zu richten die Lebendigen und die Toten.
Ich glaube an den Heiligen Geist,
die heilige katholische Kirche,
Nachlaß der Sünden,
Auferstehung des Fleisches
und das ewige Leben.
Amen.

Das Apostolische Glaubensbekenntnis

Gegrüßet seist du, Maria, voll der Gnade; der Herr ist mit dir; du bist gebenedeit unter den Weibern, und gebenedeit ist die Frucht deines Leibes, Jesus.

Heilige Maria, Mutter Gottes, bitte für uns Sünder jetzt und in der Stunde unseres Todes. Amen.

Ave Maria

Hoch erhebt meine Seele den Herrn;
in Gott, meinem Heiland, jubelt mein Geist.
Er hat in Gnaden geschaut auf Seine niedrige Magd;
siehe, von nun an nennen mich selig alle Geschlechter.
Großes hat der Gewaltige an mir getan – heilig sein Name –
und Sein Erbarmen währt von Geschlecht zu
Geschlecht über jenen, welche Ihn fürchten. –
Macht hat Er geübt mit Seinem Arm,
und zerstreut, die stolzen Herzens sind.
Herrscher hat Er vom Thron gestürzt,
Niedrige aber erhoben.
Hungernde hat Er mit Gütern erfüllt,
Reiche gehen lassen mit leeren Händen. –

Israel, Seines Knechts, hat Er Sich angenommen,
daß Er seines Erbarmens gedenke,
wie er zu unseren Vätern gesprochen –
seines Erbarmens für Abraham und sein Geschlecht
durch alle Zeit.
Ehre sei usw. Wie es war usw. Amen.

Magnificat: Der Lobgesang Mariens

Unter deinen Schutz und Schirm fliehen wir,
o heilige Gottesgebärerin; verschmähe nicht unser Gebet
in unseren Nöten, sondern erlöse uns jederzeit von allen Gefahren, o du glorwürdige und gebenedeite Jungfrau, unsere Frau, unsere Mittlerin, unsere Fürsprecherin.
Versöhne uns mit deinem Sohne, empfiehl uns deinem Sohne,
stelle uns vor deinem Sohne. Amen.

Mariengebet

O meine Gebieterin, o meine Mutter. Dir bringe ich mich ganz dar; und um dir meine Hingabe zu bezeigen, weihe ich dir heute meine Augen, meine Ohren, meinen Mund, mein Herz, mich selber ganz und gar. Weil ich also dir gehöre, o gute Mutter, bewahre mich, beschütze mich als dein Gut und Eigentum. Amen.

Mariengebet

Sei gegrüßt, o Königin, Mutter der Barmherzigkeit, unser Leben, unsere Wonnen und unsere Hoffnung, sei gegrüßt!
Zu dir rufen wir verbannte Kinder Evas; zu dir seufzen wir
trauernd und weinend in diesem Tale der Tränen.

Wohlan denn, unsere Fürsprecherin, wende deine barmherzigen Augen zu uns, und nach diesem Elende zeige uns Jesus, die gebenedeite Frucht deines Leibes.
O gütige, o milde, o süße Jungfrau Maria.

Mariengebet

Maria mit dem Kinde lieb, uns allen deinen Segen gib.

Mariengebet

Seele Christi, heilige mich.
Leib Christi, rette mich.
Blut Christi, tränke mich.
Wasser der Seite Christi, wasche mich.
Leiden Christi, stärke mich.
O gütiger Jesus, erhöre mich.
Verbirg in Deine Wunden mich.
Von Dir laß nimmer scheiden mich.
In meiner Todesstunde rufe mich,
mit Deinen Heiligen zu loben Dich,
in Deinem Reiche ewiglich. Amen.

Gebet zu Christus

Heiliger Vater, bewahre sie in deinem Namen, / den du mir gegeben hast, damit sie eins seien, / so wie wir. / Als ich bei ihnen war, / habe ich sie in deinem Namen bewahrt, / den du mir gegeben hast, und habe sie behütet, / und keiner von ihnen ist verdorben, / als der Sohn des Verderbens, / damit die Schrift erfüllet würde; / jetzt aber komme ich zu dir ... / Ich bitte nicht, daß du sie aus der Welt wegnehmest, / aber daß du sie vor dem Bösen bewahrest. / Sie sind nicht von der Welt, / so wie ich nicht von der Welt bin. / Heilige sie in Wahrheit; / dein Wort ist die Wahrheit. / So wie du mich in die Welt gesandt hast, / so habe auch ich sie in die Welt gesandt. / Und ich heilige mich für die, / daß auch sie geheiligt seien in der Wahrheit. / Nicht für diese allein aber bitte ich, / sondern auch für die, / welche durch ihr Wort an mich glauben; / auf daß alle eins seien, / so wie du, Vater, in mir und ich in dir, / daß auch sie in uns seien, / auf daß die Welt glaube, / daß du mich gesandt hast. / Und zwar habe ich ihnen die Herrlichkeit gegeben, / die du mir gegeben hast, / auf daß sie eins seien, so wie wir eins sind, / ich in ihnen und du in mir, / auf daß sie zur Einheit vollendet seien, / auf daß die Welt glaube, daß du mich gesandt hast. / Und zwar habe ich ihnen die Herrlichkeit gegeben, / die du mir gegeben hast, / auf daß sie eins seien, so wie wir eins sind, / ich in ihnen und du in mir, / auf daß sie zur Einheit vollendet seien, / damit die Welt erkenne, / daß du mich gesandt hast, und sie geliebt hast, / so wie du mich geliebt hast. / Vater, was du mir gegeben hast, / ich will, daß wo ich bin, auch sie bei mir seien, / daß sie meine Herrlichkeit schauen, / die du mir gegeben hast vor Grundlegung der Welt. / Gerechter Vater, wohl hat dich die Welt nicht erkannt, / doch ich habe dich erkannt, / und diese haben erkannt, daß du mich gesandt hast, / Und ich habe ihnen deinen Namen kundgetan, / und werde ihnen denselben kundtun, / damit die Liebe, mit der du mich geliebt hast, / in ihnen sei und ich in ihnen.

Gebet der Urchristen, Ev. Joh. XVII., 11 ff.

O Haupt voll Blut und Wunden, / voll Schmerz und voller Hohn! / O Haupt, zu Spott gebunden / mit einer Dornenkron! / O Haupt, sonst schön gezieret / mit höchster Ehr und Zier, / jetzt aber hoch schimpfieret: / Gegrüßet seist du mir!

Du edles Angesichte, / dafür sonst schrickt und scheut / das große Weltgewichte, / wie bist du so bespeit! / Wie bist du so erbleichet! / Wer hat dein Augenlicht, / dem sonst kein Licht nicht gleichet, / so schändlich zugericht?

Die Farbe deiner Wangen, / der roten Lippen Pracht / ist hin und ganz vergangen: / Des blassen Todes Macht / hat alles hingenommen, / hat alles hingerafft, / und daher bist du kommen / von deines Leibes Kraft.

Nun, was Du, Herr, erduldet, / ist alles meine Last, / ich hab es selbst verschuldet, / was Du getragen hast. / Schau her, hie steh ich Armer, / der Zorn verdienet hat; / gib mir, o mein Erbarmer, / den Anblick Deiner Gnad!

Erkenne mich, mein Hüter! / Mein Hirte, nimm mich an! / Von Dir, Quell aller Güter, / ist mir viel Guts getan; / Dein Mund hat mich gelabet / mit Milch und süßer Kost, / Dein Geist hat mich begabet / mit mancher Himmelslust.

Ich will hie bei Dir stehen, / verachte mich doch nicht; / von Dir will ich nicht gehen, / wann Dir Dein Herze bricht; / wann Dein Herz wird erblassen / im letzten Todesstoß, / alsdann will ich Dich fassen / in meinem Arm und Schoß.

Es dient zu meiner Freuden / und kömmt mir herzlich wohl, / wann ich in Deinem Leiden, / mein Heil, mich finden soll. / Ach, möcht ich, o mein Leben, / an Deinem Kreuze hier / mein Leben von mir geben, / wie wohl geschähe mir!

Ich danke Dir von Herzen, / o Jesu, liebster Freund, / für Deines Todes Schmerzen, / da Du's so gut gemeint! / Ach gib, daß ich mich halte / zu Dir und Deiner Treu, / und wann ich nun erkalte, / in Dir mein Ende sei.

Wann ich einmal soll scheiden, / so scheide nicht von mir; / wann ich den Tod soll leiden, / so tritt Du dann herfür. / Wann mir am allerbängsten / wird um das Herze sein, / so reiß mich aus den Ängsten / kraft Deiner Angst und Pein!

Erscheine mir zum Schilde, zum Trost in meinem Tod, / und laß mich sehn Dein Bilde / in Deiner Kreuzesnot. / Da will ich nach Dir blicken, / da will ich glaubensvoll / Dich fest an mein Herz drücken: / Wer so stirbt, der stirbt wohl.

O Haupt voll Blut und Wunden von Paul Gerhardt, 1607–1676

Ein' feste Burg ist unser Gott, / Ein' gute Wehr und Waffen. / Er hilft uns frei aus aller Not, / Die uns jetzt hat betroffen. / Der alte böse Feind, / Mit Ernst er's jetzt meint. / Groß' Macht und viel List / Sein' grausam Rüstung ist. / Auf Erd ist nicht seins Gleichen. /

Mit unsrer Macht ist Nichts getan, / Wir sind gar bald verloren. / Es streit't für uns der rechte Mann, / Den Gott hat selbst erkoren. / Fragst du, wer der ist? / Er heißt Jesus Christ, / Der Herre Zebaoth, / Und ist kein andrer Gott; / Das Feld muß er behalten. /

Und wenn die Welt voll Teufel wär', / Und wollt uns gar verschlingen, / So fürchten wir uns nicht so sehr, / Es soll uns doch gelingen. / Der Fürst dieser Welt, / Wie sau'r er sich stellt, / Tut er's uns doch nicht, / Das macht, er ist gericht: / Ein Wörtlein kann ihn fällen. /

Das Wort sie sollen lassen stahn, / Und kein Dank dazu haben. / Er ist bei uns wohl auf dem Plan / Mit seinem Geist und Gaben. / Nehmen sie den Leib, / Gut, Ehr, Kind und Weib; / Laß fahren dahin, / Sie habens kein Gewinn; / Das Reich muß uns doch bleiben.

Ein' feste Burg von Martin Luther, 1483—1546

DEUTSCHLAND – ÖSTERREICH – SCHWEIZ

O Gott, Du hast in dieser Nacht so väterlich für mich gewacht; ich lob' und preise Dich dafür und dank' für alles Gute Dir. Bewahre mich auch diesen Tag vor Sünde, Tod und jeder Plag'; und was ich denke, red' und tu', das segne, liebster Vater, Du! Beschütze auch, ich bitte Dich, o heil'ger Engel Gottes mich! Maria, bitt an Gottes Thron für mich bei Jesus, deinem Sohn, der hochgelobt sei allezeit von nun an bis in Ewigkeit! Amen.

Morgengebet

Bevor ich mich zur Ruh' begeb', zu Dir, o Gott, mein Herz ich heb' und sage Dank für jede Gab', die ich von Dir empfangen hab'; und hab' ich heut mißfallen Dir, so bitt' ich Dich, verzeih es mir! Dann schließ ich froh die Augen zu, es wacht ein Engel, wenn ich ruh'. Maria, liebste Mutter mein, o laß mich dir empfohlen sein. Dein Kreuz, o Jesus, schütze mich vor allem Bösen gnädiglich. In Deine Wunden schließ mich ein, dann schlaf' ich sicher, keusch und rein. Amen.

Gebet zur Nachtruhe

Müde bin ich, geh' zur Ruh', schließe beide Augen zu.
Vater, laß die Augen Dein über meinem Bette sein.
Hab' ich Unrecht heut getan, sieh es, lieber Gott, nicht an.
Deine Gnad' und Jesu Blut machen allen Schaden gut.

Alle, die mir sind verwandt, Gott, laß ruhn in Deiner Hand!
Alle Menschen, groß und klein, sollen Dir befohlen sein.
Kranken Herzen sende Ruh', nasse Augen schließe zu.
Laß den Mond am Himmel stehn und die stille Welt besehn. Amen.

Abendgebet für ein Kind

Abends, wenn ich schlafen geh', / vierzehn Engel bei mir stehn: / zwei zu meiner Rechten, / zwei zu meiner Linken, / zwei zu meinen Häupten, / zwei zu meinen Füßen, / zweie, die mich decken, / zweie, die mich wecken, / zweie, die mich weisen / zu den himmlischen Paradeisen.

Abendgebet

Komm, Herr Jesus, sei unser Gast und segne, was Du uns bescheret hast. Amen.

Tischgebet (vor Tisch)

O Gott, von dem wir alles haben, wir preisen Dich für Deine Gaben. Du speisest uns, weil Du uns liebst; o segne auch, was Du uns gibst. Amen.

Tischgebet (vor Tisch)

Wir danken Dir, Herr Jesu Christ, daß Du unser Gast gewesen bist. Errette uns aus aller Not; Du bist das wahre Lebensbrot. Amen.

Tischgebet (nach Tisch)

Dir sei, o Gott, für Speis' und Trank, für alles Gute Lob und Dank! Du gabst, Du willst auch immer geben; Dich preise unser ganzes Leben. Amen.

Tischgebet (nach Tisch)

Himmlischer Vater, ich danke Dir, daß Du mir durch meine
Eltern unzählige Wohltaten erwiesen hast.
Vergilt ihnen das Gute, das sie mir vom ersten Tag an getan haben, und hilf mir, ihnen dankbar zu sein.

Segne ihre Arbeiten und Mühen,
erhalte sie gesund und tröste sie in der Prüfung.
Laß sie reich werden an allem Guten und bewahre sie vor dem Übel.

Segne auch meine Geschwister und all unsere Verwandten.
Laß nicht zu, daß ein Glied unserer Familie ewig verlorengehe,
sondern führe uns einmal alle wieder zusammen im
ewigen Vaterhaus. Amen.

Gebet für Eltern und Geschwister

Himmlischer Vater! Du hast mich erschaffen und mir
in Deiner Liebe einen Lebensweg zugedacht, auf dem ich
mein ewiges Heil erreichen soll.
Laß mich erkennen, was Du mit mir vorhast, zeige mir
den Beruf, der für mich paßt.
Zeige mir, wo ich meine Kräfte am besten einsetzen
und wo ich am besten Dir dienen kann.
Laß mich meinen Beruf richtig wählen, ihn gründlich erlernen
und einmal etwas Tüchtiges leisten.
Laß mein ganzes Leben Dich verherrlichen. Amen.

Gebet um die richtige Berufswahl

O mein Gott und Herr! Ich habe oft gesündigt und Deine gerechte Strafe verdient. Sei mir Sünder gnädig! – Dein göttlicher Sohn ist am Kreuze für mich gestorben, und ich habe seine Liebe mit Undank vergolten. Das tut mir von Herzen leid. – Und du, mein himmlischer Vater, bist unendlich gut, und ich habe Dich durch meine Sünden so sehr betrübt und erzürnt. Ich bereue es aus ganzer Seele und nehme mir fest vor, mich zu bessern und nicht mehr zu sündigen. Gib mir dazu Deine Gnade. Amen.

Reuegebet

Gott, sei mir armen Sünder gnädig!
Mein Gott, verzeih mir meine Sünden!
Vergib uns unsere Schuld!
Herr, erbarme Dich meiner!
Mein Jesus, Barmherzigkeit!
Jesus, Sohn Gottes, erbarme Dich meiner!
Jesus, sei mir gnädig, Jesus, sei mir barmherzig,
Jesus, verzeih mir meine Sünden!

Reuegebet

O mein Heiland, großer König,
Du bist bei mir eingekehrt.
Freudig trag' ich Dich im Herzen,
dem die ganze Welt gehört.

Sieh, nun sollst Du alles haben,
was in meinem Herzen ist;
alles leg' ich Dir zu Füßen,
weil Du ja mein König bist.

Lieber Herr, Du kamst vom Himmel
auf die Erde einst herab,
lebtest für uns Menschenkinder,
starbst am Kreuz und lagst im Grab.

Glorreich bist Du auferstanden,
fuhrst empor zum Firmament,
doch als Denkmal Deiner Liebe
gabst Du uns dies Sakrament.

Schenke mir nun Deine Gnade,
hilf mir durch Dein Fleisch und Blut,
daß ich Deiner würdig werde,
lebe heilig, fromm und gut.

Christus, König aller Länder,
aller Völker, aller Zeit,
froh soll alle Welt Dir singen:
Hochgelobt in Ewigkeit!

Preisung Christi

Liebe, die Du mich zum Bilde
Deiner Gottheit hast gemacht;
Liebe, die Du mich so milde
Nach dem Fall hast wiederbracht:
Liebe, Dir ergeb ich mich,
Dein zu bleiben ewiglich.

Liebe, die Du mich erkoren,
Eh als ich erschaffen war,
Liebe, die Du Mensch geboren
Und mir gleich wardst ganz und gar:
Liebe, Dir ergeb ich mich,
Dein zu bleiben ewiglich.

Liebe, die für mich gelitten
Und gestorben in der Zeit,
Liebe, die mir hat erstritten
Ewge Lust und Seligkeit:
Liebe, Dir ergeb ich mich,
Dein zu bleiben ewiglich.

Liebe, die mich hat gebunden
An ihr Joch mit Leib und Sinn;
Liebe, die mich überwunden
Und mein Herze hat dahin:
Liebe, Dir ergeb ich mich,
Dein zu bleiben ewiglich.

Liebe, die mich wird erwecken
Aus dem Grab der Sterblichkeit;
Liebe, die mich wird umstecken
Mit dem Laub der Herrlichkeit:
Liebe, Dir ergeb ich mich,
Dein zu bleiben ewiglich. Amen.

Liebe von Angelus Silesius, 1624—1677

Du Heiliger Gott, der du in einem Lichte wohnest, zu dem niemand kommen kann, als nur durch die Liebe deines Sohnes Jesu Christi, die du aus lauter Gnade hast in unsere Menschheit eingegossen. Damit hast Du uns arme Menschen vor der Welt Erschaffung geliebet, hast uns durch diese Liebe von deinem Grimm und von der Gewalt des Todes und der Höllen erlöst: Und bedeutest uns nun solche Liebe durch deinen Sohn Jesum Christum an, in deinem feuerflammenden Geiste, daß wir dich sollen darum bitten, so willst du sie uns geben.

Ich armer unwürdiger Mensch, erkenne mich deren nicht wert: Weil du diese Liebe aber hast in unserer bekehrten Menschheit offenbart, und rufst damit den armen verlornen Sünder, und bist damit ins Fleisch gekommen, um dadurch von Sünden zu erlösen und selig zu machen, wie uns dein Wort solches lehrt;

So komme ich, o liebreicher Vater, auf dein Wort geladen, und nehme dein Wort und deine Wahrheit in meine Seele und fasse sie mir ein als dein Geschenk: Und bitte dich, o du feuerflammende Liebe Gottes, im Bunde Jesu Christi, uns armen dürftigen Seelen geschenkt, zünde auch meine arme Seele mit dieser Liebe an, daß sie neues Leben und neuen Willen bekomme, und aus dem Rachen des Todes erlöst werde.

O du feurige Liebe Gottes, die du hast den Tod in unserer Menschheit zerbrochen und die Hölle zerstört und unserer Seelen Sieg in Christo durch den Tod ausgeführt, die du hast am Heiligen Pfingsttage in der Apostel Mund und Herzen in feuriger Flamme geschwebt, alle deine Heiligen entzündet und deine Wunderwerke durch sie getan; der du die ganze Welt und alle deine Geschöpfe liebst und erhältst: Zu dir komme ich und ergebe mich ganz.

O du großer Brunnquell Gottes, tu dich auf im Geiste meiner Inwendigkeit, und zünde auch in mir das Feuer deiner Liebe an, auf daß mein Geist auch in deiner Liebe brenne, und ich dich darinnen erkennen und loben möge.

O du große Heiligkeit, durch das Verdienst meines Heilandes Jesu Christi, durch sein Blut und Tod dringe ich in mir zu dir, und ergeb mich in deine Flamme: Durch seine Auferstehung und Himmelfahrt führe ich meinen Willen in dich, und gebe dir ihn ganz und gar, tue du mit ihm wie du willst, erlöse ihn nur von der falschen Lust, und brich ihm die Gewalt, daß er allein auf dich sehe.

O du heilige Kraft Gottes, der du in und über Himmel und Erden schwebst, allen Dingen nahe bist, ergieße dich doch in mir, auf daß ich in dir wieder neu geboren werde, in dir grüne und gute Früchte wirke, als eine Rebe am Weinstocke meines Heilandes Jesu Christi, zu deinem ewigen Lob und Herrlichkeit.

O du Pforte der Heiligkeit Gottes, leuchte doch in deinem Tempel in meinem Geiste, auf daß ich in deinem Lichte wandle, und dich allezeit lobe und dir diene in Heiligkeit und Gerechtigkeit, wie es dir gefällig ist, der du bist ein einiger Gott, Vater, Sohn und Heiliger Geist, hochgelobet in Ewigkeit, Amen.

Gebet zu der großen feuerbrennenden Liebe Gottes
von Jakob Böhme, 1575–1624

Mitten wir im Leben sind / mit dem Tod umfangen: / Wen suchen wir, der Hilfe tu, / Daß wir Gnad erlangen? / Das bist du, Herr, alleine / Uns reuet unser Missetat, / Die dich, Herr, erzürnet hat. / Heiliger Herr, Gott, / Heiliger starker Gott, / Heiliger barmherziger Heiland, / Du ewiger Gott, / Laß uns nicht versinken / in des bittern Todes Not. Kyrieleison.

Mitten in dem Tod anficht / Uns der Höllen Rachen / Wer will uns aus solcher Not / Frei und ledig machen? / Das tust du, Herr, alleine. / Es jammert dein Barmherzigkeit / Unser Sünd und großes Leid. / Heiliger Herre Gott, Heiliger starker Gott, / Heiliger barmherziger Heiland, / Du ewiger Gott, / Laß uns nicht verzagen / Für der tiefen Höllen Glut. Kyrieleison.

Mitten in der Höllen Angst / Unser Sünd uns treiben: / Wo solln wir denn fliehen hin, / Da wir mögen bleiben? / Zu dir, Herr Christ, alleine. / Vergossen ist dein teures Blut, / Das genug für die Sünde tut. / Heiliger Herre Gott, / Heiliger starker Gott, / Heiliger barmherziger Heiland, / Du ewiger Gott, / Laß uns nicht entfallen / Von des rechten Glaubens Trost. Kyrieleison.

Bittgebet – Martin Luther

Aus tiefer Not schrei ich zu dir, / Herr Gott, erhör mein Rufen: / Dein gnädig Ohren kehr zu mir / Und meiner Bitt sie öffne, / Denn so du willst das sehen an, / Was Sünd und Unrecht ich getan, / Wer kann, Herr, für dir bleiben?

Bei dir gilt nichts denn Gnad und Gunst, / Die Sünden zu vergeben. / Es ist doch unser Tun umsunst, / Auch in den besten Leben. / Für dir niemand sich rühmen kann, / Des muß sich fürchten jedermann / Und deiner Gnaden leben.

Martin Luther

Gib mir, o süßester, liebreichster Jesus, daß ich ruhe in Dir, über alles Erschaffene, über alles Heil und alle Schönheit, über alle Herrlichkeit und Ehre, über alle Macht und Würde, über alle Wissenschaft und Scharfsinnigkeit, über alle Reichtümer und Künste, über alle Fröhlichkeit und Entzückung, über allen Ruhm und alles Lob, über alle Süßigkeit und Tröstung, über alle Hoffnung und Verheißung, über alles Verdienst und Verlangen, über alle Gaben und Güter, die Du geben und zuteilen kannst, über alle Freude und Wonne, welche das Herz fassen und fühlen kann, endlich über Engel und Erzengel und alle himmlischen Heerscharen, über alles Sichtbare und Unsichtbare und über alles, was nicht Du bist, mein Gott.

Denn Du, Herr mein Gott, bist über alles der Beste, Du allein der Höchste, Du allein der Mächtigste, Du allein der Genügendste und

Reichste, Du allein der Holdseligste und Trostreichste, Du allein der Schönste und Liebreichste, Du allein der Edelste und Glorreichste über alles, in welchem alle Götter vereint und vollkommen sind und waren und sein werden.

Und darum ist wenig und unzureichend alles, was Du außer Dir selbst mir schenkest, oder offenbarest, oder verheißest von Dir, wenn ich Dich selbst nicht sehe und völlig verlange.

Denn mein Herz kann nicht wahrhaft ruhen, noch gänzlich befriedigt werden, es ruhe denn in Dir und erhebe sich über alle Gaben und alles Erschaffene.

Gebet von Thomas von Kempen, 1380–1471

Ich muß springen,
hör ich klingen,
dinen Nam, Maria;
allen Dingen
muß gelingen,
wie du willt, Maria,
du Wunschelstab, Maria.

Von dir singen,
nach dir ringen
soll diu Welt, Maria.
Wen hie twinget,
wen hie dringet
Herzeleid, der schrie:
»Hilf, milte Maget, Maria!«

Laß uns Armen
dir erbarmen
durch dines lieben Kindes Blut;
Joch bist du gut.
Was jeman tut,
davon so wöllen wir nit büßen
denn vor dinen Füßen.

Neige taugen
milte Augen
in dies bitter Jammerland,
brich Sünden Band
mit diner Hand.
Hilf, daß wir dich müssen
mit reinem Herzen grüßen.

Wie du willt, Maria von Johannes Tauler, um 1300–1361

Herr Jesus Christus, / ich komme zu dir mit allen meinen Mängeln, / Herr, / und klage sie leidvoll in meines Herzens Bitterkeit / und befehle dir mein ganzes Inneres und die Anliegen aller Menschen, / besonders derer, die es von mir wünschen. / Liebreicher Herr, / ich bitte dich, / du mögest uns taufen und lauter waschen in der Kraft deines edlen Blutes, / uns darein kleiden und wohlgefällig machen vor den Augen deines himmlischen Vaters / und also uns mit ihm versöhnen / und seines Herzens Huld gewinnen, / auf daß seiner Liebe Gunst und Geist in uns fließe / und sie allein es sei, / die unser Denken hervorbringt, / unser Wort und Werk gebäre zum Lob seines benedeiten Willens.

Gebet von Meister Eckhart, um 1260–1327

Wir danken dir, / himmlischer Vater, / daß du uns deinen eingeborenen Sohn geschenkt hast, / in dem du uns dich selber gibst und alle Dinge. / Wir bitten dich, / himmlischer Vater; / wie du uns deinen Sohn Jesum Christum gegeben hast, / durch den und in dem du keinem etwas versagen willst noch kannst, / so erhöre uns in ihm / und mach uns frei von allen unsern vielen Mängeln / und vereinige uns mit ihm in dir. Amen.

Gebet von Meister Eckhart, um 1260–1327

Sieh, Herr, / hätte ich Wunsches Gewalt, / so wäre das Allerhöchste und Begehrteste und Lustvollste, / das mein Herz und Seele erdenken könnten, / daß du mich sonderlich lieb hättest, ach, o weh, / und daß du, trauter Herr, einen sonderlich minniglichen Liebesblick auf mich hättest. / Ach, wie wohl mir dann wäre! / Seht, alle Herzen, wäre das nicht ein Himmelreich?

Herr, / deine Augen sind leuchtender denn der lichten Sonne Glanz, / o weh

Dein süßer reiner Mund, /
wem der lieblich würde kund, /
Deine lichtstrahlenden Wängelein, deine schöne Gestalt /
ob alles zeitlichen Wunsches Gewalt! /

Je mehr man dich von aller Materie entblößt, / um so minniglicher schaut man dich in lauterlicher freudebringender Wonne, / je lauterlicher man alle Anmut, Zierde und zarte Gestalt von jedem Menschen auswählt, / um so wesentlicher findet man es in dir, zartes Lieb. / Sieh, / ist etwas Minnigliches, Wohlgefallendes an irgendeinem minniglichen Menschen, / das nicht in purer Weise tausendmal minniglicher in dir, geminntes Lieb, sei?

Nun schauet, alle Herzen, seht ihn an, / ach, / seht meinem Geminnten in die Augen, / schaut: / »So ist mein Geliebter und er ist mein Freund, o Töchter Jerusalems.« Also minniglich gestaltet ist mein süßes Lieb / und er ist mein Herzens traut; / das sei euch kund, ihr Töchter von Jerusalem!

Waffen, zarter Gott, / wie selig ist der, des Lieb du bist / und der darin ewiglich bestätigt ist!

Gottesminne von Heinrich Seuse (Suso), 14. Jahrhundert

Meerstern / ich dich grüße! O Maria / hilf!
Gottes Mutter / süße! O Maria / hilf!
Maria / hilf uns allen aus unsrer tiefen Not!

Rose ohne Dornen / o Maria / hilf!
Du von Gott Erkorne / o Maria / hilf!
Maria / hilf uns allen aus unsrer tiefen Not!

Lilie ohnegleichen / o Maria / hilf!
Der die Engel weichen / o Maria / hilf!
Maria / hilf uns allen aus unsrer tiefen Not!

Hoch auf deinem Throne / o Maria / hilf!
Aller Jungfraun Krone / o Maria / hilf!
Maria / hilf uns allen aus unsrer tiefen Not!

Gib ein reines Leben / o Maria / hilf!
Sichre Reis' daneben / o Maria / hilf!
Maria / hilf uns allen aus unsrer tiefen Not!

Dich als Mutter zeige / o Maria / hilf!
Gnädig uns zuneige / o Maria / hilf!
Maria / hilf uns allen aus unsrer tiefen Not!

Hilf uns Christum flehen / o Maria / hilf!
Fröhlich vor ihm stehen / o Maria / hilf!
Maria / hilf uns allen aus unsrer tiefen Not!

Stella Maris

Es ist ein Ros' entsprungen
Aus einer Wurzel zart /
Als uns die Alten sungen /
Aus Jesse kam die Art
Und hat ein Blümlein bracht
Mitten im Kalten Winter /
Wohl zu der halben Nacht.

Das Röslein / das ich meine /
Davon Jesaias sagt /
Hat uns gebracht alleine
Marie / die reine Magd.
Aus Gottes ewigem Rat
Hat sie ein Kind geboren
Wohl zu der halben Nacht.

Von einem unbekannten Dichter

O Röschen rot,
Der Mensch liegt in größter Not,
Der Mensch liegt in größter Pein,
Je lieber möcht ich im Himmel sein.
Da kam ich auf einen breiten Weg,
Da kam ein Engelein und wollt mich abweisen,
Ach nein, ich ließ mich nicht abweisen,
Ich bin von Gott, ich will wieder zu Gott,
Der liebe Gott wird mir ein Lichtchen geben,
Wird leuchten mir bis in das ewig selig Leben.

Urlicht – Gebet eines unbekannten Dichters

Mit Segen laß mich heut aufstehn, / Herr Gott in deinem Schutze gehn / Und reiten, wohinaus mein Weg sich kehre. / Herr Christ, durch mich gib an den Tag, / Was deiner Güte Kraft vermag, / Und steh mir bei zu deiner Mutter Ehre.

Wie ihr der Engel half, der gute, / Und dir, der in der Krippe ruhte, / Jung als Mensch, als Gott so alt, / demütig vor dem Esel und dem Rinde; / Und doch mit himmlisch treuem Sorgen / Hielt dich Gabriel geborgen, / Ganz in Treue ohne Spott. / So schütz auch mich, daß man nicht falsch mich finde / Noch lässig gegen Dein Gebot.

Morgengebet – Walther von der Vogelweide, 1170–1230

Feuergeist! Preis Dir! Du wirkest auf Pauken und Harfen. Der Menschen Geist entbrennt von Dir, der Menschen Gezelte tragen ihre Kräfte.

Davon steigt der Wille empor und verleiht der Seele Geschmack; ihre Leuchte ist das Sehnen.

Mit süßem Tone ruft Dich der Geist an und bereitet Dir gar vernünftig eine Stätte, die er in goldenen Werken mühevoll aufbaut.

Du aber führst immer ein Schwert, das abzuschneiden, was der schadenbringende Apfel in schwarzem Morde hervorbringt,

Wenn der Nebel den Willen und die Strebungen bedeckt, in denen die Seele fliegt und sich allum bewegt.

Aber der Geist ist die Bindung des Willens und des Sehnens.

Reckt sich aber der Geist also empor, daß er des Bösen Pupille zu sehen sucht und zum Kinnbacken des Bösen hinstrebt, dann verbrennst du — wenn Du nur willst — ihn schnell im Feuer.

Neigt sich die Vernunft durch üble Werke zum Bösen, dann zerpreßt und zerreibst Du sie, wenn es Dir beliebt, und führst sie durch Ergießung von Erlebnissen zurück.

Zieht jedoch das Böse sein Schwert wider Dich, dann wendest Du es gegen dessen Herz zurück, wie Du beim ersten gefallenen Engel getan, wo Du den Turm seines Stolzes in die Tiefe hinabschmetterst.

Aufgerichtet hast Du einen anderen Turm unter den Zöllnern und öffentlichen Sündern, die Dir ihre Sünden und Werke bekennen.

Darum preist Dich jegliche Kreatur, die von Dir lebt, weil Du die köstlichste Salbe bist für alle Brüche und eiternden Wunden, die Du in die kostbarsten Perlen verwandelst.

Und nun würdige Dich, uns alle bei Dir zu versammeln und auf den rechten Weg zu führen. Amen.

Hymnus zu Ehren des Heiligen Geistes
von Hildegard von Bingen, 1098–1179

In Gottes Namen fahren wir,
seiner Gnaden begehren wir,
das helf uns die Gottes Kraft
und das heilige Grab,
da Gott selber inne lag!
Kyrieleison!

Kyrieleis, Christeleis!
Das helf uns der heilig Geist
und die wahre Gottes Stimm,
daß wir fröhlich fahrn von hinn!
Kyrieleison!

Nu helf uns das Heilige Grab
und der sich durch uns darein gab
mit seinen hehren Wunden:
daß wir zu Jerusalem funden
werden fröhliche
und in dem Himmelreiche
Gott gebe uns den werten Lohn
und singen: Kyrieleison!

Christ Herre! du bist gut.
Nun hilf uns durch dein reines Blut,
durch deine hehren Wunden:
daß wir fröhlichen werden funden,
da süße ist der Engel Ton
in dem Reiche: Kyrieleison!

Gesang der Kreuzfahrer, 12. Jahrhundert

Da ward es manchem kund
über die weite Welt. Wächter erst erfuhren's,
Die bei den Pferden im Freien waren,
Hütende Hirten, die bei den Rossen hielten
Und dem Vieh auf dem Felde. Die sahn, wie die Finsternis

In der Luft sich zerließ und das Licht Gottes brach
Wonnig durch die Wolken, die Wärter dort
Im Felde befangend. Da fürchteten sich
In ihrem Mut die Männer. Sie sahen den mächtigen
Gottesengel kommen, und gegen sie gewandt
Befahl er den Feldhirten: »Fürchtet nicht für euch
Ein Leid von dem Lichte! Liebes«, sprach er, »soll ich
Euch in Wahrheit sagen und sehr Erwünschtes
Künden, von mächt'ger Kraft: Christ ist geboren
In dieser selben Nacht, der selige Gottessohn
Hier in Davids Burg, der Herr der gute.
Des mag sich freuen das Menschengeschlecht;
Es frommt allen Völkern. Dort mögt ihr ihn finden
In der Bethlehemsburg, der Gebornen Mächtigsten.
Zum Zeichen habt euch das, was ich erzählen mag
Mit wahren Worten, daß er bewunden liegt,
Das Kind, in einer Krippe, ob ein König über alles,
Über Erd' und Himmel und der Erde Kinder,
Der Walter dieser Welt.« Wie er das Wort noch sprach,
So kam zu dem einen der Engel Unzahl,
Eine heilige Heerschar von der Himmelsau,
Ein fröhlich Volk Gottes. Viel sprachen sie,
Manches Lobwort dem Herrn der Lebenden,
Erhoben heiligen Sang und schwebten zur Himmelsau
Dann wieder durch die Wolken. Die Wärter hörten
Wie der Engel Schar den allmächtigen
Gott mit wahrhaften Worten priesen:
»Lob sei«, laute das Lied, »dem Herrn
Hoch im höchsten Reiche der Himmel
Und Friede auf Erden den Völkern allen,
Den gutwilligen, die Gott erkennen
Mit lauterm Herzen.«

Anbetung der Hirten, aus dem »Heliand«

Das erfuhr ich als der Menschen größte Weisheit:
Daß unten die Erde nicht war noch oben der Himmel;
Weder Baum war noch Berg
Nicht schien golden die Sonne
Noch widerglänzte der Mond auf dem herrlichen Meer;
Da kein Anfang noch war von Enden und Wenden,
Da war nur der eine allmächtige Gott,
Der Mannen mildester, und mit ihm viele
Herrliche Geister. Und Gott, der heilige ...
Allmächtiger Gott, der Du schufest Himmel und Erde
Und der Du Menschen so viel Gutes gegeben,
Gib mir in Deiner Gnade rechten Glauben und guten Willen,
Weisheit und Klugheit und Kraft,
Den Teufeln zu widerstehen, das Böse zu meiden
Und Deinen Willen zu tun.

Das Wessobrunner Gebet

Heil dir, Tag! / Heil euch, Tagsöhne! / Heil, Nacht und Nachtkind! / Mit holden Augen / Schaut her auf uns / Und gebt uns Sitzenden Sieg!

Heil euch, Asen! / Heil euch, Asinnen! / Heil dir, fruchtschwere Flur! / Rat und Rede / Gebt uns ruhmreichen beiden / Und heilkräftige Hände!

Altgermanisches Gebet aus der Edda

... Dann finden im Glanzgefild sich die Götter
Den riesigen Weltumwinder zu richten,
Uralter Runen des obersten Redners
Und mancher mächtiger Mahnung gedenk.
Auch werden sie wieder die wundersamen
Goldenen Täflein im Grase treffen,
Mit denen zur Urzeit sich unterhalten
Wodan und all sein Asengeschlecht.

Unbesät werden die Äcker bewachsen,
All Böses wird besser; auch Balder kehrt heim,
Und mit ihm wohnt Hader im Hause des Mächt'gen.
Wohl ist den Walgöttern! – Wißt Ihr davon? – –

Und strahlender seh' ich ihn steh'n als die Sonne,
Da droben auf Gimel, mit Golde gedeckt,
Den Saal, wo die Wackern als Selige wohnen
Und Wonnen ernten in Ewigkeit.
Denn es kommt ein Reicher zum Kreise der Rater,
Ein Starker von Oben beendet den Streit.
Mit schlichtenden Schlüssen entscheidet er Alles;
Bleiben soll ewig, was Er gebot. –

Der Wala Wahrwort – Preisung aus der Edda

O lobet, zu loben, in Gottes Namen loben!
O lobet, zu loben, in unsrer Frauen Namen loben!
O lobet, zu loben, in aller Heiligen Gottes Namen loben!
Gott und der heilige Wendel, Sankt Martin, Sankt Blesi
Und der vielseitige Landesvater Niklaus
Wollen auf dieser Alp die lieb Herbrig halten.
Das ist das Wort, das weiß Gott wo.
Hier auf dieser Alp steht ein goldener Thron,
Darin da wohnt die lieb Mutter Gottes
Mit ihrem Sohn und ist mit Gnaden übergossen,
Hat die heilige Dreifaltigkeit unterm Herzen verschlossen.
Das erste ist Gott Vater, das zweite der Sohn,
Das dritte Gott, der heilig Geist, Amen.
Ave Maria, herzallerliebste Mutter Maria!
Lieber Herr Jesu Christ!
Behüte uns Vieh, Seel und Leib,
Ehr, Guet und alles,
Was über diese Alpe geht und ist!
O lobet zu loben!
All Schritt und Tritt in Gottes Namen loben!

Schweizer Alpsegen

Herr, nun selbst den Wagen halt, / Bald abseits geht sonst die Fahrt, / Das brächt Freud dem Widerpart / Der dich veracht't so freventlich.

Gott, erhöh' deins Namen Ehr; / Wehr' und straf' der Bösen Grimm, / Weck' die Schaf mit deiner Stimm', / Die dich liebhaben inniglich.

Hilf, daß alle Bitterkeit / Scheid', o Herr, und alte Treu' / Wiederkehr' und werde neu, / Daß wir ewig lobsingen dir.

Zwinglis Kappeler Gebetslied, 1531

Vater unser, ewiger Vater der Barmherzigkeit, du bleibst immer ein lieber, getreuer Vater deinen gläubigen und gehorsamen Kindern und hast dich selbst zum Diener und Helfer der armen Menschen auf dieser Erde gemacht: laß uns von unseren Sünden bekehrt, deine gehorsamen Kinder sein!

Wir bitten dich, himmlicher Vater, für alle Gläubigen; laß sie durch deine Erkenntnis und die Heiligung ihres Lebens einen dir wohlgefälligen Wandel führen, daß wir nimmer geschieden werden von deinem Reiche, sondern dein göttlicher Name von uns und in uns geheiligt werde zu Lob und Ehren deiner Majestät.

Herr Jesu Christe, wir bitten dich nicht um das Reich der Welt, das vergänglich und zeitlich ist, sondern wir bitten dich um das Reich, das immerfort währet, darin kein Mangel und kein Gebrechen sein kann und wo die lieben Engel dich schauen und loben von Angesicht zu Angesicht.

Dein göttlicher Wille, der allzeit heilig und heilsam ist, werde vollkommen an uns vollbracht, in Reichtum wie auch in Armut, in Trübsal wie in Wohlfahrt, im Leben wie auch im Sterben.

Getreuer Herr Jesu Christe, wir bitten dich auch, daß du uns gnädig erhaltest und uns dich selbst zur geistlichen Speise gebest, daß wir mit dir vereinigt bleiben.

Vergib uns unsere Schuld! Nachdem wir allen vergeben, die uns auf Erden Leid und Unrecht getan, wollest auch du uns alles vergeben, was wir gesündigt haben wider deinen göttlichen Willen und unsere Nächsten.

Und weil wir Menschen hienieden schwach sind, so behüte uns, Herr, vor allen schädlichen Anfechtungen, vor Teufels Arglist, Fleisches Begierden und der Welt Falschheit und Trug.

Und erlöse, Herr Gott, mich selbst und alle Christen von dem Übel des Leibes und der Seele. Amen.

Pater Noster des Niklaus von Flüe, 1417–1487

Vater, nimm unseren Geist jetzt schon in deine Gewalt, während wir deines Dienstes noch warten auf Erden. Zerstreue die düstern Nebel, welche aus der Erde stammen und aus dem eigenen geängstigten Gemüt.

Erleuchte uns mit deiner Weisheit, daß in deiner Wahrheit wir alle Dinge sehen, und für alles das rechte Wort finden, für uns und andere und zu jeder Zeit. Erfülle uns mit deiner Kraft, die nie müde, nie matt den Glauben an die Untrüglichkeit deiner Verheißungen festhält in jeder Prüfung. Laß uns nie untergehen die Hoffnung, daß nie nutzlos sei, was in deinem Namen getan wird, daß nie täusche das Vertrauen, das auf dich gesetzt wird.

Brenne an in unsern Herzen als heiliges Feuer die Liebe, die langmütig ist und freundlich, nicht mißgünstig ist, nicht Mutwillen treibt, sich nicht aufbläht. Die Liebe, die sich nicht ungebärdig stellt, nicht das Ihre sucht, sich nicht verbittern läßt, nicht nach Schaden trachtet. Die Liebe, die sich nicht freut an der Ungerechtigkeit, sondern an der Wahrheit. Die Liebe, die Alles verträgt, Alles glaubet, Alles hoffet, Alles duldet.

Diese Liebe gib uns, o Vater, als Begleiterin auf unserer Lebensbahn, sie verkläre unser Herz und unser Leben, von hier aus flamme ihre Verklärung über unser Haus und unsere Gemeinde. Sie heilige all unser Tun, mildere unsern Eifer, sei unsere Trösterin bei den Urteilen der Welt und unseres Gewissens Gericht. Sie sei unsere Sonne, wenn es dunkel wird für uns auf Erden, und wenn der Leib zerfällt, so sei sie unsere Brücke, auf welcher der entbundene Geist in deine Arme eilt, o Vater, der du die Liebe bleibst von Ewigkeit zu Ewigkeit.

Schweizer Gebet von Jeremias Gotthelf, 1797–1854

Allerheiligste Dreifaltigkeit, ein einiger Gott in drei Personen, ich glaube fest, daß Du hier zugegen bist. Ich bete Dich in tiefster Demut an, ich lobe und preise Dich aus allen meinen Kräften.

Danke Gott für alle empfangenen Wohltaten und opfere dich selbst Ihm auf.

Ich danke Dir, o freigebiger Gott, vom Grunde meines Herzens für alle Gnaden, die ich jemals von Dir empfangen habe. Deine unendliche Güte hat mich diese Nacht vor allem Übel bewahrt und mir aufs Neue einen Tag geschenkt. Wie kann ich Dir, o höchstes Gut, meine Dankbarkeit besser erweisen, als dadurch, daß ich diesen Tag in Deinem heiligen Dienste allein zubringe? Alle meine Gedanken, Worte, Werke und Leiden sollen also heute Dir allein geopfert sein. Segne sie, o heiliger Gott, damit sie durch Deine göttliche Liebe geheiligt werden und zu Deiner Ehre und zu meinem Heile gereichen mögen.

Fasse einen festen Entschluß, die Sünde zu meiden und die Tugend zu üben.

Liebreichster Jesu, Du göttliches Muster der Vollkommenheit, nach welcher ich trachten soll, mit Hilfe Deiner Gnade will ich mich befleißigen, Dir in Allem nachzuahmen, damit ich sanftmütig, demütig, keusch, eifrig, geduldig, liebreich und willig werde, wie Du es gewesen bist. Besonders aber werde ich mir alle Mühe geben, mich vor jener Sünde zu hüten, die ich so oft begangen habe und von ganzem Herzen zu meiden wünsche.

Begehre von Gott die notwendige Gnade, dich zu bessern.

Dir, o Gott, ist meine Schwachheit bekannt. Ich vermag Nichts ohne Deine Gnade, versage mir sie nicht, o mein Gott, und stärke mich nach meinem Bedürfnisse. Gib mir Kraft genug, um alles Böse zu meiden, das Du mir verbietest, alles Gute zu tun, das Du von mir verlangest, und alles Kreuz mit Geduld zu tragen, das Deine barmherzige Vorsehung mir zuschicken wird.

Morgenandacht von François de Fénelon, 1651—1715

O mein Herr Jesus, der Du mir befiehlst, ohne Unterlaß zu beten, gib mir Gnade, solches zu tun, gewähre es mir auch für die Seelen, die Du mir anvertraut hast. Du, o göttliches Wort, bist selbst in uns dieses immerwährende und unablässige Gebet. Du, o göttliches Lamm, bist das Licht, das den ganzen Himmel unsrer Seele erleuchtet. Ach, daß wir ja nie ein andres Gebet als Dein Gebet, ein andres Licht als Dein Licht, eine andre Liebe als Deine Liebe haben möchten! Im Gebet zu Dir, o mein Gott, ist Anschauen und Lieben eins. Laß mich so vollkommen und innig zu Dir beten, daß ich mich selbst vergesse und nicht weiß, daß ich bete, weil nur Du in mir bist! Amen.

Mystisches Gebet von Jeanne Marie Bouvier de la Mothe-Guyon

Gnade, mein Gott, Gnade! Ich bitte Dich um Gnade und gänzliche Erlassung meiner Sünden im Namen Deines Eingeborenen, unseres Herrn Jesu Christi, der meines Heiles wegen am Kreuze gestorben ist. Auf Ihn setze ich meine ganze Hoffnung. Heute, o mein Gott, erneuere ich den Eid der Treue, den ich Dir in meiner Taufe geschworen habe; jetzt also, wie damals, widersage ich dem Teufel, der Welt und dem Fleische mit allen ihren Werken, Üppigkeiten und Gelüsten für meine ganze übrige Lebenszeit, o mein unendlich gütiger, barmherziger Gott! Ja, in dieser Absicht weihe ich Dir, o mein Gott, meine Seele mit allen ihren Kräften, mein Herz mit allen seinen Wallungen, meinen Leib mit allen seinen Sinnen und beteuere, daß ich von keinem Teil meines ganzen Wesens gegen den Willen Deiner göttlichen Majestät Gebrauch machen will. Sollte ich aber, ach, durch die Arglist meines Feindes betrogen, oder durch eine menschliche Schwäche verleitet, ermangeln, treulich mit Deiner Gnade mitzuwirken und meinem Vorsatz gemäß zu handeln, so verspreche ich Dir, keinen Augenblick zu versäumen, um mit der Gnade des heiligen Geistes mich von dem Falle wieder zu erheben.

Dieses ist mein unveränderlicher Entschluß, meine unwiderrufliche Willensmeinung, ohne Rückhalt und ohne Ausnahme ausgesprochen. Würdige ewiger, allmächtiger, unendlich gütiger Gott, Vater, Sohn und heiliger Geist, dieses in meinem ganzen Wesen bestehende Opfer zum lieblichen Wohlgeruche anzunehmen. Und da Du mir die Gnade verliehen, jene Entschlüsse Dir zum Opfer zu bringen, so verleihe mir auch Gnade nach Deiner unendlichen Güte, daß ich sie alle vollziehen möge. O Gott, Du bist mein Gott, der Gott meines Herzens, der Gott meines Geistes, der Gott meiner Seele! Ich bete Dich an, ich liebe Dich, ich will Dich anbeten und lieben in alle Ewigkeit. Es lebe Jesus! Amen.

Gebet um Gnade von François de Sales, 1567—1622

HOLLAND

Gott, o unendlich ewiges Wesen, / von allem, was da west und lebt, / o du von keinem ausgepriesen, / was je gelebt und ferner lebt, / den Geist und Sinn nicht erreichen — / vergib, da dich kein Wort ermißt, / daß weder Bild noch Zung' noch Zeichen, / dich melden kann. Du warst, du bist, / du bleibst du selbst; auch Engelrede / und Wissen, schwach und ungewandt, / entheiligt nur und ist zu blöde. / Denn jeglich Ding ist zubenannt, / du nie und nirgend. Wer darf wagen, / zu nennen dich, und wer vermißt / sich zu Orakel, dich zu sagen? / Du bist allein der, der du bist, / dir selbst erkannt, die selbst erkenntlich, / und niemand sonst. Denn wer gewahrt / der Ewigkeiten Glanz, unendlich, / wem ward solch Licht geoffenbart? / Wir Menschen werden und veralten / in unserm Sein, du nimmermehr, / dein Wesen muß uns unterhalten. / Erhebt die Gottheit, singt ihr Ehr'! / Heilig, heilig, nochmals heilig, / dreimal heilig, Ehr' sei Gott! / Außer Gott ist nichts gedeihlich, / heilig ist sein hehr Gebot. / Sein Geheimnis uns verbinde, / was er will, das habe statt, / daß man überall verkünde: / heilig ist des Höchsten Rat.

Gebet des Dichters Jost van den Vondel, 1587—1679

ENGLAND

O Gott, Schöpfer und Erhalter der ganzen Menschheit, wir bitten Dich flehentlich und demütig für alle Menschen: daß es Dir gefallen möge, sie Deine Wege zu lehren, damit sie allen Völkern zum

Heile gereichen. Insbesondere bitten wir Dich für die Erhaltung der katholischen Kirche; daß sie, geleitet und behütet in Deinem Geiste, alle, die sich als Christen bekennen, auf dem Wege der Wahrheit führe, auf daß alle in der Einheit des Geistes, in Frieden und Rechtschaffenheit, am Glauben festhalten. Endlich empfehlen wir Deiner väterlichen Güte all jene, welche in irgendeiner Weise, sei es geistig, körperlich oder sonstwie, bedrängt oder betrübt sind: daß es Dir gefallen möge, sie, entsprechend ihrer jeweiligen Bedürfnisse, zu trösten und ihre Leiden zu lindern; gewähre ihnen Geduld in ihren Leiden und einen glücklichen Ausgang all ihrer Trübsal. Dieses bitten wir Dich im Namen Jesu Christi. Amen.

Anglikanisches Gebet für alle Lebenslagen

Gott, unser Vater, Du Sucher der menschlichen Herzen, hilf uns, daß wir zu Dir kommen in Aufrichtigkeit und Wahrheit. Stärke und vermehre unsere Bewunderung für ehrliches Handeln und sauberes Denken, dulde nicht, daß unser Haß gegen Heuchelei und falschen Schein sich jemals verringere. Ermutige uns in unserem Bemühen, über dem gemeinen Durchschnitt zu leben. Laß uns den schweren Weg des Rechtes statt den leichteren des Unrechts wählen, und laß uns nie zufrieden sein mit einer halben Wahrheit, wenn die ganze gewonnen werden kann. Schenke uns Mut, der geboren wird aus der Hingabe an alles Edle und Würdige, der verschmäht, sich mit Laster und Ungerechtigkeit einzulassen, und der keine Furcht kennt, wenn Wahrheit und Recht in Gefahr sind.

Hilf uns in unserer Arbeit und bei unserem Spiel, uns körperlich gesund, geistig wach und moralisch gefestigt zu halten, damit wir um so besser die Ehre unseres Banners wahren können, unbefleckt und unbeschmutzt, und uns wie Männer bemühen, unsere Ideale in der Erfüllung unserer Pflichten gegen Dich und unser Land zu verwirklichen. Um alles dies aber bitten wir Dich im Namen des großen Freundes und Meisters der Menschen, Jesu Christi, unseres Herrn, der mit Dir lebt und herrscht in der Einheit des Heiligen Geistes, Gott von Ewigkeit zu Ewigkeit, Amen.

Gebet der englischen Kadetten

Ich brauche dich, / daß du mich lehrest Tag um Tag, nach jeden Tages Forderung und Nöten. / Gib mir, / o Herr, / die Klarheit des Gewissens, / die allein nur deinen Einhauch fühlen und begreifen kann. / Meine Ohren sind taub, / ich kann deine Stimme nicht vernehmen. / Meine Augen sind trüb, / ich kann nicht deine Zeichen sehn. / Du allein kannst mein Ohr schärfen und meinen Blick klären, / und reinigen und erneuern mein Herz. / Lehre mich zu deinen Füßen sitzen / und hören auf dein Wort. Amen.

Gebet von John Henry Newman, 1801—1890

O mein Gott, / du und du allein bist allweise und allwissend. / Ich glaube, / daß du weißt, / was das Beste ist für mich. / Ich glaube, / daß du mich mehr liebst als ich mich selbst, / daß du allweise bist in deiner Vorsehung / und allmächtig in deinem Schutz. / Ich danke dir aus ganzem Herzen, / daß du mich meiner eigenen Hut entrissen / und mir befohlen hast, / mich in deine Hand zu geben. / Ich kann nichts Besseres wünschen als deine Bürde zu sein / und nicht meine eigene. / O Herr, / durch deine Gnade will ich dir folgen, wohin immer du gehst, / und will dir auf deinem Wege nicht vorgreifen. / Ich will warten auf dich, auf deine Führung, / und wenn ich sie erlangt habe, / will ich in Schlichtheit handeln und ohne Furcht. / Und ich verspreche, / daß ich nicht ungeduldig sein will, / wenn du mich je einmal in Dunkelheit und Verwirrung lässest; / noch will ich klagen oder mich erzürnen, / wenn ich in Unglück falle oder Angst. Amen.

Gebet von John Henry Newman

IRLAND

Mögen deine heiligen Engel, o Christus, / Sohn des lebendigen Gottes, / Unsern Schlaf, unsere Ruhe, / unser schimmerndes Lager bewachen.

»Die Auferstehung Christi« von Mathias Grünewald (eigentlich Mathis Nithart). Isenheimer Altar, Colmar/Elsaß, um 1512–1515.

Mögen sie uns in unserem Schlummer wahre Traumbilder zeigen, / O hoher Fürst des Weltalls, großer, geheimnisvoller König!

Weder Dämonen, noch Unheil oder Verderben, noch böse Träume / Mögen unsere Ruhe, unsern tiefen festen Schlaf stören.

Heilig möge unser Erwachen sein, unsere Arbeit und unser Tagewerk, / Wie unser Schlaf und unsere Rast, ohne Störung und ohne Unterlaß.

Altirisch-Keltisches Abendgebet, um 1000 n. Chr.

DÄNEMARK

Herr! Ich bin in dieses, Dein Haus gekommen, um zu hören, was Du, Gott Vater, mein Schöpfer, Du Herr Jesus, mein Erlöser, Du guter heiliger Geist, mein Tröster in Leben und Tod, zu mir sagen wirst. Eröffne nun durch Deinen heiligen Geist um Jesu Christi willen mein Herz, so daß ich aus Deinen Worten lernen kann, meine Sünden zu bereuen, in Leben und Tod an Jesus zu glauben und mich jeden Tag in einem heiligen Leben und Lebenswandel bessere. Dies höre und erhöre, Gott, durch Jesus Christus! Amen.

SCHWEDEN

Sonne, die mir floh! / Über Bergeshöhn / Kann ich wieder froh / Deine Strahlen sehn. / Ich will beten mit den Myriaden, / Die im Strom des Morgenlichts sich baden.

Nimm mich, Gott, empor / In dein Himmelszelt! / Öffne mir das Tor / Zur Gesangeswelt! / Laß die Bilder, die dein Reich beleben, / Klar vor meinem ird'schen Auge schweben! . . .

Altarflügel des niederländischen Malers Joos van Cleve (15./16. Jh.). Die Stifter Nicasius und Georg Hackeney mit den hll. Nicasius und Georg. München, Alte Pinakothek.

Gib mir Kraft und Mut, / Zu verachten recht / Torenübermut / Und ein klug Geschlecht, / Das belächelt, was die Dichter malen / Ob es auch getaucht in deine Strahlen ...

O, du kennst und weißt, / Wie dich liebt mein Herz; / Ziehe drum den Geist / Zu dir himmelwärts! / Macht und Ehre, und des Goldes Schimmer / Trennen mich von deinem Reiche nimmer.

Ja, du hörst mein Flehn; / Nimm ein Lob auch an! / Deine Welt so schön! / Blau des Himmels Plan! / Geister flüstern aus der Bäume Zweigen; / In den Lüften klingen Harfenreigen!

Kurz ist nur die Zeit, / Und die Kunst so lang, / Und die Bahn so weit; / Auf denn, zum Gesang! / Myriaden, lauscht dem Himmelsklange! / Gott erscheint im Licht und im Gesange.

Morgengesang des Dichters und Bischofs Esaias Tegnér, 1782–1846

Lob sei dir, Herr Gott, der du bist und warst ohne Ende. Wir sind dein eigen und loben und ehren dich. Denn du hast uns geschaffen, daß wir uns freuten in dir, und hast uns dein unaussprechliches Licht gegeben, in dem wir dich ewig genießen sollen ...

Herr, laß deine Liebe walten über dem Werk deiner Hände, dem Menschen!

Du bist allein zu fürchten in deiner unermeßlichen Allgewalt, du bist allein zu ersehen in deiner Liebe, du bist allein zu lieben in deiner unwandelbaren Stetigkeit. Darum sollst du gelobt sein ohne Ende.

Lobpreisung der hl. Birgitta von Schweden, 1303–1373

NORWEGEN

Ich fühl in mir / Den Drang nach dir, / Du Harmonie im All entfaltet! / Bin ich verbannt? / Hast du erkannt, / Daß sich mein Eigen schlecht verwaltet? / Denn ohne Kraft, / Bald feig erschlafft, / Bald in Verzweiflung sieh mich beten, / Daß Trost und Gnad', / Ein Ruf, ein Rat / Mich aufhebt, wo du mich zertreten. / Gott, hör' mein Wort! / Stoß mich nicht fort / Von Hoffen auf mein Ziel und Streben! / Mein Stern lischt aus; – / Von mächtigem Graus / Sind meine Schritte nun umgeben. / Im öden Sinn / Wogt her und hin / Ein Schwarm von schreckensvollen Geistern / Ihr, oft verjagt, / Was wollt ihr, sagt? / Nur heut kann ich sie nicht bemeistern. / Ach, Friede, komm! / Laß glaubensfromm / Des Lebens starkes Band mich tragen! / Laß nicht nach mir / Vergebens hier / Mich zweifelnd suchen, rufen, fragen!

Psalm des Dichters Björnstjerne Björnson, 1832–1910

ISLAND

Du bist, Gottvater, mein Vater!
Im Namen Jesu, meines Heilandes,
leite mich Deine Hand auf allen Wegen,
damit ich jede Sünde vermeide!

Gebet von Hallgrímur Petúrsson, 1614–1674

FINNLAND

Akko, du, o Gott, der Höhe, / Alter Vater in dem Himmel, / Der du durch die Wolken redest, / Durch die Luft dich offenbarest! / Reiche mir ein Schwert von Feuer, / Und von Feuer sei die Scheide, / Daß der Not ich widerstehe, / Daß das Unheil ich bezwinge, / Daß die Zaubrer aus der Erde, / Aus dem Wasser ich vernichte, / Alle, die mir gegenüber, / Alle, die im Rücken stehen, / Überm Haupte an den Seiten, / Rings um mich an allen Enden, / Daß in ihren Pfeil die Zaubrer, / In das eigne Messer stürzen, / Daß in ihres Schwertes Scheide / Bannend ich die Bösen werfe.

Gebet aus dem Nationalepos Kalewala, nach 1300

Allmächtiger, milder Gott, wir danken dir, daß du mit deiner kraftvollen Hand unser Volk geleitet und ihm die Freiheit gegeben hast. Von dir haben wir dieses Land empfangen. Hier hast du unsere Väter werken lassen, hier Heime uns bereitet, hier wuchsen unsere Kinder auf. Du ließest unsere Felder wachsen. Es durfte unser Volk von Glied zu Glied sich deiner Güte freuen. Ob Heimsuchung, ob Wohlergehen — es kam von dir. Du warst unser Schutz von Geschlecht zu Geschlecht. Gelobt sei dein Name. Wir flehen dich an: sei mit uns, wie du mit unseren Vätern gewesen. Laß deine Gnade stets über Finnlands Erde leuchten, auf daß Wahrheit und Ehre hier ihre Stätte haben! Schenk uns Begnügen mit unserem Los! Schenk Eintracht uns und Einigkeit! Gib deinen Segen denen, die unsres Vaterlandes Bestes wollen, die Pläne aber der Ruchlosen, die Unheil ihm ersinnen, mach zuschanden.

Für dieses Land laß leben uns und sterben!
Erhöre uns, durch Jesus Christus, unseren Herrn!

Laß Deine Gnade stets über Finnland leuchten

ITALIEN

Heiliger Gott, Du bist der heilige Herr, alleiniger Gott,
der Wundertaten vollbringt.
Du bist der Starke, Du bist der Große, Du bist der Höchste.
Du bist der allmächtige König, Du heiliger Vater, bist König des Himmels und der Erde.
Du bist dreifaltig und einer, Herr Gott, Allgütiger.
Du bist gut, über alles gut, lebendig und wahr.
Du bist die Liebe und der geliebten Minne Ziel.
Du bist die Weisheit, Du bist die Erbarmung, Du bist die Langmut.
Du bist Sicherheit, Du bist Ruhe, Du bist Freude und Glück.
Du bist Maß und Gerechtigkeit, Du aller Reichtum.
Du bist die Schönheit, Du bist die Milde.
Du bist Schützer, Hüter und Schirmherr.
Du bist Kraft und Erquickung zumal.

Du unsre Hoffnung, Du unser Glaube, Du unsre große Wonne.
Du unser ewiges Leben, Großer, Wunderbarer, Herr, allmächtiger Gott und barmherziger Heiland.
Dir sei Lob und Preis in alle Ewigkeit. Amen.

Gebet von Franz von Assisi, 1182—1226

Du Höchster, Allmächtiger, Einzig-Guter,
Dein ist der Lobpreis und Ruhm, die Ehre und jegliches Benedeien.
Dir allein, Höchster, gebühren sie.
Und keiner der Menschen ist wert, dich im Munde zu führen.
Sei gelobt, mein Herr, mit all deinen Kreaturen.
Sonderlich mit der hohen Frau, unsrer Schwester, der Sonne,
Die den Tag macht und mit ihrem Licht uns leuchtet.
Wie schön in den Höhn und prächtig in mächtigem Glanze
Bedeutet sie, Herrlicher, dich!
Sei gelobt, mein Herr, für Bruder Mond und die Sterne,
Die du am Himmel geformt in köstlich funkelnder Ferne.
Sei gelobt, mein Herr, für Bruder Wind
Und für Luft und Gewölk und heitres und jegliches Wetter,
Wodurch du belebst die Kreaturen, daß sie sind.
Sei gelobt, mein Herr, für die Schwester Quelle,
Die so nützlich ist, gering und köstlich und keusch und helle.
Sei gelobt, mein Herr, für Bruder Feuer,
Durch den du erleuchtest die Nacht.
Sein Sprühn ist kühn, heiter ist er, schön und gewaltig stark.
Sei gelobt, mein Herr, durch unsere Schwester, die Mutter Erde,
Die uns versorgt und nährt
Und zeitigt allerlei Früchte und farbige Blumen und Gras.
Sei gelobt, mein Herr, für jene, die verzeihen aus Liebe zu dir,
Und Elend tragen und Mühsal.
Selig jene, die dulden im Frieden,
Weil sie von dir, o Höchster, die Krone empfangen.
Sei gelobt, mein Herr, für unsern Bruder Tod, den herben,
Dem kein Lebender entrinnen kann.
Weh, auch denen, die sterben in Todessünden.

Selig jene, die sich gefunden in deinem heiligsten Willen,
Denn ihnen kann der zweite Tod nicht an.
Lobet und preiset meinen Herrn voll Dankbarkeit
Und dienet ihm in aller Niedrigkeit!

Der Sonnengesang von Franz von Assisi

Gewähre mir, / ich bitte dich, / Allmächtiger und Allerbarmer Gott, / die Gnade, glühend zu ersehnen, / weise zu erforschen / und vollkommen zu erfüllen, / was immer wohlgefällig ist vor dir. Lenke meinen Weg in der Welt zum Ruhme deines Namens. / Und gewähre mir für alles, / was du von mir verlangst, / die rechte Einsicht, Willen und Vermögen, / daß ich es so vollbringe, wie ich soll, / und laß meinen Weg zu dir, / ich bitte dich, / sicher, gerade und vollkommen sein bis zum Ende. Gib mir, o Herr, ein festes Herz, / das keine unwürdige Leidenschaft niederzieht; / gib mir ein aufrechtes Herz, / das kein niedriges Streben auf Abwege bringen kann. / Erfülle mich auch, o Herr, / mein Gott, / mit Verstand, dich zu erkennen, / mit Eifer, dich zu suchen, / mit Weisheit, dich zu finden, / mit einer Treue, daß ich am Ende dich umarmen darf. Amen.

Gebet des hl. Thomas von Aquin, 1224–1274

Ich bete an und beuge, / Gottheit, mich vor dir: / Du, der Tiefgeheime, / Weilt in Zeichen hier. / All mein Wesen neigt sich, / Gibt sich ganz dahin, / Weil ich, dich betrachtend, / Nichts als Armut bin.

Auge, Mund und Hände / Trügen sich in dir, / Doch der Schall der Botschaft / Offenbart dich mir. / Alles will ich glauben / Gottes wahrem Sohn, / Seiner Rede lausch ich / Als der Wahrheit Ton.

Einst verbarg am Kreuze / Sich der Gott in dir, / Nun verhüllt der Mensch auch / Sich dem Auge hier. / Gläubig sei umfangen, / Hohe Zwienatur! / Wie der Schächer seufz ich / Nach der ewigen Flur.

Ach, mein Thomasauge / Sieht kein Wundenrot, / Dennoch ruft mein Glaube: / Du, Herr, bist das Brot. / Tief und tiefer werde / Dieser Glaube mein, / Tiefer laß die Hoffnung, / Laß die Liebe sein!

Heiliges Gedächtnis / An des Herren Tod, / Köstlich uns belebend, / Du lebendig Brot: / Gnädig werde Nahrung / Meinem Geiste du, / Daß er dein sich freue / Wonnig immerzu!

Du, dem Pelikane / Gleicher Jesus mein, / Wasche, der ich unrein, / Blutender, mich rein. / Dieses Bluts ein Tropfen / Ist der Welt genug, / Gnädig tilgt er alle / Frevel, die sie trug.

Jesus, meinem Auge / Bist du hier verhüllt, / Mein Verlangen betet, / Daß es einst sich stillt: / Unverhüllt erscheine, / Glorien-Angesicht, / Daß ich selig schaue / Dich in deinem Licht! / Amen.

Eucharistischer Hymnus des Thomas von Aquin

Wer gibt mir, / daß ich Ruhe finde in dir? / Wer gibt mir, / daß du kommest in mein Herz und es trunken machest, / daß ich vergesse meine Sünden und dich umfange, / du mein einziges Gut?

Was bist du mir? / Erbarme dich, / damit ich's sagen kann! / Und ich, / was bin ich dir, / daß du geliebt sein willst von mir, / und, tät ich's nicht, / mir zürntest und drohtest ohne Maß? / Ist nicht schon des Elends genug, / dich nicht zu lieben? / Ach, ich Armer! / Sag mir um deiner Barmherzigkeit willen, / Herr, mein Gott, / was du mir bist!

»Sprich zu meiner Seele: / ich bin dein Heil.« / Sprich so, daß ich höre! / Sieh, / die Ohren meines Herzens sind vor dir, / Herr, / öffne sie und »sprich zu meiner Seele: / ich bin dein Heil«. / Nachlaufen will ich hinter diesem Worte und dich fassen. / Verbirg dein Angesicht nicht vor mir; / sterben will ich: / nicht zu sterben, dein Angesicht zu schauen!

Eng ist das Haus meiner Seele, / in das du kommen magst zu ihr: / erweitere es! / Baufällig ist es: / erneuere es! / Es bietet ein Ärgernis deinen Augen, / ich weiß und bekenne es. / Aber wer wird es reinigen? / Zu wem andern soll ich rufen als zu dir: / »Von meinen verborgenen Sünden reinige mich, / Herr, / und vor fremden Sünden behüte deinen Knecht! / Ich glaube, / und darum rede ich.« / Herr, / du weißt es. / »Hab ich dir nicht meine Sünden bekannt wider mich selbst, / mein Gott, / und du hast mir vergeben die Bosheit meines Herzens?« / Ich rechte nicht über das Urteil mit dir, / der du die Wahrheit bist; / und ich will mich nicht selbst betrügen, / daß nicht »meine Sünde sich zum eigenen Schaden lüge«. / Darum rechte ich nicht mit dir über das Urteil, / denn »wenn du acht haben wolltest auf die Missetaten, / Herr, / Herr, / wer könnte dann bestehen?«

Gebet des hl. Augustinus, 354–430

SPANIEN

Oh, Flamme der Liebe, lebendige, die du zuinnerst mich getroffen in der Seele!
Hörst du auf zu grollen endlich? Vollende denn! Vollende!
Zerreiß das morsche Gewebe, das letzte übrige, das zwischen Ihn und mich sich drängt.
Das Feuer läutert, das Schwert scheidet! Gewünschter Brand! Ersehnte Wunde! Wer ist diese sanfte Hand, die alle Schmerzen sänftigt? Edens Düfte strömen aus von ihr;
Sie tilget jede Schuld — sie heilet tötend und gibt für Tod das Leben.
Ihr flammenden Leuchten, in deren Glanz des Sommers düsterste Grotten widerglänzen —
Blind war er und mit Nacht umfangen, aber seine Finsternis ward in Licht verklärt,
Und die tote Asche schlug auf in loderndem Feuer!
Ich spüre ihn sich regen in meinem Innern, den Sanften, den Freundlichen, der nimmer von mir gewichen.
Ich spüre ihn, ich schmecke ihn, ich fühle seines Odems Wehen.
Glorie umstrahlt mich; Seligkeit umfängt mich —
Selig geh' ich unter in Liebe!

Lebendige Liebesflamme von Johannes vom Kreuz, 1542–1591

Nimm hin, o Herr, meine ganze Freiheit. Nimm mein Gedächtnis, meinen Verstand, meinen ganzen Willen. Was ich habe und besitze, hast Du mir geschenkt. Ich stelle es Dir wieder ganz und gar zurück und übergebe alles Dir, daß Du es lenkest nach Deinem Willen. Nur Deine Liebe schenke mir mit Deiner Gnade, und ich bin reich genug und suche nichts weiter. Amen.

Gebet der vollen Hingabe des Ignatius von Loyola, 1491—1556

PORTUGAL

O Jesus,
verzeihe uns unsere Sünden,
bewahre uns vor dem Feuer der Hölle,
nimm alle Seelen in den Himmel auf,
besonders jene,
die Deiner Barmherzigkeit
am meisten bedürfen.

Fátima-Bittgebet

Dieses kleine Gebet wird heute in Portugal, nach den Erscheinungen in Fatima, in den Rosenkranz eingeschaltet.

POLEN

Deine Erde, die Du im Gleichgewicht hältst,
Deine Meere, Deine Sterne,
Deine Sonne sind ein einziger Gesang:
Sei gelobet großer Gott!

Und der Mensch, den Du mit der Fülle
Deiner Gaben maßlos überschüttest,
den Du geschaffen und mit Geist begabt,
warum soll er Dich nicht loben?

Sieh! Wenn ich meine Augen trockne,
rufe ich aus meinem Herzen zu Dir,
zu Dir, meinem Herrn, den Schöpfer der Welt!
Ich suche Dich immer und überall!

Ach, als dunkle Träume mich quälten,
da ich gestern nach langem Tage einschlief,
erwachte ich wieder mit neuer Kraft.
Dafür, lieber Gott, will ich Dich loben!

Gelobt seist Du jetzt und immerdar!

Preisung

Gott, der Du die Polen während schwerer Zeit
mit Licht und Kraft begnadet,
sie in Deine Obhut genommen
und vor dem Untergange bewahrt –
vor Deinen Altar trage ich die Bitte:
Das freie Vaterland, segne es, o Herr!

Die Du vor dem Untergang bewahrt,
die kämpfenden Krieger für die heilige Sache;
Du gabst, daß im Unglück die Kraft
sich noch mehrte
und die ganze Welt Zeuge wurde!
Vor Deinen Altar trage ich die Bitte:
Das freie Vaterland, segne es, o Herr!

Vom Grabe auferstanden auf Dein heiliges Wort!
O Polen, o Freiheit, Völkerchöre jubelt:
Friedlich kreist wieder der weiße Adler
und gibt Euch Sicherheit!
Vor Deinen Altar trage ich die Bitte:
Das freie Vaterland, segne es, o Herr!

Bittgebet für das Vaterland

O Herr, zu deines Thrones Stufen / Laß dringen meiner Stimme Rufen; / Mein Gott und König, laß mein Flehen / Nicht deinem Ohr vorübergehen.

Kaum steiget aus des Meeres Welle / Der Morgenröte sanfte Helle, / Ist schon mein trüber Blick nach oben / Im brünstigen Gebet erhoben.

Wohl meint auch der, des Herz voll Sünden, / Ein Obdach einst bei Dir zu finden; / Umsonst; die Hoffnung wird ihn trügen, / Den Bösen lässest du erliegen.

Denn ob sein Mund auch Treue heuchelt / Und dir mit süßer Rede schmeichelt: / In seines Busens Grabeshöhle / Verbirgt er tief die schwarze Seele.

Du, Herr, ergründest die Verräter, / Vor dir besteht kein Missetäter. / Die Leugner, die dein nicht gedachten, / Wirst du verleugnen und verachten.

Gib denen, welche dir sich weihten, / Den rechten Mut zu allen Zeiten; / Die hohe Freude, dich zu ehren, / O laß sie ihnen ewig währen!

Gebetspsalm des Dichters Johann Kochanowski, 1530—1584

UNGARN

Allmächtiger Gott! In Deiner Herrlichkeit und Nähe blicke ich in meine Seele und prüfe mich im Lichte jenes großen Berufes, zu dem Du mich bestimmt hast. Kinder will ich erziehen und Jugendliche — zu Ehre des Vaterlandes, der Menschheit und Deines Gottesreiches.

Ich fühle, wie groß die Aufgabe ist, fühle meine Schwäche. Gott der Kraft, steh mir bei mit Deiner Gnade, daß ich Deinen Willen klar erkenne und an die mir anvertrauten Seelen weitergebe. Hilf mir, so zu arbeiten, daß ich meines Berufes würdig bin und die großen Ideen, zu deren Dienst ich mich erboten habe, vor der Jugend als lebendiges Beispiel vertrete. Verleihe mir Achtung und Liebe zur Jugend, Arbeitsfreude, Ausdauer, Begeisterung und Opferkraft, auf daß ich an der Zukunft des Reiches Gottes ein würdiger Arbeiter sei. Amen.

Gebet der Erzieher

Spende unserem Vaterland, / Gott doch deinen Segen! / Schirme es mit gnäd'ger Hand, / wenn sich Feinde regen! / Ihm, das selten glücklich war — / daß es nicht verzage —: / Gib nach manchem Bußejahr / endlich heitre Tage!

Ungarische Volkshymne von Franz Kölcsey

JUGOSLAWIEN

Sei gegrüßt, liebe Herrin!
Eine wunderschöne Blüte hast Du geboren,
welche den Himmel und die Erde erleuchtet.
Erleuchte auch meinen Verstand,
damit ich Deine Güte erkenne.
Jetzt lege ich mich nieder zum Schlafe.
Gott allein weiß, ob ich morgen aufstehe.
Meine Seele empfehle ich Dir
und Deinem geliebten Sohne,
Jesus, meinem Gott!

O, Jesus! Vor Dir liegt mein Leben!
Mein Schutzengel möge mich behüten diese Nacht
und behüten mich vom Morgen bis zum Abend,
den ganzen Tag.
Ja, Deinem lieben Sohne empfehle ich meine Seele,
auf daß sie keiner Versuchung erliege,
sondern im Himmel Deiner Gnade verweile!
Amen!

Muttergottesgebet aus Dubrovnik

MONTENEGRO

Lieber Gott! Du, der Du alles lenkest, / der Du thronst auf hehrem Himmelsthrone / und mit Deinem mächt'gen Blick entzündest / alle Kreise, die im Raum erglänzen; / Du, der zu den Füßen Deines Thrones, / Staub entwirbelt und ihn Welten nanntest, / der Du diesem Staub Leben schenktest, / ihn beseelt hast mit dem geist'gen Samen, / und das Weltenbuch hältst in den Händen, / wo das Schicksal eingeschrieben stehet / all der Welten und beseelten Wesen; / Du, der sich in seiner Gnade neigte, / werkgewandt der kleinen Ameis' Glieder / wie des stolzen Löwen zu gestalten, / hell mir über meinen Schwarzen Bergen / doch den Himmel wieder auf und wende / von dem Lande ab den Blitz und Donner / und die dunkle, hagelschwere Wolke! / Ja, sie sind doch gar nicht also schuldvoll, / irrgeführt hat sie der falsche Glaube, / bis er sie im Teufelsnetze hatte. / Was ist doch der Mensch? schwach wie ein Tierlein!

Slawisches Gebet des Bischofs Vladika Danilo, 19. Jahrhundert

Mög' der Herr gedenken treu / Eurer beiden Eltern, / Eurer Sipp und auch Geschlechts, / Eurer Väter, Mütter, / Brüder und der Schwesterlein, / Ohme und der Muhmen. / Alle nach dem Namen / Kennt der Herr in Treuen. / Schreibe sie, o Herre, / In die Kirchenschriften! / Hebe sie, o Herre, / Zu den heiligen Thronen! / Gönne ihnen, Herre, / Ewiges Gedächtnis!

Gebet der Großrussen bei der Seelengedächtnisfeier

Du Schöpfer des Geschaffenen, Du Himmel des Bereiteten, Du Himmel, der Du die Sterne hervorgerufen! Möge Gott Vieh geben, möge Gott Brot geben, möge Gott dem Hause ein Haupt geben. Du Schöpfer des Geschaffenen, Du Himmel des Bereiteten! Von meinem Vater bitte ich, gib Deinen Segen, mein Vater! Hilf, mein Vater, im Hause meinem Haupte, in der Herde meinem Vieh! Vor Dir verneige ich mich. Gott möge seinen Segen geben! Du Schöpfer des Geschaffenen, Du Himmel des Bereiteten.

Gebet eines teleutischen Schamanen

Wir beten, daß wir von Dir einen Segen erhalten ...
Schwebe über unseren Stirnen, schwebe über unseren Häuptern.
Schau auf uns ohne Zorn!

Hilf denjenigen von uns,
die vergessen, was wir wissen! Erwecke diejenigen von uns, die da schlafen (im Geiste)!

In einem rauhen Jahr sei Du Mitleid! In einem bedrängten Jahr sei Du Güte! Schwarze Geister lenke fern von uns, helle Geister führe näher zu uns! Graue Geister lenke fern von uns, Gottheiten führe näher zu uns! Wenn ich furchtsam bin, sei Du mein Mut! Wenn ich beschämt bin, sei Du mein wahres Antlitz! Über mir sei mir wie eine Decke, unter mir sei mir wie ein Pelzbett!

Gebet der Burjaten (Ostmongolenstamm) beim großen Pferdeopfer

BYZANZ (OSTROM)

Komm, wahres Licht. Komm, ewiges Leben. Komm. Geheimnis der Verborgenheit. Komm, Köstlichkeit, die du keinen Namen hast. Komm, du Unaussprechliches. Komm, Wesen, das du auf der Flucht bist vor dem menschlichen Geiste. Komm, du ewiges Jauchzen. Komm, du Licht ohne Untergang. Komm, erwartet von allen, die da elend sind. Komm, der du den Toten Auferstehung bist. Komm, Gewaltiger, der du mit bloßem Winke alles immerwährend schaffst, umgestaltest und erneuerst. Komm, der du gänzlich bleibst unschaubar, für keinen je zu fassen und zu kosen. Komm, der du im Fluß der Stunden rauschest und doch unbeweglich über ihm beharrst, der du über allen Himmeln wohnend doch uns Gebeugte hienieden besuchst. Komm, ersehntester und gepriesenster Name: es auszusprechen, wer du bist, zu erkennen, wie du bist und wie du bestehst, bleibt uns auf ewighin versagt. Komm, immerwährende Freude. Komm, unverwelklicher Kranz. Komm, Purpur unseres großen Herrn und Gottes. Komm, Gürtel, wie Kristall so klar, und von Edelgestein so farbenreich. Komm, unzugänglicher Zufluchtsort. Komm, den meine arme Seele verlangt hat und verlangt. Komm, Einsamer zum Einsamen – denn einsam bin ich, wie du siehst. Komm, der du mich alleingestellt hast und einsam auf Erden. Komm, der du die Sehnsucht mir geworden – ja du hast es bewirkt, daß ich mich sehnen muß nach dir, den doch kein menschlicher Odem erreicht. Komm, mein Atem und mein Leben. Komm, Freude, Glorie, meine dauernde Erquickung. Ich sage dir Dank, daß du, ohne dich in mein Wesen zu mengen und verlieren, ein Geist mit mir, und während du Gott bleibst hoch über allem, mir doch alles in allem geworden. Unnennbare Nahrung, nie hinwegzunehmen, die du den Lippen meines Geistes immerfort dich eingießest und in der Quelle meines Innern übervoll aufquillst! Ich danke dir, daß du mir ein Tag ohne Abend geworden bist und eine Sonne ohne Untergang: der du nichts hast, wohin du dich verbergen könntest, da du mit deiner Gewalt das Weltall erfüllst. Niemals hast du vor jemand dich verborgen, wir aber, wir verbergen uns immer vor dir, wenn wir nicht vor dich kommen wollen. Und wo solltest du dich auch verbergen, der du nirgends einen Ort zu ruhen hast? Oder warum solltest du dich auch verbergen, der du vor niemand in aller Welt dich sträubst, vor niemand dich scheust? Wohlan denn, heiliger Herr, schlage dein Zelt in mir auf, wohne in mir, und bis zu meinem Abscheiden verlasse mich nicht, geh nicht hinweg von deinem Knechte, daß auch ich in meinem Sterben und nach dem Sterben mich in dir erfinde und herrsche mit dir, Gott, der alles beherrscht. Bleib, Herr, und laß mich nicht allein. Mache mich innen gefestigt, allzeit unbewegt, und beschütze mich durch dein Wohnen in mir, daß ich täglich anschauend ich Toter lebe, dich besitzend ich Armer reich sei. So werde ich mächtiger als alle Könige sein: und dich essend und trinkend und in besonderen Stunden mich in dich hüllend unsagbarer Wonnen genießen. Denn du bist das Gute ganz, du bist die ganze Schönheit, die ganze Seligkeit. Dir kommt mit dem Vater und dem Sohne von aller Welt Anbetung zu in Ewigkeit. Amen.

Symeon der neue Theologe, 949—1022

Dir der höchste Himmel mit tiefer Ehrerbietung Anbetung darbringt, / Dir die große Erde ernst nachsinnt in Frieden und Eintracht aller. / Des Menschen erste und wahre Natur Vertrauen und Ruhe empfängt, / durch Dich, Gott, dem barmherzigen Vater des Weltalls. / Die ganze Gemeinde der Guten bringt Verehrung dar in völliger Lauterkeit; / alle erleuchteten Naturen preisen und singen; / alle, die Seelen haben, sind voll Vertrauen und blicken auf zum Äußersten; / heiliges, gnädiges Licht empfangend zur Erlösung vom Teufel. / Schwer zu finden, unmöglich zu erreichen, rechter wahrer ewiger, / gnädiger Vater, leuchtender Sohn, heiliger Geist, König, / unter allen Herrschern bist Du der Meister, / unter allen Weltgeehrten bist Du geistiger Alleinherrscher. / Dein ewiges Dasein erhellt geheimnisvoll das Unbegrenzte, / vom Anfang an vermochte kein Mensch Dich zu sehen, / noch kannst Du erfaßt werden vom Auge des Fleisches. /

Allein ganz vollkommen in klarer heiliger Tugend, / allein göttlich erhaben in unermeßlicher Stärke, allein unwandelbar und herrlich existierend, / die Wurzel und Quelle aller Güte und auch ohne Gipfel. / Wir alle tragen jetzt Deine Barmherzigkeit und Freundlichkeit vor, / in Sehnsucht nach Deiner geheimnisvollen Freude, daß sie unser Land erleuchte, / geehrter Messias, höchst heiliger Sohn, / Der Du weithin den Bezirk der Bitterkeit erlöst, die Hilflosen rettest. Gnädiges, freudenreiches Lamm des ewigen Lebenskönigs, / der Du aller Leiden auf Dich nimmst, Mühe nicht ablehnst, / sei willig, die angehäufte Sündenlast aller Lebendigen zu beseitigen, / gnädig errette ihre Seelen, daß sie Ruhe erlangen. / Der heilige Sohn sitzt willig auf dem Thron zur Rechten des Vaters, / sein Thron ist auch grenzenlos erhaben, / großer Meister sei willig, dort Antwort zu geben auf aller Gebet, / sende herab das Boot, daß wir entgehen vermögen dem Geschleudertwerden im Strom des Feuers. / Der große Meister ist unser gnädiger Vater, / der große Meister ist unser heiliger Herr, / der große Meister ist unser geistiger König, / der große Meister kann aller Erlöser und Befreier sein. / Der große Meister mit weiser Stärke hilft allen Müden; / alle Augen blicken empor, ohne im geringsten zu zittern; / und auch auf die Welken und Ausgedörrten sendet er süßen Tau herab, daß alles Dasein befeuchtet und die Wurzel der Güte erfrischt werde. / Höchst heiliger, allgeehrter Messias, / wir beten den gnädigen Vater an, den unerschöpflichen Schatz der Gnade, höchst heilig, demütig, und die heilige Geist-Natur. Klar und stark ist das Gesetz; über Gedanken und Erörterungen erhaben. / Ein Lobgesang der leuchtenden Lehre von Ta-tschin an die drei Majestäten zur Erlangung der Erlösung.

Nestorianischer Lobgesang der leuchtenden Lehre an die drei Majestäten, 700 n. Chr.

O Herr, unser Gott, / lehre uns, / wir bitten dich, / die rechten Gewährungen recht von dir zu erflehen. / Steuere du das Schiff unseres Lebens hin zu dir, / du ruhiger Hafen aller sturmgepeitschten Seelen. / Zeige uns den Kurs, / den wir zu nehmen haben. / Erneuere in uns den Geist der Willigkeit. / Laß deinen Geist unsere launischen Sinne zügeln / und führe und kräftige uns zu dem, was unser wahres Gut ist: / deine Gesetze zu halten / und in all unsern Werken stets froh zu werden deiner herrlichen und erquickenden Gegenwart. / Dein ist der Ruhm und Preis von allen deinen Heiligen immer und ewig. Amen.

Gebet des hl. Basilius, 330–379

GRIECHENLAND

»O menschenliebender Herrscher, lasse in unseren Herzen das helle Licht deiner göttlichen Erkenntnis und öffne unsere Augen, auf daß wir die Verkündigung deines Wortes recht in uns aufnehmen: pflanze in uns ein auch die Furcht deiner gesegneten Gebote, auf daß wir, alle fleischlichen Begierden unterdrückend und in allem nach deinem Wohlgefallen denkend und handelnd, einen geistigen Lebenswandel führen. Denn du bist das Licht unsrer Seelen und Leiber, Christ, unser Gott, und wir lobpreisen dich samt deinem ewigen Vater und deinem allerheiligsten, gütigen und Leben spendenden Geiste, jetzt und immer dar und in alle Ewigkeit. Amen.«

Neugriechisch-orthodoxes Gebet

»Würdig und recht ist es, dir zu singen, dich zu preisen, dir Dank zu sagen, dich an jedem Orte deiner Herrschaft anzubeten: denn du bist der unaussprechliche, unergründliche, unsichtbare, unbegreifliche Gott, du der du ewiglich und immer gleich bist, du und dein eingeborner Sohn und dein Heiliger Geist. Du hast uns aus dem Nichts hervorgebracht und hast uns, so wir gefallen waren, wieder erhoben und hast nichts ungesehen gelassen, bis du uns in den Himmel gebracht hast, um uns dein zukünftiges Reich zu schenken. Für all dieses sagen wir dir Dank und deinem eingeborenen Sohn und deinem Heiligen Geist, für alle uns erwiesenen Wohltaten die bekannten oder unbekannten, die offenbarten oder nicht offenbarten. Wir sagen dir auch Dank, daß es dir gefallen hat, diesen Gottesdienst aus unseren Händen anzunehmen, obgleich Tausende von Erzengeln dir aufwarten und Zehntausende von Engeln, Cherubinen und Seraphinen, die sechs Flügel haben und viele Augen, die alle hoch oben auf ihren Flügeln singen und laut ausrufen den triumphierenden Gesang.«

Neugriechisch-orthodoxes Gebet

Herr Jesus Christus, Sohn Gottes, erbarme Dich meiner!

Dieses Herzensgebet gilt als Krone des Hesyasmus – von Hesychia: Frieden, Ruhe. – Diese geistliche Schule der Ostkirche, fand ihre größte Entfaltung in den Klöstern und Einsiedeleien des Berges Athos. In seiner abgelegenen Zelle befolgt der Mönch die Lehre, die der hl. Gregor von Sinai gab: „Setze dich auf einen niederen Sitz, ziehe dein Bewußtsein vom Kopf ins Herz hinunter und fixiere es dort." In dieser Stellung geht es darum, mit geneigtem Haupte den Blick auf das geistige Herz zu richten, um die Ausstrahlung des göttlichen Lichts zu schauen. Verbunden mit einer Atemtechnik öffnet der Mönch seine Seele für das Einfließen des göttlichen Geistes durch unablässiges rhythmisches Sprechen des Herzensgebetes.

Das Herzensgebet der Athos-Mönche

Es hängt an deinem Tatschluß / Das All; du bist die Wurzel / Der Gegenwart, der Zukunft / Und dessen, was vergangen; / Der du Vater bist und Mutter, / Der du männlich bist und weiblich, / Du die Rede, du das Schweigen, / Der Natur erzeugend Wesen. / Du, o König, Zeit der Zeiten, / Wie man mit Recht dich nennet. / Gegrüßt sei, Weltenwurzel, / Gegrüßt sei Wesenmitte, / Du Einheit sel'ger Zahlen / Vorwesentlicher Herrscher. Gegrüßt sei mir, gegrüßt sei! / In Gott ist Gruß und Freude. / O neig' mit güt'gem Ohr dich / Den Chören meiner Hymnen. / Der Weisheit Licht eröffne, / Und spende Segenswonne, / Und spende Gnadenschimmer, / eines ruhig-heiteren Lebens, / Vor Elend, wie vor Siechtums / Verderben mich behütend. / Wehr ab den Gliedern Krankheit, / Und der Begierde Angriff / Und schweren Seelenkummer / Wehr' ab von meinem Leben, / Daß nicht des Geistes Fittich / Beschwere Staubes Unheil, / Daß, freie Schwingen hebend, / In deines Sohnes tiefen / Geheimnissen ich jauchze.

Aus dem Morgengesang des neuplatonisch-christlichen Bischofs Synesius von Kyrene, um 400 n. Chr.

Von jeder Arglist und Geschäftigkeit befreit, möge meine Seele sich im Schweigen sammeln und sich in die Betrachtung des Göttlichen versenken!

Beruhigt sei mein Leib in dieser Stunde, befriedet sei der Kampf der Welt. Göttlicher Friede senke sich auf alles – nah und fern. Friede und Stille senke sich auf Erde, Luft und Meer – so wie der Himmel selbst Friede ist!

Möge meine so gestillte Seele erfahren, wie sich der göttliche Geist in die schweigenden Himmel ergießt! Möge der Friede und das Licht der Gottheit meine Seele erfüllen und mich erleuchten!«

Gebet für die Weltzugewandten von Plotin, 205–270 n. Chr.

O Gott, gib, daß ich keines Menschen Feind, aber der
Freund alles Ewigen und Bleibenden sei.
Daß ich nie Schlechtes gegen jemand ersinne,
und wenn mir solches geschieht, so soll ich
verschont werden, ohne den zu verletzen, der mir solches tun wollte.
Daß ich nur das Gute liebe, suche und erlange.
Daß ich das Glück aller Menschen wünsche und niemanden beneide.
Daß ich niemals darauf warte, andere gescholten zu sehen,
wenn ich etwa Schlechtes gesagt oder getan habe,
sondern immer mich selbst tadele, bis ich mich bessere.
Daß ich nie einen Sieg davontrage, der mir
oder meinem Gegner wehtut.
Daß ich Freunde, die einander zürnen, wieder versöhne.
Daß ich nach meinen ganzen Kräften allen Hilfe leiste, die sie brauchen.
Daß ich nie einen Freund in Gefahr aufgebe.
Daß ich mich selbst achte.
Daß ich immer alles das zügele, was in mir wüten kann.
Daß ich nie darüber spreche, wer böse ist oder wer Böses getan hat,
sondern gute Menschen suche und ihren Fußtapfen folge.

Gebet des Eusebius, 263–339

Schweig, o Äther, in heiliger Ruh,
Schweiget ihr Berg, schweiget ihr Täler,
Erd und Meer und Windeshauch;
Schweiget ihr Tön' und Vogelgesänge.
Nieder will steigen zu euch daher,
Phöbos, lockengeschmückt, Phöbos, der Fürst.
Vater der lichthellblickenden Eos,
Der du den rosigen Wagen dahintreibst,
Unter geflügelter Rosse Spur,
Hochprangend im Schmuck goldnen Gelocks,
Über des Himmels unendlichen Rücken;
Flechtend den vielfach gewundenen Strahl,
Ziehst du des Lichts segenvoll Netz
Rings um die Länder des Erdenrunds.
Dich gebären die Ström' unsterblicher Gluth,
Vielersehnter Tag! und es tanzt
Dir der Gestirne heiterer Chor
Über den Olympus dahin, o Herrscher,
Stets dir singend ein heiliges Lied,
Ergötzt von des Phöbos Lyraklang.
Voran dir wandelt die bleiche Selene,
Unter Orion, dem Führer des Chors,
Auf dem Gespann schwerwandelnder Rinder.

Hymnus an die Sonne des Dionysius von Alexandrien, um 270 v. Chr.

Lasset mit Gott mich beginnen.
Seines Namens, ihr Freunde,
dürfen wir nimmer vergessen.
Gottes voll sind die Wege,
voll die Märkte der Menschen,
Häfen und Meere.
Gottes bedürfen wir alle,
immer und überall.
Sind wir doch seines Geschlechtes.
Freundlich gibt er uns Weisung,

rufet das Volk an die Arbeit,
mahnend zum Werk, das uns nähret,
wann die Erde gepflügt und gegraben,
wann die Reben behäufelt werden,
jeder Same gesät sein will.
Dafür hat er am Himmel Sterne befestigt,
Bilder gesondert,
und im Verlaufe des Jahres
kommen sie alle und mahnen,
daß die Gaben der Horen
alle gedeihen zu ihrer Zeit.
Und so huldigt ihm immer
Eingang und Ausgang.
Vater, sei mir gegrüßt,
wunderbarstes der Wunder,
höchstes Heil für die Menschen.
Dir mein Gruß,
Dir und den Göttern,
unseren älteren Brüdern.

Gebet des Aratos von Soli, 310–240 v. Chr.

»All' die unsterblichen Götter und Göttinnen alle, die sel'gen,
was da entstanden schon war und was da entstehen noch sollte,
All' das war nun im Schoße des Zeus zusammen vereinigt.
Zeus war erster, und Zeus ist letzter, der Blitze Beherrscher,
Zeus ist Haupt, ist Mitte, aus Zeus ist alles entstanden,
Zeus war der zeugende Mann und der ewige Zeus auch die Jungfrau.
Zeus ist die Feste der Erde und des sternbesäten Himmels.
Zeus ist der Odem des Alls und der Strom nie rastender Wärme.
Zeus ist die Wurzel des Meeres, und Zeus ist Sonnen- und Mondball.
Zeus ist Herrscher, Zeus ist der Urerzeuger des Weltalls.
Eine Kraft ist, *ein* Geist, des Weltalls gewaltiger Urgrund,
Und *ein* göttlicher Leib, in dem dies alles herumkreist:
Feuer und Wasser, und Erde und Äther, Nachtdunkel und Taglicht,
Einsicht auch, der erste Erzeuger, die freudige Liebe,
Denn dies alles ja liegt in des Zeus geräumigen Weltleib.« –

Hymne an Zeus von Pythagoras, um 570–496 v. Chr.

Erstgeborner, o du, der du aus dem Eie der Nacht sich
Hoch in den Äther schwang und droben auf goldenen Flügeln
Regend erfreuet, du, der Götter und Menschen erweckte,
Licht, o du mächtiger, zarter, du vielbesungener, und dennoch
Unaussprechlich, geheim und allenthalben im Glanze
Strahlend. Du nahmst die Nacht von unserm geschlossenen Auge,
Indem du den heiligen Strahl fern über die Welt hin
Wälztest und mit der Stille des Lichtstrahls mächtig ertöntest.
Weltenkönig, du weithinschauender Erdenumleuchter,
Vielratschlagender, vielaussäender, glänzender Weltsproß.
Sprieße den Völkern Glück und sende Strahlen und sende
Licht auf alle geschlossenen Augenlider und sende
Leben hinab, du Zweigestaltiger, Licht und die Liebe.

Orphischer Hymnus an das Licht, 700 v. Chr.

Erde, du Mutter Aller, du Festgegründete, singen
Will ich, Älteste dich, du aller Lebenden Amme!
Allen, welche das Land betreten, die Wasser bewohnen,
Gibst du Nahrung aus deiner Füll, und dem Fittiggeschlechte,
Kinderselig und reich an Früchten ist alles, o Hehre,
Nur von dir! Dein ist, dem sterblichen Menschen zu geben
Und zu rauben das Leben, ihn, den du mit segnenden Blicken
Anschaust, wohl dem Beglückten! ihm mangelt keine der Haben,
Seine Felder schwellen mit lebenernährenden Saaten,
Mastvieh weidet auf seiner Trift, es starren von Prunke
Seine Häuser, er herrscht in den Städten voll blühender Weiber,
Herrscht mit mildem Gesetz. Ihm folgen Segen und Reichtum.
Jünglinge jauchzen umher, von junger Freude belebet,
Blühende Jungfraun spielen in Reigentänzen und pflücken
Freudigen Herzens, Blumen der Wiese und kränzen das Haar sich.
Ach beglücke sie ferner, du hehre segnende Göttin!
Heil dir Mutter der Götter, o Weib des sternebesäten
Himmels! Gib mir zum Lohne des Gesangs ein ruhiges Leben!

Homerischer Hymnus an die Mutter aller, 700 v. Chr.

Dich lieb ich, Jehovah, meine Kraft – Jehovah mein Fels und meine Burg, und Der Erretter mir! Mein Elohim *, mein Hort, auf den ich traue: Mein Schild und Horn meines Heils, mein Schutz und meine Hilfe, mein Hüter, der vor Frevel mich behütet! Den Hochgelobten ruf ich an, Jehovah! Und von meinen Feinden befreit Er mich. Denn es umgaben mich des Todes Ströme, die Bäche Belials erschreckten mich! Die Bande Scheols umfingen mich, des Todes Schlingen überwältigten mich! In meiner Angst rief ich an Jehovah, und zu meinem Elohim schrie ich auf; und er hörte meine Stimme aus seinem Heiligtum, ja, mein Rufen kam vor Ihn! Da ward bewegt und bebte die Erde, die Grundfesten der Himmel zitterten und wankten, denn Er zürnte über sie! Aufstieg Rauch von seiner Nase und verzehrendes Feuer aus seinem Mund, Strahlen schossen von Ihm! Er neigte die Himmel und kam herab, und Dunkel unter seinen Füßen! Ja, Er fuhr auf dem Cherub und flog daher und schwebte auf den Fitt'gen des Windes! Und Er setzte Finsternis um sich zur Hülle, Wasserfülle, Wolkendunkel! Vom Glanze vor Ihm zuckten Feuerstrahlen! Es donnerte vom Himmel Jehovah, und der Höchste ließ seine Stimme hören! Er sandte Pfeile und zerstreute sie, Blitze und zerstörte sie! Da erschienen die Tiefen des Meeres, und entblößt wurden die Grundfesten des Erdkreises vor dem Dräuen Jehovahs, vor dem drohenden Hauch. Er sandte aus von der Höhe, ergriff mich, zog mich aus Wasserfluten! Er rettete mich von meinem mächt'gen Feind, von meinen Hassern, die zu heftig mir! – Bei dem Heiligen bist Du heilig, bei dem Gerechten gerecht; bei dem Reinen bist Du rein und beim Verkehrten verkehrt! Ja, Du, dem elenden Volke hilfst Du und erniedrigst mit deinen Augen die Hohen! Denn Du bist meine Leuchte, Jehovah, und Jehovah macht licht meine Finsternis! Denn mit Dir lauf ich gegen Kriegerscharen, mit meinem Elohim überspring ich Mauern! Des Herrn Wege ohne Wandel, das Wort Jehovahs lauter; Schild Er allen, die trauen auf Ihn! Denn wer der Herr, wenn nicht Jehovah? Und wer der Hort, wenn nicht unser Elohim? Der Herr mein Heil ist meine Hilfe und macht ohne Wandel meinen Weg!

Davids Lobgesang, 18. Psalm, um 1000 v. Chr.

* El: Mächt'ger Herr, Gott; Elim: Helden, Götter; Elohim: Gott, Götter, eigentlicher Singl. davon Eloah: Gott.

Der Herr ist mein Hirte, mir wird nicht mangeln.
Er weidet mich auf einer grünen Aue, und führt mich zum frischen Wasser.
Er erquickt meine Seele, er führt mich auf rechter Straße um seines Namens willen.
Und ob ich schon wanderte im finstern Tal, fürchte ich kein Unglück, denn du bist bei mir, dein Stecken und Stab trösten mich.
Du bereitest vor mir einen Tisch gegen meine Feinde. Du salbst mein Haupt mit Öl, und schenkst mir voll ein.
Gutes und Barmherzigkeit werden mir folgen mein Lebenlang, und ich werde bleiben im Hause des Herrn immerdar.

Der 23. Psalm

Wie ein Reh lechzt nach Wasserbächen,
So meine Seele lechzt zu Dir, Elohim!
Es dürstet meine Seele nach Elohim,
Nach El, dem Lebendigen!
Wann werd ich kommen
Und schauen die Angesichte Elohims?
Es ist mir meine Träne Speise Tag und Nacht,
Denn man sagt zu mir den ganzen Tag:
Wo dein Elohim?
Dies bedenk ich und gieße aus über mich meine Seele,
Wenn ich hingehen möchte in der Menge,
Wallen mit ihnen zum Hause Elohims,
Mit Jubel und Lobgesang: feiernde Menge!
Was betrübst du dich, meine Seele,
Und bist erregt über mich?
Harre auf Elohim, denn noch werd ich danken Ihm:
Heilspenden seine Angesichte!
Mein Elohim, über mich ist meine Seele betrübt,
Darum gedenk ich Deiner vom Lande des Jordan
Und Chermonim, vom Gebirge der Kleinheit!
Abgrund zu Abgrund rufend
Der Stimme deiner Wasserfluten,
All deine Wogen und deine Wellen über mich gehen sie!

Am Tag verheißt Jehovah seine Barmherzigkeit,
Und bei Nacht sein Lied mit mir,
Gebet zu El meines Lebens!
Ich sage zu El, meinem Fels,
Warum hast du vergessen mich?
Warum geh ich traurig in Feindes Drucke?
Zur Zermalmung in meinen Gebeinen
Verhöhnen mich meine Verfolger,
Da sie sagen zu mir den ganzen Tag:
Wo dein Elohim?
Was betrübst du dich meine Seele,
Und was bist du erregt über mich?
Harre auf Elohim, denn noch werd ich danken Ihm:
Heilspender meines Angesichtes und mein Elohim!

Psalm 42

Aus der Tiefe rufe ich, Herr, zu Dir,
höre, o Herr, meine Stimme.
Laß Deine Ohren achten
auf mein Rufen und Flehn. –
Wolltest Du, Herr, der Sünden gedenken –
Herr, wer würde dann noch bestehn?
Aber die Sünden finden Vergebung bei Dir,
daß man in Ehrfurcht Dir diene. –
Ich vertraue auf den Herrn,
meine Seele vertraut auf Sein Wort.
Meine Seele harrt auf den Herrn,
mehr als die Wächter aufs Morgenrot. –
Mehr als die Wächter aufs Morgenrot
soll Israel harren des Herrn.
Denn bei dem Herrn ist Barmherzigkeit,
und reiche Erlösung bei Ihm.
Erlösen wird Er Sein Volk
von all seiner Missetat. Amen.

Psalm 129: De Profundis

Gelobet seist Du Herr, unser Gott und Gott unserer Väter, Gott Abrahams, Gott Isaaks und Gott Jakobs, großer, mächtiger und furchtbarer Gott, allerhöchster Gott, der Du spendest reiche Gnade und schaffest alle Dinge und gedenkest der Gnadenverheißungen der Väter und bringest einen Erlöser ihren Kindeskindern um Deines Namens willen aus Liebe. O König, der Du Hilfe und Heil bringest und ein Schild bist. Gelobet seist Du Herr, Schild Abrahams ...

Du bist heilig, und Dein Name ist heilig, und Heilige lobpreisen Dich jeglichen Tag. Sela. Gelobet seist Du, Herr, heiliger Gott.

Du verleihest dem Namen Erkenntnis und lehrest den Menschen Einsicht. Verleihe uns von Dir Erkenntnis, Einsicht und Verstand. Gelobet seist Du Herr, der Du verleihest die Erkenntnis.

Führe uns zurück, unser Vater, zu Deinem Gesetz, und bringe uns, unser König, zu Deinem Dienst und laß uns zurückkehren in vollkommener Buße vor Dein Angesicht. Gelobet seist Du, Herr, der Du Wohlgefallen hast an Buße.

Vergib uns, unser Vater, denn wir haben gesündigt; verzeihe uns, unser König, denn wir haben gefrevelt. Du vergibst und verzeihest ja gerne. Gelobet seist Du, Herr, Gnädiger, der Du viel verzeihest.

Schaue unser Elend, und führe unsre Sache, und erlöse uns bald um Deines Namens willen; denn ein starker Erlöser bist Du. Gelobet seist Du Herr, Erlöser Israels ...

Segne für uns, Herr unser Gott, dieses Jahr und lasse alles Gewächs wohl gedeihen; und gib Segen auf das Land; und sättige uns mit Deiner Güte; und segne unser Jahr wie die guten Jahre. Gelobet seist Du Herr, der Du segnest die Jahre.

Verkündige mit großer Posaune unsere Befreiung und erhebe ein Panier, um zu sammeln unsere Zerstreuten, und versammele uns von den vier Enden der Erde. Gelobet seist Du Herr, der Du sammelst die Verstoßenen Deines Volkes Israel ...

Und den Verleumdern sei keine Hoffnung; und alle, die Böses tun, mögen schnell zugrunde gehen, und sie alle baldigst ausgerottet werden; und lähme, zerschmettere und stürze und beuge die Übermütigen bald, in Eile, in unsern Tagen, Gelobet seist Du Herr, der Du zerschmetterst die Feinde und beugest die Übermütigen.

Über die Gerechten und über die Frommen und über die Ältesten Deines Volkes, des Hauses Israel, und über den Rest der Schriftgelehrten und über die Proselyten und über uns möge sich regen Dein Erbarmen, Herr unser Gott. Und gib reichen Lohn allen, die wahrhaftig vertrauen auf Deinen Namen; und laß unser Teil bei ihnen sein in Ewigkeit, auf daß wir nicht zu Schanden werden, denn auf Dich haben wir vertraut. Gelobet seist Du Herr, Stütze und Zuversicht für die Gerechten.

Und nach Jerusalem, Deiner Stadt, kehre zurück in Erbarmen; und wohne in ihrer Mitte, wie Du gesagt hast; und baue sie bald in unseren Tagen zu einem ewigen Bau; und den Thron Davids richte bald auf in ihrer Mitte. Gelobet seist Du Herr, der Du bauest Jerusalem.

Den Sproß Davids, Deines Knechts, lasse bald aussprossen; und sein Horn erhebe durch Deine Hilfe. Denn auf Deine Hilfe harren wir alle Tage. Gelobet seist Du Herr, der Du aufsprossen läßt ein Horn des Heils ...

Habe Wohlgefallen, Herr unser Gott, an Deinem Volke Israel und an ihrem Gebet. Und führe zurück den Opferdienst in das Allerheiligste Deines Hauses. Und die Opfer Israels und ihr Gebet nimm an in Liebe und Wohlgefallen. Und wohlgefällig sei das tägliche Opfer Israels, Deines Volkes. O daß sehen möchten unsre Augen Deine Rückkehr nach Zion in Erbarmen. Gelobet seist Du Herr, der Du zurückkehren läßest Deine Herrlichkeit nach Zion.

Wir preisen Dich, denn Du bist der Herr unser Gott und der Gott unsrer Väter in aller Ewigkeit, der Fels unsres Lebens, der Schild unsres Heils. Du bist es für und für ... Allgütiger, dessen Barmherzigkeit kein Ende hat, Barmherziger, dessen Gnade nicht aufhöret; immerdar harren wir auf Dich. Und für alles dies sei gepriesen und erhoben Dein Name, unser König, immerdar in alle Ewigkeit. Und alles, was lebet, preiset Dich, Sela; und lobet Deinen Namen in Wahrheit; Du Gott unser Heil und unsre Hilfe, Sela. Gelobet seist Du Herr; Allgütiger ist Dein Name und Dir geziemet Preis.

Gebet aus dem Schemone Esre

Höre, Israel,
der Ewige ist unser Gott, der Einzig-Ewige!
Du sollst lieben den Ewigen, Deinen Gott,
mit Deinem ganzen Herzen, mit Deiner ganzen Seele
und mit Deiner ganzen Kraft.
Diese Worte sollen stets in Deinem Herzen sein.
Du sollst sie Deinen Kindern einschärfen
und von ihnen reden, wenn Du in Deinem Hause sitzest,
wenn Du auf dem Wege gehest,
wenn Du Dich niederlegst.

Gebet vor der Vorlesung der Thora

Meine Seele sehnt sich nach dem Ewigen mehr denn der Wächter nach dem Morgen.

So zieht ein traulich Lied voll Lieb und Glauben mit heiligen Weisen durch unser Gemüt und singt von deiner Treue.

Deine Treue, wir künden sie, wenn dunkle Nacht uns umstarrt, wenn güldner Morgen uns erglänzt.

Deine Treue, wir preisen sie, wenn frische Gräber sich öffnen, wenn junges Leben froh uns begrüßt.

Auf deine Treue bauen wir im Wechsel der Zeiten und Jahre und verherrlichen dich, unser Hort und Hirt, mit dem alten seelenvollen Sang: Der Herr Zebaoth ist mit uns, eine Burg ist uns Jakobs Gott, Sela!

Der Herr Zebaoth ist mit uns

ÄGYPTEN

Du Heilige, Du ewige Erhalterin des Menschen-Geschlechtes, immer freigebig, die Sterblichen zu erquicken, die Du den Unglücklichen in ihren Schicksalsschlägen die süße Zärtlichkeit einer Mutter bezeigst!

Kein Tag, keine einzige Ruhestunde, ja selbst kein winziger Augenblick geht leer an Deinen Wohltaten vorbei, ohne daß Du zu Lande und Wasser die Menschen beschützest, die Stürme des Lebens vertreibst, die rettende Hand darreichst, mit der Du selbst die unentwirrbar verschlungenen Fäden des Schicksals lösest, des Geschickes Toben mäßigst und der Sterne verderblichen Lauf hemmst!

Dich ehren die Himmlischen, Dir dienen die Götter der Unterwelt, Du drehst die Erde im Kreise herum, entzündest das Licht der Sonne, beherrschest die Welt, trittst auf den Tartarus!

Dir antworten die Gestirne, wechseln die Jahreszeiten, jauchzen die Götter, dienen die Elemente!

Auf deinen Wink atmen die Lüfte, nähren die Wolken, keimen die Samen, sprießen die Keime!

Vor Deiner Hoheit schauern die Vögel, die den Himmel durchfliegen, die wilden Tiere, die im Gebirge umherirren, die Schlangen, die versteckt am Boden liegen, die Ungetüme, die auf dem Meere sich wiegen!

Doch ich bin zu schwach an Geist, Dein Lob zu singen, zu arm an Gut, Dir würdige Opfer zu bringen, Fülle der Worte ermangelt mir, zu sagen, was ich von Deiner Hoheit empfinde und dazu würde auch nicht ein tausendfacher Mund, nicht tausend Zungen, nicht ein ewiger Fluß unermüdlicher Rede genügen!

So will ich denn nur das, was ein zwar Frommer, doch sonst Armer vermag, zu tun suchen; ewig werde ich Dein göttliches Antlitz und Dein allerheiligstes Wesen im Inneren meines Herzens bewahren und ewig vor Augen halten!

Weihegesang an die Weltenmutter Isis, um 1300 v. Chr.

Schön erscheinst du im Lichtberg des Himmels,
Lebender Sonnestern, der du lebtest am Anfang.
Aufgehst du im östlichen Lichtberg,
Jedes Land erfüllst du mit deiner Schönheit.
Groß bist du, funkelnd über jedem Lande,
Jedes Land umarmt deine Strahlen
Bis zum letzten Ende alles von dir Erschaffnen.
Du bist Ré, alles bändigend für den geliebten Sohn.

Du bist fern, doch dein Glanz ist auf der Erde.
Du bist im Antlitz des Menschen,
Aber deinen Weg sehen wir nicht.

Untergehst du im westlichen Lichtberg,
Und die Erde ist finster wie der Tod.
In ihren Gemächern alle ruhn sie,
Verhüllt, kein Auge sieht das andre.
Würden ihnen die Sachen unterm Kopfe geraubt,
Sie würden es gar nicht bemerken.
Alle Löwen kommen aus ihren Höhlen,
Jegliches Gewürm beißt im Dunkeln.
Schweigend liegt die Erde da,
Es ruht ihr Schöpfer in seinem Lichtberg.

Wenn die Erde hell wird, strahlst du als Tag,
Die beiden Länder, sie freuen sich,
Die Menschen, sie erwachen, sie stellen sich auf die Füße,
Nachdem du, Sonne, sie erhoben hast,
Sie waschen sich und legen ihre Kleider an.
Ihre Arme strecken sich lobpreisend,
Weil du erschienen bist, ja die ganze Erde streckt sich.
Sie tun ihre Arbeit ...

Der du Frucht werden läßt in den Frauen,
Der du Samen schaffst in den Männern,
Der du im Mutterleib den Sohn am Leben erhältst,
Der du ihn beruhigst, so daß er nicht weint,
O du Amme im Leibe,
Der du jedem Geschöpf Atem zum Leben gibst,
Wenn es seine Mutter verläßt, am Tag seiner Geburt,
An dem es atmen will:
Du öffnest dann auch seinen Mund zum Sprechen
Und du erschaffst ihm, wessen er bedarf.
Das Junge im Ei spricht schon in der Schale,
Du gibst ihm ja Luft drinnen, zu leben,
Du hast dem Ei die Frist gesetzt, es zu zerbrechen,
So kommt es aus dem Ei zu seiner Frist
Und läuft draußen auf seinen Füßen ...

Du machst den Nil in der Unterwelt,
Du führst ihn herauf und herbei, nach deinem Willen,
Damit sie leben, die Menschen,
Wie du sie dir erschaffen hast, ihrer aller Herr,
Der von ihnen müde wurde und für sie leuchtet,
Du Herr der Länder, Sonne des Tags, groß an Ansehn.
Auch die fernen Bergländer erhältst du am Leben,
Einen Nil erzeugst du am Himmel,
Daß er zu ihnen herniedersteige
Und woge auf den Bergen wie das Meer
Und ihre Äcker befeuchte mit ihrem Bedarf.
Wie wunderbar sind deine Pläne, o Herr der Ewigkeit,
Den Nil am Himmel gabst du den fremden Völkern,
Auch dem Wild aller fernen Berge,
Aber der wirkliche Nil fließt aus der Unterwelt,
Für Ägypten ...

Du hast Millionen von Gestalten gemacht
Aus dir allein,
Städte, Dörfer und Äcker, Weg und Fluß.
Alle Blicke erblicken dich.
Auch in meinem Herzen bist du,
Keiner kennt dich wie dein Sohn Echnaton,
Du hast ihn eingeweiht in deine Kraft.
Die Erde liegt auf deiner Hand,
Und die Menschen leben in deinem Aufgang,
Sie sterben in deinem Untergang.
Aufgeschaut wird, wenn du steigst,
Die Arbeit wird hingelegt, wenn du sinkst,
Alle Arme rühren sich bei deinem Licht,
Und in jedem Fuß ist Eile, seit du die Erde gründetest.
Du läßt sie wachsen für deinen Sohn,
König Echnaton und für die Königin Nefer-neferu-
Aton-Nefretéte.

Sonnengesang des Echnaton (Amenophis IV.) um 1400 v. Chr.

Du Allereinzigster, Harachti! Dem hier kein anderer gleich ist. Der Millionen schützt und Hunderttausende errettet! Du Beschützer dessen, der zu ihm ruft, du Herr von Heliopolis.

Strafe an mir nicht meine vielen Sünden. Ich bin einer, der sich selbst nicht kennt. Ich bin ein törichter Mensch. Tags folge ich meinem Munde, wie ein Ochse dem Kraut folgt und am Abend bin ich einer, zu dem Kühlung kommt (deine Gnade) ...

Bußgebet an Rê, um 1400 v. Chr.

Verehrung des Rê bei seinem Aufgang im östlichen Horizont und Erfreuung desselben, wenn er im westlichen Horizont untergeht. Heil Dir, wenn du aufgehst am hohen Himmel, wenn du morgens erstrahlst im Himmelshorizont. Dann kommst du in Frieden, Herr des Friedens, und alle Menschen leben bei deinem Anblick wieder auf; die ganze Erde vereinigt sich bei deinem Erscheinen, und ihre Arme beten dich an bei ihrem Aufgang ...

Ich bete bis zur Höhe des Himmels an und verehre den Herrn der beiden Länder Achnaton, das Schicksal, das Leben spendet, den Herrn der Befehle; Licht der ganzen Erde, zu dessen Zeit mein lebt, Nil aller Länder, durch dessen Kraft man satt wird; Gott, der die Großen schafft und die Geringen baut; Luft für alle Nasen, durch die man atmet.

An die aufgehende Sonne

Urheber des Seienden, Schöpfer der Wesen,
Großkönig und Oberhaupt der Götter,
Wir preisen Deinen Ratschluß,
Wie Du uns gemacht hast,
Die gemacht sind aus Dir, der Du uns geboren,
Wir geben Dir Lobpreis ob Deines Ruhmes in uns.

Hymnus auf den Sonnengott Amon-Rê, 15.–14. Jahrh. v. Chr.

Dich rufe ich an, mein Vater!
Ich bin mitten im Schwarm unbekannter Völker,
und ich bin allein vor Dir.
Keiner ist mit mir.
Meine Bogenschützen und Reiter haben mich verlassen,
als ich nach ihnen rief.
Keiner von ihnen horchte auf mich,
da ich sie zur Hilfe forderte.
Aber ich ziehe Ammon Milliarden von Bogenschützen vor,
Millionen von Reitern, Myriaden junger Helden,
und wären sie auch alle vereint.
Die List der Menschen vermag nichts;
Ammon wird sie überwinden.

Ramseslied, 1300 v. Chr.

AFRIKA

Wir: gestern erst noch Menschen nicht.
Wir: heute Strahl vom Morgenlicht.
Die alten Götter sanken hin,
Nazareth unser Seel und Sinn.
Begraben die Vergangenheit.
So öffne, Herr, die Falten weit
Und über unsere Stunden breit,
O Meister, sternenhell Dein Kleid,
In uns Christus und Christenheit.

Und ob auch Dorn die Stirne ritzt
Und Speer uns an der Seite sitzt
Und wird der Stamm des Weißen auch
Uns Marterkreuz und Sterbehauch –
Ihr alten Götter sieget nicht,
Wenn auch das Aug in Seufzern bricht.
O dunkler Weg voll Blut, voll Pflicht!
Am Ende winkt uns Weltgericht.
In Finsternissen wohnt das Licht.

Und fehlt uns heute Trank und Brot –
Wenn wir dereinst aus aller Not
Die Sternenhimmel bersten sehn
Und vor dem Richterrichter stehn –
Gestatt uns, Herr, daß wir es sein,
Die Brot und Trank den Weißen leihn,
Im Auge Blitze voll Verzeihn
Und Bethlehem und Marterpein
Taucht ein in Paradiesesschein.

Die Litanei des schwarzen Volkes von Countee Cullen J. L., 20. Jahrhundert

Wenn wir ausgehen in den Wald,
und schreiten vorüber am schlafenden Löwen,
an der Schlange, die dicht am Boden beißt,
Und wenn dann Imana für uns ist,
so behütet er uns vor all diesen Ungeheuern.

Wenn aber Imana gegen uns ist,
so kann alles das den Menschen töten,
selbst ein Goldäffchen tötet ihn.
Wenn er mit Imana ist,
so kann kein Tier es mit ihm aufnehmen,
noch die Geister, noch auch irgendein andres Wesen.

Schutzgebet der Kivu-Pygmäen (Zentralafrika), 20. Jahrhundert

Du hast uns in diese Welt gesandt;
niemand ist in der Welt, der Dir gleich wäre.
Du allein bist der große Gott, unser Vater bist Du.
Wenn wir irgend ein Anliegen haben, gehen wir damit zu Dir,
denn Du bist es, der die Anliegen regelt.

Gebet der Kapelle aus Liberia, 20. Jahrhundert

Gott der Erde, mein Herr, / du bist über mir, ich bin unter dir; / wenn mir Unglück droht, wie der Baum die Sonne über mir abhält, / halte du das Unglück von mir; werde du mein Schatten! / Ich rufe zu dir bei Tag, ich rufe zu dir in der Nacht; / wenn der Mond dort aufgeht, verliere mich nicht aus deinem Blick, wie ich dich nicht verliere, wenn ich aufstehe; / halte die Gefahr von mir, Gott, mein Herr! / Du Sonne mit 30 Strahlen, wenn der Feind kommt, / laß deinen Wurm auf der Erde nicht zugrunde gehen, / halte deine Hand über ihm, / wie wir einen Wurm auf der Erde töten können, / wenn wir wollen oder verschonen, wenn es uns beliebt. / Wie wir einen Wurm auf der Erde / durch einen Tritt töten können, / so kannst du, wenn du willst, / uns auf der Erde durch einen Tritt vernichten. / Gott, du trägst den Guten und den Bösen in deiner Hand, mein Herr! / Ein Mensch, der das Gute und das Böse nicht kennt, / erzürnt dich nicht; / wenn er das schon kennengelernt hat / und dann nicht weiß, dann ist er schlecht; / mit diesem mache, was du willst. / Wenn er es in seiner Jugend nicht kennengelernt hat, / belehre du ihn, Gott, mein Herr, / belehre du ihn, wenn er auch die Sprache des Menschen nicht versteht / deine Sprache kennt er, — / Gott, du hast die Tiere und die Menschen geschaffen, / alle wie sie auf der Erde sind; / auch das Getreide auf dieser Erde hast du geschaffen, / daß wir davon leben sollen, wir haben es nicht getan. / Du hast uns Stärke gegeben, / du hast uns Vieh und Samen geschenkt / und unserem Lande Stärke verliehen, wir haben damit gearbeitet, / und die Saat ist uns gewachsen. — / Du hast uns das Getreide wachsen lassen, / die Menschen wurden satt. — / Es sind Vorräte in den Häusern verbrannt, / wer sie entzündete, weißt nur du! / Wenn ich einen oder zwei Menschen kenne, / kenne ich sie bloß, / wenn ich sie mit meinen Augen gesehen habe; / du aber, wenn du sie mit deinen Augen sahst, / kennst du sie in deinem Herzen, — / Ein einziger schlechter Mensch / hat alle Menschen aus ihrer Wohnung vertrieben; / die Mutter und die Kinder hat er / wie eine Herde Truthühner dahin und dorthin zerstreut; / der mörderische Feind riß das schöngelockte Kind / aus dem Arm seiner Mutter und erwürgte es. / Dies alles hast du geschehen lassen, / warum hast du es getan? / Du weißt es. — / Du hast uns die Saat wachsen lassen / und sie unserem Auge gezeigt; / der hungrige Mann schaut sie an mit seinen Augen / und ist getröstet. / Wenn das Getreide blüht, schickst du Schmetterlinge (Raupen) / und Heuschrecken hinein, Heuschrecken und Tauben (Vögel, die sich von Körnern ernähren); / alles kommt aus deiner Hand, die läßt es so geschehen; / warum du es so machst, weißt du. – / Mein Herr! Die Menschen, die zu dir beten, verschone! / Wie einen Dieb, der fremdes Getreide gestohlen hat, / der Herr des Getreides bindet, so bindest du nicht, mein Herr, / einen Liebling und einen Gebundenen befreist du gnädig ... / Wenn ich dir lieb bin, so befreie mich so, / ich bitte dich von ganzem Herzen darum. / Wenn ich nicht von Herzen zu dir bete, / erhörst du mich nicht, / ich bitte dich aber von ganzem Herzen, / so, weißt du es und bist mir gnädig.

Gebet der Galla (Ostafrika), 19.—20. Jahrhundert

Wenn ich Dir lieb bin, so befreie mich, ich bitte Dich von ganzem Herzen. Wenn ich nicht von ganzem Herzen zu Dir bete, erhörst Du mich nicht; ich bitte Dich aber von ganzem Herzen, so weißt Du es und bist mir gnädig.

Befreie mich. Galla, Ostafrika, 19.—20. Jahrhundert

O Gott, in Frieden ließest Du mich tagen,
in Frieden laß mich auch nächtigen!
Wo immer ich gehe auf dem Wege,
Den Du in Frieden für mich machtest,
O Gott, meine Schritte mache mir recht!
Beim Reden, Verleumdung nimm von mir weg!
Im Hunger, Murren nimm von mir weg!
In Sattheit, Übermut nimm von mir weg!
Dich anrufend, verbringe ich den Tag,
Herr, der keinen Herren hat!

Gebet der Galla, Ostafrika, 19. Jahrhundert

Eine kinderlose Frau wird von ihrem Manne zum Dorfpriester gebracht. Dort knien beide nieder, stemmen sich mit dem Vorderarm auf den Boden und berühren mit dem Kopf die Erde. Dann betet der Priester also:

Die große, rote Hyäne sagt, / sie habe in der Ebene Kinder gefangen. / O du, der du Wild erlegst, / ohne daß du auf den Anstand gehst, / der du gute Sklaven und Sklavinnen bekommst, / tro (Geistwesen oder Dämon) unserer Vorväter und tro unserer Großmütter, / der du niemanden betrügst: / Diese deine Kinder sind zu mir gekommen mit der Bitte, / ich solle sie zu Dir führen. / Sie haben Hunger nach einem Kinde und bitten deswegen, / du mögest zu Gott gehen, dort eins holen / und es dieser Frau schenken! / Bekommt sie eines, so will sie wiederkommen und dir danken. / Als Zeichen ihres Dankes will sie dir Mehl, / gegorenen Wein und Opfertiere bringen.

Bittgebet um Kinder der Eweer in Süd-Togo, 19.—20. Jahrhundert

O Mawu Sodza, Mutter der Menschen, Mutter der Tiere! Gibst Du den Menschen; verweigerst Du den Menschen, so verweigerst Du den Menschen. In Deiner Größe bin ich groß, mit dem, was Du willst, stimme ich überein.

Gebet eines Ewestammes in Süd-Togo, 19.—20. Jahrhundert

Gott! Gott! den ich anrufe, mein Gott! Gib mir Nachkommenschaft! Du donnerst, und es regnet. Dich allein rufe ich jeden Tag an. Morgenstern, der hier aufgeht, Dich allein rufe ich jeden Tag an. Herr des Wohlgeruchs (Salbei), Dich allein rufe ich jeden Tag an. Den man anruft und erhört, Dich allein rufe ich jeden Tag an.

Lied der Massaifrauen bei der Geburt eines Kindes, Ostafrika, 19.—20. Jahrhundert

Laß mich nun auch diesen Tag finden, womit ich mich sättige. Gott meines Elends, gib mir Essen, gib mir Milch, gib mir Fleisch, mein Vater!

Tägliches Morgengebet der Massai (Ostafrika), 19. Jahrhundert

O Kage, Kage, sind wir nicht Deine Kinder?
Siehst Du nicht unseren Hunger?
Gib uns zu essen.

Bittgebet der Buschmänner, Südafrika, 19.—20. Jahrhundert

Du hast mich gerettet, o Gott, rette mich immer!

Ostafrikanisches Gebet, 19. Jahrhundert

Laß mich bei Dir bleiben und bleibe Du bei mir!

Gebet eines Ewepriesters (Sudan), um 1900

O Wak, nimm uns zu Dir und führe uns in den Garten, führe uns nicht zum Satan und nicht ins Feuer!

Bitte der Galla an Wak (Ostafrika), 19. und 20. Jahrhundert

Du, o Tsuigoa,
Du Vater der Väter,
Du bist unser Vater.

Laß die Donnerwolke strömen,
Laß unsere Herden leben,
laß uns leben!

Fürwahr, ich bin gar schwach
vor Durst, vor Hunger.
O daß ich doch die Früchte des Feldes essen möchte!

Bist Du nicht unser Vater, der Vater der Väter,
Du Tsuigoa?

O daß wir Dich preisen mögen!
O daß wir Dir wieder zurückgeben mögen!

Du Vater der Väter, Du, o Herr,
Du Tsuigoa.

Gebet der Khoikhoi an den Urvater und Himmelsgott Tsuigoa, 19. Jahrhundert

Herr, hier bringe ich Dir mein Kind, segne es! Du weißt, ob seine Wege gerade sein werden oder ob ihm Unglück bevorsteht. Wenn Du nur willst, so wird mein Kind glückselig sein. Ich opfere auch ein Schäflein; sein Blut wird durch die Erde zu Dir dringen und für mich und mein Kind sprechen.

Gebet eines Schilluk am Grab der Ahnen, zu dem er seine Tochter führt, wenn sie heiraten will (Nordafrika), 19.–20. Jahrhundert

Gruß dir, Mariam, Sternenkrone, Thron der Sonne weit, / Erde trägt ein Blüten- und Früchtekleid, / Mariam, Wonnezeit!

Gruß Dir! Düft, Spezereien, Aarons, Salböl; da / sind granatgleich, güldne Schellen, ja: / Mariam, Tunika.

Gruß dir! Duft des Gartens singe lieblich dir zum Ruhme / In der Erde mit der Ernte Krume; / Mariam-Feldesblume.

Gruß Dir! Wenn dein leuchtend Angesicht entzückte mich, / Einer schönen Blume ich verglich / Mariam, Perle, dich!

Wie die Durstge rasch dem Wasser sich zu nahen mühte, / Eilt mein Mund zum Preise deiner Güte, Mariam, Weinstockblüte!

Äthiopisches Marienlied (Auszug)

ARABIEN

Sure 1

Preis sei Allah, dem die Welt untertan!
Dem König des Gerichts, dem barmherzigen Rachman!
Dich beten wir an, dich rufen wir an:
Leite du uns auf die gerade Bahn
zu wandeln als solche, denen du wohlgetan,
die dein Zorn verschont und die frei sind von Wahn.

Sure 113

Ich nehme meine Zuflucht zu dem Herrn des Morgengrauens,
vor dem Übel dessen, was er erschaffen hat,
und vor dem Übel der Nacht, wenn sie naht,
und vor dem Übel der Zauberinnen,
und vor dem Übel des Neiders, wenn er neidet.

Sure 114

Ich nehme meine Zuflucht zu dem Herrn der Menschen
dem König der Menschen,
dem Gott der Menschen, –
Vor dem Übel des Einflüsterers, des Fliehenden (Teufels),
der da einflüstert in die Brüste der Menschen,
vor den Geistern und den Menschen.

Das »Vaterunser« des Islam

Im Namen des allbarmherzigen Gottes. Was im Himmel und auf Erden ist, preist Gott. Und Er ist der Allmächtige und Allwissende. Sein ist die Herrschaft über Himmel und Erde. Er verleiht Leben und Tod, und Er ist allmächtig. Er ist der erste und der letzte, der Sichtbare und Verborgene, und Er kennet alle Dinge. Er hat in sechs Tagen Himmel und Erde geschaffen und sich dann auf seinen Thron gesetzt. Er weiß, was in die Erde eindringt und was aus ihr austritt; und Er weiß, was vom Himmel hinabfällt und was zu ihm emporsteigt: und Er ist mit Euch, wo immer Ihr auch sein möget. Gott beobachtet Euer Tun scharf. Sein ist die Herrschaft über Himmel und Erde. Und zu Gott wird einst alles zurückgebracht. Er läßt die Nacht dem Tage. Er läßt den Tag der Nacht folgen, und Er kennt das innerste Wesen des Herzens.

Der Allmächtige und Allwissende von Mohammed, um 570—632

O Gott, der Du die Herrschaft inne hast, Du gibst die Herrschaft, wem Du willst, und Du entreißest die Herrschaft, wem Du willst. Du machst mächtig, wen Du willst, und Du demütigst, wen Du willst. In Deiner Hand liegt das Gute. Wahrlich, Du bist der Allmächtige. Nach der Nacht führst Du den Tag herauf, und nach dem Tage die Nacht. Leben läßt Du aus dem Tode entstehen, Tod aus dem Leben. Du versorgst, wen Du willst, ohne Abrechnung abzuhalten.

Der Du die Herrschaft inne hast von Mohammed

O Gott, ich bitte Dich um Festigkeit in meinem Vorhaben, um Beständigkeit in meinem Vorsatze; ich bitte Dich um ein ergebenes Herz, um eine aufrichtige Rede; ich bitte Dich um das Gute.

Ich bitte Dich um das Gute von Mohammed

Vergib uns, Herr, unser Gott. Zu Dir nehmen wir unsere Zuflucht, Gott beschwert niemand über sein Vermögen. Jeder wird nach seinem Tun belohnt. Herr, unser Gott, züchtige uns nicht, wenn wir unachtsam waren oder frevelten. Beschwere uns nicht mit dem Joch, das Du denen, so vor uns waren, auferlegt. Lege uns keine Last auf, die uns zu schwer. Verzeih uns, vergib, sei uns gnädig. Denn Du bist unser Beistand. Und hilf uns gegen die Ungläubigen!

Bitte um Vergebung von Mohammed

Im Namen des allbarmherzigen Gottes. Preis sei Gott, dem da gehört, was im Himmel und auf Erden ist; Preis sei Ihm im Jenseits. Denn Er weiß und sieht alles. Er weiß, was in die Erde eindringt und was aus ihr herauskommt, was vom Himmel herabkommt und was in ihn hinaufsteigt. Er ist der Allbarmherzige und Verzeihende.

Preisung von Mohammed

Ich bitte Dich bei Deiner Macht, ich bitte Dich um Gnade; denn siehe, Du bist mächtig, ich bin unmächtig; Du bist wissend, ich bin unwissend ... Du bist der Herr und ich bin Dein Diener; verzeihe mir meine Sünden alle; denn siehe, es verzeiht keiner die Sünden außer Dir; und führe mich zu den besten Sitten; denn es führt keiner zu den besten Sitten außer Dir; entferne von mir die bösen Sitten, denn es entfernt keiner die bösen Sitten außer Dir; alles Gute ist in Deiner Hand ...

Ich bitte Dich um Gnade von Mohammed

Das Lob sei Gott, dem Herrn der Welten, dem Erbarmer, dem Barmherzigen, dem König des Tages des Gerichtes! Dich beten wir an und Dich bitten wir um Hilfe. Führe uns die gerade Straße, die Straße derer, denen Du Gunst erwiesen hast, nicht der dem Zorn Verfallenen und nicht der Irrenden.

Führe uns die gerade Straße von Mohammed

Gnade, o Gott, / Der Tod scheint hinter uns; / Gnade, o Herr, / Keine Mutter, keine Schwester, / und unversehens naht der Tod! / Verlassen, niemand beweint uns, / Verzeihung, o Gott — / Es stand einmal ein hochgebautes Haus, / Und die Welt zertrümmerte es / Und zerbröckelte die Steinpfeiler. / Gnade, lebendiger Gott, / Am elenden Grabe / Beim Racheengel / Und beim Druck der Steinmassen!

Gebet einer Karawane im Sandsturm der Wüste

Das Lob sei Gott, der uns belebt hat, nachdem er uns sterben ließ, und zu dem wir auferweckt werden! Wir sind erwacht und Allahs ist die Herrschaft und die Größe; die Macht, die Majestät und Stärke gehört Allah, dem Herrn der Welten. Wir beginnen den Tag mit dem Gefühl der Ergebung, mit dem Bekenntnis der Reinheit (unseres Gottesglaubens), in der Religion Mohammeds, unseres Propheten und als Anhänger unseres Vaters Abraham, der ein Rechtgläubiger und Moslim, kein Götzendiener war. O Gott, wir bitten Dich, uns heute nur zu Gutem zu erwecken; ich nehme meine Zuflucht zu Dir, daß ich heute nichts Böses begehe oder es einem Moslim zufüge.

O Gott, mit Dir beginnen wir den Tag und mit Dir beendigen wir ihn, mit Dir leben und mit Dir sterben wir und zu Dir werden wir erweckt. Wir bitten Dich um das Gute dieses Tages, das er in sich birgt, und nehmen zu Dir unsere Zuflucht vor dem Übel dieses Tages, das er in sich birgt.

Morgengebet aus Mesopotamien des Al-Ghazâli, 1059—1111

Sei gepriesen, o Gott, wie es Dir gebührt! Ich bezeuge, daß es keinen Gott gibt außer Dir. Ich habe Böses getan und meine Seele hat gefrevelt; ich bitte Dich um Verzeihung und kehre (reumütig) zu Dir zurück; verzeihe mir also und wende Dich mir wieder zu; Du bist ja der Verzeihende, Barmherzige! O Gott, mache mich zu einem der Bekehrten, der Sündenfreien, zu einem Deiner gerechten Diener; mach mich geduldig und dankbar; mache, daß ich Deiner oft gedenke und Dich lobpreise früh und spät!

Preislied aus Mesopotamien von Al-Ghazâli

O Gott, Du bist das Heil und von Dir kommt das Heil und zu Dir kehrt es zurück. Laß uns leben, o Herr, im Heile und führe uns an Deine Stätte, die gesegnete Stätte des Heiles! O Du Majestätischer, Verehrungswürdiger! Preis meinem Herrn, dem Hohen, dem Höchsten! Es gibt keinen Gott außer Allah allein, er hat keinen Genossen, sein ist die Herrschaft und sein ist der Ruhm. Er läßt leben und sterben, während er selbst unsterblich ist, in meiner Hand liegt das Gute, und er ist allmächtig. Es gibt keinen Gott außer Allah, dem Gnädigen, Vorzüglichen, Preiswürdigen. Es gibt keinen Gott außer Allah, und wir beten keinen anderen an als ihn; ihm huldigen wir aufrichtig, ob auch die Ungläubigen sich widersetzen.

Preis meinem Herrn von Al-Ghazâli

O Gott, segne Mohammed und Mohammeds Familie / und verleih ihr das Heil! / O Gott, Du bist das Heil! / Und von Dir kommt das Heil und zu Dir kehrt es zurück. / Laß uns leben, o Herr, im Heile und führe uns an Deine Stätte, / die gesegnete Stätte des Heiles! / O Du Majestätischer, / Verehrungswürdiger! / Preis meinem Herrn dem Hohen dem Höchsten! / Es gibt keinen Gott außer Allah allein, / er hat keinen Genossen, sein ist die Herrschaft und sein ist der Ruhm. / Er läßt uns leben und sterben, während er selbst unsterblich ist, / in seiner Hand liegt das Gute, und er ist allmächtig. / Es gibt keinen Gott außer Allah, dem Gnädigen, Vorzüglichen, Preiswürdigen. / Es gibt keinen Gott außer Allah, / und wir beten keinen anderen an als ihn; / ihm huldigen wir aufrichtig, ob auch die Ungläubigen sich widersetzen. / O Gott, / siehe, ich kann nicht verhindern, was ich verabscheue, / und ich kann nicht erlangen, was ich Nützliches erhoffe; / denn in Deiner Hand und in keiner anderen liegt die Sache; / ich bin an mein Tun gebunden; und kein Armer ist ärmer als ich vor Dir / und kein Reicher ist reicher als Du vor mir. / O Gott, bereite meinem Feinde keine Freude, / meinem Freunde keine Betrübnis über mich! / Laß mich in meiner Religion nicht verunglücken, / nicht die Welt zu meiner größten Sorge, zum Inhalt meines Wissens werden, / und nicht denjenigen um meiner Sünde willen über mich herrschen, / der kein Erbarmen mit mir kennt!

Gebet beim Betreten der Moschee von Al-Ghazâli

O Gott, ich bitte Dich um alles Gute, das baldige und das späte, von dem Du Kenntnis hast, während ich es nicht kenne; ich bitte Dich um das Paradies und um das, was dazu führt: Tat, Wort, Absicht oder Überzeugung. Ich bitte Dich um das Gute, um das Dein Diener und Bote Mohammed Dich gebeten hat; o Gott, verleihe dem, was Du mir bestimmt hast, einen guten Ausgang!

Mesopotamisches Gebet von Al-Ghazâli

O Herr, gib meinem Herzen voll Gnade Lebensgeist, / Da allem Schmerz geduldig du Arzneien leihst. / Wie wüßt ich armer Sklave, was es zu suchen gilt? / Der Wissende bist du nur – so gib mir, was du weißt!

Voll Unruh muß ich ohne dich, Herr schwanken, / Denn deine Wohltat kennt nicht Zahl noch Schranken: / Und würde jedes Haar mir auch zur Zunge – / Noch immer nicht könnt ich genug dir danken!

Wie Blut pulsiert die Liebe im Körper hin und her, / Erfüllt mich mit dem Freunde, macht von mir selbst mich leer, / Die Teile meines Körpers ergriff der holde Freund – / Von mir blieb nur der Körper, das Übrige ist er!

Gebet des Abdallah-Ansari, 1006–1088

O Gott, was Du mir von der Welt geben willst,
gib es Deinen Feinden,
und was Du mir im Himmel geben willst,
gib es Deinen Freunden,
denn Du selbst genügst mir.

O Gott, wenn ich Dich aus Furcht vor Deiner Hölle anbete,
so verbrenne mich in Deiner Hölle,
und wenn ich Dich deines Paradieses wegen anbete,
so verschließe mir dessen Tür.
Aber wenn ich Dich nur Deiner selbst willen anbete,
dann beraube mich nicht des Schauens Deines Angesichts.

Gebet der Mystikerin Rabi'äh Al'-Adawiya

Im Namen des Vaters, / des Sohnes / und des heiligen Geistes, amen. / Du, / o Gott, / der Du König aller Dinge und König des Lichtes bist, / Du bist gepriesen und gelobt unter deinen Heiligen. / Wenn das, / was der Feind Deines Dieners ... geschrieben, / in einer Zisterne, auf einem Amboß oder in einem anderen Gegenstand im Freien oder im Hause hinterlegt ist, / möge es geschwächt werden! / O Vater, / öffne vor ihm die Pforten des Erbarmens durch die Sonne und ihr Licht, / durch den Morgen und seinen Schimmer, / kraft unseres Herrn, / der auf dem Berge erschien und sich seinen Schülern zeigte, / während eine Wolke sie überdeckte, / und der die Augen der Blinden öffnete und mit dem Worte seines Mundes das Meer beruhigte. / Ebenso, / wenn jemand Zauberei oder Nestelknüpfen übt, / um zu erschrecken oder zu schwächen, / oder wenn es ein neidisches Auge ist, / vernichte alles dies, / o großmächtiger Gott, / und möge es alles weg fliegen vor deinem Diener. / Jede böse Macht sei verdammt durch die Kraft Gottes, / und nichts von ihr bestehe in Bezug auf den Besitz des Gottesdieners, / im Namen des Vaters, / des Sohnes / und des heiligen Geistes, / des einzigen Gottes, amen! /

Ich gebiete euch, / böse Geister und schädliche Mächte, / im Namen des lebendigen Gottes, / der auf den Felsen schrieb, / der Felsen konnte aber seine Schrift nicht tragen sondern schmolz vor ihr, / also schmelzet vor ..., wie das Wachs vor dem Feuer schmilzt! / Das Feuer, das vor ihm brennt, / soll alles Böse vernichten, / wie das Feuer die fünfundfünfzig in Folge des Wortes Elias verbrannte. / Bei Gott, / dem allmächtigen König der Könige und dem Herrn der Herren beschwöre ich euch im Namen Gottes: / o ihr bösen Geister und alle, / welche schlimme Gedanken hegen, / im Namen des Kreuzes kommt ihm oder seinem Hause nicht nahe, / wenn er wacht oder schläft, / wenn er geht oder kommt, / wenn er aufsteht oder sich niederläßt, / wo immer dieses Gebet sich befindet! / Von hinnen fliehe der Satan, / denn er hat nichts mit ihm zu tun, / und sterbe und falle nieder, / wie die Mauern Jerichos fielen. / Und wenn Ihr, / boshafte Geister und böse Augen, / nicht gehorchet sondern ihm nahe kommet, / so wird Schreck und Furcht an diesem Tage über euch kommen. / Weichet von hinnen bei der Stimme der Trompete, / in die vor dem Herrn Jesus gestossen wurde, / wegen Mose, des Propheten, / der die Steintafeln nahm, / auf welche die Gebote mit dem Finger Gottes geschrieben waren, / wegen des Gesetzes, / wegen Gabriels und Michaels / und wegen des Gebetes der drei Jünglinge in dem brennenden Ofen. / Alle bösen Mächte mögen wegfliehen vor dem Träger des Gebetes, / wo immer er ist. / Wegen des Kranzes des Stephanus und im Namen unseres Herrn und des Kreuzes und der Nägel, / mit denen seine Hände festgenagelt wurden, / wegen des Schwammes, / den man ihm darreichte, als er durstete, / wegen der Lanze, / mit welcher seine Seite durchbohrt wurde, / wegen des Grabes, / in welches er gelegt wurde, / während die Sonne sich verfinsterte und ihr Licht nicht gab, / wegen des Vorhanges des Tempels, / der in zwei zerriß, / wegen der Gräber, / die sich öffneten / und wegen aller genannten und ungenannten Wunder, / möge jedes Nestelknüpfen und jedes böse Auge vernichtet werden vor dem Träger dieses Gebetes. / Wegen Golgatha und des geheiligten Grabes, / wegen der rechten Hand des Johannes, / die deine Seite betastete, / mögen die Teufel und die bösen Geister herausziehen / und in die Totenbahre vergraben werden. / Niemand erdreiste sich, / ihm nahe zu kommen oder ihn anzurühren oder sich auf seinen Weg zu stellen, / denn er ist unter dem Schutze Gottes, / der alle Geschöpfe geschaffen hat / und das Rote Meer trocken machte, / und unter dem Schutze Jesu, / der vom Himmel niederkam, / und unter dem Schutze des Paulus: / daß nichts Schädliches ihm oder seinem Lande nahekomme, / sondern alles Gute bei ihm bleibe für immer und ewig, / amen, / amen, / amen.

Christlich-Arabisches Beschwörungsgebet

INDIEN

Du bist meine Mutter,
Du bist auch mein Vater;
Du bist mein Verwandter,
Du bist auch mein Freund;
Du bist meine Erziehung,

Du bist auch mein Reichtum.
Oh Gott der Götter –
Du bist für mich alles!

Indisches Gebet (Hinduistisch)

Jene, die wandeln den Pfad des Stolzes, das niedere Leben zermalmend unter ihrem Tritt, bedeckend das zärtliche Grün der Erde mit ihren Fußspuren von Blut, laß sie sich freuen, und Dir danken, Herr, denn ihnen gehört das Heute.

Aber ich bin dankbar, daß mein Los steht bei den Geringen, die leiden und tragen die Last der Macht und verbergen ihre Gesichter und ihre Seufzer ersticken im Dunkeln.

Denn jedes Herzklopfen ihres Schmerzes hat gepulst in der geheimen Tiefe Deiner Nacht, und jeder Kränkung ist gesammelt worden in Dein großes Schweigen. Und das Morgen gehört ihnen.

O Sonne, geh auf über den blutenden Herzen, blühend in Morgenblumen, da die Fackellicht-Orgie des Stolzes gesunken zu Asche.

Dankgebet von Rabindranath Tagore, 1861–1941

O rette mich, errette mich, Allmächtiger! / Rette mich und mach mich frei! / O laß die Liebe, die meine Brust erfüllt, / Sich in Liebe an dich klammern!

Laß mich schmecken, wie süß du bist; / Gewähre mir dies, ich flehe zu dir! / Und nie soll meine Liebe von dir weichen / oder sich von dir wenden!

Deinen Namen will ich verherrlichen / und dich weithin loben; / Für diese wunderbare Liebe und Freude / will ich tanzen und weinen vor meinem Gott.

Gewähre mir, Vitthal (Vithoba-Krishna), daß ich / ruhe zu deinen heiligen Füßen; / Ach, gib mir dies, Teuerster, Bester! / Und ich bin ganz zufrieden.

Gebetspsalm, 20. Jahrhundert

Wir wissen nicht, was gut ist und warum wir bitten sollen. Du weißt, was gut ist, gib es uns!

Gebet der Kandhs (Orissa), 19.–20. Jahrhundert

Herr, schau auf mich hernieder; nichts vermag ich aus mir selbst. Wo soll ich hingehen? Wem kann ich meine Sorgen anvertrauen! Manchmal wandte ich mich von Dir ab und griff nach Dingen dieser Welt; Du aber bist der Born des Erbarmens, wende Dein Antlitz nicht von mir! Als ich nach der Welt blickte, fehlten mir die Augen des Glaubens, um Dich sehen zu können, wo Du weilst; Du aber bist der alles Sehende. Ich bin nur eine Opferspende, vor Deine Füße hingeworfen: welche Bitte kann das Spiegelbild zu dem Lebendigen erheben, der Du vor dem Spiegel stehst? Schaue zunächst Dich selbst an und gedenke Deiner Barmherzigkeit und Macht; dann richte Dein Auge auf mich und gebiete über Deinen Knecht, Deinen Leibeigenen! Denn der Name des Herrn ist eine sichere Zuflucht; wer ihn ergreift, ist errettet. Herr, Dein Walten erquickt mein Herz. Dein allein ist Tulasi. O Gott des Erbarmens, tue mir ihm nach Deinem Ermessen.

Gebet der Hindu aus Tulasi Dasas (gest. 1623) »Ramayan«, — mystisch

Ich brach das Recht, war leer an Selbsterkennen.
Nicht übte Treue ich zu Deinen Lotosfüßen,
ich Nichts, ich ohne Hut ohn' Dich, Du Hüter.
Zu Füßen flieh ich Dir, o gib mir Zuflucht.

In aller Welt ist Übles nicht zu finden,
das ich nicht tausendfach begangen hätte.
In Sünde war ich reif. Der Hilfe mangelnd,
schrei ich zu Dir. O hilf mir, Lösungs-Spender.

Versinkend in des Daseins Fluten, endlich
hab ich in Dir das Ufer doch gewonnen.
Gewonnen hast Du auch an mir nicht wenig:
Ein Faß, mit Gnade gründlich voll zu gießen.

Was nie mir ward, soll's jetzt mir werden? Oder
quält weiter mich all angeborenes Wehe?
Das sei Dir ferne! Nimmer ziemte das Dir!
Wer zu Dir flieht, darf nicht zu schanden werden.

Und triebest Du mich auch von hinnen, dennoch,
o hoher Herr, würd' Deinen Fuß ich fassen,
so wie ein Kind, im Zorne weggewiesen,
noch fester sich an seine Mutter klammert.

Sündenbekenntnis aus der Vishnu-Religion von Yamuna-muni

Ich habe mißkannt, was mir zum Heil gewesen wäre;
Ich habe nicht an das gedacht,
was ich hätte sagen sollen.
Mein eigener Zerstörer bin ich, ein Feind für alle;
Ich bin ein verächtlicher Mensch.
Gewähre Du mir Rettung, Meer der Barmherzigkeit!
So sagt Tuka.
Mein Leben ist dahin in ungestilltem Durst nach Glück;
Nicht einen Augenblick habe ich recht nach
Erlösung gerungen.
Ich bin erschöpft vom Wandern hin und her.
Meine Seele ist umhüllt mit dem Schleier der Täuschung.

Bekenntnis von Tukaram, Marathaland, 1608—1649

Nach Dir verlangen wir, nach Dir dürsten wir,
unser Herz geht auf in Dir, o Herr ...
Wie ein Kind satt wird, wenn es Milch trinkt,
wie ein armer Mann getröstet wird, wenn er Wohlstand erlangt,
wie ein Durstiger erquickt wird, wenn er Wasser trinkt,
so wird mein Herz selig in Hari, o Herr ...

Wie eine Lampe in der Finsternis leuchtet, wie einer,
der voll Sehnsucht nach seinem Gatten ausblickt, selig wird, wenn er ihm begegnet,
so hüpft mein Herz von Liebe zu Hari, mein Herr.

Anbetung von Guru Arjun, 1581—1606

Du bist mein Vater, Du bist meine Mutter, Du bist mein Vetter, Du bist mein Beschützer überall. Wie kann Furcht und Sorge mir nahen, o Herr? Durch Deine Barmherzigkeit habe ich Dich gefühlt. Du bist meine Stütze, Du bist meine Zuflucht. Außer Dir findet sich kein anderer, alles ist Dein Wille und Dein Wirken, Herr. Alle lebenden Wesen sind von Dir geschaffen; wo immer es Dir gefällt, dahin werden sie gestellt; alles was geschaffen ist, ist Dein; nichts ist unser, Herr.

Preisung von Guru Arjun

An deinem Ufer fand ich beglückende Freuden; / Tränen füllen mein Auge, muß ich von dir scheiden.

Faltend die Hände ich deine Wellen verehre, / Säh' ich dich wieder doch, Ganga, Heilige, Hehre!

Eine Sünde beging ich, vergib sie, ich büße; / Mutter, deine Wasser haben berührt meine Füße.

Soll ich mich dem Gebet und der Andacht ergeben? / All' das ist zwecklos, denn du beseligst mein Leben.

So spricht Vidyapati: Mutter, aus Herzensgrunde / Bitt' ich: Verlasse mich nicht in der Todesstunde!

Gebet an die Ganga des Dichters Vidyapati Thakur, 15. Jahrhundert

Wir begehen viele Sünden, deren kein Ende ist. O Gott, vergib sie uns gnädiglich. Wir sind große Sünder und Übertreter. O Gott, vergibst Du uns nicht und vereinst Du uns nicht mit Dir, so können wir nicht Vergebung erlangen.

Gebet der Sikhs von Amur Das, 1479–1574

Wir bringen Dir Verehrung, dem Dreigestaltgen dar, / der vor der Weltenschöpfung die reine Einheit war, / der dann beschloß, zum Werke sein Wesen zu zerspalten, / um sich in die drei Farben zerfließend, zu entfalten.

Mit Dir, mit Deinem Wesen, erkennst Du, Herr, Dein Ich / und Du erschaffst Dein Wesen, Dein Ich, allein durch Dich; / und mit demselben Wesen, mit Deinem Ich allein, / gehst Du am Feierabend des Weltwerks in Dich ein.

Sie nennen Dich die Urkraft; der die Natur entquillt / und die das Ziel des Geistes verwirklicht und erfüllt; / der Geist auch, der da zuschaut in tatenloser Ruh / dem Spiel der ewgen Urkraft – der, sagen sie, bist Du.

Du bist der Opfergießer, Du bist der Opferguß, / der stete Fruchtgenuß; / Du bist das große Rätsel, bist, der die Lösung hat, / der Sucher, das Gesuchte, die namenlose Statt.

Ein Gebet an Brahman, das göttliche, alldurchdringende Prinzip

Durch Deine Tugenden hast Du mich in der Wette zum Sklaven gewonnen. Dein Schüler allein bin ich, von Deinem eigenen Munde unterwiesen. Nur Dein Sohn bin ich, durch Dein Gedenken glücklich, zu Dir als Freistatt geflohen. Buddha, Herr, Meister und Vater, behüte mich ... Mich, irrend in atmanlosen, bestandlosen, unguten, schlimm-schlimmen Sam sara-Rade hier, kannst Du allein nur herausholen, o Meer der Gnade. Darum, o Herr, sei gnädig, gnädig, gnädig!

Sei gnädig, Herr, Götterherr, Weltenherr, Sieghafter, der Welt und mir und allen Guten, Anbetungswürdiger, Buddha, Bezwinger von Sünde, Leid, Gier, Dunkelheit. Dein Bhakta allein bin ich mit Leib, Wort und Geist.

Sei gnädig von Rama-Candra, um 1300

O Gott der Götter! Wie soll ich Dich anreden, der Du durch eigene Kraft und Wesenheit alle Elemente in Dir vereinst, Dich Starken, den keine Macht übermächtigt! Du bist der Höchste, der Erschaffer des höchsten Brahma. Du bist der Urgeist, und von Dir stammt das Ewige. Gegründet stehst Du jenseits jeder Endlichkeit. Wie kann ich Dein Lob preisen? Wie kann ich dessen Größe aussprechen, von dem Brahma, der Erzeuger, und Shiva, der Vollender, der Mond, die Sonne, die Winde, der Morgen- und Abendstern, alle Götter ausgehen, von dem diese ganz sichtbare Welt nur ein verschwindender Funke ist, wie ein Staubkorn im unendlichen Raum, ein Teil, seine Wesenheit zu offenbaren, deren Art, sei sie rein in sich geschlossen oder in diese ganze Welt ausgebreitet, kein Gott und kein Brahma begreifen kann? Wie kann ich ihm danken, dem die Götter Blumen aus den himmlischen Hainen darbringen, vor dessen Gestaltungen Indra, der König der Götter, ohne ihn zu sehen, sich neigt? Den die Weisen, die ihre Sinne von allen äußeren Dingen abgewandt haben, in Gedanken verehren, indem sie sein Abbild im Herzen aufstellen und vor ihm die Blüte heiliger Andacht darbringen? Wie vermöcht' ich es, Dich würdig zu preisen? Deine eingeborene Güte kann einzig imstande sein, Mitleid mit mir zu fühlen ... Kraftlos und ohne Groll sieh mich, o Ewiger, gebändigt zu Deinen Füßen! Lasse mir das Leben: einzig will ich ferner nur Dir dienen.

Gebet des Schlangenkönigs Kalyia an Krishna, Vishnu-Purana, 1. Jahrtausend

Du allein, bist die Zuflucht jedes Wesens, das zum Licht gelangt. Der Du alles Unheil aufhebst, sei auch mir gnädig und läutere mich von jedem Unreinen. Meer und Gebirge bist Du, Wälder und

Flüsse, Himmel und Erde, Luft und Wasser und Feuer; Du bist Geist und Wissen und was über Wissen ist, Du bist der Atem, bist der Herr des Lebens, bist der Ewige und alles, was über Ewigkeit steht; bist der Allerhalter und erhaben über Werden und Vergehn, Fühlen und Empfinden: unvergänglich, ohne Grenzen, unveränderlich, nimmst nicht zu, nimmst nicht ab. Dein Wesen ist eins mit Brahma, ohne Anfang und Ende. Von Dir stammen die Götter, die heiligen Väter, die Geister und Genien und himmlischen Seher, von Dir die Nymphen, Nixen und Elfen; aus Dir sind Mensch und Vieh, Vogel und Fisch und Wild, Schlangen und Wurm hervorgegangen; aus Dir sind alle Pflanzen erblüht. Aus Dir ist alles hervorgegangen, was da war, ist und sein wird, was sich regt und was ruht, was geformt und was ungeformt, was da grob, fein oder unsichtbar ist; Das bist Du, Erhalter der Welt, und außer Dir ist Nichts. O Herr, immer bin ich umhergeirrt im Kreislauf weltlichen Daseins, immer habe ich dreifaches Leid erfahren, in Gedanken, Worten und Werken: und nirgends hab' ich Ruhe gefunden. Leid habe ich für Lust gehalten, gleichwie man in Wüsten eine Luftspiegelung für einen See ansieht, und der Genuß hat mir nur Qual geschaffen. Herrschaft über die Erde, Macht, Schätze, Freunde und Genossen, Weiber und Kinder und alles Besitztum, das Menschen erfreut, besaß ich, und meinte darin das Glück zu finden – und fand doch in ihrer vergänglichen Art, o Herr, eitel Elend. Sogar die hohen Götter im Himmel bedurften meines Beistandes! Wo gibt es da dauernden Frieden? Wer mag ohne Deine Gnade, Du höchster Geist, der Du der Urgrund von allem bist, ewige Ruhe finden? Die Vielheit Deiner Gestaltungen vermögen die Menschen nicht zu durchschauen, sie sehn nicht Dein wahres Wesen, sie wandeln immer wieder die unendlichen Leidenpfade von Geburt, Alter und Tod, gelangen immer wieder in höllische Welten, höllische Qualen zu erdulden, die Folge ihrer eigenen Werke. Den Reizen des Daseins hingegeben, da ich Dich nicht erkannte, kreiste ich im Wirbel von Dünkel und Wahn auf und ab: heute aber bin ich bei Dir, habe mein letztes Ziel gefunden, beim Herrn aller Herrlichkeit, der einzig Rettung darreicht. Abgewandt von der Welt, und von ihrem Weh, wünsch' ich Vollendung des Heils, Wahnerlösung, das Ende von allem Dasein.

Lobeshymne aus Indien, Vishnu-Purana, 8. Jahrhundert

Du wohnst im Herzen und bist lauter Licht ...
Du vermagst die Wesen zu beschützen und gegen sie
doch in Gleichgültigkeit zu verharren ...
Auf Dich richten sich ihre Gedanken, auf Dich richten
sie ihr Tun, Du bist das Heil derer, die allen den
Leidenschafen entsagen, um nicht in die Welt zurückzukehren.
Deine Größe, die die Erde umfaßt und alle anderen Elemente,
steht vor unseren Augen, niemand aber kann sie ermessen.

Gebet der Götter an Vishnu von Kalidasa; um 400 n. Chr.

Verehrung Dir, dem dreigestaltigen Gott, dem Geist, der vor der Schöpfung allein war ... Aus ihm stammt alles, was geht und was steht ... Ursprung der Welt bist Du, und selbst ohne Ursprung, Ende der Welt bist Du, doch selber ohne Ende, Anfang der Welt und selber ohne Anfang, Herr der Welt und selbst ohne Herrn ... Du bist der Vater unter den Vätern, die Gottheit unter den Göttern, Du bist höher als das Hohe, der Schöpfer unter den Schöpfern, Du bist Opfergabe und Opferer, Speise und ständig Speisender, Wissen und Wissender, Denker und höchster Gedanke.

Gebet der Götter an Brahma von Kalidasa

»Atma ist das Wesen des Lichtes, des Feuers, das Wesen der Luft, das Wesen des Priesters und des Altars, das Wesen des Innenwohnenden und der Bewegung.«

»Er ist das Wesen des Menschen, das Wesen des Besten, das Wesen des Äthers; die vom Wasser, vom Himmel, von der Luft, von den Bergen Geborenen sind dieser große Eine.«

»Atma, der über den Sterblichen, Träumenden wacht, die Begierden bilden über Begierden, ist Jener Ewige, den man den unsterblichen Einen nennt. In ihm ruhen alle Welten, und keine geht darüber hinaus. Dieses ist das Selbst.«

»Wie das Feuer, das nur Eines ist, wenn es zur Welt kommt, mit einer Form nach der andern sich verbindet, so ist das innere Selbst alles Daseins mit einer Form nach der andern verbunden und bleibt dennoch außerhalb derselben.«

»Der eine Herrscher ist das innere Selbst alles Daseins, der eine Form vielfältig macht; die Weisen, die ihn in sich selbst schauen, sie und keine andern sind glücklich.«

Gesang an Atma, das Wesen des Lichtes. Katha Upanischad II. 2

In deinem Lichtleib, Herr! erblick ich alle Götter
Und der lebend'gen Wesen großes Heer;
Brahma, den Herrn im Lotuskelche sitzend,
Und alle Weisen und die Götterschlangen.

Mit vielen Armen und unzähligen Brüsten
Und Augen, seh' ich dich Unendlicher.
Da ist kein Anfang, Mitte oder Ende.
Von dir, o Herr, du Allumfassender!

Du trägst die Krone, Stern' und Himmelsstraßen,
Ein Meer von Glanz, nach allen Seiten strahlend.
Es blendet mich dein Licht, das sonnengleich
Nach jeder Richtung seine Strahlen sendet.

Du bist der eine, du das höchste Ziel
Der Selbsterkenntnis und das Herz des Alls,
Der Hüter des unsterblichen Gesetzes,
Der ew'ge Grund von allem was da ist.

Ohn' Anfang, ohne Mitte, ohne Ende,
Ewig in deiner Kraft und deinem Tun;
Die Sonne und der Mond sind deine Augen,
Es glänzt dein Angesicht wie Feuerschein.

Du füllst den Weltenraum mit deinem Licht,
Und deine Liebe wärmt das ganze All,
Denn alle Himmel und die Weltregionen
Sind voll von dir und deiner Herrlichkeit.

Und zeigst du dich in deiner Schreckgestalt,
So zittern die drei Welten, es entflieh'n
Die Götter, und der Rischi Scharen sprechen,
Die Hände faltend: »Großer! Heil sei dir!«

Gebet Ardschunas an Krishna, Bhagavadgita, des Erhabenen Sang, XI.

Die Nacht die Göttin, zieht herauf,
aus vielen Augen blickt sie her,
mit vollem Schmucke angetan.

Die Göttin füllt, die ewige,
die Höhn und Tiefen weit und breit,
vertreibt mit Glanz die Finsternis.

Du kamst zu uns, nun suchen wir
des Lagers Ruhestätte auf,
wie Vögel zu dem Neste ziehn.

Zur Ruhe geht das ganze Dorf,
zur Ruh, was läuft, zur Ruh, was fliegt,
zur Ruhe selbst der gierige Aar.

Den Wolf, die Wölfin halte fern,
halt, ab den Dieb, o düstre Nacht,
Und bring uns heil zum Morgen hin.

Die Herden trieb ich für Dich ein,
wie Beute um den Sieger her:
So nimm sie hin, Du Himmelskind!

An die Göttin der Nacht, Rigveda, 2. Jahrtsd. v. Chr.

Als goldner Keim ging er hervor zu Anfang;
Geboren kaum, war einziger Herr der Welt er;
Er festigte die Erde und den Himmel,

Wer ist der Gott, daß wir ihm opfernd dienen?
Der Odem gibt und Kraft gibt, er, dem alle,
Wenn er befiehlt, gehorchen, auch die Götter,
Des Abglanz das Unsterbliche, der Tod ist,
Wer ist der Gott, daß wir ihm opfernd dienen?
Der, wenn sie atmet, wenn sie schließt die Augen,
Die Lebewelt regiert als einziger König,
Zweifüßler hier beherrschend und Vierfüßler,
Wer ist der Gott, daß wir ihm opfernd dienen?
Durch dessen Macht dort die beschneiten Berge,
Das Meer, der Weltstrom ist, von dem sie fabeln,
Des Arme dort die Himmelspole sind,
Wer ist der Gott, daß wir ihm opfernd dienen?
Durch den der Himmelsraum, der Erde Festen,
Der Sonne Glanz, das Firmament gestützt sind,
Und der im Mittelreich den Luftraum ausmißt,
Wer ist der Gott, daß wir ihm opfernd dienen?
Zu dem aufschaun die Kämpfer beider Heere,
Auf Hilfe bauend, sorgenvollen Herzens,
Aus dem aufgeht und fernhin strahlt die Sonne,
Wer ist der Gott, daß wir ihm opfernd dienen?
Als ehemals die großen Wasser kamen,
Ging er hervor als Lebenshauch der Götter,
Wer ist der Gott, daß wir ihm opfernd dienen?
Der machtvoll selbst die Wasser überschaute,
Die kräfteschwangern, die das Opfer zeugten,
Er, der der einzige Gott war von den Göttern,
Wer ist der Gott, daß wir ihm opfernd dienen?
Nicht schädige er uns, der Erde Schöpfer,
Der auch den Himmel schuf, wahrhaft an Satzung,
Der auch schuf die glanzreich großen Wasser,
Wer ist der Gott, daß wir ihm opfernd dienen?
Prajapati! Du bist es, und kein andrer,
Der alles dies Entstandene umfaßt hält!
Zuteil werd' uns, was wir, Dir opfernd, wünschen;
Uns die kennen, mach zu Herrn der Güter!

Prajapati-Hymnus, Rigveda

Halte fein die Furcht von mir ferne, o Varuna, sei mir gewogen, Du wahrhaftiger Allkönig. Löse von mir die Angst, wie den Strick vom Kalbe, denn ferne von Dir vermag ich nicht einmal die Augen zu schließen.

Bittgebet, Rigveda, 2. Jahrh. v. Chr.

PERSIEN

Ich bin im Tempel des Friedens!
Alles schweigt und ruht in mir.
Mein Körper ist still und entspannt.

Die Heilkraft des Schweigens erfüllt mich.
Sie heilt alle meine Leiden
Und gibt mir Kraft und Gesundheit.

Liebe und Frieden, Licht und Freude
ziehen in mir ein und beleben mich ganz.
Ich fühle himmlische Ruhe in mir!

Alles schweigt in mir!
Gott allein wirkt in mir
Ich bin erfüllt von Seiner Liebe.

In mir ist ein neuer Funke entzündet;
Eine neue Kraft umflutet mich!
Ein neues Leben durchströmt mich!

Ein neues Licht durchstrahlt mich!
Ich will dieses Licht ewig tragen

Und es freudig ergiessen
In das Herz der Menschheit!

Heil allen Menschen und Wesen!
Licht allen Menschen und Wesen!

Die Heilkraft des Gebetes von H. K. Iranschähr, 1884–1962

In diesem heiligen Augenblick,
da alles in mir schweigt,
hebe ich meine Hände zu Dir empor,
Du allgütiger, weiser Gott!

Wie könnte ich Dir je genug danken –
Dir, dessen Liebe keine Grenzen kennt!
Dir, dessen Weisheit unergründlich ist!

Ich war geistig blind –
Du hast mich sehend gemacht!
Ich war seelisch in Versuchung gefallen –
Du hast mich emporgehoben!
Ich war auf dem Irrweg –
Du hast mich zur Wahrheit geführt!

Mit jedem Schritt führst Du mich weiter
auf dem heiligen Pfad der Reinheit,
der Weisheit und der Gerechtigkeit,
der Einheit und der Harmonie!

Ich will diesen Pfad bis zu Ende gehen:
In voller Demut und Selbstlosigkeit,
in reiner Liebe und Opferwilligkeit,
in Tapferkeit und Heiligkeit!

Möge auch ich ein treuer,
erleuchteter und würdiger Diener
der leidenden Menschheit –
ein Lichtkämpfer der Wahrheit werden!

Dankgebet der erwachten Seele von H. K. Iranschähr

O mein Gott! Mache Deine Schönheit zu meiner Speise und Deine Gegenwart zu meinem Trank. Lasse mein Vertrauen in Deinem Willen ruhen und meine Taten in Einklang sein mit Deinen Geboten. Lasse Dir mein Dienen wohlgefallen und alle meine Handlungen ein Lobpreis für Dich sein! Lasse meine Hilfe nur von Dir kommen, daß mein Heim Deine Wohnstätte sei, heilig und ohne Grenzen.

Du bist der Edelste, der Allgegenwärtige, der All-Liebende.

Ich flehe zu Dir, o mein Herr, bei Deinem Namen, dessen Glanz Himmel und Erde umgibt, mache mich fähig, meinen Willen dem zu unterwerfen, was Du durch Deine Gebote bestimmt hast, so daß ich keinen Wunsch mehr fühle außer dem, was Du in der Kraft Deiner höchsten Herrschaft wünschest, und keinen Willen außer dem, was Du mir bestimmt hast durch Deinen Willen.

O mein Gott! Hilf mir, gerecht zu werden. Erlöse mich vom Meer des Aberglaubens und der Einbildungen und schenke mir geistige Augen, um Deine Einheit und Deine Wahrheit in meinem Lebenskreise zu sehen und zu verstehen.

Ich bitte Dich, o Gott, durch Deine Kraft, Macht und Herrlichkeit, die alles umfaßt, was im Himmel und auf Erden ist, zeige Deinen Dienern den geraden Weg, daß sie Deine Einheit und Einzigkeit mit solcher Gewißheit erkennen, daß weder die Einbildungen der Zweifler sie zu erschüttern noch die eitlen Mutmaßungen irrender Wanderer sie zu trüben vermöchten. O mein Gott, erleuchte die Augen und Herzen Deiner Diener, auf daß sie die Größe dieser höchsten Stufe zu erkennen und diesen hellsten Horizont zu erschauen vermögen, damit das Geschrei der Menschen sie nicht mehr abhält, ihren Blick auf das strahlende Licht Deiner Einheit zu richten!

Gebete Baha-Allahs

Hier preise ich nun den Ahura Mazda, der das Vieh geschaffen hat, der die Reinheit geschaffen hat, das Wasser und die guten Bäume. Der den Lichtglanz schuf, die Erde und alles Gute.
Ihm gehört das Reich, die Macht, die Gewalt.

Ihn preisen wir zuerst unter den zu verehrenden Wesen, welche mit dem Vieh zusammen wohnen.
Ihn lobpreisen wir mit ahurischen Namen, Mazda, ausgezeichneter, heiligster.
Mit unserm eignen Körper und Leben preisen wir ihn.
Die Fravashis der Reinen, Männer und Frauen, preisen wir.
Die beste Reinheit preisen wir.
Was das Schönste, was rein, was unsterblich ist,
Was glänzend, alles, was gut ist:
Den guten Geist verehren wir, das gute Reich verehren wir und das gute Gesetz und die gute Herrschaft und die gute Weisheit.
Das frage ich dich, sage mir das Richtige, o Ahura!
Bis zum Preise eures Preises mögest du,
O Mazda, mich dem Freunde lehren.
Durch Reinheit mögen uns freundliche Helfer zuteil werden,
Bis er zu uns kommen wird durch Vohu-manô.
Das will ich dich fragen, sage mir das Richtige, o Ahura:
Wie ist des besten Ortes Anfang, des Paradieses, zu erreichen
Wie ist zu nützen dem, der nach beidem begehrt?
Denn du bist durch Reinheit – der Heilige über den Schlechten –
Der Herrscher über alle, der Himmlische, der Freund für beide Welten, Mazda!
Das frage ich dich, sage mir das Richtige, o Ahura!
Wer war der Vater der reinen Geschöpfe vom Anfange?
Wer hat der Sonne, den Sternen den Weg geschaffen?
Wer anders als du macht, daß der Mond wächst und abnimmt?
Das, Mazda, und anderes wünsche ich zu wissen.

Zarathustra preist Ahura Mazda, um 600 v. Chr.

Zum Gebet um Unterstützung die Hände ausstreckend, will ich um seine, des heiligen Geistes Werke, o Mazda, vor allem zuerst bitten, o Asa, auf daß ich den Willen des Vohu Nanah befriedige und die Seele des Stiers.

Der ich Euch dienen will, o Mazda Ahura, o Vohu Manah, verleihet mir durch Asa die Herrlichkeiten beider Welten, der leiblichen und der des Geistes, welche die Getreuen in Wohlbehagen versetzen.

Der ich Euch, o Asa, besingen will wie nie zuvor, und den Vohu Manah und den Mazda Ahura und (all) die, denen Armaty das nie sich mindernde Reich mehrt: kommt her zu meiner Unterstützung, wenn ich rufe . . .

O Asa! werde ich Dich erschauen und den Vohu Manah, als ein Wissender? den Thron des gewaltigsten Ahura und das Gefolge des Mazda? Mittelst dieses Verheißungswortes wollen wir das Raubzeug durch unsere Zunge zu dem bekehren, was das Größte ist.

Komm mit Vohu Manah, schenk Du, o Mazda, durch Asa als Gabe dem Zarathustra gemäß Deinen sicheren Worten langdauernde, kräftige Unterstützung und uns, o Ahura, mittelst deren wir des Feindes Feindseligkeiten überwinden.

Verleih, o Asa, den Lohn, die Herrlichkeiten des guten Sinns, gewähre Du, o Armaty, dem Vistaspa den Wunsch und mir, gib es, o Mazda und König, daß Euer Prophet sich Gehör verschaffe.

Um das Beste bitte ich Dich, o Bester, den mit dem besten Asa gleichgewillten Ahura, für den Helden Frasaostra es erflehend und für mich und wem sonst Du es gönnen willst, das beste Gut des guten Sinns für alle Zeit.

Um dieser Gunstbeweise willen, o Ahura, möchten wir Euch nicht erzürnen, o Mazda und Asa und Vahista Manah, indem wir vielleicht uns beeifern, Euch Lobgesänge darzubringen, Ihr seid es ja, die die Wünsche am besten fördern können, auch die nach dem Reich des Nutzens.

Die Klugen, die Du nach ihrem gerechten Tun und guten Denken für des würdig erkannt hast, o Mazda Ahura, denen erfülle durch Erreichen des Erstrebten ihr Verlangen. Ich weiß ja, daß bei Euch flehentliche Worte erfolgreich sind, die guter Sache dienen.

Der ich darum das gerechte Tun in Verwahr geben will und das gute Denken für immer: Du, o Mazda Ahura, lehre mich aus Deinem Geist durch Deinen Mund verkünden, wie es mit dem ersten Leben werden wird.

Gebet Zarathustras

Die erste Gnade, worum ich dich bitte, o todzerstörender Hom, ist, daß ich gelangen möge zu den herrlichen Wohnungen der Heiligen, die ganz in Licht und Seligkeit glänzen!

Die zweite Gnade, warum ich dich bitte, oh todzerstörender Hom, ist, daß mein Körper ewig sei in gutem Stande!

Die dritte Gnade, warum ich dich bitte, oh todzerstörender Hom, ist Länge des Lebens.

Die vierte Gnade, warum ich dich bitte, oh todzerstörender Hom, ist, immerfort groß, glücklich und mächtig zu sein auf Erden, das Böse zu zerstören, den Darudj zu zernichten!

Die fünfte Gnade, warum ich dich bitte, oh todzerstörender Hom, ist, daß du immerfort wachen mögest über mich als Sieger, die guten Gaben der Erde vermehren, das Böse zerstören und den Darudj zernichten wollest!

Die sechste Gnade, warum ich dich bitte, oh todzerstörender Hom, ist, daß ich sehen möge den Räuber – Mordzerreisser – Wolf; daß ich ihn sehe zuerst; daß kein bösewirkendes Wesen mich sehe, ehe ich gesehen habe! daß ich alle Übel, die sich begeben können, vorhersehe, um ihnen vorzubeugen!

Oh Hom, gib Kraft und Größe
allen wirksamen und lebendigstarken Helden! – –
Flammenrein im Denken, im Sprechen, im Handeln.

Gebet aus dem heiligen Buch Zendavesta

Erhöre mich, Herr, der du verschlossen hast mit dem Geisteshauche die Feuerschlösser des Himmels,

Zweitheiliger
Feuerhauchender
Feuerfreudiger
Feuerleibiger
Feuertosender
Lichterreger
Lichtmehrer
Feuerwaltender
Feuermutiger
Schönleuchtender
Lichtspendender
Lichtlebendiger
Blitztosender
Feuerlichthälter
Schöpfer des Lichtes
Geistleuchtender
Lichtherrscher
Feuersäender
Feuerwirbelnder
Ruhm des Lichtes
Gestirnbezwinger,

öffne mir, denn ich rufe an um der niederdrückenden und bittern und unerbittlichen Not willen, die Namen, die noch nie eingingen in sterbliche Natur, die noch nie in gegliederter Sprache ausgesprochen wurden von menschlicher Zunge, oder von sterblichem Laute oder von sterblicher Stimme, die unsterblichen, lebendigen, hochgeehrten Namen!

Anrufung aus der hellenistisch-persischen Mithras-Liturgie

Der du einzig lebend bist und weise,
Herr und Gott, wir haben schwer gesündigt!
Uns begünstigt auf des Lebens Reise,
Herr und Gott, wir haben schwer gesündigt!
Ew'ger, huldvoll öffnest du die Hände,
Herrlich bist du, heilig ohne Ende,
Und Erbarmen nur ist deine Spende;
Herr und Gott, wir haben schwer gesündigt!
Lüste sind's, die uns in Fesseln zwingen,
Wünsche sind's, die Sklaverei uns bringen,
Und wir forschen nach verborg'nen Dingen –
Herr und Gott, wir haben schwer gesündigt!
Schwach und dürftig sind wir und voll Schande,
Irren sinnlos durch entfernte Lande,
Sind gefesselt durch des Körpers Bande –
Herr und Gott, wir haben schwer gesündigt!
Die ihr Haupt an deine Schwelle legen,
Hört man, dir zum Lob die Zungen regen,
Laut und still, dich preisend allerwegen:
Herr und Gott, wir haben schwer gesündigt!
Ja, vor dir muß alles Übel schwinden,
Du beseitigst huldvoll alle Sünden
Und gestattest Gnade uns zu finden;
Herr und Gott, wir haben schwer gesündigt!
Bald von Lüsten dieser Welt umstricket,
Bald vom Lohne dieser Welt entzücket,
Bleibt der Meister unserm Blick entrücket,
Herr und Gott, wir haben schwer gesündigt!

Gleich dem Morgensang der Nachtigallen
Sollen immer deine Klagen schallen,
Und in Schmerz und Demuth sollst du lallen:
Herr und Gott, wir haben schwer gesündigt!
Fürst! der weise Alles löst und bindet,
Sieh' die Schar der Diener, die erblindet,
Trost allein in deiner Gnade findet;
Herr und Gott, wir haben schwer gesündigt!
Du verhüllest deiner Diener Fehle,
Schmückest reich und herrlich deine Seele,
Unumschränkt sind deine Machtbefehle;
Herr und Gott, wir haben schwer gesündigt!
Laß uns nicht in Sünden untergehen,
Die wir reuig um Vergebung flehen;
Aber, ach! im schwarzen Buche stehen;
Herr und Gott, wir haben schwer gesündigt!
Horch, allmächtig ruft Dschelat im Drange
Heißer Liebe dich, oh Herr! und bange
Stimmt er zu des Cherubs heil'gem Sange:
Herr und Gott, wir haben schwer gesündigt!

Gebet der Derwische von Dschelal-eddin Rumi 1207–1273

Schall, o Trommel, hall o Flöte! Allahhu!
Wall im Tanze, Morgenröte! Allahhu!
Lichtseel im Planetenwirbel, Sonne, vom
Herrn im Mittelpunkt erhöht! Allahhu!
Herzen! Welten! eure Tänze stockten, wenn
Lieb im Zentrum nicht geböte, Allahhu!
Unsres Liebesreigens Leiter reicht hinauf
Über Sonn und Morgenröte, Allahhu!
Rausche, Meer, am Fels im Sturme, Gottes Preis!
Nachtigall, um Rosen flöte Allahhu!
Seele, willst, ein Stern, dich schwingen um dich selbst,
Wirf von dir des Lebens Nöte, Allahhu!
Wer die Kraft des Reigens kennet, lebt in Gott,
Denn er weiß, wie Liebe töte, Allahhu!

Ums reine Licht hab ich die Flamme liebgewonnen,
Ums goldene Schwert hab ich die Schramme liebgewonnen.
Aus Liebe zu dem Hirten, der mein Leben weidet,
Hab ich das Glöcklein an dem Lamme liebgewonnen.
Ich hab aus Liebe zu der milden Frucht am Baume
Das rauhe Moos an seinem Stamme liebgewonnen.
Ich hab um deiner jugendlichen Schönheit willen
Das welke Alter deiner Amme liebgewonnen.
Weil mir der Duft des Lebens haucht aus deinen Locken,
Hab ich den toten Bux am Kamme liebgewonnen.
Ich habe, weil die Perle ruht am Meeresgrunde,
Das Körnlein Sand am Meeresdamme liebgewonnen.
Weil Tau zu Liebesschminke wird im Rosenantlitz,
Hab ich das Tröpflein Flut im Schlamme liebgewonnen.

Preisung der Ghaselen von Mewlana Dschelal-eddin Rumi

Komm, daß ich Dich fasse, reiche mir die Hand!
Und Dich nicht mehr lasse, reiche mir die Hand!
Sieh die Finsternisse, die auf Erden sind;
In der dunklen Gasse reiche mir die Hand!
Von des Schicksals Schlusse ward mir Tücke kund;
Am fahrvollen Passe reiche mir die Hand!
Deines Pilgers Reise ist bedroht vom Feind:
Wehre seinem Hasse, reiche mir die Hand!
Komm, daß ich sie presse an dies Herz, das brennt,
An dies Aug, das nasse, reiche mir die Hand!
Auf zu Deinem Schlosse klimm ich, holder Mond;
Daß ich Dir erblasse, reiche mir die Hand!

Reiche mir die Hand von Dschelal-eddin Rumi

Ich bin die Reb, o komm und sei der Rebe die Ulm, um die ich meine Ranke webe. Ich bin der Efeu, sei mein Stamm, o Zeder, daß ich nicht dumpf am feuchten Boden klebe. Ich bin der Vogel, komm und sei mein Flügel, daß ich empor zu Deinem Himmel schwebe. Ich bin das Roß, o komm und sei mein Sporen, daß ich zum Ziel auf Deiner Rennbahn strebe. Ich bin das Rosenbeet: Sei meine Rose, daß ich nicht Nahrung diesem Unkraut gebe. Ich bin der Ost, geh auf in mir, o Sonne, erheb Dich, Licht, aus meinem Dunstgewebe. Ich bin die Nacht, sei meine Sternenkrone, daß ich im Finstern vor mir selbst nicht bebe.

Bitte von Dschelal-eddin Rumi

Ich sah empor, und sah in allen Räumen eines,
Hinab ins Meer, und sah in allen Wellenschäumen eines.
Ich sah ins Herz, es war ein Meer, ein Raum der Welten,
Voll tausend Träum'; ich sah in allen Träumen eines.
Du bist das Erste, Letzte, Äußre, Innre, Ganze;
Es strahlt Dein Licht in allen Farbensäumen eines.
Du schaust von Ostens Grenze bis zur Grenz' im Westen,
Dir blüht das Laub an allen grünen Bäumen eines.
Vier widerspenst'ge Tiere ziehn den Weltenwagen;
Du zügelst sie, sie sind an Deinen Zäumen eines.
Luft, Feuer, Erd' und Wasser sind in eins geschmolzen
In Deiner Furcht, daß Dir nicht wagt zu bäumen eines.
Der Herzen alles Lebens zwischen Erd' und Himmel,
Anbetung Dir zu schlagen soll nicht säumen eines!

Anbetung von Dschelal-eddin Rumi

Allah! rief einst Jener Nächt' lang, trüb im Schmerz,
bis gebetsfroh süß die Lipp' ward, weich das Herz,
da zu ihm sprach listig Satan: »Schwatze Du!
Doch nicht ein: Hier bin ich! spricht Gott dir dazu.«
Grambewegt entsank das Herz ihm, schwand der Sinn,
sieh! da trat nachts Chiser liebreich vor ihn hin.
Sprach: »Warum, Kind, jetzt dein Herz zu beten scheut?
Sag, was ist's, daß deine Lieb' dich jetzo reut?«
»Ach!« versetzt der: »Nimmer hört ich: Hier mein Sohn!

Bin verstoßen, denk ich, ach, vom Gnadenthron.«
Chiser spricht: »Geh eilend hin!« — so sagte Gott —
»Sprich zu ihm, der schwer versucht ist, tief in Not:
›Sagst du: Herr komm! selber heißt das: Hier mein Kind!
Deine Glut und Seufzer Gottes Boten sind.
In dem: Herr komm! stets ein: Hier Sohn! schlummernd ist;
solch Gebet erreicht die Seel' des Toren nicht,
Im Gebet: Herr komm! ein selig Vorrecht liegt.
Bei des Toren Leid ein Band sein Herz umschließt,
daß sein Herz er nimmer im Gebet ergießt.
Pharao'n gab an Gütern Gott, was er begehrt',
nur der Liebe süßer Schmerz ward ihm verwehrt.
Denn das wisse! Liebesschmerz und Tränenguß
Gibt er Freunden nur als seinen Liebeskuß.‹«

Gebetserhörung von Dschelal-eddin Rumi

Gib, Starker, Stärke mir, dem ohne Dich so Schwachen, Du des Ratlosen Rat, Sachwalter meiner Sachen. Von Haus nichts mitgebracht hab' ich von Anbeginn; Du gabst mir, was ich hab', und Dein ist, was ich bin. Da Du entzündet hast mein Licht an Deinem Sterne, so halte mir den Wind, der Lichter ausbläst, ferne. Hoch ist des Berges Joch, und jach der wilde Bach; fest halte mir den Zaun, und mich im Sattel wach! Laß übern Abgrund hin den schmalen Steig mir glücken, daß unter mir der Strom nicht breche seine Brücken! Mein Auge ist erfüllt von Deines Glaubens Licht, wie sähe ich enthüllt zu Dir die Wege nicht? Was ich Geschaffenes mit Blicken kann erreichen, von seinem Schöpfer gibt es mir, von Dir ein Zeichen. Ich seh' an jedem Ort zu jeder Frist durch Dich, daß alles ist durch Dich, und Du nur bist durch Dich. Doch zwischen mir und Dir sind viele Stationen, mich leitet nur Dein Licht und Deines Lichtes Zonen. Zwar zog ich aus von mir, vom Trieb zu Dir getrieben, allein ich bin zu Dir auf halbem Wege geblieben. Erlegen unterwegs bin ich auf halben Wegen; auf halben Wegen komm mit Deiner Gnad' entgegen! Mein ist das Suchen, Dein ist des Geleits Beschickung, und wo die Kraft erliegt, des Schmachtenden Erquickung. Ich bin, wie Du mich schufst, ich wuchs, wie Du mich zogest; und nehm' aus Deiner Hand das Los, das Du mir wogest. Was forderst Du von mir, dem Schwachen ohne Kraft? Den

Willen geb' ich Dir, gib mir zum Lohne Kraft! Tu Guts nach Deiner Art an mir bei meiner Fahrt! O tu bei meiner Fahrt mir nicht nach meiner Art! Dies Haupt, dem aufgesetzt Du der Erwählung Haube, o laß es liegen nicht in der Verwerfung Staube! Dies Herz, dem im Palast Du Zutritt gabst und Rast, laß es an fremdem Tor nicht Bettler sein und Gast.

Erbarme Dich meiner von Nisami, Gandschawi

Gott bitt' ich um Verzeihung aller der Sünden, die ich je vollbracht. O welches Meer des Irrtums hab' ich durchschifft in der Betörung Macht! Wie hab' ich blindlings meinen Lüsten gehorcht am Tag und in der Nacht; Gebiß und Zügel des Verbotes getrotzt und das Gebot verlacht, wie jedes Frevels Höh' erklommen, durchwühlt jedweder Bosheit Schacht! O daß ich nicht geboren wäre, und meiner würde nicht gedacht! Denn besser wäre Tod dem Sünder, als Gott beleid'gen mit Bedacht. O Gott! Verzeihung, denn verzeihn kannst Du auch dem, der's arg gemacht.

Bittgebet von Abu Hariri, 1054—1121

Auf mich, o Gott, hast Gnade Du ergossen, hast des Gedankens Pforte mir erschlossen – Du gossest aus der Wolke voll von Segen auf meines Herzens Wurzel Weisheitsregen! . . .

Vergib, wenn etwas mir darin mißraten, und stopf' den Riß im Vorhang meiner Taten. O mögest Du aus Güte mir verzeihen, mein Inn'res göttlichen Gedanken weihen! Auf Deine Gnade hoff' ich allezeit, Du gibst mir dazu Hoffnungsfreudigkeit. Und reißest Du mich aus der Sinne Schranken, will hundertfach ich Dir, Du Urbild, danken. O mögest, Wahrheitsgott, mein Wort Du wahren, daß nie dem Trug es leiht den Schein des Wahren. Vor meinem Geist laß stets das Rechte stehn, daß Falsches nie aus meinem Munde geh. Was wahre Einsicht heißt, das ward mir klar, ich weiß, daß wissensarm ich gar und gar. Daß ich so wissensarm und schwach, verzeih mir, als Richtpfadleiter Deine Gnade leih mir!

Dankgebet von Nasir Ibn Chosrau, 1003—1088

Herr, zerstört hat meiner Sünde Schmach mir meine Lebensbahn, Scham erregt mir all das Böse, das gesagt ich und getan. O, aus jener Welt laß strömen einen Hulderguß ins Herz mir, daß vom Herzen weggetilgt mir werde jeder nicht'ge Wahn!

Bekenntnis des Abu Said, 979—1062

Die Höh' und Tiefe der Welt Du bist,
Wer weiß, was Du bist? Du bist, was ist.

Du bist, von Firdausi, 931–1020

O mein Herr! Du bist gnädig, / O mein Herr! Du bist beständig (ewig), / Du bist Gott, der Gott der Reiche und Länder / Der Gott des Gnadenreichs, der Besitzer des hohen Thrones, / Vom Anfang an bist du ewig, Besitzer des Thrones und Firmamentes, / Du bist der Gott der Dschinnen und der sichtbaren Wesen, / Würdig der äußersten Grenzen des Himmels; / Du hast weder Form, noch Stimme, noch Farbe; / Niemand weiß, wie du bist, / Du bist der Richter der Gebete, / Richter der Könige und der Sklaven; / Du schufst den reuigen Adem, / Du schufst Jesus und Maria, / Du schufst uns Sorge und Freude, / Gefallen, du aber erinnerst dich meiner, / Du bist das Heilmittel des Zyk'ub. / O Herr! Verzeihe meine Sünden! / O Gott! O Gott! Amen.

Gebet der Yeziden, einem kurdisch-kaukasischen Volksstamm

TÜRKEI

Ruhm Dir, Heiliger Herrscher; Ruhm Dir, Heiliger Herrscher; Ruhm Dir, Heiliger Herrscher.

Ich hoffe, mein Herrgott, auf Dein Erbarmen, um Deiner Strafe zu entgehen. Ich hoffe, mein Herrgott, Dein Mißgefallen nicht zu erwecken und ich vertraue Deiner Gnade, die Du Dir gegenüber selber hegst.

Ich kann Dich nicht mit allen Namen verherrlichen, die Dir zustehen. Führe uns, mein Herrgott, wie alle, die Du geführt hast. Gib uns Deinen Willen kund – wie allen, denen Du Deinen Willen offenbarst.

Gib Deinen Segen all denen, die Du mit uns vereinigt hast. Schütze uns vor dem Unglück, das uns vorbestimmt ist.

Du allein bestimmst, daß alle, die Dich vergöttern, nie erniedrigt werden und daß unsere Feinde sich nicht vermehren.

Dein Name sei ruhmreich und geheiligt, sei gelobt, auf daß Dein Wille sich erfülle immerdar. Wir bitten um Dein Erbarmen, mein Herrgott, und wir bitten: nimm unsere Reue an.

Ich flehe zu Dir, mein Herrgott, befreie mich von allen wertlosen Kenntnissen, von allen Arbeiten, die nicht veredeln, von kraftlosen Gebeten.

Bereichere, mein Herrgott, meine Intelligenz, schmücke mit Herzhaftigkeit mein Wesen, gib, daß Güte bei mir vorherrschend sei und volle Gesundheit meine Zierde. Wir flehen Dich an, mein Herrgott, unser Dasein glücklich zu gestalten – hier, sowie drüben.

Schütze uns, mein Herrgott, gegen Armut, Schicksalsschläge, vereitle in mir das Unglück, andere unterdrücken zu wollen oder selbst unterdrückt zu werden.

Befreie, mein Herrgott, mein Herz von Doppelzüngigkeit, mein Wirken von Hinterlist und Lüge, mein Auge von Begierde.

Ich flehe Dich an, mein Herrgott, mich gegen Qual, Kummer, Schwäche, Faulheit, Leichtfertigkeit und Geiz zu schützen.

Ein muselmanisches Gebet

Dein Herz ist in Not
wie eine an einem Wintertage verhungernde Nachtigall.
Meine Seele ist krank: Du bist ihre Arzenei,
rette mich von meinem Leiden, mein Gott.

Ich bin Dir weder fern noch nah,
verschüchtert und verwirrt nur bin ich.

Ich kann mich nicht von Dir trennen, zu sehr bin ich an Dich gewöhnt.
Laß uns einander wieder lieben, Du mein Gott!

Ich sah Dich nicht – Du blickest her,
wirst mein Licht und ergießt Dich in mein Herz.
Wenn ich brenne, dann bist Du es, der mich in Flammen setzt.
Aber das Feuer, das in Flammen setzt, brennt auch selbst, mein Gott.

Überliefere mich nicht dem Nichts!
Wirf mich, wenn Du willst, in die Hölle!
Denn in Deiner Hölle fehlt es nicht ganz an Licht:
Mich verlangt danach, Dich zu schauen, mein Gott.

Islamisch-mystischer Hymnus von Zia Gök-Alp

Jetzt, oh unser gnädiger Vater! O unser gut handelnder Fürst! Zahllose Myriaden von Jahren sind verflossen, seit wir von Dir getrennt worden! . . . Dein liebes leuchtendes, lebendes Antlitz zu sehen, schmachten und wünschen wir. In Deiner Kraft ungefährdet sind wir gegangen, ungefährdet sind wir gekommen! (Doch) Die von Dir befohlenen Dinge ganz haben wir nicht ausgeführt. Jetzt, mein gnädiger, königlicher Gott, sei gnädig! Jenes Dein ewig vollkommenes, unschuldiges Wesen (Selbst) wollen wir sehen. Unsere lange Zeit hindurch erduldeten Qualen wollen wir vergessen. Ewig, liebevoll, freudevoll . . . wollen wir sein.

Gebet aus Chotscho, 4.–5. Jahrh. n. Chr.

BABYLON

Herr, der die Finsternis erleuchtet, der das Antlitz der Menschen öffnet, barmherziger Gott, der den Gebeugten aufrichtet, schützt den Schwachen, die Götter der Erde allzumal schauen Dein Antlitz! Die Zungen aller Welt lenkst Du in gleicher Weise; erhoben sind ihre

Häupter, schauend das Licht der Sonne; sobald Du erscheinst, sind sie voll Freude und Jauchzen. Der weiten Erde Augenziel bist Du; Dich schauend freuen sich die zahlreichen Menschen.

Hymne auf den Sonnengott, 7. Jahrh. v. Chr.

Beschwörung. Hohe Ishtar, / Schöpferin der Menschen, die den »Ordnungskräften« Dauer verleiht, / auf Hochsitzen thront!

Majestätische Ishtar, / prächtigste der Igigu, Schöpferin aller Menschen, / die die Lebewesen in Ordnung hält!

Die prächtige Irnina, / die kriegerische bist du, die gegen den Kampf die Fehde setzt, / den Widerstand immer wieder niederstößt.

Der Fluß, der die Fülle bringt, / wird (ohne) dich nicht geöffnet und auch nicht ab(gedämmt);

der Kanal, aus dem die Menschen trinken, / wird (ohne) dich weder geöffnet / noch auch (abgedämmt).

Ohne dich kommt der böse Gallu / nicht an den Menschen heran, ohne (dich) kommen Chum, Lilu (Lilit) / (und) Mädchen des Lilu dem Kranken nicht näher.

Ich, dein müder, ermatteter (Knecht), / habe auf dein Angesicht geblickt;

Ishtar, die du über Fruchtbarkeit verfügst und einen Götterrock trägst, / ich habe auf dein Angesicht (geblickt), dir mein Leben (dargebracht).

Auf deinen hehren Befehl, der nicht geändert wird, / und dein zuverlässiges Jawort, das nicht umgestoßen wird:

reiß den bösen »Späher«, / den »Versorger zum Bösen«, der in mich fuhr, / mich dauernd verfolgte, ohne abzulassen, am heutigen Tage aus meinem Leibe heraus / und überliefere ihn deinem feurigen Herzen!

An Ishtar, die Göttin der Fruchtbaren, um 1700 v. Chr.

Marduk, Herr, Weisester der Götter, stolzer Fürst! Du schufst mich und vertrautest mir das Königtum über alle Menschen an! Wie das kostbare Leben liebe ich deine hohe Gestalt. Herrlicher als deine Stadt Babylon werde ich unter allen Ortschaften keine Stadt ausgestalten! So, wie ich deine furchtbare Gottheit liebe und immer wieder deine Majestät suche, so sei willfährig meiner Handerhebung, höre mein Gebet! Ich bin doch der König, der reich ausgestattet (und) dein Herz erfreut, der kluge Statthalter, der alle deine Kultstädte reich ausstattet! Auf deinen Befehl, barmherziger Marduk, möge das Haus, das ich gebaut habe, bis in fernste Zeiten sichtbar überdauern, daß ich an seiner Fülle satt werde, in ihm das Greisenalter erreiche (und) mich an Nachkommenschaft sättige! Den schweren Tribut der Könige der Weltufer (und) aller Menschen möge ich in ihm entgegennehmen! Vom Fundament des Himmels bis zu seiner höchsten Höhe möge ich keine Feinde haben, niemand finden, der mich erschreckt! Meine Nachkommen mögen in ihm für ewige Zeiten die Schwarzköpfigen beherrschen!

Nebukadnezar an Marduk

Schau mich gnädig an und höre meine Worte, mein Flehen nimm an und sei gewogen meiner Bitte! Meine Rede sei Dir wohlgefällig! Wende Dich mir zu, blickend auf Deiner Verehrer! Dein Antlitz sehe ich: möge es mir wohl ergehen! Du schaust ja her: mögest Du mich gnädig anschauen!

Meine Sünde reiß ab, meine Missetaten löse auf, schlage nieder meine Schandtat, meine Verfehlung tilge! Mögen mein Gott und meine Göttin mich wieder achten und Gutes befehlen! Deine Größe will ich rühmen und huldigend Dich preisen!

Nimurtahymne, 2. Jahrtausend v. Chr.

Schamasch, Herr von Himmel und Erde, / Erbauer von Stadt und Haus bist du! / Geschicke zu bestimmen, Schicksale zu gestalten / liegt in deiner Hand! / Das Geschick des Lebens bestimmst du allein, / Das Schicksal des Lebens gestaltest du allein! / Der Ausspruch deines

Mundes ist eitel Leben! / Das Wort deines Mundes ist eitel Heil! / Schamasch, am heutigen Tag tritt herfür zum Ziegelgott, / dieses Haus, das NN, Sohn des NN, gebaut, segne! / Ein gütiges Geschick bestimme ihm, / ein gütiges Schicksal gestalte ihm! / Sei dies ein Ziegelwerk, das seinen Erbauer wohl erhält, / Sei dieses ein Haus, das seinen Erbauer heil erhält. / Sei es ein Haus des Lebens und der Freude für NN, seinen Herrn! / Schamasch, dem NN, der dieses Haus gebaut hat, / mögest du in unwandelbar fester Entscheidung / Ein gütiges Geschick bestimmen, ein gütiges Schicksal gestalten; / Mit Fülle des Lebens möge er sich sättigen! / Das Haus, das er gebaut, sehe ihn alt werden, / Daß er bis in die ferne Zukunft am Leben bleibe! / Schamasch, mache dieses Haus zu einem schönen Vorzeichen / für NN, seinen Herrn! / In diesem Haus möge er Zufriedenheit finden, / tagtäglich sich freuen! / Was er begehrt, möge er erringen.

Babylonisch-assyrisches Gebet an den Sonnengott Schamasch bei der Einweihung eines Hauses

Du entscheidest das Gericht der Menschen; Du leitest den Irregehenden, der voll Drangsal ist; Du ergreifst die Hand des Schwachen; den Niedergedrückten erhebst Du; den Leib dessen, der der Unterwelt entgegengeht, führst Du zurück; den Sünder erlösest Du von seiner Sünde.

Nimurtahymne, 2. Jahrtausend v. Chr.

AFGHANISTAN

Lob sei Allah, dem Weltenherrn,
Dem Erbarmer, dem Barmherzigen,
Dem König am Tage des Gerichts!
Dir dienen wir und zu Dir rufen um Hilfe wir;
Leite uns den rechten Pfad,
Den Pfad derer, denen Du gnädig bist,
Nicht derer, denen Du zürnst, und nicht der Irrenden.

Im Namen Allahs, des Erbarmers, des Barmherzigen

Mein Herz ist in der Tat voll Dankes dafür, daß es mir beschieden worden, den Weg der Erlösung kennen zu lernen, den der Buddha uns gezeigt. Aber ob ich schon ein Mensch bin und der Welt Valet gesagt habe, bin ich doch schmerzlich mir bewußt, daß mein Herz von der Wahrheit noch nicht durchdrungen ist. Nur allzu sehr gebricht es mir an rechter Einsicht, und der eitlen Gedanken und falschen Vorstellungen in mir ist noch eine Menge. Es mangelt mir an der Tugendkraft, die nötig wäre, um im Geiste vorwärts zu kommen. Wohl forsche ich mit Fleiß in der Schrift, aber noch bin ich nicht imstande, ihre heilige Weisheit ganz zu verstehen und mir anzueignen ... Siehe, in meinem Sehnen nach Reinigung meines Herzens vergieße ich Tränen der Angst. In Ehrerbietung und Demut liege ich vor dir auf den Knien: Tag und Nacht hängen meine Gedanken an deinem heiligen Angesicht. Taufe mich mit deinem Tau, dem süßen, daß er abwasche von mir alle Befleckung des Hasses und bösen Willens, läutere mich von aller Sünde und Bosheit und mache rein mich im Denken und Tun! ... O daß ich erwachen möchte zu klarer Erkenntnis der Nichtigkeit! Daß ich mich dankbar erweise für alles Erbarmen, das mir zuteil geworden! Daß ich mein Vertrauen setze auf Buddha, das Gesetz und die Gemeinschaft der Heiligen! Möchten alle lebenden Wesen sich zusammenfinden in der vollkommenen Weisheit, die da führet zum Frieden der Buddhaschaft!

Gebet an die Göttin Kwanyin (Avalokitesvara)

In der ganzen Welt die Leiden aller Wesen mögen enden
und das Schicksal der Versehrten wieder sich zum Guten wenden,
heilen mögen ihre Wunden, alle Siechen schnell gesunden.

Gebet, 1. Hälfte des 5. Jahrhunderts

Wir schauen nach ihm und sehen ihn nicht:
Er ist der Unkennbare.
Wir horchen nach ihm und hören ihn nicht:
Er ist der Unvernehmbare.
Wir greifen nach ihm und fassen ihn nicht:
Er ist der Unfaßbare.
Seines Wesens Dreiheit ist nicht zu trennen;
Sie ist nur ineinander verschlungen als Einheit zu erkennen.
Seine Oberfläche ist nicht klar,
Seine Tiefe nicht undurchdringbar.
Ewig wirkend, kann man ihn doch nicht benennen.
Er reicht bis ins Wesenlose zurück.
Er heißt: des Gestaltlosen Gestalt,
Des Bildlosen Bild.
Er heißt: das Unfaßbar-Geheimnisvolle.
Man geht ihm entgegen und findet seinen Anfang nicht.
Man folgt ihm und findet sein Ende nicht.
Wer den Geist (Tao) der alten Meister versteht,
Beherrscht seine Zeit
Und durch ihn aller Zeiten Uranfänglichkeit.
Das heißt des Geistes unendliche Kette.

Das Unnennbare – Eine – Der Große Geist von Laotse,
4. Jahrhundert v. Chr.

Ich gebe, Amitabha, dir mich hin! / Mögen die Geschöpfe alle kommen zur / Erkenntnis von dem großen Gesetz des Lebens und erfassen / Die Dinge, die von oben kommen!

Ich gebe dem großen Lebensgesetz mich hin! Mögen die Geschöpfe alle sich versenken / In die Tiefen der Schriften und zu der Weisheit gelangen, / Die gewaltig ist wie das Meer!

Ich gebe der heiligen Gemeinde mich hin. / Mögen die Geschöpfe alle in einem großen geschlossenen Zug / Schreiten hin zu der großen Versammlung / Aller Heiligen.

Chinesisch-buddhistisches Gebet der Schule des Reinen Landes (Tsing-Tu)

Da ich den großen Stier dir weihe / Und sie beim Opfer nehmen teil, / Verklärter Vater, o verleihe / Mir, deinem treuen Sohne, Heil!

An Geist und Weisheit warst du Mann, / Und warest Fürst in Krieg und Frieden; / Hast Ruh' dem hohen Himmel dann / Und deiner Nachkunft Glanz beschieden;

Warst meiner greisen Brau'n Berater / Und reichlich segnetest du mich. / So ehr' ich dich, erhabner Vater, / Und ehre, würd'ge Mutter, dich.

Gebet aus dem Shi-King, dem ältesten Buch der Welt, etwa 4000 v. Chr.

Einträchtig sind sie hergekommen
und nahten ehrerbietig schon;
der Fürsten Beisein soll ihm frommen;
voll Andacht ist der Himmelssohn.

»Da ich den großen Stier Dir weihe
und sie beim Opfer nehmen teil,
verklärter Vater, o verleihe
mir, Deinem treuen Sohne, Heil!

An Geist und Wahrheit warst Du Mann,
und warest Fürst in Krieg und Frieden;
hast Ruh' dem hohen Himmel dann
und Deiner Nachkunft Glanz beschieden;

warst meiner greisen Brau'n Berater
und reichlich segnetest Du mich.
So ehr ich Dich, erhabner Vater,
und ehre, würd'ge Mutter, Dich.«

Gebet an die Ahnen aus dem Shi-King

Haltet in den Höhen Wacht! / Haltet Wacht auf nied'rer Erd! / Licht entzünd't in finstrer Nacht / Feind- und Teufelsheer besiegt! / Wunsch und Hoffnung werd' gestillt! / Lebenskraft und Reichtums Füll' / Hohes Glück werd' uns beschert!

Gebet an die tausend Buddhas in Tibet

Im ewigen Reiche des Dharma-Kaya*,
Im Regenbogen- und Strahlenglanz,
O, Vater, allwissend im Gestern, Heut und Morgen,
Erscheinend als büssender Heruka**,
Umgeben von Matrikas*** und zahllosen Scharen Dakinis,
Strahlend in Armut erhabener Schönheit,
Die heilige Lehre verkündend mit tief wohltönender Stimme,
Ewig ruhend im reinen Lichte des Wesens göttlichen Wissens.
Zu Dir kehrt Dein Sohn sich in glaubensvoll demüt'gem Flehen.
Aus dem Außen sich selbst geschaff'ne Gedanken
Als Dämonen und Götter feindliche gegen mich wenden,
Aus dem Innern Gedanken der Zweiheit,
Quelle von Fürchten und Hoffen.
Aus der Mitte † trugreiche Bilder,
Böse Hemmnisse auf dem Pfad.
Sie alle seien vernichtet,
Während ich hier voll Andacht verharre.
Durch die feindzerstörende Kraft der geheimnisvoll tiefen Lehre
Gewähre Heiliger Vater und Herr mir Gnade und Segen,
Auf daß ich das Reich des Dharma-Kaya erlange. Phat! Phat! Phat!

Das Gebet an den Guru

* Der Zustand völliger Erleuchtung, der Zustand des Buddhas im Nirvana.

** Heruka ist die Yoga-Verkörperung des männlichen oder positiven Aspekts, der erleuchtenden Kraft

*** Die Matrikas (oder Matris) sind die beschützenden Muttergottheiten des Hindu-Pantheon.

† »In der Mitte« bezieht sich auf ablenkende, die Yoga-Meditationen beeinflussende Einströmungen und auf die aus dem Sehen, Hören, Riechen und allen anderen Sinnesreizen hervorgehenden unbeherrschten Bewegungen.

NEPAL

O, wo bist Du, Allmächtiger,
der das wirkliche Prinzip des Lebens ist?
Die ganze Welt ist eine Illusion,
die Dich verhüllt, o Allmächtiger!

Wie Du mir geheimnisreich das körperliche Leben
gegeben hast, so wirst Du es mir auch nehmen.
Gib mir Erkenntnis, daß das wahre, höhere Sein
nicht an meinem Körper gebunden ist, o Allmächtiger!

In der Wahrheit bin ich in Dir und Du in mir,
darum laß mich jede Trennung von Dir überwinden;
nur wenn Du willst, kann Dein Licht in mir
die Dunkelheit dieser Erde erhellen, o Allmächtiger!

Ohne Dich bin ich ein gehenkter Mann in der Schlinge;
darum bitte ich Dich, verhülle nicht Dein erhabnes Antlitz;
denn Du bist die Sonne, die das Feld meines Schicksals
allein blühen lassen kann, für jetzt und immer, o Gott!

Gebet

VIETNAM

Gib uns Regen für die Reisfelder, damit unser Reis wachse.

Gebet für den Gott des Regens

Schütze uns, daß wir und unsere Kinder bis in das hohe Alter mit irdischen Gaben gesegnet seien.

Gebet für den Gott des Reichtums, der Fruchtbarkeit und des Alters

Laß den Toten ins Paradies eingehen und dort Buddha dienen.

Gebet für den Schicksalsgott

Möge die Seele des Verblichenen ewig leben, während sein Körper zu Staub wird.

Gebet für einen Toten

JAPAN

Zu Dir, der Schöpferin der seidenen Welt,
tritt ein Mann, zur Erde gebeugt,
den Du segnetest, den Du beglückest!
Er bittet Dich in aller Demut seiner Seele,
Du wollest hören sein Gebet, sein Lob, seine Bitte.
Du, die Ahnherrin des edelsten Werks,
bist viel zu erhaben für meine unwürdigen Worte;
Denn in den himmlischen Sphären der sieben Lenze
sind Millionen, Millionen,
die von Dir erhielten den Hauch ihrer Seele
und die Ernährung ihrer Leiber;
sie sind jetzt Deine gehorsamen Diener und Untertanen,
und die Stimmen ihres Preises ertönen
o laut und so süß für Deine Ohren,
daß meine Worte so hart und rauh
wie ein Mißton Dich stören müssen.
Du, o wonnige Königin einer herrlichen Kunst,
kannst es nicht wissen, daß einer so gering,
einer so klein wie ich, in Deinem herrlichen Lande lebt,
und noch weniger, daß Dein niedriger Bettler in all diesen Tagen,
Deinen Namen gepriesen und geehrt hat, und zu Deinem Lobe gesungen.
Der für die betete, die Dich anriefen,

der dachte bei Tage und träumte bei Nacht von der unendlichen Güte,
die Du beschertest dem Lande der Blumen.
Aber, o erhabene Frau des alten Sin,
ich, der geringe Bettler, habe als Knabe
gearbeitet unter den Maulbeerbäumen,
habe mit Sorgfalt die Tiere gefüttert,
die Du lehrtest das kunstvolle Spinnen,
wickelte von ihren zarten Gehäusen
die himmlischen Schimmer, deren Entstehung Du lehrtest,
webte mit eigenen Händen die seidigen Strähnen
Deiner Erfindung, und webte in großen Breiten und Längen
die schillernden Stoffe, die die Welten rühmen. — — —
Mein Beten, o unvergleichliche Göttin,
muß ich mit Schmerzen verkürzen.
Würde ich doch so gern während aller Stunden der Nacht
zu Dir sprechen; aber ich weiß,
daß in Deinen himmlischen Höhen meine Stimme verhallt,
ohne Dir zu gefallen.
Doch jetzt wieder wage ich zu bitten,
daß in dieser Stunde dunkelster Nacht
Du neuen Segen wollest spenden allen denen,
die jetzt arbeiten an Deinem Werk.
Segne, die auf den Feldern ernten,
segne Du des Seidenwurms rundlich Gehäuse,
segne, die da schaffen in den Hallen der Arbeit,
segne, die da segeln auf den salzigen Meeren,
die die Waren bringen nach fremden Landen,
segne sie alle, die auf schönen Gestalten
im herrlichen Indien und den fernen Ländern
Europas und des Westens die Stoffe tragen,
auf allen Inseln, in allen Zonen,
in Kälte und Wärme, bei Sonne und Regen,
in hohen Gebirgen und lieblichen Tälern,
in reichen Palästen und bescheidenen Hütten,
überall, o große Sonne, liebende Königin,
ist Dein Name bekannt und besungen.
Sende Deinen Segen auf sie wie den Tau auf die Erde.

Gebet an die Göttin der Seide von Li Hung Tschang

Ich rede zu Euch, erhabene Seelen meiner Vorväter aller Generationen. Alljährlicher Übung folgend, sind wir, Eure Verwandten, hier versammelt, um die Frühlings- (Herbst-) Ahnenfeier zu begehen. Höret in Ruhe an, wie wir Euch unter Darbringung verschiedener Opfer in größter Ehrerbietung zu dienen geloben. Ich flehe Euch an, lasset diesem Hause kein Unglück widerfahren, und lasset uns, Eure Kinder und Kindeskinder, bis in die letzten Generationen Euch dienen mit einer Feier, wie heute, ohne Unterlaß und ohne Säumnis.

Gebet an die Ahnen aus dem Shintoismus

O Gott, wir sehen nicht den Dämon, den wir angreifen, aber wir wünschen ihn hier wegzutreiben. Hilf Du uns, ihn wegzutreiben.

Gebet der Ainu beim »wilden Tanz« gegen den Wasserdämon, 19. Jahrhundert

O Weidegott, der Du mein Rückgrat bist, eile mich zu heilen, und mache mich stark.

O Du teure Gottheit, ich bin krank und mein Leib ist schwach, bitte, hilf mir bald.

Eile mich zu heilen, 19. Jahrhundert

POLYNESIEN

Eines Sinnes mit unserem Großvater, dem großen Gott, der den Leib bildet, der die Brust breit macht, der die Waden feist macht, der die Finger schlank macht, der den Kopf rund macht, hell das Auge und hörend das Ohr.

Hörend sei Dein Ohr, hell Dein Auge, uns zu bewachen, daß wir gesund und wohlauf. Gib uns doch Söhne, die kriegerisch, Männer des Rats und Vorkämpfer, gib uns Töchter, die da kochen können einen großen Topf, die geschickt sind zu weben, willig zu schenken. Zahlreich sind die Sterne, es ballen sich die Wolken, so seien die Söhne zahlreich und mögen sich mehren die Töchter.

Opfergebet der Batak, Nordsumatra, um 1900

Wir stecken jetzt unseren Federschmuck auf und machen den Mur-Tanz. Ihr, unsere Geister, sollt uns dann sehen und Euch an uns freuen. Erst, wenn Ihr das tut, werden wir recht geschmückt sein. Dann wird es uns gut gehen.

Gebet der Eingeborenen aus Neuguinea,
wenn sie sich zum Tanz schmücken (Mur-Tanz) 19.–20. Jahrhundert

Laßt das Land schlafen und glättet das Meer beim Lande,
Laßt die Wogen nicht zu hoch gehen, Loua und Hakahiliaroho!
Wenn er abends zum Fischen ausfährt, schützt den Fischer, bewahrt ihn. Laßt die Sterne sehen in der Nacht. Bewahrt uns. Erhört uns!

Abendgebet
des Oberpriesters auf Kapinga-Marangi, Südsee, 19.–20. Jahrhundert

Einzel-Stimme des Königs:
Ein blutig Opfer ist auserwählt für unseren Altar. / Vertrieben ist vom Land das Böse, / Das aus der Unterwelt emporgestiegen.

Alle Trommeln und alle Stimmen:
Laß Frieden beginnen. Wolkenlos sei der Himmel! / Laß Frieden beginnen. Wolkenlos sei der Himmel! / Verscheuche alles Böse! Verscheuche es! / Verscheuche, verscheuche es – für immerdar! Oh, laß jede drohende Wolke für gänzlich verschwinden!

Bittgebet der Südsee-Insulaner um Frieden

Rette mich! Rette mich! / Es ist Abend, es ist Abend der Götter. / Wache bei mir, o mein Gott! / Bei mir, o mein Herr! / Behüte mich vor Betörung und schlechten Ratschlägen. / Behüte mich vor einem plötzlichen Tod. / Vor bösen Gedanken und vor Verwünschungen. / Behüte mich vor geheimen Anschlägen / Und vor Streit und die Teilung des Landes. / Möge dauernder Friede herrschen unter uns! / O mein Gott! Behüte mich vor dem rasenden Krieger, / Vor dem, der rasend umherirrt, / Den es freut zu schrecken, / Dessen Haar sich ständig sträubt! / Auf daß ich und mein Geist leben, / O mein Gott!

Gebet einer Südsee-Insulanerin, aufgezeichnet von Paul Gauguin

Hier ist die Gabe für dich, o Yonaláv, nun mache du, daß fortgeht die Seuche von den Zentralkarolinern pimatháu, und laß fortgehen den Taifun von ihren Wohnplätzen und gib du Baumfrüchte in ihren Wohnsitzen, und möchten doch die Menschen im Heim der primatháu schwanger werden, und verteile du gleichmäßig Regen und Sonnenschein!

Gebet der mikronesischen Stämme auf der Insel Yap

AUSTRALIEN

Vater, wir bitten Dich um die Stärke, uns zu Deinem Dienst zu weihen, als ein Geschenk, das über unsere Bemühungen hinausreicht. Offenbare Dich uns in der Güte, die Deine Meisterschaft innerhalb unserer Schöpfung ausdrückt; errette uns aus der Knechtschaft oberflächlicher Wünsche, damit unsere Persönlichkeit echt und frei werde, und in solcher Wirklichkeit offenbare uns immerwährend, daß wir in Dir leben. Gib, daß das Licht, das in unsere Finsternis scheint, unsere Finsternis überwältige, und daß die Wahrheit, die in uns ist, die vollkommene Wahrheit über uns selbst werde!

Herr, in den Strömungen, die unser Leben gut oder böse machen, müssen wir mit Dir ringen. Gib uns Deine Stärke, damit wir nicht aufhören und nicht ermüden, bis daß wir Deinen Segen haben. Und damit wir nicht vorangehen – verwirrt durch unbeständige Beschlüsse und unvollkommene Taten – hilf uns im Streben bis Dein Licht alle Ungewißheit vertreibt.

Gebet der presbyterianischen Kirche

NORDAMERIKA (USA)

Allmächtiger und gnädiger, barmherziger Vater! Wir haben geirrt und sind wie verlorene Schafe von Deinen Wegen gewichen. Wir sind zu sehr den Plänen, Entwürfen und Wünschen unseres eigenen Herzens nachgegangen. Wir haben Deine heiligen Gesetze verletzt. Wir haben das getan, was wir nicht hätten tun sollen. Es ist nichts Gutes in uns. Du aber, o Herr, sei gnädig uns armen, elenden Sündern! Verschone die, o Herr, die ihre Fehler bekennen. Richte alle wieder auf, die bußfertig sind, um der Verheißung willen, die Du den Menschen durch Christum Jesum, unseren Herrn, gegeben hast. Und gib um seinetwillen, o Du gütiger und barmherziger Gott, daß wir hernach ein gottesfürchtiges, Dir wohlgefälliges, rechtschaffenes und ehrbares, ernstes Leben führen zu Ehre Deines heiligen Namens. Amen.

Morgen- und Abendgebet

Sieh, o Gott, ich habe Dich niemals angeredet,
Aber jetzt möchte ich Dir guten Tag sagen.
Die Leute sagten zu mir, daß Du gar nicht existierst,
Und wie ein Dummkopf habe ich dies alles geglaubt.

Gestern abend sah ich aus einem Granatloch Dein Himmelsgewölbe.
Ich schloß daraus, daß man mich angelogen hat.
Hätte ich mir Zeit genommen, um Deine Werke anzusehen,
Wäre ich von selbst darauf gekommen, daß man mir einen Bären aufband.

Ich möchte wissen, o Gott, ob Du mir Deine Hand reichen würdest.
Ein Gefühl sagt mir, daß Du mich verstehst.
Sonderbar, ich mußte an diesen höllischen Ort kommen,
Bevor ich Zeit hatte, Dein Angesicht zu sehen.

Wohl, ich denke, da ist nicht mehr viel zu sagen,
Aber ich bin froh, daß ich Dich heute traf.
Ich glaube, die Stunde des Angriffs wird bald schlagen.
Aber ich habe keine Angst, seit ich weiß, daß Du mir nahe bist.

Ich höre das Signal. Wohl, o Gott, ich habe zu gehen.
Ich habe Dich gern, das sollst Du wissen.
Sieh, es wird einen harten Kampf geben.
Wer weiß, vielleicht komme ich zu Deiner Wohnung diese Nacht.

Obgleich ich früher nicht sehr freundlich zu Dir war,
Mache ich mir doch Gedanken, ob Du mich an Deiner Tür erwartest.
Sieh, ich weine, ich vergieße Tränen!

Wohl. Ich habe jetzt zu gehen, Gott, auf Wiedersehen.
Sonderbar. Seit ich Dich traf, habe ich keine Angst, zu Dir zu kommen.

Gebet eines unbekannten Soldaten

Das Gebet wurde 1945 bei einem in Italien gefallenen Amerikaner gefunden
Als Verfasser wird auch Francis Angermayer angegeben

Du bist barmherzig, o Gott, / denn Du hast mein Gebet erhört, / selbst als ich in der Wildnis war! /

Ja, Du warst barmherzig, als ich für meine Feinde betete, / und Du wandtest sie mir zu. /

Ja, o Gott, Du warst mir gnädig, / als ich Dich anrief auf dem Felde, / als ich Dich in meinem Gebete anflehte; / und Du erhörtest mich! /

Und weiter, o Gott, als ich in mein Haus zurückkehrte, / erhörtest Du mein Gebet! /

Und als ich in meiner Kammer war, o Herr, und zu Dir betete, / da erhörtest Du mich! /

Ja, Du bist Deinen Kindern gnädig, / wenn sie Dich anrufen, / um von Dir und nicht von den Menschen gehört zu werden, / und Du wirst sie erhören! /

Ja, o Herr, Du bist barmherzig zu mir gewesen, / und hast meine Gebete inmitten Deiner Versammlungen gehört! /

Ja, und Du hast mich auch gehört, als ich ausgestoßen und von meinen Feinden verachtet wurde. / Ja, Du erhörtest mein Flehen / und zürntest meinen Feinden, / und in Deinem Zorn hast Du sie mit schnellem Verderben heimgesucht! /

Und Du hörtest mich wegen meiner Trübsal und meiner Aufrichtigkeit; / und um Deines Sohnes willen bist Du mir so wunderbar barmherzig gewesen, / daher will ich Dich anrufen in aller meiner Trübsal, / denn in Dir ist meine Freude. / Um Deines Sohnes willen hast Du Deine Gerichte von mir abgewendet! /

Gebet der Mormonen, 19. und 20. Jahrhundert

Ich hab ein Heim tief im Felsen,
siehst du es nicht?
Ich hab ein Heim tief im Felsen,
siehst du es nicht?
Zwischen Erde und Himmel
höre ich meines Retters Stimme.
Ich hab ein Heim tief im Felsen,
siehst du es nicht?

Armer Mann Lazarus, arm wie ich,
siehst du es nicht?
Armer Mann Lazarus, arm wie ich,
siehst du es nicht?
Armer Mann Lazarus, arm wie ich.
Als er starb, fand er ein Heim für sich.
Er hat ein Heim tief im Felsen,
siehst du es nicht?

Reicher Mann, er lebt so gut,
siehst du es nicht?
Reicher Mann, er lebt so gut,
siehst du es nicht?
Reicher Mann, er lebt so gut,
als er starb, war sein Heim die Höllenglut.
Er hat kein Heim tief im Felsen,
siehst du es nicht?

Gott gab Noah den Regenbogen als Zeichen,
siehst du es nicht?
Gott gab Noah den Regenbogen als Zeichen,
siehst du es nicht?
Gott gab Noah den Regenbogen als Zeichen,
kein Wasser, aber Feuer nächstes Mal.
Besser ist ein Heim tief im Felsen,
siehst du es nicht?

Der Glaube als Heim – Negro Spiritual
Geistlicher Gesang der nordamerikanischen Neger,
19.–20. Jahrhundert

Stets wenn der Geist mir das Herz bewegt,
knie ich nieder und bet.
Stets wenn der Geist mir das Herz bewegt,
knie ich nieder und bet.

Hoch vom Gebirge mein Herrgott sprach,
aus seinem Munde kam Feuer und Rauch,
im Tale unten auf meinen Knien,
flehte ich Gott an, daß mir verziehn.

Stets wenn der Geist mir das Herz bewegt,
knie ich nieder und bet.
Stets wenn der Geist mir das Herz bewegt,
knie ich nieder und bet.

Der Jordanfluß ist voller Eis,
kalt ist mein Körper, doch die Seele heiß.
Alles rings um mich her ist so fein,
ich frage den Herrgott: Ist alles mein?

Stets wenn der Geist mir das Herz bewegt,
knie ich nieder und bet.
Stets wenn der Geist mir das Herz bewegt,
knie ich nieder und bet.

Stets wenn der Geist mir das Herz bewegt – Negro Spiritual

O Herr in der Höhe, dessen Jugend unsterblich ist, Du Herrscher dort oben, ich habe Dir ein Opfer dargebracht, erhalte meinen Leib und meine Glieder schön, laß alles erfüllt werden mit Schönheit!

Gebet der Dene-Indianer, 19. Jahrhundert

Mein Vater, Mann im Himmel, wir sitzen hier auf dem Boden in demütigem Geist und armen Herzen und bitten Deine Barmherzigkeit auf uns, auf jeden und auf alle herab ...

Gib uns allen Deinen Geist und überfließende Barmherzigkeit, und laß uns eins sein in einem Geist zu Dir, der Du uns machtest.

Gebet der Algonkin-Indianer
am zweiten Tag des Sonnentanzfestes, 19. Jahrhundert

O großer Geist, dessen Stimme ich in den Winden vernehme und dessen Atem der ganzen Welt Leben spendet, höre mich.

Ich trete vor Dich hin als eines Deiner vielen Kinder. Ich bin klein und schwach. Ich bedarf Deiner Kraft und Weisheit.

Laß mich in Schönheit wandeln und laß meine Augen immer den roten und purpurnen Sonnenuntergang schauen. Laß meine Hände die Dinge verehren, die Du gemacht hast, und meine Ohren Deine Stimme hören.

Schenke mir Weisheit, damit ich die Dinge, die Du mein Volk gelehrt hast, und die Lehre, die Du in jedem Blatt und jedem Felsen verborgen hast, erkennen möge.

Nicht um meinen Brüdern überlegen zu sein, suche ich Kraft, sondern um meinen größten Feind bekämpfen zu können — mich selbst.

Mache mich immer bereit, mit reinen Händen und geradem Blick zu Dir zu kommen, damit mein Geist, wenn dereinst mein Leben verblaßt wie die untergehende Sonne, ohne Scham zu Dir kommen möge.

Anrufung der Sioux-Indianer

Morgen ist wieder der Tag, morgen ist wieder das Sonnenlicht. Ich weiß nicht mehr, wo ich dann sein werde. Wer ist meine Mutter, wer ist mein Vater?

Nur Du, o Gott, Du siehst mich, Du beschützest mich auf jedem Wege, in jeder Dunkelheit, vor jedem Hindernis, das Du verstecken, das Du beseitigen mögest! Du o Gott, Du mein Herr, Du Herr der Berge und Täler!

Abendgebet der Kekchi-Indianer, nördl. Mittelamerika, 19. Jahrhundert

Du o Gott, Du, mein Herr,
Du meine Mutter, Du mein Vater,
Du Herr von Berg und Tal.

Jetzt und ebenso in drei Sonnen, in drei Tagen
werde ich beginnen mit dem Zusammenlesen meines Maises
vor Deinem Mund, vor Deinem Angesicht,
Du Herr der Berge und Täler,
zeig ihn mir also vor meinem Leib, vor meiner Seele.

Ein klein wenig Deines Essens,
Deines Trinkens gebe ich Dir;
es ist (fast) nichts, was ich Dir gebe;
aber ich habe Vieles und Gutes
von meinem Essen, von meinem Trinken;
Du hast es gezeigt meiner Seele, meinem Leibe,
Du meine Mutter, Du mein Vater.

Ich fange also mit dem Ernten an,
ich werde aber heute nicht mit dem Ernten fertig
vor Deinem Munde, vor Deinem Angesichte.

Wer weiß, wie viele Sonnen, wie viele Tage ich ernte;
es geht nicht schnell im Unkraute zusammensuchen,
ich vollbringe es wohl nur langsam.

Wer weiß, bis wann ich zu Dir sprechen kann,
Du meine Mutter, Du mein Vater,
Du Engel, Herr der Berge und Täler.
Ich werde wieder zu Dir beten,
warum denn nicht, Du mein Gott.

Erntegebet der Kekchi-Indianer, nördl. Mittelamerika, 19. Jahrhundert

Jetzt werde ich also schlafen unter Deinen Füßen, unter Deinen Händen, Du Herr der Berge und Täler, Du Herr der Bäume und Schlinggewächse. Morgen ist wieder der Tag, morgen ist wieder das Sonnenlicht. Ich weiß nicht mehr, wie ich dann sein werde. Wer ist meine Mutter, wer ist mein Vater? Nur Du, o Gott, Du siehst mich, Du beschützest mich auf jedem Wege, in jeder Dunkelheit, vor jedem

Hindernis, das Du verstecken, das Du beseitigen mögest, Du, o Gott, Du mein Herr, Du Herr der Berge und Täler . . .

Nur das ist es, was ich sage, was ich denke: Du erträgst, Du vergißt meine Verfehlungen.

Hymne der Kekchi-Indianer, nördl. Mittelamerika, 19. Jahrhundert

Du bist der große Gott des Heils,
Du liebst die, die mit dem Herzen an Dich glauben
und in keiner Not und Gefahr von Dir lassen.
Du läßt den Adler steigen zur Sonne,
weil Du ihm Mut gibst zum Fliegen.
Du gibst auch mir Mut, weil mein Blut feurig ist
von den Lichtfunken Deiner großen Weltseele!
Ich fühle Deine Schwingen über mir,
Deine warmen, weiten Fittiche beschützen mich.
Du richtest den Ameisen den Weg,
machst die Pferde und Stiere fruchtbar,
leihest allen Wesen Deinen Atem,
weil Du alle Wesen liebst und mit ihnen bist.
Du hast die Erde heilig gemacht wie auch meinen Körper,
darum will ich in Deinem Namen die Erde heilig halten,
jeden Grashalm achten und die Blumen und Bäume verehren.
Mit der Verehrung alles Lebendigen wächst meine Seele
und mein Körper wird stark im Rhythmus
Deiner Sonne und Deines Mondes!
Ich liebe Dich, großer Geist, gib mir die Gnade,
daß ich in den Menschen meine Brüder sehe.
Du bist von Ewigkeit zu Ewigkeit der,
der die Sonne leuchten läßt und uns den Regen sendet,
der die Erde erquickt und alle Menschen und Tiere.
Ich gehorche Deinen geheimen Befehlen,
ich bin der Deine, jetzt und immer!

Gebet eines Schamanen (Indianer)

Meine Gebete sandte ich hinauf.
Alle unsere Kinder,
auch die, die am Rande der Wildnis leben –,
mögen ihre Wege sicher dahinziehen,
mögen Wälder und Busch
ihre wassergeschwellten Arme ausstrecken,
ihre Herzen zu laben;
mögen sie ihre Wege sicher dahinziehen,
daß sie glücklich sind, ohne Hindernisse,
mögen alle Knaben,
mögen alle Mädchen
und die, die ihre Lebenssonne noch vor sich haben –
mögen sie kraftvolle Herzen haben,
einen mutigen Geist;
auf dem Wege zum See der Dämmerung
mögen sie gutes Alter erreichen,
mögen alle eure Wege glücklich enden,
möget ihr mit Kraft gesegnet sein,
daß ihr euch wärmt in eures Vaters Sonne,
denn Er gibt Segen auf euren Wegen,
Mit Ihm enden glücklich eure Wege!

Gebet der Zuni-Pueblo-Indianer, Neu-Mexiko

Gütiger Gott, Du hast mir Gnade erzeigt. Es wäre Torheit zu glauben, daß Dich mein Verdienst bewogen hat, die schwere Last der Regierung auf meine Schulter zu legen ...

O Gott, der Du alle meine Gedanken weißt und alle Gaben austeilst, möge es Dir gefallen, Deine Worte und Deine Weisheit mir nicht zu verbergen. Ich weiß den Weg nicht, den ich gehen soll. Verbirg mir Dein Licht nicht und den Spiegel, der mich leiten soll ...

Mein Gott, ich bitte Dich, verlaß mich nicht, steige oft zu mir, in mein armes Haus herab, ich werde hier Deiner warten. Mit großem Durst harre ich und bitte flehend um Dein Wort, welches Du Deinen alten Freunden und Auserwählten ausgehaucht hast, daß sie mit Rechtschaffenheit und Fleiß Deinen Staat regieren.

Gebet eines neugewählten Aztekenfürsten, 14.–15. Jahrhundert

Ohuaya! Ohuaya!
Dir singe ich; alles blüht umher
und die Räume sind gesegnet voller Freude!
Dir singe ich; wie glänzt jetzt der Tau,
wie jubeln alle die bunten Vögel,
und Gesang der Coyols ertönt weit umher.
Alle singen Dir zu Ehren, dem Grunde des Alls,
Dir, der Gott ist. Ohuaya! Ohuaya!

Du allein bist die Quelle des Gesanges:
Denn die Dichtung wird im Himmel geboren.
Ach, nur im Himmel läßt seine Stimme erstrahlen
der liebliche Coyolvogel, und den Wechselgesang
der heiligen Zaquanvögel, die jubeln
zum Preise des Weltengrunds,
Ohuaya! Ohuaya!

Mein Herz hört die Stimmen
und ich will alle dunklen Schleier
des Vergessens den Winden geben,
damit die unendlich leuchtenden Himmel
meine Seufzer aufsteigen lassen – hoch hinauf,
und sie gegenwärtig sein dürfen
dort, wo die gelben Kolibri singen
zum Preise der Himmel,
Ohuaya! Ohuaya!

Ach, ich will nicht weinen auf Erden!
Verfällt nicht das Haus irdischer Träume?
Ach, ich weiß, was immer die Erde hält
muß enden, wie hier unser Leben endet.
Lasse mich singen zu Dir, Du Grund des Alls,
im Himmel möge meine Seele Dir singen,
auf daß Dein Auge auf sie falle,
Du, durch den wir leben! Ohuaya! Ohuaya!

Altmexikanische Hymne der Otomi

PERU

O Viracocha! Herr des Universums, / Seiest du nun männlich, / Seiest Du weiblich, / Herr der Hitze, Herr der Zeugung! / Reicht Orakelkunst hin, / Um zu erfahren, wo du weilst? / Bist du ferne, wo du weilst? / Magst du dort oben sein, / Magst du sein bei / Deinem Herrscherthron und -szepter, / O höre mich! / Von der Himmelshöhe, / Von der Meerestiefe, / Wo immer du weilst. / O Schöpfer der Welt, / O Erschaffer der Menschen, / O Herr aller Herren! / Zu dir allein / Mit schwachen Augen, / Voll Sehnsucht dich erkennen. / Komm ich zu Dir, / Dich zu erkennen, / Dich zu verstehen. / Du siehst mich, / Du kennst mich. / Sonne und Mond, / Tag und Nacht, / Frühling und Winter, / Sie alle eilen, / Getreu deinem Befehl, / Von bestimmten Orten / An ihre Bestimmung: / Rechtzeitig kommen sie dorthin, / Wo immer du befiehlst, / Du hältst sie fest. / O höre mich an! Mach mich zu Deinem Auserwählten! / Dulde nicht, / Daß ich ermatte, / Daß ich sterbe!

Gebet der Inkas

Komm doch, / Groß wie der Himmel, / Herr über der Erde, / Schöpfer aller Dinge, / Schöpfer des Menschen! / Immer bete ich dich an . . . / Dich suche ich, / Auf daß ich dich schaue, / Wie zum Fluße, / Wie an die Quellen / Eilend voll Durst.

Hymnus der Inkas

KARIBISCHE INSELN

Gott hilf uns; wir wissen nicht, ob wir morgen noch leben, wir sind in Deiner Hand.

Morgengebet der Tambu-Neger, 18. Jahrhundert

ARGENTINIEN

Es tut mir leid, mein Gott, und ich bereue von ganzem Herzen Euch beleidigt zu haben. Es tut mir leid, wegen der Hölle, die ich verdient habe und wegen des Himmels den ich verloren habe. Aber vielmehr bereue ich, Euch, der Ihr ein so großer und gütiger Gott seid, beleidigt zu haben. Lieber wäre ich gestorben, als Euch zu beleidigen und ich fasse den festen Entschluß, nicht mehr zu sündigen und alle Gelegenheiten nahe der Sünde zu vermeiden.

Reuegebet

Heilige Maria, stehe den Niedergeschlagenen bei, hilf den Verzagten, stärke die Schwachen, bete für das Volk, bitte für den Klerus, lege Fürsprache ein für die Nonnen und mögen alle, die daran denken, Dich anzuflehen, Deine Hilfe spüren.

Bitte an Maria

Komm lieber Herr Jesus,
errette mich aus dem Kerker
meiner Leidenschaften
und aus dem Dunkel meiner Sünden.
Leuchte mir
mit Deiner göttlichen Gnade,
damit ich Dir
folge und Dich ewig lobe. Amen.

Gebet

DER GLAUBE
GROSSER PERSÖNLICHKEITEN

EINKLANG

EINE GOTTHEIT NUR WIRKT IM GANZEN WELTALL;
EINE RELIGION NUR HERRSCHT IN IHM, EIN DIENST UND
EINE WELTANSCHAUUNG IN DER WURZEL, EIN GESETZ UND
EINE BIBEL DURCH ALLE.
ALLE PROPHETEN SIND SEIN PROPHET; AUS EINEM GRUNDE
HABEN SIE GESPROCHEN; EINE SPRACHE, OBGLEICH IN
VERSCHIEDENEN DIALEKTEN NUR GEREDET

Joseph Görres, 1776–1848; Publizist und Journalist, später mystizistischer Katholik

Abraham a Sancta Clara

DER SICH AUF GOTT VERLÄSST

Schämt euch, ihr Kleingläubigen, riechet lieber an der Blume, die ich euch offeriere, die heißt Wohlgemut. Fasset dermalen ein besseres Herz, verlasset euch auf Gott. Es ist derjenige Gott, der dem Samson die Stärke gegeben. –

Dieser, dieser Gott, wird uns auch helfen. Die Hoffnung allein auf unsere Waffen ist baufällig; das Vertrauen auf unsere Stärke allein ist wurmstichig; das Verlassen allein auf unsere Kriegsmacht ist schwach.

Ja, all unsere Macht fällt in Ohnmacht, wofern nicht Gottes Schutz uns eine Schanz, Gottes Schanz uns ein Schutz ist. Der sich auf Gott verläßt, der kann nie verlassen werden.

Abraham a Sancta Clara, 1644–1709, Augustinermönch, volkstümlicher katholischer Kanzelredner der Barockzeit

Ernst Moritz von Arndt

ES STEHT NOCH DIE UNSICHTBARE KIRCHE

Es steht noch die unsichtbare Kirche auf Säulen, die alle Pforten der Hölle und alle Klügeleien des Überwitzes und Aberwitzes nicht erschüttern können, und es leben noch die Priester Gottes, die Gott selbst berufen, erleuchtet und gesalbt hat, durch kein Weisheit der Schulen, durch keine Deutelei der Sprachen, durch keinen Geist der Zungen, sondern durch den Geist der Einfalt und des Glaubens, der aus dem himmlischen Worte weht ...

Feuer und Licht haben Christus und seine Jünger als das *Symbol ihrer Lehre* genannt, deswegen heißt die christliche Religion die *Religion des Lichtes*. Siebzehn Jahrhunderte ist die Welt in dem Ablaufe vieler Geschlechter so mit *Feuer und Geist* gesättigt und durchdrungen, daß ein ganz anderes Geschlecht dasteht, als das war, zu welchem St. Paulus, St. Bonifatius, St. Bernhard und Luther und Calvin predigten. Dies unmündige Menschengeschlecht zu führen, umkleidete sich die geistige Lichtreligion Christi für Jahrhunderte mit einem dicken äußerlichen Leib und nahm eine irdische Gestalt an, damit die Menschen ihren Glanz ertragen konnten. Jetzt ist dieser Leib der Kirche größtenteils veraltet und verwest, und die Religion schwebt fast ganz geistig in den Lüften, so daß viele kaum ihren Flug vernehmen können. Ich sage nicht, daß der gegenwärtige Zustand ein Glück ist; ich weiß, daß die Religion nicht bestehen kann ohne eine Gestalt einer äußerlichen Kirche, ohne irgend einen Leib oder doch Ähnlichkeit eines Leibes. Aber dieser Leib muß zarter und durchsichtiger sein, je feiner und ätherischer das Feuer und Licht geworden ist, dessen Führer *Jesus Christus* war.

Ernst Moritz Arndt, Professor der Geschichte und Philosophie; geb. 1769 in Schoritz auf Rügen, gest. 1860 in Bonn

Ludwig Achim von Arnim

GEBET

Gib Liebe mir und einen frohen Mund,
Daß ich dich, Herr, der Erde tue kund;
Gesundheit gib bei sorgenfreiem Gut,
Ein frommes Herz und einen festen Mut;
Gib Kinder mir, die aller Mühe wert,
Verscheuch die Feinde von dem trauten Herd;
Gib Flügel dann und einen Hügel Sand,
Den Hügel Sand im lieben Vaterland;
Die Flügel schenk dem abschiedschweren Geist,
Daß er sich leicht der schönen Welt entreißt!

Ludwig Joachim von Arnim, 1781–1831; romantischer Erzähler phantastischer Novellen

Shri Aurobindo

ROSE VON GOTT

Rose von Gott, Rotschein auf den Saphiren des Himmels,
Rose der Wonne, feuersüß, siebengetönt mit den sieben Ekstasen!
Spring auf im Herzen der Menschheit, o Wunder, o Flamme,
Passionsblume des Namenlosen, Knospe des mystischen Namens.

Rose von Gott, Weisheitsblühen auf den Gipfeln des Seins,
Rose von Licht, Kern, unberührbar, erhabenster Schauung!
Leb' im Geist unsrer Erde, goldnes Geheimnis, Sproß,
Sonne am Haupte des Zeitlosen, Gast der herrlichen Stunde.

Rose von Gott, Stahlklinge der Allmacht, Ikon der Stärke,
Rose der Kraft, mit deinem Diamantschein durchdringst du die Nacht!
Entflamme im Willen der Sterblichen. Zeichne den Plan deines Wunders.
Bild der Unsterblichkeit, Ausbruch der Gottheit im Menschen.

Rose von Gott, purpurne Wunde des göttlichen Wunsches,
Rose des Lebens, gefüllt und gekrönt mit dem Lied Seiner Farbe.
Verwandle den sterblichen Leib, wie ein Zauberspruch süß,
sei Brücke vom Himmel zur Erde, mach todlos die Kinder der Zeit.

Rose von Gott, verzücktes Erröten auf dem Antlitz der Ewigkeit,
Rose der Liebe, Rubintiefe des Seins, Feuer-Sehnsucht der Gnade,
Ersteh' aus dem sehenden Herzen, das in den Abgründen schluchzt,
mach die Erde zur Heimat des Märchens und Lebens zum seligsten Kuß.

Shri Aurobindo, 1872–1950, Begründer des integralen Yoga im modernen Indien

Franz von Baader

VOM INNEREN LICHT ERLEUCHTET WERDEN

Wen hat nicht in glücklichen Momenten das unaussprechliche Gefühl der Liebe des einen unsichtbaren Vaters aller Geister ergriffen und mit flammendem Feuer durchglüht oder mit sanfter, herzerwärmender und -belebender Glut durchwallt und durchhaucht? Wer hat nicht die Erfahrung gemacht, daß solch ein Hauch von oben, der einen etwa in einem kühlen, stillen Abendsäuseln oder in dem sanften Goldstrahl der Morgenröte anwehte, manchmal stunden- und tagelang sein Innerstes durch- und in ihm nachzitterte und ihm Kraft und Salbung zu allen edleren, stilleren Tugendübungen dieser Zeit über erhielt? Man kann nicht aufrichtig und herzlich zu Gott beten, ohne mit dem unleugbaren Gefühl der inneren Krafterhöhung und größeren Geistesbelebung sein Gebet zu enden.

Öffne Deine Augen – weiter nichts – und Du siehst. Du magst wollen oder nicht, zweifeln oder nicht – Du siehst: es ist! Sollte es mit der Offenbarung Gottes in unserem Innern anders sein?

Ich öffne meine Augen und sehe, was da ist. Auch mein inneres Auge öffnet sich, und wenn die Erkenntnis ihre höchste Helle erreicht hat, so ist es gleichfalls Anschauen dessen, was da ist. Auch hier hört alles Zweifeln auf. Ich sehe: *es ist*!

... Im Licht ist Gottes Reich, im Feuer Gottes Stärke, Feuer und Licht ist das göttliche Wesen, und die Materie, darin das Feuer brennt, ist die Finsternis ...

... Das Durchbrechen des nach Freiheit Strebenden und bis in diese, nämlich die kosmische Gemeinschaft und Universalität Durchstoßenden, ist ein im Augenblick höchster Spannung vom Licht Gottes *Durchblitzt- und Erleuchtetwerden* ... Mit der höchsten Spannung tritt eine Depotenzierung (des Ich) ein, ein Entweichen des Egoismus, und in diesem Transmutationsprozeß dient das Wesen dem (göttlichen) Blitz als Hülle oder Leib, in dem dieser nun nicht mehr seine zerstörende Macht äußert, sondern sich als innewohnendes, bildendes, nährendes *Licht* kundgibt.

Franz von Baader, 1765–1841; Arzt, Philosoph der Romantik, von der Theosophie beeinflußt

Francis Bacon

OHNE GOTT – OHNE WERT

Wenig Philosophie entfernt von der Religion, viel führt zu ihr zurück! Das Erste, was Gott unter seinen Werken der sechs Tage schuf, war das Licht der Sinnenwahrnehmung, und das Letzte war das Licht der Vernunft. Es glaubt Niemand, daß kein Gott sei, als ein Solcher, dem es erwünscht ist, daß kein Gott wäre. Die Gottesleugner ziehen den Adel und die Würde des menschlichen Geschlechts in den Staub. Denn es ist gewiß, daß der Mensch seinem Körper nach mit dem Tiere verwandt ist; wenn er also nicht seiner Seele nach in Verwandtschaft mit Gott tritt, so ist er gänzlich ohne höheren Wert und ist ein gemeines Geschöpf.

Francis Bacon, 1561–1626; englischer Wissenschaftler und Staatsmann, Begründer des Empirismus

Carl Ernst von Baer

VON DER VIERFACHEN SEHNSUCHT

Eine vierfache Sehnsucht, die er dem Tier verweigerte, legte der gütige Schöpfer in die Brust des Menschen zur Beherrschung seiner tierischen Natur: Die Sehnsucht nach dem Heiligen, die wir Glauben, die Forderung der Pflicht, die wir Gewissen, die Lust an der Erkenntnis, die wir Wißbegierde, und die Freude am Schönen, die wir Kunstsinn nennen. Diese vierfache Sehnsucht, nach der man allein sagen darf, daß der Mensch ein Ebenbild Gottes sei, ist ein Magnet, welcher unsichtbar die Menschheit in ihrer Entwicklung leitet und sie notwendig in ihrer Gesittung weiter führen muß, denn er zieht sie nach ihren vier ewigen Interessen: der Religon, Tugend, Wissenschaft und Kunst. Je älter ich werde, um so mehr erscheint mir der Mensch seinem innersten Wesen nach vom Tier verschieden. Körperlich ist er ein Tier ganz unleugbar, aber in seinen geistigen Anlagen und der Fähigkeit, geistige Erbschaft zu empfangen, steht er zu hoch über dem Tier, um ihm gleichgestellt zu werden; dem Tier geht auch die freie Selbst*bestimmung* ab. Nicht sowohl auf die Fortdauer des ganzen Geschlechts, als auf das Fortbestehen der eigenen Individualität ist die Zuversicht gerichtet, die uns belebt. Die Existenz des Menschen kann daher nicht an die Verbindung mit dem Erdkörper gefesselt sein. Der Gedanke an die Unsterblichkeit ist der erste Akt der Unsterblichkeit. So führt die Betrachtung der Natur uns zu derselben Lehre, die mit kindlichen Worten die Schrift ausdrückt. Sie läßt uns glauben, daß wir mit dem Tode nicht aufhören. Sie gibt uns aber auch die Zuversicht, daß nachdem der Körper sich auflöst, wir erst wahrhaft Bürger des gesamten Weltalls werden.

Carl Ernst von Baer, 1792–1876; Rußlands größter Zoologe und Anthropologe, Begründer der Embryologie, entdeckte das Ei der Säugetiere

Ludwig van Beethoven

GEBET

Weite meinen Geist, o hebe ihn aus dieser schweren Tiefe, durch Deine Kunst entzückt, damit er furchtlos strebe aufwärts in feurigem Schwunge. Denn Du, Du weißt allein, Du kannst allein begeistern.

Ludwig van Beethoven, 1770–1827

M. Y. Ben-Gavriêl

GOTT MUSS EIN MYSTERIUM SEIN

Zwang zur Religion ist eine contradictio in adjecto, denn Religion setzt religiöse Bereitschaft voraus. Religion ist Geschick. Die Freiwilligkeit beginnt erst im Augenblick *nach* der Entscheidung. In diesem Moment beginnt der Weg in die Freiheit des Glaubens – oder aber in die verkrampfte Haltung des »Dienens um des Lohnes willen«. Erst die Erkenntnis von der Unwürdigkeit des Dienens um der Belohnung willen kann zur Erkenntnis der moralischen, der absoluten Größe des Dienens ohne Lohn, in die Freiheit des Glaubens und mithin in die Überwindung jener unreligiösen Kausalität von Gebot und Lohn führen, welche Moral auf handelsrechtlichen Prämissen aufbaut ... Gott muß ein Mysterium, ein unvorstellbar Unverständliches sein; andernfalls wäre er ein Automaton, in das man eine gute Tat hineinwirft und dann seinen Lohn herauszieht.

M. Y. Ben-Gavriêl, 1891–1965; israelischer Schriftsteller, Essayist und Journalist

Nikolai Alexandrowitsch Berdjajew

DIE ÜBERWINDUNG WIRD NUR MÖGLICH ...

Das Verhältnis der menschlichen Persönlichkeit zu jenen Gemeinschaften, innerhalb deren der Mensch auf dieser Erde zu leben genötigt ist, ist immer paradox und widerspruchsvoll. Hier ist eine volle Harmonie und ein restloses Zusammenstimmen unmöglich. Nie wird der tragische Konflikt zwischen Persönlichkeit und Gesellschaft restlos überwunden sein. Die Überwindung wird nur möglich im Reiche Gottes.

Nikolai Alexandrowitsch Berdjajew, 1874–1948; russischer Religionsphilosoph

Georges Bernanos

ÜBER DAS GEBET

Wir machen uns gewöhnlich eine gar widersinnige Vorstellung vom Gebet. Wie können doch Menschen, die es kaum kennen – wenig oder gar nicht kennen –, mit solcher Leichtfertigkeit davon reden?

Ein Trappist oder ein Kartäusermönch wird sich jahrelang abquälen, um ein Mann des Gebets zu werden, und da will nun der erstbeste hergelaufene Leichtfuß über die Bemühungen eines ganzen Lebens urteilen! Wäre das Gebet wirklich das, was die da denken, eine Art Geschwätz, die Zwiesprache eines Wahnbesessenen mit seinem Schatten, oder sogar noch weniger als das: ein eitles und abergläubiges Bittgesuch, das die Güter dieser Welt haben will – wäre dann wohl möglich, daß Tausende und aber Tausende bis zu ihren allerletzten Tagen zwar vielleicht nicht so sehr Süße darin finden – denn sie mißtrauen den gefühlsseligen Tröstungen –, wohl aber eine harte, starke und vollkommene Freude! Die Gelehrten sprechen da allerdings von Suggestion. Sie haben eben gewiß niemals richtige alte Mönche zu Gesicht bekommen, die so nachdenklich, so weise sind, ein unbeugsames Urteil haben und dabei doch nur so strahlen von Verständnis und Mitgefühl und einer überaus zarten Menschlichkeit. Durch welches Wunder wären denn diese Halbnarren, diese Gefangenen ihres Traumes, diese wachen Schläfer imstande, täglich tiefer in das Verständnis des Elends ihrer Mitmenschen einzudringen?

... Wie sehr sie auch beteuern mögen, diese Art innerer Vertiefung sei mit keiner andern vergleichbar, und anstatt uns schrittweise unsere eigene Verwickeltheit zu eröffnen, führe sie vielmehr zu einer plötzlichen vollständigen Erleuchtung und münde im Blau der Himmelsferne –, man wird sich mit einem Achselzucken begnügen. Wo und wann aber hat je ein Mann des Gebets bekannt, das Beten habe ihn enttäuscht?

Georges Bernanos, 1888–1948; französischer Schriftsteller

William Blake

NICHT LASS ICH AB

Und sah man Seine Füße je
Auf Englands grünen Bergen gehn?
Und wurde Gottes heiliges Lamm
Auf Englands Triften je gesehn?

Und trat das Antlitz Gottes je
Hier auf umwölkten Höhn zur Schau?
Und ward Jerusalem gebaut
Hier zwischen Satansmühlen grau?

Bringt meinen Bogen, brennend Gold!
Bringt meine Pfeile mir, bewährt!
Bringt meinen Speer! — teil dich Gewölk!
Bringt mir mein feurig Streitgefährt!

Nicht laß ich ab vom geistigen Kampf,
Noch ruh das Schwert in meiner Hand,
Bis wir Jerusalem gebaut
In Englands freundlich grünem Land.

William Blake, 1757—1827; englischer Dichter, Maler und Mystiker

Robert Boyle

... WEISE ABSICHTEN DES SCHÖPFERS

Schon die anorganische Schöpfung läßt, obwohl verhältnismäßig am wenigsten, deutlich und schlagend weise Absichten des Schöpfers hervortreten. Die harmonische Ordnung im Laufe der Himmelskörper ist sicherlich nicht von ungefähr, sie dient dem Menschengeschlecht und auch wohl noch anderen Geschöpfen Gottes. Im organischen Naturbereiche aber, zumal bei den beseelten Wesen, den Tieren, sind die Zwecke geradezu mit Händen zu greifen. Schon die kleinsten

Organe erscheinen ihren lebenfördernden Zwecken angepaßt: eines Hundes Kralle zeigt mehr Kunst als die berühmte Uhr im Straßburger Münster. – Neben die Bibel gehalten sind alle menschlichen Bücher, auch die besten, doch nur wie Planeten, die alle ihr Licht und ihren Glanz von der Sonne empfangen.

Robert Boyle, 1627–1691; englischer Physiker und Chemiker

Dietrich Bonhoeffer

Von guten Mächten treu und still umgeben,
behütet und getröstet wunderbar,
so will ich diese Tage mit euch leben
und mit euch gehen in ein neues Jahr.

Noch will das alte unsre Herzen quälen,
noch drückt uns böser Tage schwere Last,
ach, Herr, gib unsern aufgescheuchten Seelen
das Heil, für das Du uns bereitet hast.

Und reichst Du uns den schweren Kelch, den bittern
des Leids, gefüllt bis an den höchsten Rand,
so nehmen wir ihn dankbar ohne Zittern
aus Deiner guten und geliebten Hand.

Doch willst Du uns noch einmal Freude schenken
an dieser Welt und ihrer Sonne Glanz,
dann wolln wir des Vergangenen gedenken,
und dann gehört Dir unser Leben ganz.

Von guten Mächten wunderbar geborgen,
erwarten wir getrost, was kommen mag.
Gott ist mit uns am Abend und am Morgen
und ganz gewiß an jedem neuen Tag.

Dietrich Bonhoeffer (1906–1945); evangelischer Theologe voll dynamischer Glaubenskraft. Seine hinterlassenen Schriften und Tagebücher sind erfüllt von starkem Gottesgeist. Der Volksgerichtshof der Nationalsozialisten ließ ihn als kompromißlosen Widerstandskämpfer hinrichten.

Wernher von Braun

MEINE ÜBERZEUGUNG

Meine persönliche Auffassung und Überzeugung gipfelt in der Erkenntnis, daß die Menschheit der Kraft des Gebetes heute mehr bedarf als jemals zuvor in der Geschichte.

Wernher von Braun, 1912–1977; deutsch-amerikanischer Raketenforscher

Clemens Brentano

GEBET

Herr! Ich steh in deinem Frieden, / ob ich lebe, ob ich sterbe; / starb mein Heiland doch hienieden, daß ich sein Verdienst erwerbe.

Will der Schmetterling zum Lichte, / muß die Larve er zerbrechen. / So hast du dies Haus vernichtet, / meine Freiheit auszusprechen ...

Solchen Tod laß mich gewinnen! / Herr, nach einem solchen Leben, / laß mich mit so klaren Sinnen / dir die Seele wiedergeben!

Denn in deinen Händen liegen / alle demutvollen Herzen, / wie die Kindlein in den Wiegen, / still entschlummert, ohne Schmerzen!

Clemens Maria Brentano, 1778–1842; Dichter der deutschen Spätromantik

Max Brod

MEIN GLAUBE

Ich bin entschiedener Monotheist, glaube daher an einen unendlich gütigen und in jeder Hinsicht vollkommenen Gott, der den Kosmos geschaffen hat, in dem wir leben und einem sich allmählich für uns enträtselnden Sinn zustreben, der uns heute nur in dunklen Umrissen und oft von Bösem getrübt halb erkennbar ist. Am deutlichsten finde ich diesen Glauben bei Moses und den Propheten, Jesaias und den andern, bei Platon und Goethe ausgesprochen. Die Neubegründung des jüdischen Staates erfüllt mich mit den innigsten Hoffnungen, Gerechtigkeit und Liebe für alle Kreaturen muß das Ziel sein. Dabei darf eines nicht vergessen werden: Die Zweigeleisigkeit der noch höchst unvollkommenen menschlichen Natur. Es gibt, wie ich im Schlußkapitel meiner Autobiographie »Streitbares Leben« ausgeführt habe: edles und unedles Unglück. Das edle Unglück (z. B. der Tod, die Vergänglichkeit unserer besten und heißesten Gefühle, Nicht-Höchstfähigkeit unseres Denkens) ist unabwendbar. Das unedle (z. B. Krieg, soziale Ungerechtigkeit, materielle Not) ist abwendbar, heilbar, kann (und *muß* daher) mit aller Kraft bekämpft werden. Dem edlen Unglück gegenüber ist Demut die uns angemessene Haltung, dem unedlen gegenüber müssen wir äußerste Energie und unsere Willensfreiheit gebrauchen. Die daraus entstehenden Konflikte in der Menschenseele – sind unsere Aufgabe, die wir in naher und ferner Zukunft zu bewältigen haben.

Max Brod, 1884–1968; deutscher, vom Expressionismus beeinflußter Erzähler (mit Franz Kafka befreundet, dessen Werke er herausgab) sandte dieses Bekenntnis aus Tel Aviv

Anton Bruckner

VON DER EHRFURCHT

Gestern am Grab meiner Mutter hab' ich's wieder bedacht; eigentlich hab' ich, was meine Freunde jetzt »groß« nennen, nur fertiggebracht, weil ich von Jugend an Ehrfurcht gehabt habe vor allem

Echten und Heiligen. Jedesmal, wenn ich ehrfürchtig aufgeschaut habe zum Vater oder zur Mutter oder zu einem meiner Meister oder gar zu Gott, da ist mein Herz weit und groß geworden. Aus solchem Zustand hab' ich meine schönsten Sachen geschaffen.

Anton Bruckner, 1824–1896; österreichischer Komponist

Theo Brüggemann

Heiliger, starker Gott,
du bist allmächtig,
aber du willst nicht alles selber machen.
Immer wieder hast du Menschen gewürdigt,
deine Werkzeuge zu sein,
du willst auch uns.
Wie herrlich ist das, und wie schwer!
Wir können dich nur bitten:
Hilf uns dir gehorchen,
und darum mache uns frei,
frei von falschen Hemmungen,
frei von gefährlichen Stimmungen,
frei von Menschenfurcht,
frei vom Schielen nach Erfolg,
frei von der Scheu vor Mißerfolg,
frei vom Hangen an unseren Bequemlichkeiten,
frei von Leidensscheu, einfach frei für dich,
frei für unsere Brüder.
Gib uns die Kraft, uns immer wieder stören zu lassen,
gib uns den Mut zur Einsamkeit,
bewahre uns vor der gefährlichen Ruhe.
Hilf uns, mit dir zu wachen,
mit dir zu leiden.
Ach, wir haben nichts,
was nötig wäre für deinen Dienst.
Gib du uns alles!

Frank Buchman

GOTT HAT EINEN WEISEN PLAN

.. Es spielt keine Rolle, *wer* du bist und *wo* du bist, Gott kann dir jederzeit klare und hinreichende Auskunft vermitteln, wenn du willens bist, seine Weisungen entgegenzunehmen. Diese *innere Revolution* wird allen äußeren Revolutionen ein Ende setzen, indem sie die menschliche Natur ändert und die Menschen und Völker erneuert.

Viele Menschen meinen, daß ihre Führer von Gott geführt sein sollten. Aber auch der Mann aus dem Volk muß gottgeführt leben, denn eine gottgeführte öffentliche Meinung ist die Kraftquelle der Regierenden. Das ist die Führung durch den lebendigen Geist Gottes, die jedem die Disziplin verleiht, deren er bedarf, und die innere Freiheit, die er ersehnt.

Wir nehmen es als selbstverständlich, daß die Stimme eines Menschen durch den Rundfunk in alle Teile der Welt getragen wird. Warum haben wir nicht die *Stimme des lebendigen Gottes* als tätige, schöpferische Kraft in jedem Heim, jedem Geschäft, jedem Parlament? Sie ist in uns lebendig und spricht ständig zu uns.

Wunder der Wissenschaft beherrschen unser Zeitalter. Aber sie haben den Völkern weder Frieden noch Glück gebracht. Wir brauchen ein *Wunder des Geistes*. Die göttliche Führung muß die normale Erfahrung aller Männer und Frauen werden. Klare, unzweideutige Weisungen kann jeder von Gott empfangen. Nur gottgeführte Menschen können Bausteine eines gottgeführten Volkes sein. Nur gottgeführte Völker können Bausteine einer neuen Welt sein. So kann der einzelne seine Berufung, und jedes Volk seine Bestimmung finden.

Gott hat einen weisen Plan, der jedem Führung und Freiheit von innen her gibt und alle politischen Programme übertrifft. Die vereinten moralischen und geistigen Kräfte eines Volkes können diesen Plan erkennen und verwirklichen helfen. Wir können die moralische und geistige Kraft hervorbringen, die stark genug ist, die Welt neu aufzubauen!

Dr. Frank N. D. Buchman, geboren 1878; der Begründer der »Moralischen Wiederaufrüstung«, ist am 8. August 1961, im Alter von 83 Jahren in Freudenstadt gestorben; er schuf im Jahre 1938 die »Moral-Rearmament«-Bewegung, die sich eine Besserung der Weltverhältnisse durch sittliche Besserung des einzelnen Menschen zum Ziel gesetzt hat

Lord Byron

EIN GEISTWESEN GING MIR VORBEI

Ein Geistwesen ging mir vorbei; ich sah
Das Antlitz der Unsterblichkeit, mir nah
Und unverschleiert. Jedes Auge band
Schlaf, bis auf meins. Formlos, doch göttlich stand
Es da, daß Schauer durchs Gebein mir rann,
Und wie mein Haar sich sträubte, fing es an:

»Ist mehr gerecht der Mensch als Gott? Vor ihm
Bestehen nicht einmal die Seraphim.
Geschöpf aus Lehm, du staubbehaust Geschlecht,
Kaum Motte du – und du bist mehr gerecht?
Du Eintagsding wirst schon vor Nacht zu nicht,
Blind vor der Weisheit ausgegossenem Licht.«

Lord George Gordon Noel Byron, 1788–1824; englischer Dichter

Alexis Carrel

MACHT DES GEBETES

Wenn wir beten, verbinden wir uns mit der unerschöpflichen Allkraft, die die Sonnen und Milchstraßen im Universum ihre Bahnen verfolgen läßt. Wir bitten darum, daß ein Teil dieser Kraft uns für unseren Bedarf zuteil werde. Und schon indem wir bitten, wird unser Verlangen erfüllt, die Kraft strömt in uns ein, und wir erheben uns gestärkt und wiederhergestellt.

Niemals aber sollten wir Gott nur um der Befriedigung unserer Launen willen anrufen. Die meiste Kraft ziehen wir dann aus dem Gebet, wenn wir es verrichten nicht als ein Betteln um diese oder jene Gabe, sondern als eine Bitte, ihm, Gott, ähnlicher zu werden, und als Dank für seinen immerwährenden Beistand. Das Gebet sollte als ein *Sichgewöhnen an die lebendige Allgegenwart Gottes und seiner Kraft in uns* gewertet werden.

Rechtes Beten ist – um es zu definieren – das Bestreben des Menschen, Gott nahe zu kommen oder richtiger: *der Nähe, ja inneren Gegenwart Gottes bewußt zu werden,* mit Gott, dem Inbegriff höchster Weisheit und Wahrheit, Kraft und Fülle, Umgang zu pflegen. Die Folge solchen Verhaltens wird uns unmittelbar bewußt: so oft wir uns in inbrünstigem Gebet Gott zuwenden, tritt in unserem Leibe, unserer Seele und unserem Leben eine Wandlung zum Besseren ein. Es ist unmöglich, daß jemand betet, ohne daß es ihm zum Segen ausschlägt.

Beten kann man jederzeit und überall – auf der Straße, in der Bahn, im Büro und im Laden, in der Schule so gut wie in der eigenen Stube oder in einer Kirche voller Menschen.

Gerade heute ist das Gebet als verbindende Kraft im Leben der Menschen und Völker notwendiger denn je. Die Gleichgültigkeit in religiösen Dingen und die gänzliche Nachaußenwendung hat die Menschen und die Welt an den Rand der Selbstvernichtung gebracht. Die tiefste Quelle unserer Kraft und Höherentwicklung ist noch unausgeschöpft. Das Gebet, die Grundübung des Geistes, muß wieder zu einer lebendigen Kraftquelle im Leben jedes Einzelnen werden ...

Alexis Carrel, 1873–1944; Chirurg und Biolog, bahnbrechende Arbeiten über Gewebezüchtung, Nobelpreis 1912

François-René de Chateaubriand

GEBET

Der Du Dein Leben, Deinen Tod den Menschen gibst und diejenigen liebst, die weinen, erhöre das Gebet des Unglücklichen, der leidet nach Deinem Beispiel. Nimm ihm die Last ab, die ihn erdrückt, sei für ihn der Cyrenäer, der Dir Dein Kreuz tragen half auf den Golgatha.

François-René de Chateaubriand, 1768–1848; französischer Schriftsteller

Paul Claudel

GEBET

Menschengewirr, Schrei, Schritte, Rufe, Scherze, Gesänge,
Fern und nahe, Händel, Worte, Gebuhl und Groll!
Ersticken muß ich dich in mir, verstörtes Gedränge!
Dämpfe, hallender Geist! Schweige, Stimmengetoll!

Raunen im Meer! Raunen im Land! Raunen im Wind!
Wispern im finstern Wald; der Vogel singt Unruh
Der Tage! Schlaf, Erinnern! Was willst du noch immer, Kind?
Blume der irdischen Welt, falte die Blätter zu.

Herz, schweige nun du! Gib endlich Frieden, Kummer!
Noch murmelt die alte Klage in mir, will nicht ermatten!
Alles verstimmt. Komm, meine Nacht! Komm, schattender Schatten!

Heiliges Schweigen, bräutliches! Komm zu mir, du Schimmern
Meiner Seele, Frieden, Summe von himmlischem Flimmern,
Komm zu mir, mein Gott! Komm, glutender Schlummer!

Paul Claudel, 1868–1955; Dichter der französischen Katholizität

Vittoria Colonna

SEHNSUCHT NACH GOTT

Wie ein nüchtern Vögelchen, das höret,
Siehet seiner Mutter Flügel schlagen
Überm Neste, wenn sie Speis ihm bringet.
Und es neu belebt mit Blick und Speise.

Ungeduldig regt es seines Fittichs
Sprößlinge, zu folgen ihr im Fluge,
Girret Dank ihr, daß die schwache Zunge
Über Können girrend los sich windet;

Also ich, wenn warmer Strahl der Gottheit
Mächtiger, lebendiger sich reget
Mir im Herzen, daß das Herz erquickt wird
Und mit ungewohnter Flamm emporschlägt;

Ungeduldig reg ich meine Flügel
Voll von innrer Liebe, daß ich selbst mich
Wie vergessend, nur bey Ihm, bey Ihm hin,
Ihn zu loben, Ihm zu danken.

Vittoria Colonna, 1492–1547; italienische Dichterin von hoher humanistischer Bildung und edler Weiblichkeit

Dante Alighieri

GEBET DES HEILIGEN BERNHARD

Jungfrau Mutter, / Tochter deines Sohnes, / mehr als irgendein Geschöpf demütig und erhaben, / vorbestimmtes Ziel des ewigen Rates, / du bist es, / die die menschliche Natur so sehr geadelt, / daß ihr Schöpfer es nicht verschmähte, / sich aus ihr zu bilden. / In deinem Leibe hat die Liebe sich entzündet, / deren Glut im ewigen Frieden dich Blüte vollendet. / Im Himmel bist du der Liebe Mittagsfackel, / für die Sterblichen aber der immerlebendige Quell der Hoffnung. / Weib, / so groß bist du und mächtig, / daß, wer Gnade sucht und nicht bei dir, / einem Menschen gleicht, / der ohne Schwingen fliegen möchte. / In deiner Güte eilst du nicht allein dem Flehenden zuhilfe, / vielmals kommst du ungerufen seinem Gebete zuvor. / In dir ist Erbarmen, / in dir ist Mitleid, / in dir ist Großmut, / in dir vereint sich alles, was Gutes ist an den Kreaturen. / Ich nun, / der ich von der letzten Lache des Universums auf bis her zu dir in meinem Leben Geist um Geist geschaut, / ich flehe dich an um Gnade, / mir so viel Kraft zu geben, / daß ich mit den Augen noch höher dringe zum letzten Heile hin. / Ich, / der ich nach nichts je mehr geglüht, als nach seiner Anschauung, / ich richte all mein Flehen zu dir und bitte, / es möge nicht umsonst sein, / auf daß du durch dein eigenes Gebet mir jede Wolke der Sterblichkeit zerstreuest / und die höchste Lust enthüllest. / Königin, / die du alles kannst, was du willst, / auch dieses bitt ich dich: / erhalte mir lebendig die Begierden nach dem Ewigen. / Dein Schutz überwältige in mir die Regungen des Irdischen!

Dante Alighieri, 1265–1321; italienischer Dichter

Charles Darwin

DIE FRAGE, OB EIN SCHÖPFER EXISTIERT

Es geht aus dem Kampf der Natur, aus Hunger und Tod unmittelbar die Lösung des höchsten Problems hervor, das wir zu fassen vermögen, die Erzeugung immer höherer und vollkommenerer Tiere. Es ist wahrlich eine großartige Ansicht, daß der Schöpfer den Keim alles Lebens, das uns umgibt, nur wenigen oder nur einer einzigen Form eingehaucht hat und daß, während unser Planet dem strengen Gesetze der Schwerkraft folgend, sich im Kreise schwingt, aus so einfachem Anfange sich eine endlose Reihe der schönsten und wundervollsten Formen entwickelt hat und noch immer entwickelt. –

Die Frage, ob ein Schöpfer und Regierer des Weltalls existiert, ist von den größten Geistern, welche je gelebt haben, bejahend beantwortet.

Charles Darwin, 1809–1882; bedeutendster englischer Naturforscher, Begründer der materialistischen Biologie durch die Schaffung einer wissenschaftlichen Abstammungslehre – Darwinismus

Max Dauthendey

GEBET

O, ich habe gebetet unter dem nächtlichen Baum, / o, ich habe gebettelt um eine Gnade nur. / O, ich fragte beim Reichtum der Sterne im Raum. / Götter lenket das Glück auf meine Spur! / Ging und wurde schweigend, wortlos entlassen. / Ging und schwieg vor mich hin in den leeren Gassen.

Max Dauthendey, 1867–1918; deutscher Lyriker und Erzähler des Impressionismus

Humphry Davy

DIE RELIGION IST DAS LEUCHTFEUER

Es ist das Gewissen die Gestalt des Geistes, geeignet für seine Prüfung in der Sterblichkeit. Und dies ist in vollster Übereinstimmung mit den Grundbegriffen unserer Religion, deren göttlicher Ursprung nicht minder durch ihre Geschichte, als durch ihre Harmonie mit der Wesenheit unserer Natur bezeichnet wird. Die Religion ist der Leuchtturm, welcher den wogenumbrausten Seemann in die Heimat geleitet, wenn er wie ein norwegischer Pilot der stürmischen Nordsee entronnen, jene stillen, ruhig schönen Fjords gewinnt, von heiteren Hainen und idyllischen Wiesen umschlossen. Sie ist eine grüne, belaubte, von frischen Quellen durchrieselte Oase, welche den dürstenden, erschöpften Wanderer inmitten der Wüste empfängt. Ihr Einfluß überlebt alle irdischen Freuden; er nimmt zu an Kraft, während die Organe altern, und der Körper seiner Auflösung entgegen geht. Sie gleicht dem hellen Abendstern am Horizont des Lebens, der, wie wir sicher sind, in einer anderen Zeit Morgenstern wird und seine Strahlen durch Schatten und Dunkel des Todes sendet. Ich beneide keinen um irgendeine Gabe des Gemüts oder des Verstandes, mögen sie Genie heißen oder Geschicklichkeit oder Witz oder Phantasie. Dürfte ich mir aber wählen, was mir das Liebste und für mich das Beste wäre, ich würde den Glauben eines frommen Herzens allen anderen Segnungen vorziehen. Denn dieser macht das Leben zu einer Schule der Heiligung, schafft neue Hoffnungen, wenn alle irdische Hoffnung dahin ist. Der Glaube ist's, der das Leben aus dem Tode, Verherrlichung aus dem tiefsten Untergange hervorruft. Er kann die Marterkammer und den Schandpfahl zu einer Himmelsleiter nach dem Paradiese machen, und da, wo der Sinnenmensch und der Zweifler nur Dunkel, Zerstörung und Verzweiflung sehen, vermag er den Geist mit den Vorahnungen einer Welt des Friedens und der ewigen Freude zu erfüllen.

Sir Humphry Davy, 1778–1829; Englands bedeutender Chemiker, Begründer der elektrochemischen Theorie

René Descartes

SUBSTANZ, DIE KEINES ANDEREN WESENS BEDARF

Das Dasein Gottes wird bloß dadurch empirisch (a posteriori) bewiesen, daß die Idee desselben in uns ist. Unter Substanz können wir nur ein Wesen verstehen, welches so existiert, daß es zu seiner Existenz keines andern Wesens bedarf. Und zwar kann unter der Substanz, die in keiner Weise eines anderen Wesens bedarf, nur eine einzige verstanden werden, nämlich Gott. Dagegen lassen sich die körperliche Substanz und der geschaffene Geist oder die denkende Substanz unter diesen gemeinschaftlichen Begriff fassen, daß sie Wesen sind, die zu ihrer Existenz bloß Gottes Mitwirkung bedürfen. In den Dingen, worüber die Religion Nichts lehrt, darf der Philosoph nichts für wahr gelten lassen, das er nicht als wahr eingesehen hat, und wenn er den Sinnen mehr Glauben schenkt, so heißt dies so viel, als den unbedachten Urteilen des kindischen Alters mehr trauen als der reifen Vernunft.

René Descartes, 1596–1650, lat. Cartesius. Bedeutsamster Vertreter eines rationalistischen Weltbildes und mechanisch-mathematischer Naturauffassung

Charles Dickens

DAS GEBOT DER LIEBE

Ohne Liebe, ohne Menschlichkeit im Herzen und ohne Dankbarkeit gegen den, dessen Gebot Liebe und Erbarmen und dessen große Eigenschaft Wohlwollen ist gegen alles, was atmet, kann man wahres Glück nicht erlangen.

Charles Dickens, 1812–1870; volkstümlichster Romanschriftsteller Englands im 19. Jahrhundert

Fedor Dostojewskij

DARIN LIEGT DER GANZE GLAUBE

Die Verneiner Gottes und Christi haben nicht einmal daran gedacht, wie ohne Christus in der Welt alles sofort schmutzig und sündhaft wird ... Indem sie Christus beseitigen – entfernen sie das unerreichbare Ideal der Schönheit und Güte aus der Menschheit ... Christus ist ja doch nur deswegen gekommen, damit die Menschheit es erfahre, daß auch ihre irdische Natur, der menschliche Geist wirklich in einem so himmlischen Glanz tatsächlich und leibhaftig erscheinen kann und nicht nur geistig, als Ideal. Die Anhänger Christi, die dieses durchleuchtete Fleisch anbeteten, bewiesen unter den grausamsten Martern, welch Glück es ist, diese Leibhaftigkeit in sich zu tragen, der Vollkommenheit dieser Gestalt nachzuahmen und an ihre Leibhaftigkeit zu glauben. Die anderen aber, die das sahen, welch ein Glück diese Leibhaftigkeit gab, kaum daß der Mensch anfing, ihrer teilhaftig zu werden und sich in Wirklichkeit ihrer Schönheit zu nähern – wunderten sich, staunten und wollten schließlich selbst diese Seligkeit genießen: sie wurden Christen und freuten sich schon im voraus der Qualen. Das Ganze liegt hier eben darin, daß »das Wort« wirklich »Fleisch« ward. Darin liegt der ganze Glaube und der ganze Trost der Menschheit, der Trost, auf den sie niemals verzichten wird.

... Liebet die ganze Schöpfung Gottes, die ganze Welt und jedes Sandkörnchen auf Erden! Jedes Blättchen, jeden Lichtstrahl Gottes habet lieb! Liebet die Tiere, liebet die Pflanzen, liebet jedes Ding! Wirst du aber jedes Ding lieben, dann wirst du auch Gottes Geheimnis in den Dingen erfassen.

Fedor Dostojewskij, 1821–1881; russischer Romanschriftsteller

Annette von Droste-Hülshoff

AM VIERTEN SONNTAGE NACH OSTERN

Und ob auch Öde mich umgibt,
Und ob mich würgt der Nebel fast,
Ob Mehltau mir die Augen trübt,
Doch weiß ich, daß mein Herz dich faßt,
Daß es dich liebt,
Und daß du mich gesendet hast.

Den Lebenshauch hab ich von dir,
Unsterblich hast du mich gemacht;
Nicht Glut, nicht Dürre schadet mir.
Ich weiß, ich bin in deiner Wacht,
Und muß ich hier
Auch stehn wie ein Prophet der Nacht.

Ich hebe meine Stimme laut
Ein Wüstenherold für die Not:
Wacht auf, ihr Träumer, aufgeschaut!
Am Himmel steigt das Morgenrot.
Nur aufgeschaut!
Nur nicht zurück, dort steht der Tod!

Nur aufgeschaut, nur nicht zurück!
Laßt Menschenweisheit hinter euch!
Sie ist der Tod; ihr schnödes Glück
Ist übertünchtem Grabe gleich.
O hebt den Blick!
Der Himmel ist so mild und reich.

Annette Freiin von Droste-Hülshoff, 1797–1848; deutsche Lyrikerin und Erzählerin

Albrecht Dürer

GEBET

Allmächtiger Herr und Gott, / Die große Marter, die gelitten hat / Jesus, dein eingeborener Sohn, / Damit er für uns genug getan hat, / Die betrachten wir mit Innigkeit. / O Herr! Gib mir wahre Reu und Leid / Über meine Sünden und bessere mich, / Das bitt! ich ganz von Herzen dich. / Herr! Du hast Überwindung getan, / Drum mach mich teilhaftig des Sieges Kron'.

O, o Gottes Gebärerin, / Der höchsten Thron Himmelkönigin, / Aller Sünder größte Hoffnung, / Ich bitt dich durch dein Kindlein jung, / Jesum, der dich erschaffen hat, / Mach mich sehen sein Trau' That (Erlösungswerk). O sei gegrüßt, du Kreuz Jesu! / Wer dich nicht glaubt, der find't kein Ruh! / Ich bitt' dich, steh mir bei allzeit / wider die Welt, Fleisch und Teufels Streit / Und hilf mir in der letzten Not, / so scheidet mich der bittre Tod.

Albrecht Dürer, 1471–1528; deutscher Maler

Frederik van Eeden

AN GOTT

Ein Wrack, von Sünden bis zum Grunde schwer,
Ein Vogel bin ich, netzverstrickt, ein Mann,
Der nackt, schiffbrüchig sich am Fels wund klammert –
Der Zeiten Flut schwillt an.
O, daß mein Land, mein Gott gefunden wär!
So schrei ich, und das Herz ist mir sehr bang.
Doch wie die Flut auch tost, mein Mund auch jammert,
Tönt mir ein Sang,
Des Ewigen Größe preisend wunderhehr.

Starker, der Sonnen hoch in Händen trägt,
Der fest die weite Lichtbahn seines Alls
Hinzieht, mit goldenen Schritten von Äonen,
Der hehr um Haupt und Hals
Sterne als Diadem und Spangen trägt!
Will deine Milde nicht und deine Macht
Den steten Hunger meines Mundes lohnen,
Der Nacht für Nacht
Nach einem Liebeswort Verlangen trägt?

In Wolken und in Blumen such ich dich,
Ich such dich in dem aufgepflügten Grund,
Ich lausch auf dich beim letzten Herzensschlage,
Verscheidet mir mein Hund.
In meiner Träume Tiefen such ich dich.
Als säh ich deines Wesens ein Symbol,
Leuchtet mein Antlitz bei dem jungen Tage,
zu glanzlos wohl –
Im Schwarz zwischen den Sternen such ich dich.

Frederik van Eeden, 1860–1932; holländischer Dichter

Christian Gottfried Ehrenberg

BEWUSST WERDEN DES GROSSEN GOTTESBAUES

Schriftsteller, welche, weil sie nicht weiter können, abschließen und sagen: Es gibt keine Seele, daher keine Unsterblichkeit; hier stehe ich, ich kann nicht weiter, mögen ganz in persönlichem Rechte sein, nur sind sie nicht als Repräsentanten der Naturforscher zu betrachten. Die tüchtige Gesinnung, um mich dieses Ausdruckes zu bedienen, eines Naturforschers besteht darin, daß er nicht sich für inspiriert oder allwissend hält, sondern demütig die Schranke anerkennt, welche seine individuelle Lebenszeit ihm auferlegt, daß er aber mit Span-

Diese einfache Burmesin mit ihrem Gebetskranz ist ein Sinnbild für die tief verwurzelte Religiosität ihres Volkes

nung und schrankenloser Hoffnung fleißig mittätig in die Zukunft blickt, wo sich Geschlechter an Geschlechter mit immer neuen, immer mehr veredelten Kräften reihen, welche auch das Scherflein segnen, das der wohlgesinnte Vorfahre dem Fördern und Bewußtwerden des großen Gottesbaues zugefügt hat. Ein Naturforscher möchte das Gefühl verbreiten, daß jeder sich als völlig in den Plan der Welten eingehenden Sohn im Vaterhause und als Mitarbeiter des Weltordners in irgendeinem Kreise betrachte.

Christian Gottfried Ehrenberg, 1795–1876; Mediziner und Naturforscher, Schöpfer der wissenschaftlichen Infusorienkunde

Joseph von Eichendorff

SPRUCH

Was ich wollte, liegt zerschlagen,
Herr, ich lasse je das Klagen,
und das Herz ist still.
Nun aber gib auch Kraft, zu tragen,
was ich *nicht* will!

MAHNUNG

Genug gemeistert nun die Weltgeschichte!
Die Sterne, die durch alle Zeiten tagen,
Ihr wolltet sie mit frecher Hand zerschlagen
Und jeder leuchten mit dem eignen Lichte.

Doch unaufhaltsam rucken die Gewichte,
Von selbst die Glocken von den Türmen schlagen,
Der alte Zeiger, ohne euch zu fragen,
Weist flammend auf die Stunde der Gerichte.

Betende in der Shwe-Dagon-Pagode in Rangun.

O stille Schauer, wunderbares Schweigen,
Wenn heimlich flüsternd sich die Wälder neigen,
Die Täler alle geisterbleich versanken,

Und in Gewittern von den Bergesspitzen
Der Herr die Weltgeschichte schreibt mit Blitzen –
Denn seine sind nicht euere Gedanken. –

Joseph Freiherr von Eichendorff, 1788–1857; volkstümlichster deutscher Romantiker

Albert Einstein

DAS KOSMISCHE ERLEBNIS DER RELIGION

Das kosmische Erlebnis der Religion ist das stärkste und edelste Motiv naturwissenschaftlicher Forschung.

Das tiefste und erhabenste Gefühl, dessen wir fähig sind, ist das Erlebnis des Mystischen. Aus ihm allein keimt wahre Wissenschaft. Wem dieses Gefühl fremd ist, wer sich nicht mehr wundern und in Ehrfurcht verlieren kann, der ist seelisch bereits tot. Das Wissen darum, daß das Unerforschliche wirklich existiert und daß es sich als höchste Wahrheit und strahlendste Schönheit offenbart, von denen wir nur eine dumpfe Ahnung haben können – dieses Wissen und diese Ahnung sind der Kern aller wahren Religiosität.

... Meine Religion besteht in der demütigen Anbetung eines unendlichen geistigen Wesens höherer Natur, das sich selbst in den kleinen Einzelheiten kundgibt, die wir mit unsern schwachen und unzulänglichen Sinnen wahrzunehmen vermögen. Diese tiefe gefühlsmäßige Überzeugung von der Existenz einer höheren Denkkraft, die sich im unerforschlichen Weltall manifestiert, bildet den Inhalt meiner Gottesvorstellung.

Albert Einstein, 1879–1955, Physiker; er ist der Urheber der Relativitätstheorie, die von grundlegender Bedeutung für die Physik der Atomkerne ist. 1921 erhielt er den Nobelpreis für Physik

Ralph Waldo Emerson

BITTGEBET

Gib, daß ich die Wahrheit schau, / Deren breite Blätter und Ranken sich ziehn / An den Hügeln unter dem Himmel hin, Genährt vom ewigen Tau! / Wein des Weins, Blut der Welt, / Form der Formen, Natur der Naturen, / Daß ich, verzückt, / Und durch den Trank mir selbst entzückt, / Kann wandeln auf allen Gottesspuren, / Die Vogelsprache kann verstehn, / Und was die Rose sagt so schön.

Ralph Waldo Emerson, 1803–1882; amerikanischer Schriftsteller und Philosoph

Erasmus von Rotterdam

WAS GOTT DENEN BEREITET HAT ...

Je vollkommener nun die Liebe ist, um so stärker ist auch die Entrückung, aber auch desto glückseliger. Was kann demnach jenes glückselige Leben sein, nach dem fromme Seelen so sehnsüchtig verlangen? –

Der Geist wird den Körper überwinden, weil er stärker ist, und das um so leichter, als er nun gleichsam in seinem Reich ist und den Körper schon im Leben zu einer solchen Verwandlung bereitet und verfeinert hat. Dann wird auch der Geist von jenem unendlichen Geiste, der noch unendlich mächtiger ist, aufgenommen werden, so daß endlich der ganze Mensch außer sich sein und seine Glückseligkeit in nichts anderem bestehen wird, als daß ihm nun außer sich versetzt, von jenem höchsten Gute, das alles an und in sich zieht, etwas Unaussprechliches zuteil werden wird ... wie es vorhergesagt ist: Kein Auge hat es gesehen, kein Ohr hat es gehört, in keines Menschen Herz ist es gedrungen, was Gott denen bereitet hat, die ihn lieben ...

Erasmus von Rotterdam, 1466–1536; holländischer Humanist

Prinz Eugen

TÄGLICHES GEBET

Ich glaube an dich, o mein Gott. Festige du meinen Glauben! Ich liebe dich. Entzünde du meine Liebe mehr und mehr! Ich bereue meine Sünden; aber vermehre du meine Reue!

Ich opfere dir sowohl meine Gedanken, Worte und Werke als auch mein Kreuz, meine Arbeit, mein Leiden. Mein Wunsch ist, dich allzeit im Herzen zu haben, damit ich meine Werke in deinem Namen tun und alles Unglück mit Geduld ertragen möge. Ich will nichts als was du willst, o Gott, und darum will ich es, weil es dein heiliger Wille ist. Gib mir die Gnade, daß ich aufmerksam in meinem Gebet, mäßig im Leben, wachsam und behutsam in meinem Tun und Lassen und in allem guten Vernehmen unerschütterlich bleibe.

Verleihe mir, o Gott, daß ich wahrhaft sei gegen diejenigen, so mir ihre Geheimnisse anvertrauen, daß ich bescheiden und wohltätig gegen alle Menschen, ihnen in Taten und Werken ein gutes Beispiel gebe.

Lenke mein Herz, deine Gnade zu bewundern und zu preisen, Irrtümer und Laster zu hassen, meinen Nächsten zu lieben und die Welt zu verachten. Stehe mir bei, gnädiger Gott, daß ich meine Begierde durch Kreuzigung des Fleisches, meinen Geiz durch Freigebigkeit, meinen Zorn durch Liebe und meine Kälte durch heißen Eifer überwinde. Mache mich geschickt, daß ich mich in allen Gelegenheiten klug, in Gefahr tapfer und unerschrocken, im Unglück geduldig und im Glück demütig bezeigen möge. Laß deine Gnade meinen Verstand erleuchten, meinen Willen lenken, meinen Leib heiligen, meine Seele segnen.

Mache mich fleißig in der Bezähmung meiner Leidenschaften, eifrig im Anrufen deiner Gnade, beständig im Streben nach meiner Seligkeit. Und endlich, o mein Gott, gib mir zu erkennen, wie gering die Welt, wie groß dein Himmel, wie kurz die Zeit und wie lang die Ewigkeit. Laß mich stets vor deinem Gerichte erschrecken! Laß mich der zeitlichen und ewigen Qual entfliehen und von dir, o Gott, das ewige Leben erhalten, durch das Verdienst Jesu Christi, unseres Herrn!

Franz Eugen, Prinz von Savoyen, der »edle Ritter«, 1663–1736; der eigentliche Begründer der österreichisch-ungarischen Doppelmonarchie

Michael Faraday

RELIGION UND WISSENSCHAFT

Das Wort Unmöglichkeit hat *nur unrichtigen* logischen Folgerungen gegenüber seine Berechtigung. –

Ich halte es übrigens nicht für nötig, das Studium der Wissenschaften an die Religion zu knüpfen, und im Verkehr mit meinen Nebenmenschen betrachte ich religiöse und wissenschaftliche Beziehungen stets als völlig voneinander geschieden. Es wäre ungeeignet, Weiteres über diesen Gegenstand zu sagen, als nur das Eine, daß religiöser Glaube und gewöhnliches Meinen und Wissen absolut getrennt sein müssen. –

Ich gehöre zu einer kleinen und verachteten Sekte, die unter dem Namen Sandemanier bekannt ist. Unsere Hoffnung ist gegründet auf den Glauben, welcher ist in Christo*.

Michael Faraday, 1791–1867; englischer Physiker und Chemiker, einer der größten naturwissenschaftlichen Experimentatoren

Michael Kardinal Faulhaber

Je lauter der Name gelästert wird, in dem allein wir selig werden, um so lauter und froher bekennen wir: In Dir wohnt die Fülle der Gottheit. Dir läuten alle Weihnachtsglocken. Dir jubeln alle Kinderherzen. Dir sollen alle Knie sich beugen und alle Zungen Dich bekennen. Dir, dem Eckstein aller Zeiten, dem Licht aller Lichtsucher, dem lebendigen Brot aller Hungernden, dem Künder des ewigen Friedens. Führe Du alles, was friedlos ist, zum Frieden Gottes heim! Schlinge Du um alle, die einander fremd geworden sind, das Band der Liebe! Versöhne Du alles, was einander feind geworden ist! Gib uns den Frieden!

Michael Kardinal Faulhaber (1869–1952); seit 1917 Erzbischof von München-Freising, energischer Verteidiger der katholischen Kirche und ihrer Lehre, besonders gegen den Nationalsozialismus.

* Die nach Sandemann (gest. 1772) benannte religiöse Sekte suchte hauptsächlich nach innen und außen auf die apostolische Zeit zurückzugehen. Faraday, der so viel beschäftigte Gelehrte, zum Vorstand der kleinen Londoner Gemeinde gewählt, hatte als solcher auch die Pflicht, jeden Sonntag derselben zu predigen, was er auch bis zu seinem Tode tat.

Heinrich Federer

GEBETSPSALM

Herr, ohne Dich bin ich nichts. / Als ich in meiner Schwäche mich vermaß. / Eine Faust machte und sagte: Siehe das ist meine Kraft. / Als ich mächtig ausschritt: Siehe, das ist meine Spanne – / Als ich die Gedanken, die Du mir eingabst, / Wie eigene Rosse ritt und eitel mit / Ihnen durchs Straßenvolk sprengte, / Ich Tor, / Als ich vergaß, was ein Schatten ist ohne Gestalt, / Ein Licht ohne Öl, ich ohne Dich, / Als ich prahlte: Das bin ich, ich selber, ich allein: / Da warf mich Deine Hand mit einem Schlag ins Nichts, / So wie ein Maurer den verdorbenen Kalk vom gesunden Stein kratzt / Und mit Ekel und Speien weit von der Kelle zur Erde schleudert. / Hier lieg' ich zwischen den Trümmern meiner Götter, / Selbst ein Zertrümmerter, / Und wer des Weges vorüberzieht, / Schaudert ob diesem Denkmal der Gottesstrafe, / Warnt sein Büblein an der Hand und beschleunigt den Gang. / Ich aber liege hilflos da. / Wer mich einst küßte, / Speit nach mir, / Und wem ich Brot gab, / Wirft Steine nach meinem Haupt. / Niemand hebt mich auf, / Wenn Du nicht selber kommst, / Schlagender, aber auch heilender Gott. / Herr, ohne Dich bin ich nichts.

Heinrich Federer, 1866–1928; Schweizer Erzähler und Romanschriftsteller

Johann Gottlieb Fichte

Das in spezifisch menschlichem Sinn unsterblich machende Prinzip im Menschen ist nur der Geist. Dieser ist es aber auch zugleich, welcher ihn der Fortdauer wert und innerlich dazu fähig macht, ihm (geistigen) Lebensstoff dazu verleiht. Im Tier, wie psychisch hochgestellt einige Tierspezies auch sich zeigen, waltet dennoch nur Natur, nur jener in sich zurückkehrende Kreislauf, der in der Erhaltung der Gattung sein Ziel findet. –

Daß Gott sei, und daß er in uns wirke, ist kein abstraktes, verblaßtes, hypothetisches Philosophem, es ist eine Tatsache, welche in jeder begeisterten, die Schranken der Selbstsucht überwindenden Erkenntnis und Willenstat uns entgegentritt, die mitten in der Welt der Endlichkeit und Menschenschwäche ein mehr als Menschliches uns vor Augen stellt. Und dies ist auch der Gipfel des philosophischen Beweises; denn jene geistige heiligende Macht in uns haben wir eben auch philosophisch Gott zu nennen. So gewiß wir sind, ist Gott und wir in ihm. So gewiß wir Geister sind, ist Gott der höchste Geist; denn wir geisten und denken in ihm. Gott ist der heilige Wille, denn was wir Heiliges (Vollkommenes) wollen, ist seine Willenskraft in uns. Gott ist die höchste Liebe; denn wir lieben in ihm uns wechselseitig und ihn. Dadurch ist aber der Mensch nicht bloß für die Wissenschaft gedeutet, sondern eben weil hiermit die Wissenschaft aufgehört hat, ein bloß Abstraktes, an sich Unverständliches zu lehren, ist er auch persönlich sich klar geworden: die rastlose Sehnsucht, der ungelöste Zwiespalt, der ihn unverstanden umhertreibt, ist völlig ihm gedeutet und geheilt. Seine Liebe, der Grundtrieb seines Wesens, hat jetzt den wahren, standhaltenden Gegenstand, sein Wollen das rechte Quietiv erhalten, nicht zwar um tatenlos in sich zu ruhen, sondern in eigener Selbstlosigkeit, aber von göttlicher Begeisterung getragen, in Betrachtung wie im Handeln nur Ewiges anzustreben und zu vollbringen.

Johann Gottlieb Fichte, 1762–1814; deutscher Philosoph, entwickelte aus Kants Philosophie einen metaphysisch-religiösen Idealismus

Sir Alexander Fleming

Ich glaube an Dich, unendlicher Weltgeist.
Einzig durch Deine Gnade wurde ich das,
was Du von Anfang an in meine Seele gelegt hast, ein Helfender.
Du hast mir das Feuer und den unermüdlichen Eifer verliehen,
ohne den mein Tun nur Stückwerk geblieben wäre.
Nur Dir verdanke ich es, daß ich den reinen Willen,
der mich beseelte, derart einsetzen durfte,
daß ich den Menschen Hilfe bringen konnte.
So wie Du mir stets Trost, Freude und Segen gegeben hast,
so konnte ich Glaube, Hoffnung und Liebe weiter an die Welt geben.
Dein Name sei gelobt von Ewigkeit zu Ewigkeit!

Sir Alexander Fleming, 1881–1955; Entdecker des Penicillins. Fleming betrachtete sein Leben stets als von Gott geführt. Als armer Bauernjunge arbeitete er an einem See, da hörte er den gellenden Schrei eines Touristen, der unterzugehen drohte. Er sprang angekleidet in den See und brachte den Bewußtlosen ans Ufer, seine Wiederbelebungsversuche hatten Erfolg. Es war Sir Winston Churchill, der spätere englische Ministerpräsident; er hatte beim Schwimmen einen Krampf bekommen. Er erholte sich rasch und drückte dem Jungen die Hand. Als Churchill nach einiger Zeit wieder in die Gegend kam, suchte er seinen Retter auf und fragte ihn nach seinen Lebenszielen. Der junge Mann äußerte den Wunsch, leidenschaftlich gern Medizin zu studieren: »Aber seufzte er«, »ich habe kein Geld dazu.« Die Familie Churchill sprang ein und ermöglichte das Studium. Der junge Fleming machte Karriere, wurde Arzt, Forscher, Professor und 1923 gelang ihm die Entdeckung des Penicillins. Noch einmal konnte Fleming Churchill das Leben retten: Als dieser vor der Konferenz in Jalta schwer erkrankte, half ihm das Penicillin.

Charles de Foucauld

Mein Vater,
ich überlasse mich dir,
mach mit mir, was dir gefällt.
Was du auch mit mir tun magst, ich danke dir.
Zu allem bin ich bereit, alles nehme ich an.
Wenn nur dein Wille sich an mir erfüllt,
und an allen deinen Geschöpfen,
so ersehne ich weiter nichts, mein Gott.

Charles de Foucauld (1858–1916); ging in seinem Lebenskreis den Weg des hl. Franz von Assisi. Dienende Liebe, arbeitsame Armut war für den einstmals verschwenderischen Aristokraten das Gebot seines Herzens. Er kannte nur das Wohl der Armen, Verlassenen und Verzweifelten. Der katholische Missionar aus Frankreich gilt als eine der heiligmäßigsten Gestalten der Neuzeit.

Benjamin Franklin

AHME JESUS NACH

Ahme Jesus nach! – Ich wohnte einer Predigt bei, zu einer Kollekte für ein Waisenhaus; im Anfang beschloß ich, mein Kupfer zu geben, dann mein Silber, zuletzt gab ich alles, auch mein Gold!

SELBST VERFASSTE GRABSCHRIFT:

Hier liegt der Leib B. Franklins, eines Buchdruckers, gleich dem Deckel eines alten Buches, aus welchem der Inhalt herausgenommen, und das seiner Inschrift und Vergoldung beraubt ist — eine Speise für die Würmer; doch wird das Werk selbst nicht verloren sein, sondern, wie er glaubt, einst erscheinen in einer neuen, schöneren Ausgabe, durchgesehen und verbessert vom Verfasser!

Benjamin Franklin, 1706–1790; nordamerikanischer Staatsmann und Schriftsteller, ursprünglich Buchdrucker, Entdecker der atmosphärischen Elektrizität und Erfinder des Blitzableiters

Galileo Galilei

DIE WAHRHEIT DER HEILIGEN SCHRIFT

Die Heilige Schrift kann nie lügen oder irren. Ihre Aussprüche sind absolut und unverletzlich wahr. Sie selbst kann nie irren, nur ihre Ausleger können in verschiedener Weise irren, denn an vielen Stellen ist sie einer vom unmittelbaren Wortsinn verschiedenen Auslegung nicht bloß fähig, sondern auch bedürftig. Die Heilige Schrift und die Natur kommen beide vom göttlichen Worte her, jene als Eingebung des Heiligen Geistes, diese als Ausrichterin der göttlichen Befehle. Es ist aber anerkannt, daß einerseits die Bibel, um sich der Fassungskraft der großen Menge anzubequemen, vieles sagt, was scheinbar, wenn man beim eigentlichen Wortsinn stehen bleibt, von der absoluten

Wahrheit abweicht, während andererseits die Natur unerbittlich und unveränderlich und unbekümmert darum ist, ob ihre verborgenen Wirkungsweisen der menschlichen Fassungskraft zugänglich sind oder nicht. –

Galileo Galilei, 1564–1642; italienischer Naturforscher und Astronom

Mahatma Gandhi

DAS TÄGLICHE GEBET

Ich will bei der Wahrheit bleiben.
Ich will mich keiner Ungerechtigkeit beugen.
Ich will frei sein von Furcht.
Ich will keine Gewalt anwenden.
Ich will guten Willens sein gegen jedermann.

Mahatma Gandhi, 1869–1948; religiöser und politischer Führer im Kampf um Indiens Unabhängigkeit

Carl Friedrich Gauß

HALTEN WIR FEST AN DEM GLAUBEN

Es gibt bei schmerzlicher Trennung durch den Tod keinen Trost, keinen als die verstärkte Überzeugung, daß wir hier in Ultima sitzen und dereinst der Reihe nach zu einer höheren Schule befördert werden. Halten wir fest an dem Glauben, daß eine schönere, erhabenere Lösung des Rätsels des Erdenlebens da sein und uns einst zuteil werden wird. Daß neben dieser materiellen Welt noch eine zweite, rein geistige Weltordnung mit ebensoviel Mannigfaltigkeiten als die, in der wir leben, existiert, dafür spricht vieles – ihrer sollen wir einst teilhaftig werden. Es gibt Fragen, auf deren Beantwortung ich unendlich höheren Wert legen würde, als auf die mathematischen, z. B. über

Ethik, über unser Verhältnis zu Gott, über unsere Bestimmung und unsere Zukunft. Es gibt für die Seele eine Befriedigung höherer Art, dazu habe ich das Materielle gar nicht nötig.

Carl Friedrich Gauß, 1777–1855; deutscher Mathematiker und einer der bedeutendsten Physiker und Astronomen

Joseph Görres

GOTTES FEUER BRENNT IN DER MENSCHLICHEN NATUR

Es rauschen noch frisch und lebendig alle Quellen; es stehen noch unerschöpft die vier Elemente alles Lebens da in der Natur, drei Meere um ein gewaltiges Gebirg' hergegossen; dort soll der Mensch schöpfen und trinken, denn es sehnt sich die Natur, daß er sie von ihrem Banne löse. Mitnichten ist erloschen das heilige Feuer, das ausgeht von Gott und noch brennt in der menschlichen Natur, nicht ein Funke ist verglommen, der einmal aufgeleuchtet. Haben viele töricht von Gott abzulassen sich unterfangen, er hat darum von ihnen nicht abgelassen, nur ihren besseren Charakter haben sie verloren: was vorher ihnen bewußt in ihrem Innern gewirkt, das ist in eine bewußtlose Tätigkeit übergegangen; und sie, die nach innerem Berufe mit im Rate des Höchsten sitzen könnten, müssen jetzt als untergeordnete Werkzeuge ihm dienen.

Sei jeder immer wahr vor sich und dem eigenen Gewissen; höre er auf alle Stimmen, die in seinem Innern rufen, und heiße nicht jene, die ihm beschwerlich sind, gewaltsam schweigen, und mache die anderen nicht zu Bundesgenossen seiner Unlauterkeit oder bangen Ängstlichkeit. Die beleidigte Natur würde früh oder spät in stürmendem Aufstande sich an ihm rächen, und seine Künstelei ihn gerade da im Stiche lassen, wo er am meisten ihrer Hilfe bedürftig wäre. Frank und frei wandle der Mensch einher; wie ihn Gott gemacht, so hat er sich zu nehmen; nicht zu unterdrücken das und jenes und mit dem, was er dem einen geraubt, das andere in eitlem Hochmute aufzublähen. Der Mensch ist von Geburt aus Gottes Bild, er selbst verzerrt es durch Grimasse.

Joseph Görres, 1776–1848; Publizist und Journalist, später mystizistischer Katholik

Johann Wolfgang Goethe

WANDRERS NACHTLIED

Der du von dem Himmel bist,
Alles Leid und Schmerzen stillest,
Den, der doppelt elend ist,
Doppelt mit Erquickung füllest,
Ach, ich bin des Treibens müde!
Was soll all der Schmerz und Lust?
Süßer Friede,
Komm, ach komm in meine Brust!

Große Gedanken und ein reines Herz, das ist es, was wir uns von Gott erbitten sollten.

Johann Wolfgang von Goethe, 1749–1832; deutscher Dichter, Staatsmann, Naturforscher

Jacob Grimm

ICH GLAUBE ...

Ich glaube, spüre und traue, daß etwas Göttliches in uns ist, das von Gott ausgegangen ist und uns wieder zu ihm führt. Dieses bleibt und lebt im Menschen und wächst wie ein Feuer aus sich selbst groß; aber historisch, das heißt in unseren Zeitbegriffen aufgefaßt, offenbart es sich sehr verschieden, im Verhältnis zu dem Irdischen, Menschlichen.

Jacob Grimm, 1785–1863; Begründer der germanistischen Wissenschaft, unsterblich durch die Aufzeichnung der Kinder- und Hausmärchen

Romano Guardini

THEOLOGISCHES GEBET: DU BIST GROSS, O HERR!

Du bist groß, o Herr, und Deiner Herrlichkeit ist kein Maß. Alles bist Du. Alles vermagst Du. Unendlichen Lebens voll, bedarfst Du keines Dings, sondern ruhest in ewiger Freiheit. Deine Macht ist aber nicht nur Kraft, sondern Wahrheit und Gerechtigkeit. Deine Herrlichkeit ist nicht nur Gewalt, sondern Reinheit und Güte. Und Dein Sein ist nicht nur Wirklichkeit, sondern heiliger Sinn.

Du bist so viel wahr, als Du seiend bist; so viel gerecht, als Du mächtig bist; so viel gütig, als Du stark bist; und Deine Wirklichkeit, o Herr, vor der die unsere verweht, ist mit Deiner Heiligkeit ganz eins, o ewiges Licht. So bist Du, »der Herr, Gott, der Allherrscher, der da ist und der da war«, und »würdig, den Lobpreis zu empfangen und die Ehre und die Macht«.

Lehre mich, das Geheimnis Deiner Hoheit zu erkennen. Laß mich inne werden, daß im Neigen vor Dir mein Wesen sich erfüllt. So viel mir das aufgeht, bin ich in der Wahrheit. So viel ich das tue, bin ich heil. In Deiner Anbetung, ewiger Gott, bin ich geborgen; und mein Leben verliert sich in Trug und Verwirrung, wenn ich das vergesse.

Schenke uns, o Herr, die Freude an Deiner Herrlichkeit. Wenn wir sie haben, sind wir reich. »Wir loben Dich, wir preisen Dich, wir beten Dich an, wir sagen Dir Dank ob Deiner großen Herrlichkeit« – so lehrt uns die Kirche zu sprechen: gib uns die Gnade, es in der Freude des Herzens zu tun.

Amen.

Romano Guardini, 1885–1968; katholischer Theologe, Religionsphilosoph und Dichter

Hakuin, der Zen-Meister

HYMNUS DER ERLEUCHTUNG

Die Lebewesen sind ursprünglich Buddha.
Es ist wie Wasser und Eis.
Ohne Wasser gibt es kein Eis.
Außerhalb der Lebewesen existiert kein Buddha ...

Das Tor der Einheit von Ursache und Wirkung tut sich auf,
geradeaus führt der Weg der Nicht-Zweiheit und Nicht-Dreiheit,
die Form der Nicht-Form zur Form machend,
ohne Gehen noch Rückkehr, von aller Bewegung frei,
das Denken des Nicht-Denkens zum Denken machend:
Gesang und Tanz auch sind des Dharma Stimme.

Ohn' Hindernis öffnet sich der Himmel des Samâdhi,*
und voll leuchtet der Mond der vierfachen Weisheit.
Wonach könnte noch verlangen,
wem das Erlöschen sich zeigt?
Hier ist das Lotosland,
dieser Leib ist Buddha.

Hakuin, bedeutender japanischer Mystiker im 17. Jahrhundert. Zen: geistige und körperliche Hinwendung auf das Absolute; mit der naturalistischen Weltanschauung des Taoismus verbundene Mystik

Dag Hammarskjöld

Gib uns
reinen Geist,
damit wir Dich sehen,
demütigen Geist,
damit wir Dich hören,
liebenden Geist,
damit wir Dir dienen,
gläubigen Geist,
damit wir Dich leben.

Dag Hammarskjöld (1905–1961); Generalsekretär der UNO, Kämpfer für den Weltfrieden, dessen Glauben und mystische Frömmigkeit ihn dazu trieb, sein Leben in den Dienst der »Heilung unserer Zeit« zu stellen. Dag Hammarskjöld wurde ein Opfer seiner Friedensstiftung. Er stürzte am 17. September 1961 mit einem Flugzeug in Afrika ab, als er in N'dola einen Waffenstillstand aushandeln wollte. Postum erhielt er den Friedensnobelpreis.

* Zustand der Erleuchtung

William Harvey

GÖTTLICHE ORDNUNG HERRSCHT

Da ich wahrnahm, daß die Klappen in den Venen aller Körperteile so gerichtet seien, daß sie dem Blute freien Weg nach dem Herzen hin gewähren, dagegen ein Strömen desselben in entgegengesetzter Richtung verhindern, so wurde ich zu dem Gedanken genötigt, die alles zuvorbedenkende Fürsorge der Natur könne unmöglich diese zahlreichen Klappen ohne Absicht angebracht haben.

William Harvey, 1578–1657; Entdecker des Blutkreislaufes, englischer Anatom und Physiologe, Begründer der physikalischen Physiologie

Gerhart Hauptmann

DIE ENGEL SPRECHEN ZU HANNELE

Auf jenen Hügeln die Sonne,
sie hat dir ihr Gold nicht gegeben;
das wehende Grün in den Tälern,
es hat sich für dich nicht gebreitet.

Das goldene Brot auf den Äckern,
dir wollt es den Hunger nicht stillen;
die Milch der weidenden Rinder,
dir schäumte sie nicht in den Krug.

Die Blumen und Blüten der Erde,
gesogen voll Duft und voll Süße,
voll Purpur und himmlischer Bläue,
dir säumten sie nicht deinen Weg.

Wir bringen ein erstes Grüßen
durch Finsternisse getragen;
wir haben auf unsern Federn
ein erstes Hauchen von Glück.
Wir führen am Saum unsrer Kleider
ein erstes Duften des Frühlings;
es blühet von unsern Lippen
die erste Röte des Tages.

Es leuchtet von unsern Füßen
der grüne Schein unsrer Heimat;
es blitzen im Grund unsrer Augen
die Zinnen der ewigen Stadt.

Gerhart Hauptmann, 1862–1946; einer der bedeutendsten deutschen Dramatiker, Nobelpreis-Träger

Friedrich Hebbel

DIE WEIHE DER NACHT

Nächtliche Stille!
Heilige Fülle,
Wie von göttlichem Segen schwer,
Säuselt aus ewiger Ferne daher.
Was da lebte,
Was aus engem Kreise
Auf ins Weitste strebte,
Sanft und leise
Sank es in sich selbst zurück
Und quillt auf in unbewußtem Glück.

Und von allen Sternen nieder
Strömt ein wunderbarer Segen,
Daß die müden Kräfte wieder
Sich in neuer Frische regen,

Und aus seinen Finsternissen
Tritt der Herr, so weit er kann,
Und die Fäden, die zerrissen,
Knüpft er alle wieder an.

Christian Friedrich Hebbel, 1813–1863; deutscher Dramatiker, Lyriker, Theoretiker der Tragödie

Georg Wilhelm Friedrich Hegel

GLAUBE IST DEM WISSEN NICHT ENTGEGENGESETZT

Der absolute Geist ist ebenso wenig in sich seiende als in sich zurückkehrende Identität; die Eine und allgemeine Substanz als geistige, das Urteil in sich und in einem Wissen, für welches sie als solche werden kann, ist ebenso sehr, als vom Subjekte ausgehend und in demselben sich befindend, als objektiv von dem absoluten Geiste ausgehend zu betrachten, der als Geist in seiner Gemeinde ist. So ist überhaupt Glaube dem Wissen nicht entgegengesetzt, sondern Glauben vielmehr ein Wissen, und jenes nur eine besondre Form von diesem. Das subjektive Bewußtsein des absoluten Geistes ist wesentlich in sich Prozeß, dessen unmittelbare und substantielle Einheit der Glaube in dem Zeugnis des Geistes, als die Gewißheit von der objektiven Wahrheit, ist.

Durch die christliche Religion ist die absolute Idee Gottes in ihrer Wahrheit zum Bewußtsein gekommen, worin ebenso der Mensch nach seiner wahrhaften Natur, die in der bestimmten Anschauung des Sohnes gegeben ist, sich selbst aufgenommen findet. Erst die germanischen Völker sind im Christentum zum Bewußtsein gekommen, daß die Freiheit des Geistes die eigenste Natur des Menschen ist. Daß die Weltgeschichte das wirkliche Werden des Geistes, ist die wahrhafte Theodizee, die Rechtfertigung Gottes in der Geschichte, diese wesentlich das Werk seiner selbst.

Georg Wilhelm Friedrich Hegel, 1770–1831; deutscher Philosoph, Vollender des deutschen Idealismus, Begründer der dialektischen Philosophie

Verner von Heidenstam

DAS BILD DER HIMMELSKÖNIGIN IN HEDA

»Achthundert Weihnachten
Sah ich ihre Lichter anzünden.
Kinder, hört, was ich erzähle:
Könige küßten meinen Fuß.
Vergessen sitze ich. Staub bedeckt mich.
Bitte mich nicht um das, was du lieb hast,
Nicht um Gold, und nicht um einen Namen.
Geh' Leugner!
Nur bei dem, der glaubt, geschehen Wunder.«

Als ich von des Bildes roten
Lippen aus Holz so schwerwiegende Worte hörte,
Flog auf die Mauer ein Schein und ich betete:

»Schenk mir lieber das goldene Herz,
Schenk einen Tropfen der guten,
Liebreichen Demut,
Die, vergessen und ohne Namen,
Dich geschmückt und mit Schleier und Krone
Hoch und streng auf den Stuhl der Königin gesetzt.
Lehre mich so verehren und besingen
Die ganze große helle Welt,
Die voll von dem Schwirren der Flügel,
Von Wiesen und Bergen und wunderbaren,
Edlen klugen Menschentaten steht.
Der hat Glauben, für den vieles heilig ist.«

Verner von Heidenstam, 1859–1940; Hauptvertreter der schwedischen Neuromantik

Hermann Hesse

DAS GLASPERLENSPIEL

Musik des Weltalls und Musik der Meister
Sind wir bereit in Ehrfurcht anzuhören,
Zu reiner Feier die verehrten Geister
Begnadeter Zeiten zu beschwören.

Wir lassen vom Geheimnis uns erheben
Der magischen Formelschrift, in deren Bann
Das Uferlose, Stürmende, das Leben
Zu klaren Gleichnissen gerann.

Sternbildern gleich ertönen sie kristallen,
In ihrem Dienst ward unserem Leben Sinn,
Und keiner kann aus ihren Kreisen fallen
Als nach der heiligen Mitte hin.

Hermann Hesse, 1877–1962; deutscher Erzähler, Lyriker von der Romantik her bestimmt, erhielt 1946 den Nobelpreis

Friedrich Hölderlin

JE NÄHER DIE SEELE GOTT IST ...

Je näher ein Ding seiner Geburt, je jünger ist es. Je näher die Seele Gott ist, je jünger ist sie. In der Vernünftigkeit (im Leben durch den Geist) ist man allzu jung und je mehr man in der Vernünftigkeit wirkt, je näher ist man der Geburt. Was ich bin in der Zeit, das soll mit der Zeit verderben und zunichte werden, aber nach meiner Geburtsweise, die ewig ist, mag ich nimmermehr ersterben. Wisset, das Kind im Mutterleib ist alt genug zum Sterben, ich aber will trauern, bin ich morgen nicht jünger denn heut!

Alles altert und verjüngt sich wieder. Warum sind wir ausgeschlossen vom Kreislauf der Natur? Oder gilt es auch für uns? – Ich wollt' es glauben, wenn *eins* nicht in uns wäre, das ungeheure Streben, alles zu sein, das wie der Titan des Ätna heraufzürnt aus den Tiefen unseres Wesens.

Friedrich Hölderlin, 1770–1843; deutscher Lyriker des Briefromans und Versdramas, Erneuerer der Klassik

Ricarda Huch

GEBET IN HÖCHSTER NOT

Herrgott, ich bin allein zu schwach, / Hilf mir in diesem Streite, / Sei du durch dieses Ungemach / Des schwanken Schritts Geleite. / Die Hände dein sind voller Gut, / Voll eitel Kraft und Leben. / Mein Herz erstirbt; gib neuen Mut, / Der Hölle zu entschweben.

Herrgott, es steigt der trübe Schwall / Zum Halse mir zum Ersticken, / Laß deiner Stimme Frühlingsschall / Mich hören und erquicken. / Mach, daß die Flut mich nicht verschlingt, / Daß unter deinem Schirme / Ich auf den Wellen starkbeschwingt / Wie eine Schwalbe stürme.

Hier lacht kein Freundesangesicht, / Der Sterblichen Gebete / Vergingen wie ein qualmend Licht, / Wenn nicht dein Hauch hier wehte. / Herrgott, mein töricht Wunsch und Wahn / Weiß nicht, was Nutz und Schade; / Was mir von dir wird angetan, / Sieg oder Tod, das nehm ich an, / Das fließt vom Quell der Gnade.

Ricarda Huch, 1864–1947; deutsche Erzählerin, Lyrikerin

Victor Hugo

ERSCHEINUNG

Weißen Engel sah ich über mich sich neigen.
Sein beglänzter Flug hat Sturm zur Ruh gebracht
Und das ferne Meerestoben schon zum Schweigen.
— Engel, was nur willst du tun in dieser Nacht?
Er entgegnet: Deine Seele will ich fangen. —
Und ich hatte Furcht: ich sah ein Weib vor mir.
Meine Arme hob ich, und ich sprach die bangen
Worte: — Was dann bleibt mir; denn du fliehst von hier?
Und er sagte nichts. Der Himmel, schattenschwer,
Erlosch . . . — Und nimmst du meine Seele, schrie ich sehr,
Sage mir, wohin, wohin willst du sie geben?
Doch er schwieg noch immer. — O, bist du der Tod,
Gänger blauen Himmels, oder bist du Leben? —
Über froher Seele wuchs der Nächtethron.
Und der Engel wurde schwarz: ich bin die Liebe.
Doch die dunkle Stirn war schön wie Sonnenrot.
Und ich sah den Feuerblick durch Schattensiebe,
Und durch seine Schwingen sah ich Sterne schon.

Victor Marie Hugo, 1802–1885; hervorragendster Vertreter der französischen Romantik

Alexander von Humboldt

DAS CHRISTENTUM IST FÜR DIE EINHEIT DES MENSCHENGESCHLECHTES

Das Christentum hat hauptsächlich dazu beigetragen, den Begriff der Einheit des Menschengeschlechtes hervorzurufen; es hat dadurch auf die Vermenschlichung der Völker in ihren Sitten und Einrichtungen wohltätig gewirkt. Tief mit den frühesten christlichen Dogmen verwebt, hat der Begriff Humanität sich aber nur langsam Geltung verschaffen können. Diese Betrachtung der Humanität, des bald gehemmten, bald mächtig fortschreitenden Strebens nach derselben — keineswegs die Erfindung einer neueren Zeit — gehört durch die Allgemeinheit ihrer Richtung recht eigentlich zu dem, was das kosmische Leben erhöht und vergeistigt. — Wie in allen irdischen Dingen, ist des Glückes Glanz mit tiefem Weh vermischt. Die Fortschritte des kosmischen Wissens wurden durch alle Gewalttätigkeiten und Greuel erkauft, welche die sogenannten zivilisierten Eroberer über den Erdball verbreiten. Es ist aber eine unverständig vermessene Kühnheit, in der ununterbrochenen Entwicklungsgeschichte der Menschheit über das Abwägen von Glück und Unglück dogmatisch zu entscheiden. Es geziemt dem Menschen nicht, Weltbegebenheiten zu richten, welche, in dem Schoße der Zeit langsam vorbereitet, nur teilweise dem Jahrhundert zugehören, in das wir sie versetzen. —

Die Beweise gegen eine Seelenfortdauer nach dem Tode kann ich durchaus als entscheidend nicht anerkennen. Je weiter der Mensch in der Kultur zurücksteht, desto steifer und moralisch unbiegsamer erscheint er.

Alexander von Humboldt, 1769–1859; Naturforscher von universeller Bildung und einer der berühmtesten Reisenden

Christian Huygens

WER DAS UNIVERSUM BETRACHTET ...

Wer das Universum betrachtet, wird zur Demut angeleitet: er wird bald davon ablassen, das irdisch Große und Größte noch als groß anzustaunen, sobald er sich gehörig vergegenwärtigt, wie groß die Zahl der Erden ähnlich der unsrigen und aller der sie bevölkernden Wesen sein muß. Zu Gott aber, dem Urheber aller dieser großen Welten, wie anders als im Geiste tiefer Ehrfurcht wird er zu Ihm aufzuschauen haben!

Christian Huygens, 1629–1695; größter holländischer Naturforscher und Physiker, begründete die Wellentheorie des Lichtes

Henrik Ibsen

CHOR DER UNSICHTBAREN

Nimmer wirst du, Mensch, ihm gleichen;
Denn aus Staub bist du gemacht;
Magst ausharren oder weichen,
Immer stürzt dein Pfad in Nacht!

Nimmer wirst du, Wurm, ihm gleichen;
Denn dem Staub bist du entstammt;
Magst nachfolgen oder weichen,
Immer bleibt dein Tun verdammt!

Träumer, nie wirst du ihm gleichen,
Was du ihm auch dargebracht;
Wähne nie, je zuzureichen; –
Denn als Mensch bist du gemacht!

Henrik Ibsen, 1828–1906; norwegischer Dramatiker, Denker und Gesellschaftskritiker

Francis Jammes

GEBET, MIT DEN ESELN INS HIMMELREICH EINZUGEHEN

Wenn einst zu dir, mein Gott, der Ruf zu gehen mich heißt,
Dann gib, daß feiertäglich rings das Land im Sommerstaube gleißt.
Ich will nur so, wie ich getan hienieden,
Einen Weg mir wählen und für mich in Frieden
Ins Himmelreich hinwandeln, wo am hellen Tag die Sterne stehn.
Ich greife meinen Stock und auf der großen Straße will ich fürbaß gehn
Und zu den Eseln, meinen Freunden, sprech ich dies:

Hier, das ist Francis Jammes: der geht ins Paradies,
Ins Land des lieben Gottes, wo es keine Hölle gibt,
Kommt mit mir, sanfte Freunde, die ihr so die Himmelsbläue liebt,
Arme geliebte Tiere, die mit einem kurzen Schlagen
Des Ohrs die Fliegen und die Prügel und die Bienen von sich jagen.

Dann will inmitten dieser Tiere ich mich vor dir zeigen,
Die ich so liebe, weil den Kopf so sänftiglich sie neigen
Und ihre kleinen Füße aneinanderstemmen, wenn sie stille stehn,
Recht voller Sanftmut, daß es rührend ist, sie anzusehn.
So tret ich vor dich hin in dieser tausend Ohren Zug,
Gefolgt von solchen, denen einst der Korb um ihre Lenden schlug,
Von denen, die im Joch der Gauklerkarren gingen
Und vor geputzten Wagen, die voll Flittergold und Federn hingen,
Von solchen, über deren Leib verbeulte Kannen schwankten,
Und trächtigen Eselinnen schwer wie Schläuche, die zerbrochnen Schrittes wankten,
Von denen, über deren Bein man kleine Hosen streift,
Die Fliegen abzuwehren, deren Schwarm vom Blute trunken sie umschweift
Und ihrem Leib die blauen, sickernd offnen Male läßt. –

Laß mich, mein Gott, mit diesen Eseln zu dir schreiten,
Gib, daß einträchtig die Engel uns geleiten
Zu den umbuschten Bächen, wo im Winde zitternd Kirschen hangen,
So glatt und hell wie Haut auf jungen Mädchenwangen,
Und gib, daß ich in jenem Seelenreiche
Zu deinen Wassern hingebeugt den Eseln gleiche,
Die alle sanfte Demut ihres Gangs auf Erden
Im lautern Quell der ewigen Liebe spiegeln werden.

Francis Jammes, 1868–1938; französischer Schriftsteller

Carl Gustav Jung

DIE SEELE BESITZT EINE RELIGIÖSE FUNKTION

Wenn in der Seele nicht erfahrungsgemäß höchste Werte lägen, so würde mich die Psychologie nicht im geringsten interessieren, da die Seele dann nichts als ein armseliger Dunst wäre. Ich weiß aber aus hundertfacher Erfahrung, daß sie das nicht ist, sondern daß sie vielmehr die Entsprechung aller jener Dinge enthält, welche das Dogma formuliert hat, und einiges darüber hinaus, was eben die Seele befähigt, jenes Auge zu sein, dem es bestimmt ist, das Licht zu schauen. Dazu bedarf es unermeßlichen Umfangs und unauslotbarer Tiefe. Man hat mir »Vergottung der Seele« vorgeworfen. *Nicht ich – Gott selbst hat sie vergottet!* Nicht ich habe der Seele eine religiöse Funktion angedichtet, sondern ich habe die Tatsachen vorgelegt, welche beweisen, daß die Seele »naturaliter religiosa« ist, das heißt eine religiöse Funktion besitzt: eine Funktion, die ich nicht hineingelegt oder gedeutet habe, sondern die sie selber von sich aus produziert, ohne durch irgendwelche Meinungen oder Suggestionen dazu veranlaßt zu sein.

Carl Gustav Jung, 1875; Schweizer Arzt und Psychotherapeut, überwand die Einseitigkeit der Psychoanalyse, indem er das individuell Unbewußte durch das kollektiv Unbewußte ergänzte, in dem die erblichen Archetypen – Urformen – ruhen

Immanuel Kant

DAS MORALISCHE GESETZ

Die Unsterblichkeit der Seele und das Dasein Gottes sind Postulate der reinen praktischen Vernunft. Der Unendliche, dem die Zeitbedingung nichts ist, sieht in dieser für uns endlosen Reihe das

Ganze der Angemessenheit mit dem moralischen Gesetze. ... Was dem Geschöpfe allein in Ansehung der Hoffnung dieses Anteils zukommen kann, wäre das Bewußtsein seiner erprüften Gesinnung. Die Lehre des Christentums, wenn man sie auch noch nicht als Religionslehre betrachtet, gibt in diesem Stücke einen Begriff des höchsten Gutes (vom Reiche Gottes), der *allein* der strengsten Forderung der praktischen Vernunft Genüge tut. Auf solche Weise führt das moralische Gesetz durch den Begriff des höchsten Gutes, als das Objekt und den Endzweck der reinen praktischen Vernunft, zur Religion, das ist zur Erkenntnis aller Pflichten als göttliche Gebote, nicht als Sanktionen, das ist willkürlicher, für sich selbst zufälliger Verordnungen eines fremden Willens, sondern als Gesetze jedes freien Willens, die aber dennoch als Gebote des höchsten Wesens angesehen werden müssen, weil wir nur von einem moralisch-vollkommenen (heiligen und gütigen), zugleich auch allgewaltigen Willen, das höchste Gut, welches zum Gegenstande unserer Bestrebungen zu setzen uns das moralische Gesetz zur Pflicht macht, und also durch Übereinstimmung mit diesem Willen dazu zu gelangen hoffen können. Pflicht, du erhabner, großer Name! Der Heiligkeit der Pflicht allein alles nachsetzen und sich bewußt werden, daß man es könne, weil unsere eigene Vernunft dieses als ihr Gebot anerkennt, und sagt, daß man es tun *solle*, das heißt sich gleichsam *über* die Sinnenwelt selbst *gänzlich* erheben, und ist von demselben Bewußtsein des Gesetzes auch die Triebfeder eines die Sinnlichkeit beherrschenden Vermögens unzertrennlich. Wir müssen die *Kausalität* nach dem Gesetze der Naturnotwendigkeit bloß der *Erscheinung*, die *Freiheit* (Spontanietät) aber eben demselben *Wesen*, als Ding an sich selbst, beilegen. –

Zwei Dinge erfüllen das Gemüt mit immer neuer und zunehmender Bewunderung und Ehrfurcht, je öfter und anhaltender sich das Nachdenken damit beschäftigt: *Der bestirnte Himmel über mir und das moralische Gesetz in mir.*

Immanuel Kant, 1724–1804; bedeutendster deutscher Philosoph

Nikos Kazantzakis

MEINES GOTTES SCHREI

Gott behaust voll und ganz das winzigste Insekt, den geringsten Gedanken. Hier stellt sich Gott zum entscheidenden Kampf.

Im unbedeutendsten Teilchen Himmels und der Erde vernehme ich meines Gottes Schrei: Zu Hilfe!

Jedes Ding ist wie ein Ei, in dem voll Unruhe der Keim Gottes wacht und wirkt. Unzählige Kräfte, in ihm und außer ihm, sind aufgeboten und sichern seine Verteidigung.

Kraft meines lichtklaren Verstandes und meines brennenden Herzens belagere ich jedes Gefängnis Gottes, tastend, prüfend und klopfend, ob ich nicht in der Festung der Materie eine Tür entriegeln kann, ob ich nicht Gottes heldischen Ausfall aus der Festung der Materie sicherstellen kann.

Nikos Kazantzakis, 1885—1957; führender neugriechischer Dichter

Gottfried Keller

STILLE DER NACHT

Willkommen, klare Sommernacht,
Die auf betauten Fluren liegt!
Gegrüßt mir, goldne Sternenpracht,
Die spielend sich im Weltraum wiegt!

Das Urgebirge um mich her
Ist schweigend, wie mein Nachtgebet;
Weit hinter ihm hör ich das Meer
Im Geist und wie die Brandung geht.

Ich höre einen Flötenton,
Den mir die Luft von Westen bringt,
Indes herauf im Osten schon
Des Tages leise Ahnung dringt.

Ich sinne, wo in weiter Welt
Jetzt sterben mag ein Menschenkind –
Und ob vielleicht den Einzug hält
Das viel ersehnte Heldenkind.

Doch wie im dunklen Erdental
Ein unergründlich Schweigen ruht,
Ich fühle mich so leicht zumal
Und wie die Welt so still und gut.

Der letzte leise Schmerz und Spott
Verschwindet aus des Herzens Grund;
Es ist, als tät der alte Gott
Mir endlich seinen Namen kund.

Gottfried Keller, 1819–1890; Schweizer Dichter, Vertreter des Realismus des Schweizer Bürgertums

Johannes Kepler

HYMNUS

Groß ist unser Herr und groß seine Macht und seiner Weisheit kein Ende! Lobet ihn, Sonne, Mond und Planeten, in welcher Sprache immer euer Loblied dem Schöpfer erklingen mag. Lobet ihn, ihr himmlischen Harmonien, und auch ihr, die Zeugen und Bestätiger seiner enthüllten Wahrheiten! Und du, meine Seele, singe die Ehre des Herrn dein Leben lang! Von ihm und durch ihn und zu ihm sind alle Dinge, die sichtbaren und unsichtbaren. Ihm allein sei Ehre und Ruhm von Ewigkeit zu Ewigkeit! Amen.

Johannes Kepler, 1571–1630; größter Astronom seiner Zeit

Justinus Kerner

UNERHÖRTES GEBET

Möchte von des Himmels Höh' / Nur ein Strahl ins Herz mir kommen, /
Daß aus ihm das bange Weh / Dieser Erde würd' genommen.

An dem Kreuze sank ich hin / in des Domes geweihten Hallen, /
Ferne Sonnen sah ich glühn, / Doch kein Strahl wollt' in mich fallen.

Drum von Domes Glockenklang, / Vom Gebet in heil'gen Hallen /
Treibt es mich nun feldentlang, / Der Natur ans Herz zu fallen.

Nimm mich auf, du stiller Hain! / Säuselt um mich Bäche, Bäume! /
Wieget den Verstoßnen ein, / Daß er Gottes Frieden *träume.*

Justinus Kerner, 1786–1862; Dichter, Lyriker und Arzt

Sören Kierkegaard

GEBET

Wie sollte man von der Liebe recht reden können, wenn man dich vergäße, du Gott der Liebe, von dem alle Liebe ist im Himmel und auf Erden! Dich, der nicht kargte, sondern alles in Liebe hingab; dich, der die Liebe ist, so daß der Liebende, was er ist, nur dadurch ist, daß er in dir ist! Wie sollte man recht von der Liebe reden können, wenn man dich vergäße; dich, der offenbarte, was Liebe ist; dich, unsern Heiland und Versöhner, der sich selbst hingab, um alle zu erlösen! Wie sollte man recht von der Liebe reden können, wenn man dich vergäße, du Geist der Liebe; der nichts von seinem Eigenen nimmt, sondern an jenes Opfer der Liebe erinnert, der den Glaubenden erinnert zu lieben, wie er geliebt ist, und seinen Nächsten als sich selbst! Ewige Liebe, die du überall gegenwärtig bist und dich nie unbezeuget lässest, wo du angerufen wirst, daß dich auch jetzt nicht unbezeugt, bei allem, was hier von der Liebe oder vom Walten der Liebe gesagt werden soll! Denn wohl sind es nur etliche Werke, welche die menschliche Sprache auszeichnet und kleinlich Liebeswerke nennt; im Himmel aber ist es ja so, daß dort kein Tun angenehm ist, es sei denn ein Werk der Liebe: aufrichtig in Selbstverleugnung, im Drang der Liebe getan, und ebendaher ohne Anspruch auf ein Verdienst!

Sören Aabye Kierkegaard, 1813–1855; bedeutender dänischer Religionsphilosoph

Rudyard Kipling

AUFERSTEHUNG DER MALER

Wann das letzte Gemälde gemalt und verdorrt in den Tuben die Farben,
Wann die ältesten Töne verblaßt und die jüngsten Kritiker starben:
Dann werden wir ruhn – wir habens verdient –, bis der Meister der guten Gesellen,
Wenn ein oder zwei Äonen vorbei, uns wieder ans Werk wird stellen!

Und die Trefflichen werden dann glücklich sein; auf goldenen Stühlen sitzen.
Mit Pinseln aus Kometenhaar auf zehnfache Leinwand spritzen,
Die wirklichen Heiligen stehn dann Modell, die wir mühsam gemalt auf Erden,
Eine Sitzung dauert ein Leben lang – und es gibt kein Müdewerden!

Und keiner darf uns dann Tadel und Lob als der Meister alleine sagen
Und keiner wird sich dann um Geld und keiner um Ruhm mehr plagen,

Nein jeder wird schaffen aus Freude am Werk, ein jeder auf eigenem Stern
Die Dinge malen wie er sie sieht – für Gott, aller Dinge Herrn!

Rudyard Kipling, 1865–1936; englischer Schriftsteller

Maximilian Kolbe

ANRUFUNGEN

Seliger Maximilian Kolbe, du hast durch deinen Tod
die Liebe Christi bezeugt, die alles Begreifen übersteigt.

Du Märtyrer, der sein Leben an Stelle eines anderen hingab.
Bitte für uns, daß auch wir aus dem Geheimnis
des Kreuzes leben.

Du frommer Verehrer der Gottesmutter.
Bitte für uns, daß wir von Maria zu Christus geführt werden.

Du eifriger Schüler des heiligen Franz von Assisi.
Bitte für uns, daß durch die Nachfolge Christi unser
Leben eine neue Gestalt gewinnt.

Du von der Liebe zur Heimat erfüllter polnischer Patriot.
Bitte für uns, daß die verschiedenen Völker,
in der Kirche geeint, Gott loben und preisen.

Du Zeuge einer Liebe, die stärker ist als der Tod.
Bitte für uns, daß keine Macht der Welt
uns trenne von Jesus Christus.

Allmächtiger, ewiger Gott,
du hast dem seligen Maximilian Kolbe
die Kraft gegeben,
den Glauben an Christus
durch sein Sterben zu bekennen.

Komm unserer Schwachheit zu Hilfe,
damit wir deine Wahrheit
durch unser ganzes Leben bezeugen.
Darum bitten wir durch Christus, unsern Herrn.
Amen.

Maximilian Kolbe (1894–1941); der polnische Franziskaner, der sein Leben anstelle eines Mitmenschen hingab, offenbarte das Geheimnis des christlichen Opfers. Für einen Familienvater, der heute noch in Polen lebt, ging Kolbe freiwillig in dessen Todeszelle im Hungerbunker von Auschwitz. Als Ende Juli 1941 einem Häftling aus dem Block 14 die Flucht gelingt, wählt der Lagerkommandant willkürlich 10 Männer aus und verurteilt sie zum Tode. Einer der ausgewählten Häftlinge, der Pole Gajowniczek, schreit laut: »Meine Frau, meine Kinder!« Da tritt Maximilian Kolbe, Nr. 16670, vor und bittet, den Tod für den Familienvater erleiden zu dürfen. Er kannte als »Stellvertreter« den Häftling nicht. Bis zu seinem Tod mußte er die härtesten Folterungen erdulden. Er hat sein Leben mit dem größten »Gebet der Tat« vollendet. An der Seligsprechung am 17. Oktober 1971 durch Papst Paul VI. nahm der gerettete Gajowniczek teil.

Christoph Kolumbus

GEBET

Unser Herr ist es, / der mir den rechten Gedanken eingegeben, / der auch seinen Beistand mir gewährt, / das Werk zu gutem Ende zu vollbringen. / Denn ich weiß es wohl, / ich bin fest überzeugt, / und auch nicht der Hauch eines Zweifels mischt sich in diese Überzeugung, / daß die Hohe Majestät alles wirkt, was gut ist, / daß außer der Sünde alles gut und kein Gedanke und kein Urteil über irgendwelche Sache verstattet ist ohne die Zustimmung von oben. / Als Petrus ins Meer gesprungen war, / ging er auf den Wassern, solange als sein Glaube fest blieb; / die Berge werden dem gehorchen, der Glauben hat, / und wäre er nicht größer als ein Hirsekorn; / wer da glaubt, / möge bitten und alles wird ihm gegeben werden; / klopfet an, / und es wird auch aufgetan. / Auch heute braucht niemand sich zu fürchten, / mit reiner Hand im Namen unseres Erlösers ein Unternehmen zu beginnen, / das gerecht ist und mit edler Absicht in seinem Dienst vollbracht wird. / Nach seinem Gefallen ist von unserm Herrn jedem Ding sein Zweck gesetzt, / der Schutzherr ist er jedem Vermögen der menschlichen Natur. / O wie über alles gut ist der Herr, /

der da will, / daß die Menschen tätig seien, / und sich aufmacht, / ihnen auch die Mittel in die Hand zu geben! / Tag und Nacht und jeden Augenblick sollen wir ihm danken in Demut.

Christoph Kolumbus, 1451–1506; italienischer Seefahrer in spanischen Diensten, Entdecker Amerikas

Nikolaus Kopernikus

ALLWIRKENDER BAUMEISTER DER WELT

Sollten etwa leere Schwätzer, die von Mathematik nichts verstehen, auf Grund irgendeiner Stelle der Heiligen Schrift, welche sie böswillig für ihre Zwecke verdrehen, sich herausnehmen, meine Lehre anzugreifen und zu verfolgen, so werde ich mich um diese Menschen gar nicht kümmern, sondern ihr Urteil als eine Anmaßung verachten. – Wer sollte nicht, wenn er bei der mit göttlicher Weisheit geleiteten, herrlichen Anordnung des Weltgebäudes sinnend verweilt, durch die stete Betrachtung davon und sozusagen durch den vertrauten Umgang damit, zum Höchsten angetrieben und zur Bewunderung des allwirkenden Baumeisters der Welt geführt werden, in dem die höchste Glückseligkeit ist.

Die nach dem Wunsch des Kopernikus auf seinen Grabstein gesetzte Strophe aus einer Ode von Papst Pius II. heißt:

Nicht gleich Paulus will ich Gnade begehren,
Nicht des Petrus Vergebung such ich, sondern
Wie am Kreuz du den Schächer sprachst selig,
So hilf auch mir, Herr!

Nikolaus Kopernikus, 1473–1543; Begründer der modernen Astronomie

Alphonse de Lamartine

GEBET

Des Tages erhabner Fürst, in seines Ruhms Behagen / entsteigt er feierlich dem goldnen Siegeswagen. / Hellglänzendes Gewölk verbirgt die Majestät, / indes ein Feuerstreif noch ihren Pfad verrät. / Von Purpurröte wird der Himmel überflogen. / Als mächtge Ampel taucht hoch am azurnen Bogen / der Mond, der güldne, auf und schwebt im Lüftereich. / Die langen Strahlen ruhn auf Wiesen, stumm und bleich. / Die Berge ziehn ums Haupt den schwarzen Dämmerschleier.

Um diese Stunde ruft Natur zur Andachtsfeier, — / zur Stunde, wo der Tag verhallt, die Nacht erwacht, / blickt sie zum Schöpfer, der den Tag schuf und die Nacht, / beut sie dem ew'gen Gott mit dankberedten Zungen / des ganzen Schöpferwerks glanzvolle Huldigungen.

Dem Einz'gen bringt Natur ein einz'ges Opfer dar: / ihr Tempel ist die Welt, die Erde der Altar. / Der Himmel ragt als Dom. Die Sterne nicht zu zählen, / — gedämpfte Lichter von weltabgeschiedenen Seelen — / am großen Firmament in Ordnung eingereiht, / sind Weihekerzen für des Tempels Herrlichkeit. / Und jene Wolken, die erglühn beim Tagesscheiden / und die der Wind zersaust und deren Flocken seiden / und purpurfarbiger im Ätherraum zerstreut: / des Weihrauchs Dämpfe sind's, daran sich Gott erfreut / und deren Duftrausch sich vor seinem Thron entfaltet, / wenn Priesterin Natur des frommen Amtes waltet.

Alphonse de Lamartine, 1790—1869, französischer Dichter und Schriftsteller

Pierre-Simon Laplace

EINE ERSTE URSACHE BESTIMMT DIE BEWEGUNG

Die Natur der sonderbaren Eigenschaft, mittels welcher ein Körper von einem Ort an einen anderen versetzt wird, ist und wird immer unbekannt sein, man hat sie mit dem Namen Kraft bezeichnet, man kann aber nur ihre Wirkungen und die Gesetze ihrer Tätigkeit bestimmen. –

Man kann wetten Milliarden gegen Eins, daß eine solche Anordnung (wie die des Rotierens der Planeten um die Sonne etc.) nicht die Wirkung eines Zufalls ist – wir müssen also annehmen, daß eine erste Ursache die Bewegung bestimmt hat.

Pierre-Simon Laplace, 1749–1827; französischer Mathematiker und Astronom

Else Lasker-Schüler

O GOTT, SCHLIESS' UM MICH DEINEN MANTEL FEST

Ich suche allerlanden eine Stadt,
die einen Engel vor der Pforte hat.
Ich trage seinen großen Flügel
gebrochen schwer am Schulterblatt
und in der Stirne seinen Stern als Siegel.

Und wandle immer in die Nacht ...
Ich habe Liebe in die Welt gebracht, –
daß blau zu blühen jedes Herz vermag,
und hab' ein Leben müde mich gewacht,
in Gott gehüllt den dunklen Atemschlag.

O Gott, schließ' um mich deinen Mantel fest!
Ich weiß, ich bin im Kugelglas der Rest;
und wenn der letzte Mensch die Welt vergießt,
du mich nicht wieder aus der Allmacht läßt
und sich ein neuer Erdball um mich schließt.

Else Lasker-Schüler, 1876–1945; deutsch-jüdische Lyrikerin und Dramatikerin

Johann Caspar Lavater

GOTT, DER DU DIE LIEBE BIST

Helfen, Gott, ist Deine Freude!
Deine Ehre, Seligkeit!
Wenn ich weine, wenn ich leide,
Glaub' ich, weiß ich: Gott erfreut.
Nur erfreuen durch Betrüben,
Gott, die Liebe, kann nur lieben.

Von dem Scheitel bis zum Fuße,
Alles an mir ist nur Huld!
Gott, aus jeglichem Genusse,
Jedem Mangel leuchtet Huld!
Wenn Du wegnimmst, – wenn Du gibest,
Spür' ich, weiß ich, daß Du liebest.

Würden alle Zungen schweigen,
Liebe – wärst Du doch zu sehn!
Sonne, Mond und Sterne zeugen,
Gott ist Liebe; Tiefen, Höhn!
Würden Erd' und Himmel schweigen,
Meine Seele würd' es zeugen!

Trieb zur Ruhe, zum Geschäfte –
Freud' am Dasein – kommt von Dir! –
Ich! wie bin ich? welche Kräfte!
Gab ein Feind die Kräfte mir?
Ist Gefühl, Gehör und Sprache –
Werk der Liebe? Werk der Rache?

O ich fühle Dich – und falle,
Vater, Liebe, vor Dir hin –
Freut des Seins – Euch, Wesen alle!
Ich bin Freude, daß ich bin!
Liebe schuf mich – Liebe gibet
Gutes nur – weil sie nur liebet.

Johann Caspar Lavater, 1741–1801; Schweizer Dichter, religiöser Gegner der Aufklärung

Gottfried Wilhelm Leibniz

MONADEN* – BESTÄNDIGE AUSSTRAHLUNGEN DER GOTTHEIT

Der letzte Grund der Dinge muß sich in einer notwendigen Substanz vorfinden, in welcher sämtliche Veränderungen formaliter, als in ihrem Urquell, ihren Grund haben, und diese ist es, welche wir Gott nennen. Gott allein also (das notwendige Wesen) hat das Privilegium mit Notwendigkeit zu existieren, sobald er nur möglich ist. Und weil niemand die Möglichkeit dessen leugnen wird, was weder von Schranken umschlossen, noch durch irgend eine Negation oder einen Widerspruch gestört wird, so reicht das Gesagte hin, Gottes Dasein a priori zu erkennen. So ist Gott allein die ursprüngliche Einheit oder die einfache ursprüngliche Substanz, deren Produktionen

* Monaden (griech.), einfachste beseelte Wesen. Lehre von den Ur-Einheiten des Seins.

alle abgeleiteten oder geschaffenen Monaden sind, welche, wenn man sich dieses Bildes bedienen darf, von Moment zu Moment durch beständige Ausstrahlungen der Gottheit entstehen, welche in ihrer Tätigkeit nur durch die wesentlich begrenzte Empfänglichkeit der Kreatur beschränkt wird.

Gottfried Wilhelm Leibniz, 1646–1716; deutscher Philosoph und Enzyklopädist, Vertreter der Monadenlehre, wie auch Historiker, Jurist und Mathematiker

Eino Leino

ALEKSIS KIVI

Es wurde im Herbst ein Kind geboren –
die Winde heftig heulten –
sein ganzes Leben stürmte wie ein Wind dahin,
hat keinen Sommer, keinen Frühling gesehen,
lebte nur vom Herbst bis zur Weihnachtszeit.

Die Kinder des Herbstes haben es eilig –
der Kienspan in der Wand verlöscht –
die Gedanken fliegen, das Gehirn hämmert,
das Blut mächtig zum Kopfe drängt,
an der Tür wartet Sylvester.

»Bleibe noch, o altes Jahr!« –
Die Winde heftig heulen –
»Hab noch keine Zeit, dir zu folgen!«
Der Alte an der Tür nur nickt:
»Du wirst vom Herbst bis zur Weihnachtszeit leben.«

»Warte, warte, o altes Jahr!« –
Der Kienspan in der Wand verlöscht –
»So voll, so übervoll ist mein Herz,
möchte es meinem Volk erst schenken,
hab noch keine Zeit für das Sterben!«

Die Zeit entflieht, es schlägt die Uhr –
die Winde heftig heulen –
»Ist es denn wirklich schon Mitternacht?«
»Vollende dein Tagwerk, mein Kind,
schon künden die Sterne den Morgen.«

»Noch einen Augenblick, o altes Jahr!« –
Der Kienspan in der Wand verlöscht. –
Das Kantele leise erklingt.
An der Tür wendet der Alte sich um;
das Leben des Sängers erlosch.

»Wohin führst du mich, altes Jahr?« –
Die Winde einen milden Duft verbreiten –
»Ich habe so Angst, und es schaudert mich.«
»Sei ruhig, liebes Kind,
wir sind bereits an der Himmelstür angelangt.«

Das Alte Jahr tritt über die Schwelle –
die Kerzen des Himmels leuchten –
es begleitet den Sänger zum Schöpfer der Welt:
»Ich habe einen Knaben mit mir,
er lebte nur vom Herbst bis zur Weihnachtszeit.«

Es spricht der Herr der Welt –
die Winde einen milden Duft verbreiten –:
»Dir hat wohl nie ein Sommer erblüht.«
»Ich sah nur den Herbst und den dunklen Winter«,
erwidert zitternd der Sänger.

Das Auge des Schöpfers füllt sich mit Tränen –
die Kerzen des Himmels leuchten –
»Dir sei ein ewiger Sommer beschieden!
Erzähle mir doch, mein armer Junge,
wer bist du und woher des Wegs?«

»Ich bin ein Sänger deiner Gnade« –
die Winde einen milden Duft verbreiten –

»Ich komm von einem kleinen Stern,
sein Name ist Erde.« — »Wie bist du gestorben?«
»Ich starb im Elend und am Hunger.«

Der Herr der Welt erzürnt —
die Kerzen des Himmels verlöschen —
»Sage deinem Volk, ich werde deinen Tod rächen!«
»Nein, nein! mein Volk ist gut und stark,
du darfst nicht Rache an ihm nehmen.

Aber mäßige doch deine Winde,
sie stürmen gar zu heftig
über die Ebenen meiner geliebten Heimat.
Laß deine Sonne über die Moore Finnlands scheinen!«
So rief in seinem Schmerz der Sänger.

Es lächelt der gütige Gott —
die Kerzen des Himmels leuchten —
»Mag richtig sein. Vielleicht prüft' ich zuviel
dein armes Volk mit Frost und Wind.
Mögen auf seinen Hügeln wieder die Blumen sprießen!«

Eino Leino, 1878–1926, finnischer Dichter. Sein Gedicht (ein Dialog mit dem Schöpfer der Welt) ist Aleksis Kivi (1834–1872), dem ersten bedeutenden finnischen Dichter gewidmet.

Leonardo da Vinci

ALLES IST GLEICHNIS

Als der Stein vom Feuerstrahl angeschlagen wurde, wunderte er sich sehr und sagte mit strenger Stimme zu ihm: »Welcher Wahn treibt dich, mich zu quälen? Tu mir nicht länger weh, denn du irrst dich in mir: niemand tat ich etwas zuleide.«

Darauf antwortete der Feuerstrahl: »Bist du geduldig, so sollst du sehen, welch ein Wunderbares aus dir hervorgeht.«

Auf diese Worte gab sich der Stein zufrieden, erduldete geduldig die Schläge und ward gewahr, wie aus ihm das wunderbare Feuer entsprang.

So läßt auch Gott oft durch Schicksalsschläge die Heilige Flamme in uns aufspringen!

Alle Seelen stammen von der Sonne.

Der Herr, das Licht aller Dinge, wird die Gnade haben, mich, den Erforscher des Lichtes, zu erleuchten.

Leonardo da Vinci, 1452–1519; italienischer Maler, Bildhauer, Architekt, Ingenieur, Kenner der Anatomie und Mathematik, Astronomie und Kunstwissenschaft

Nikolaus Lenau

GEBET

O Toren! Wenn Ihr Gott betrachten,
erkennen wollt den Herrn der Welt,
wie einen Stein aus dunkeln Schachten,
der still dem kalten Blicke hält.

Wie schnell auch die Gedanken rennen,
kein Forschen und kein Grübeln frommt,
der Geist kann nur den Geist erkennen,
wenn ihm der Geist entgegenkommt.

Drum lüfte Euer Geist die Flügel,
und reißet Eure Herzen auf,
und nehmet über alle Hügel
der Sehnsucht nimmermüden Lauf!

Und spähet, lauschet, harret, trauert,
bis Euch sein heilger Hauch durchweht,
bis seine Wonne Euch durchschauert;
Erkenntnis Gottes ist Gebet.

Gebet ist Balsam, Trost und Friede,
in Gott ein froher Untergang,
es ist mit Gottes ew'gen Liede
tiefinnerster Zusammenklang;

Gebet ist Freiheit, die der Schranke
der Erdenmacht die Seel' entreißt,
dann steht kein Wort und kein Gedanke
mehr zwischen ihr und Gottes Geist.

Nikolaus Lenau, 1802–1850; österreichischer Lyriker der Spätromantik

Michail Lermontow

GEBET

Heut, Mutter Gottes! dir nah' ich mich weihevoll, / Fromm vor dein heilig Bild tret' ich in Andacht hin, / Nicht weil ich dankesvoll noch weil ich reuevoll, / Nicht um mein Seelenheil, auch nicht vor Schlachtbeginn.

Nicht mich, den Fremdling im eigenen Heimatland, / Den nichts mehr hoffenden und nichts mehr nützenden, / Nein: ein unschuldig Kind empfehl ich deiner Hand, / Der in der kalten Welt die Unschuld schützenden!

Die so des Glückes wert, sei nie dem Glücke fern, / Treu mög' ihr Liebe und Freundschaft beschieden sein, / Stets ihr der Bosheit Verleumdung und Tücke fern, / Heiter die Jugend, das Alter voll Frieden sein!

Gib, daß sie sterbend nicht ringen noch leiden muß, / Frei laß sie jeglicher Sünden und Mängel sein; / Daß sie, wenn einst sie von der Welt scheiden muß, / Möge im Himmel dein seliger Engel sein!

Michail Jurewitsch Lermontow, 1814–1841; russischer Lyriker und Erzähler

Gotthold Ephraim Lessing

DAS GLEICHNIS VON DEN DREI RINGEN

Vor grauen Jahren lebt' ein Mann im Osten,
Der einen Ring von unschätzbarem Wert
Aus lieber Hand besaß. Der Stein war ein
Opal, der hundert schöne Farben spielte
Und hatte die geheime Kraft, vor Gott
Und Menschen angenehm zu machen, wer
In dieser Zuversicht ihn trug. Was Wunder,
Daß ihn der Mann im Osten darum nie
Vom Finger ließ und die Verfügung traf,
Auf ewig ihn bei seinem Hause zu
Erhalten? Nämlich so: Er ließ den Ring
Von seinen Söhnen dem Geliebtesten;
Und setzte fest, daß dieser wiederum
Den Ring von seinen Söhnen dem vermache,
Der ihm der Liebste sei; und stets der Liebste,
Ohn' Anseh'n der Geburt, in Kraft allein
Des Rings, das Haupt, der Fürst des Hauses werde. –

So kam nun dieser Ring von Sohn zu Sohn,
Auf einen Vater endlich von drei Söhnen,
Die alle drei ihm gleich gehorsam waren,
Die alle drei er folglich gleich zu lieben
Sich nicht enthalten konnte. Nur von Zeit
Zu Zeit schien ihm bald der, bald dieser, bald
Der Dritte, – so wie jeder sich mit ihm
Allein befand, und sein ergießend Herz
Die andern zwei nicht teilten, – würdiger
Des Ringes, den er denn auch einem jeden
Die fromme Schwachheit hatte, zu versprechen.
Das ging nun so, so lang' es ging. – Allein
Es kam zum Sterben, und der gute Vater
Kommt in Verlegenheit. Es schmerzt ihn, zwei

Von seinen Söhnen, die sich auf sein Wort
Verlassen, so zu kränken. – Was zu tun?
Er sendet ihn geheim zu einem Künstler,
Bei dem er, nach dem Muster seines Rings,
Zwei andere bestellt, und weder Kosten
Noch Mühe sparen heißt, sie jenem gleich,
Vollkommen gleich zu machen. Das gelingt
Dem Künstler. Da er ihm die Ringe bringt,
Kann selbst der Vater seinen Musterring
Nicht unterscheiden. Froh und freudig ruft
Er seine Söhne, jeden insbesondre;
Gibt jedem insbesondre seinen Segen –
Und seinen Ring – und stirbt. –
Kaum war der Vater tot, so kommt ein jeder
Mit seinem Ring, und jeder will der Fürst
Des Hauses sein. Man untersucht, man zankt,
Man klagt. Umsonst; der rechte Ring war nicht
Erweislich; – fast so unerweislich als
Uns jetzt – der rechte Glaube ist. – Die Söhne
Verklagen sich und jeder schwur dem Richter,
Unmittelbar aus seines Vaters Hand,
Den Ring zu haben – wie auch wahr! – nachdem
Er von ihm lange das Versprechen schon
Gehabt, des Ringes Vorrecht einmal zu
Genießen. – Wie nicht minder wahr! – der Vater
Beteuerte jeder, könne gegen ihn
Nicht falsch gewesen sein; und eh' er dieses
Von ihm, von einem solchen lieben Vater
Argwöhnen laß': eh' müß er seine Brüder,
So gern er sonst von ihnen nur das Beste
Bereit zu glauben sei, des falschen Spiels
Bezeihen; und er wolle die Verräter
Schon auszufinden wissen; sich schon rächen.

Der Richter sprach: wenn ihr mir nun den Vater
Nicht bald zur Stelle schafft, so weis' ich euch
Von meinem Stuhle. Denkt ihr, daß ich Rätsel
Zu lösen da bin? Oder harret ihr,

Bis daß der rechte Ring den Mund eröffne? –
Doch halt! ich höre ja, der rechte Ring
Besitzt die Wunderkraft, beliebt zu machen;
Vor Gott und Menschen angenehm. Das muß
Entscheiden! Denn die falschen Ringe werden
Doch das nicht können! – Nun, wen lieben zwei
Von euch am meisten? – Macht, sagt an! Ihr schweigt?
Die Ringe wirken nur zurück? und nicht
Nach außen? Jeder liebt sich selber nur
Am meisten? – Oh, so seid ihr alle drei
Betrogene Betrüger! Eure Ringe
Sind alle drei nicht echt. Der echte Ring
Vermutlich ging verloren. Den Verlust
Zu bergen, zu ersetzen, ließ der Vater
Die drei für einen machen. –
Und also, fuhr der Richter fort, wenn ihr
Nicht meinen Rat, statt meines Spruches, wollt:
Geht nur! – Mein Rat ist aber der: ihr nehmt
Die Sache völlig, wie sie liegt. Hat von
Euch jeder seinen Ring von seinem Vater:
So glaube jeder seinen Ring
Den echten. – Möglich, daß der Vater nun
Die Tyrannei des einen Rings nicht länger
In seinem Hause dulden wollen! – Und gewiß.
Daß er euch alle drei geliebt und gleich
Geliebt: in dem er zwei nicht drücken mögen,
Um einen zu begünstigen. – Wohlan!
Es eif're jeder seiner unbestoch'nen,
Von Vorurteilen freien Liebe nach!
Es strebe von euch jeder um die Wette,
Die Kraft des Steins in seinem Ring an Tag
Zu legen! komme dieser Kraft mit Sanftmut,
Mit herzlicher Verträglichkeit, mit Wohltun,
Mit innigster Ergebenheit in Gott
Zu Hilf'! Und wenn sich dann der Steine Kräfte
Bei euern Kindes-Kindeskindern äußern:
So lad' ich über tausend tausend Jahre
Sie wiederum vor diesen Stuhl. Da wird

Ein weis're Mann auf diesem Stuhle sitzen,
Als ich; und sprechen. – Geht! – So sagte der
Bescheid'ne Richter. –

Gotthold Ephraim Lessing, 1729–1781; deutscher Dichter, Denker und Kritiker. Begründer der großen klassischen Literaturperiode in Deutschland, Vorkämpfer für Toleranz und geistige Freiheit

Justus von Liebig

NATURKENNTNIS FÜHRT ZUM GLAUBEN

Die Kenntnis der Natur ist der Weg zur Bewunderung der Größe des Schöpfers; sie liefert uns die rechten Anschauungsmittel der Majestät Gottes. Ohne Kenntnis der Naturgesetze und Naturerscheinungen scheitert der menschliche Geist in dem Versuche, sich eine Vorstellung über die Größe und unergründliche Weisheit des Schöpfers zu machen.

Die einfache empirische Erkenntnis der Natur, sie drängt uns mit unwiderstehlicher Kraft die Überzeugung auf, daß dieses Etwas nicht die Grenze ist, über welche hinaus nichts ihm Ähnliches und Vollkommeneres mehr besteht; unserer Wahrnehmung sind seine niedrigeren und niedrigsten Abstufungen allein zugänglich, und wie eine jede andere Wahrheit in der induktiven Naturforschung, begründet sie die Existenz eines höchsten Wesens, für dessen Anschauung und Erkenntnis die Sinne nicht mehr zureichen, das wir nur durch die Vervollkommnung der Werkzeuge unseres Geistes in seiner Größe und Erhabenheit erfassen.

Justus von Liebig, 1803–1873; deutscher Chemiker und Naturforscher, Begründer der Agrikulturchemie

Carl von Linné

ICH BEWUNDERE DIE WEISHEIT DES SCHÖPFERS

Ich bewundere die Weisheit des Schöpfers, die sich auf immer neue Art zu erkennen gibt und zeige sie anderen. Mensch, erkenne dich selbst in theologischer Hinsicht: daß du mit unsterblicher Seele nach Gottes Bild geschaffen bist; in moralischer: daß du allein mit einer vernünftigen Seele zum Lobe deines Schöpfers beglückt bist. –

Ich überließ Alles in Gottes Hände, und es ging Alles gut!

Carl von Linné, 1707–1778; schwedischer Naturforscher, Vater der beschreibenden Naturwissenschaft

Jakob Lorbeer

O Herr, vor allem danke ich armer Sünder Dir
für diese herrliche und bis jetzt noch nie dagewesene
allerhöchste Gnadenmitteilung, deren ich vor allem
und dann auch die ganze Welt unwürdig ist!
Da Du, o Herr, aber schon uns dadurch eine so übergroße
und unverdiente Gnade erwiesen hast, so segne uns damit,
daß wir voll des wahren Glaubens
Dich aus vollem Herzen lieben!
Verzeihe damit unsere mannigfachen Schwächen,
mache uns stark in aller Liebe zu Dir
und unseren armen Brüdern, und laß uns in
Deinem allerheiligsten Namen allezeit erquicken
die Herzen der betrübten und notleidenden Brüder! –
Und, o Herr, gedenke auch in Deiner großen Liebe
Deines armen Knechtes auf Erden fortan
und habe meinen innigsten Dank für alle
Deine von mir nie verdienten Wohltaten,
die Du mir allezeit gnädigst hast angedeihen lassen!

Laß aber auch meinen Segen an die vielen Armen
und Bedürftigen und Bedrängten und an alle
Deine wahren Freunde und meine Wohltäter in
Deinem allerheiligsten Namen mit Deinem Segen
vereint wirksam sein! –
Dir allein alle Ehre und alle unsere Liebe ewig,
und Dein allein heiliger Wille geschehe.
In tiefer Zerknirschung Deiner Gnade
allerunwürdigster Knecht!

Jakob Lorbeer, 1800–1864; der bedeutende Mystiker schrieb 25 Bände mit jeweils 500 Seiten auf »göttliches Geheiß«: Nahe dem Herzen vernahm er deutlich und klar die Stimme, die ihm Tag für Tag von 1840 bis 1864 umfassende Werke über das Leben Christi in dieser und der anderen Welt diktierte. Die 25 Bände sind im Lorbeer-Verlag, Bietigheim, erschienen.

Maurice Maeterlinck

GEBET

Barmherzigkeit, mein Gott, Barmherzigkeit,
Daß ich schon an des Wollens Schwelle fehle!
Bleich ist vor Ohnmacht meine Seele,
Vor weißer Ohnmacht und Untätigkeit.

Die Seele mit den halbvollbrachten Taten,
Die Seele, bleich vom Weinen und vom Klagen,
Sieht vor dem Unerschloßnen ihre matten
Und schwachen Hände zittern und verzagen.

Und während aus dem Herzen veilchenblaue
Traumblasen steigen, hat ein Mondenstrahl
Die schwachen Hände ihr, wie Wachs so fahl,
Benetzt mit seinem müden Silbertaue. –

Ein Mondenstrahl, darinnen schon ein Schimmer
Der welken Lilien künftiger Tage lebt,
Ein Mondenstrahl, aus dessen bleichem Flimmer
Sich trüb der Schatten ihrer Hände hebt.

Maurice Maeterlinck, 1862–1949; flämischer Dichter in französischer Sprache, Dramatiker und Lyriker des Symbolismus

Stéphane Mallarmé

LOBGESANG JOHANNES DES TÄUFERS

Wunderbar steht die Sonne
Nochmals still, wie in Wonne,
Bald verneigt sich ihr Ball,
Glühend im Fall.

O ich fühle die Nacht
Mir im Markt erwacht,
Alles schaudert im Drange,
Gleichklang im Schwange.

Und mein Haupt taucht hinauf,
Einsam wachender Lauf
In den sieghaften Flügen,
Den Sensenzügen.

Und befreit durch den Schnitt,
Drängt es, woran es litt,
Alter Leiden Verbleib,
Eher vom Leib,

Als es trunken vom Fasten
Höher wollt ohne Rasten
Zu der leuchtenden Schau,
Springend im Blau,

Auf zu ewigen Kälten
Über irdische Welten,
Die der Gletscher Erheben
Weit überstreben –.

Doch der Taufe gemäß,
Gleich erhelltes Gefäß
Aus dem Grund, der mich rief,
Beugt es sich tief.

Stéphane Mallarmé, 1842–1898; französischer Dichter, Meister des französischen Symbolismus

François Mauriac

DAS ERLEBNIS DER GNADE IST ENTSCHEIDEND

Es stand mir nicht wie anderen Menschen frei, zu sündigen. Zu Anfang hatte Gott mich mit Zaghaftigkeit, Widerwillen, religiösen und familiären Hemmungen gegen die Sünde gewappnet. Im gefährlichen Augenblick erhob sich in mir eine innere Stimme und hielt mir sämtliche Dogmen, sämtliche Gebote Gottes vor. Automatisch bildeten die Lebenden und die Toten meiner Sippe einen Familienrat, um über mich zu Gericht zu sitzen. Und wenn auch das nichts half, entschloß sich der Mensch, der mir am nächsten stand und den ich am innigsten liebte, zum Sterben und grub sein Grab zwischen den Genuß und mein Begehren. – Es blieb mir nicht einmal der Trost, mich aufzulehnen. Dieses mit sanfter Gewalt auf mir lastende Gesetz mußte ich als vernünftig empfinden. Es war streng, aber nicht unmenschlich. Weit davon entfernt, mir den Genuß zu untersagen, setzte es ihm nur zuchtvolle Grenzen. Dieses Gesetz beraubte mich weder der Liebe noch weiblicher Liebkosungen; es verlieh im Gegenteil dieser Liebe ewige Dauer und den Liebkosungen Fruchtbarkeit. Weit davon entfernt, die menschliche Liebe zu verdammen, erhob er sie zur Würde eines Sakramentes.

François Mauriac, geboren 1885; französischer Schriftsteller, Bühnenautor, Essayist und Journalist. Nobelpreisträger

James Clerk Maxwell

BITTGEBET

Allmächtiger Gott, der du den Menschen nach deinem Ebenbilde geschaffen und ihm eine lebende Seele gegeben hast, daß er dich suchen und über deine Geschöpfe herrschen soll, lehre uns die Werke deiner Hände so erforschen, daß wir die Erde zu unserem Gebrauch unterwerfen und unsere Vernunft für deinen Dienst kräftigen, und laß uns dein heiliges Wort also aufnehmen, daß wir an jenen glauben, den du gesandt hast, uns die Wissenschaft des Heiles und die Vergebung unserer Sünden zu geben. Worum alles wir bitten in dem Namen desselben Jesus Christus, unseres Herrn.

James Clerk Maxwell, 1831–1879; englischer Physiker, entwickelte die elektromagnetische Lichttheorie

Pater Rupert Mayer

Herr, wie du willst, soll mir gescheh'n,
und wie du willst, so will ich geh'n;
hilf deinen Willen nur versteh'n!
Herr, wann du willst, dann ist es Zeit;
und wann du willst, bin ich bereit
heut und in alle Ewigkeit.
Herr, was du willst, das nehm' ich hin,
und was du willst, ist mir Gewinn;
genug, daß ich dein Eigen bin.
Herr, weil du's willst, drum ist es gut;
und weil du's willst, drum hab ich Mut.
Mein Herz in deinen Händen ruht.

Pater Rupert Mayer (1876–1945); der unbeugsame Männerapostel in München war ein mutiger Gegner der Nationalsozialisten, die ihn mehrmals einkerkerten. In der Bürgersaalkirche, München, befindet sich sein Grab, das ständig von Verehrern besucht wird. Über 40 000 Gebetserhörungen in bisher 184 Heften mit insgesamt über 3000 Seiten wurden bisher festgehalten.

C. F. Meyer

IN HARMESNÄCHTEN

Die Rechte streckt' ich schmerzlich oft
in Harmesnächten
und fühlt' gedrückt sie unverhofft
von einer Rechten.

Was Gott ist, wird in Ewigkeit
kein Mensch ergründen,
doch will er treu sich allezeit
mit uns verbünden.

Conrad Ferdinand Meyer, 1825–1898; Schweizer Lyriker und Erzähler

Michelangelo Buonarroti

GEBETE

Von welcher Feile Biß, / o meine kranke Seele, / wird deine müde Hülle doch verzehrt! / Wann wird vom Leib die Zeit dich lösen, / daß du gen Himmel hinkehrest, rein und froh wie einst, / und vom Schleier banger Sterblichkeit befreit! / Ob die letzten kurzen Jahre das Haar verändern, / nicht ändern kann ich mehr die altgefügte Gewohnheit, / die im höheren Alter stärker zwingt. / Ich gestehe, / daß ich die Toten beneide / — bestürzt und verworren zittert in mir die Seele für ihr Heil. / O Herr! / in letzter Stunde strecke du erbarmend die Arme nach mir aus, / nimm mich mir selbst / und mach mich wohlgefällig vor dir!

Nichts ist so niedrig, / nichts ist so kärglich auf Erden / als ich mich fühle ohne dich. / Wie hoch doch geht mein Streben, / wie schwach doch ist die Kraft, die um Erbarmen bitten muß! / Jene Kette reiche mir, / o Herr, / die jede Himmelsgabe an sich bindet / den Glauben, sage ich, / zu dem hin es mich drängt und spornt, / den ganz und voll zu hegen eigene Schuld mir wehrt. / Diese Gabe aller Gaben, / so groß als selten scheint sie mir, / um so größer, / als ohne sie kein Friede und Genügen in der Welt. / Der du mit deinem Blute nicht gegeizt, / was nützt uns Geberhuld, / wenn zum Himmel jener andere Schlüssel uns fehlt, / der Glaube!

Michelangelo Buonarroti, 1475–1564; italienischer Maler, Bildhauer, Dichter und Architekt

John Milton

AN JEHOVAH

Wie groß sind Deine Werke, Jehovah!
Endlos ist Deine Kraft! Welch' ein Gedanke
Kann fassen Dich und welches Wort Dich schildern!
Wer Dich vermindern will, hilft wider Willen
Nur mehr noch Deine Wunder offenbaren,
Denn aus dem Bösen schaffst Du Gutes nur –
Wie diese Welt – sie dehnt sich unermeßlich
Mit unzähligen Sternen, deren jeder
Dann wieder wie ein Lebenszentrum ist;
Du nur hast jedem seine Zeit bestimmt:
Darunter ist der Menschen Sitz, die Erde,
Die als holdsel'ge Wohnung Meer umfließt.
Dreimal beglückte Menschen, samt den Kindern,
Die Gott erwählt, nach seinem Bilde schuf,
Um dort zu wohnen und ihn anzubeten;
Zum Lohn dafür dort über seine Werke
Weit über Erde, Luft und Meer zu herrschen –
Ja, dreimal selig, dreimal selig sie,
Wenn sie, ihr Glück erkennend, Tugend lieben!

John Milton, 1608–1674; englischer Dichter, Staatsmann und Philosoph

Christian Morgenstern

GEBET

O Friede, der nun alles füllet, / erfüll auch uns mit süßer Ruh, / und bis ein Tag sich neu enthüllet, / deck uns mit trauten Träumen zu.

Wie manches, was des Tages Wille / mit rechter Klarheit nicht ergreift, /
dem hilf, daß es in deiner Stille / zu freundlicher Vollendung reift!

Wen Schicksalsschläge grausam trafen, / den laß vergessen, was geschehn; /
wer neid- und haßerfüllt entschlafen, / den laß versöhnt den Morgen sehn!

So allem, dem gleich uns auf Erden / zuteil des Lebens schwankes Los, /
laß deines Segens Tiefe werden, / gib Kraft aus deinem heil'gen Schoß!

Christian Morgenstern, 1871–1914; deutscher Lyriker

Eduard Mörike

GEBET

Herr! schicke, was Du willt,
ein Liebes oder Leides;
ich bin vergnügt, daß beides
aus Deinen Händen quillt.

Wollest mit Freuden
und wollest mit Leiden
mich nicht überschütten!
Doch in der Mitten
liegt holdes Bescheiden.

NEUE LIEBE

Kann auch ein Mensch des andern auf der Erde
Ganz wie er möchte, sein?
— In langer Nacht bedacht ich mirs und mußte sagen, nein!

So kann ich niemands heißen auf der Erde,
Und niemand wäre mein?
— Aus Finsternissen hell in mir aufzückt ein Freudenschein:

Sollt ich mit Gott nicht können sein,
So wie ich möchte, Mein und Dein?
Was hielte mich, daß ichs nicht heute werde?

Ein süßes Schrecken geht durch mein Gebein!
Mich wundert, daß es mir ein Wunder wollte sein,
Gott selbst zu eigen haben auf der Erde!

Eduard Mörike, 1804–1875; nach Goethe größter deutscher Lyriker des 19. Jahrhunderts

Thomas Morus

GLAUBE UND VERNUNFT SIND KEINE FEINDE

Glaube nicht, daß das, was böse Menschen im Taumel der lachenden Freude tun, die Quelle eines wahren Vergnügens sei. Denn man hat Wahnsinnige in dem Augenblick, in welchem sie mit dem Kopf an die Wand stießen — lachen sehen.

Viele Menschen erkaufen sich die Hölle mit so großer und schwerer Arbeit, daß sie sich mit der Hälfte derselben den Himmel hätten erkaufen können.

Es ist nichts Großes, die Heuchelei durch die Unverschämtheit zu besiegen. Denn alle, welche Religion bloß heuchelten, werden die Larve bald wegwerfen, wenn ihnen die unverlarvte Gottlosigkeit Lorbeeren einträgt.

Hundert, die mit entblößtem Haupt um dich umherstehen, können dein Haupt nicht so vor Kälte bewahren, wie ein einziger Hut, den du selbst vor dem Höhern nicht aufsetzen darfst.

Glaube und Vernunft sind keine zwei Feinde; so wenig das Auge und der Betastungssinn Feinde sind, obgleich jenes in die fernsten Gegenden reicht, dieser seinen Gegenstand berühren muß.

Thomas Morus, 1478–1535; englischer Humanist, Gesellschaftskritiker, Heiliger der katholischen Kirche

Isaac Newton

GOTT – DER WELTREGIERER

Die bewunderungswürdige Einrichtung der Sonne, der Planeten und Kometen konnte nur aus dem Ratschlusse und der Herrschaft eines allweisen und allmächtigen Wesens hervorgehen. Und wenn jeder Fixstern Mittelpunkt eines dem unsern ähnlichen System ist, so muß das Ganze, da es nach einheitlicher Absicht konstruiert erscheint, das Reich eines und desselben Herrschers bilden. Es folgt daraus, daß der Gott ein lebendiger, unsichtbarer und allmächtiger Gott ist, daß er über das Weltganze erhaben und durchaus vollkommen ist. Es ist klar, daß der höchste Gott notwendig existiert, und kraft derselben Notwendigkeit existiert er überall und zu jeder Zeit. Daß ein allerhöchster Gott sein müsse, bekennen alle, aber durch eben die Notwendigkeit, womit er ist, ist er auch ewig und an allen Orten. Daher ist er auch ganz sich selbst gleich, ganz Ohr, ganz Arm, ganz Erkenntniskraft und Denkkraft und Wirksamkeit, jedoch dies alles nicht auf menschliche Weise. Wir sehen nur die Gestalten und Farben, wir hören nur ihren Schall: die Substanzen selbst jedoch erkennen wir durch keinen Sinn, durch keine von ihnen ausgehende Wirkungen; um so weniger haben wir eine Idee von der Substanz oder dem Wesen Gottes. Ihn erkennen wir einzig nur durch seine Eigenschaften und Attribute. Wir bewundern ihn wegen seiner Vollkommenheit, wir verehren ihn und beten ihn an als den Weltregierer, wir, die Diener des großen Weltbeherrschers. Ein Gott ohne Weltregierung, ohne Vorsehung und weise Zwecke, wäre nichts anderes, als das Fatum oder die Natur. Aus der blinden metaphysischen Notwendigkeit, welche überall dieselbe ist, geht kein Wechsel der Dinge hervor. Die gesamte, den Zeiten und Räumen angemessene Verschiedenheit der Geschöpfe konnte allein aus den Ideen und dem Willen eines notwendig existierenden Wesens hervorgehen.

Isaac Newton, 1643–1727; englischer Mathematiker und Naturwissenschaftler, Begründer der klassischen Physik, erzielte bahnbrechende Forschungsergebnisse auf Gebieten der Mechanik, Optik, Mathematik und Astronomie

Friedrich Nietzsche

AN DEN UNBEKANNTEN GOTT

Noch einmal, eh' ich weiterziehe
und meine Blicke vorwärts sende,
heb' ich vereinsamt meine Hände
zu dir empor, zu dem ich fliehe,
dem ich in tiefster Herzenstiefe
Altäre feierlich geweiht,
daß allezeit
mich deine Stimme wieder riefe.

Darauf erglüht tief eingeschrieben
das Wort: Dem unbekannten Gotte.
Sein bin ich, ob ich in der Frevler Rotte
auch bis zur Stunde hin geblieben;
sein bin ich – und ich fühl' die Schlingen,
die mich im Kampf darniederziehn
und, mag ich fliehn,
mich doch zu seinem Dienste zwingen.

Ich will dich kennen, Unbekannter,
du tief in meine Seele Greifender,
mein Leben wie ein Sturm Durchschweifender,
du Unfaßbarer, mir Verwandter!
Ich will dich kennen, selbst dir dienen!

Friedrich Nietzsche, 1844–1900; deutscher Philosoph und Dichter

Novalis

WENN ALLE UNTREU WERDEN

Wenn alle untreu werden,
So bleib ich dir doch treu,
Daß Dankbarkeit auf Erden
Nicht ausgestorben sei.
Für mich umfing dich Leiden,
Vergingst für mich in Schmerz;
Drum geb ich dir mit Freuden
Auf ewig dieses Herz.

Oft muß ich bitter weinen,
Daß du gestorben bist
Und mancher von den Deinen
Dich lebenslang vergißt.
Von Liebe nur durchdrungen
Hast du so viel getan,
Und doch bist du verklungen,
Und keiner denkt daran.

Du stehst voll treuer Liebe
Noch immer jedem bei;
Und wenn dir keiner bliebe,
So bleibst du dennoch treu;

Die treuste Liebe sieget,
Am Ende fühlt man sie,
Weint bitterlich und schmieget
Sind kindlich an dein Knie.

Ich habe dich empfunden,
O lasse nicht von mir;
Laß innig mich verbunden
Auf ewig sein mit dir.
Einst schauen meine Brüder
Auch wieder himmelwärts
Und sinken liebend nieder
Und fallen dir ans Herz.

Novalis, eigentlich Friedrich Leopold Freiherr von Hardenberg, 1772–1801; deutscher Dichter und bedeutender Lyriker der Frühromantik

Hans Christian Örsted

ERHEBUNG DURCH DIE SCHÖPFUNGSKRAFT

Alle die klaren und reinen Wahrheiten, welche im Menschen entstehen, sind Offenbarungen der ewigen Vernunft. Die Wissenschaft hat dies mit der Religion gemein, daß sie uns über das Sinnliche zu erheben strebt. Himmel und Erde sind nur eine Erscheinung, hinter der eine tiefere und dauerhafte Naturordnung verborgen liegt. Es ist durchaus nicht gleichgültig, ob der Mensch eine edle, geistige Freude verschmäht oder nicht: der Genuß derselben ist allemal eine Annäherung an Gott – wir fühlen uns auf einmal durch den Schimmer der Offenbarung göttlicher Weisheit und Schöpfungskraft erhoben und vom tiefsten Demutsgefühl durchdrungen; wüßte man es nicht zuvor, so müßte man es hier lernen, daß wir nichts sind gegen Gott, nur etwas durch Gott.

Hans Christian Örsted, 1777–1851; dänischer Naturforscher, Entdecker des Elektromagnetismus

Philippus Paracelsus

GEBET EINES ARZTES

Du hast uns die Liebe als Arznei gegeben, o Gott und willst, daß der Arzt in dieser Liebe eingeschlossen sei, um den Kranken zu heilen. So wie Deine Liebe kein Ende hat, soll auch unser Forschen und Dienen kein Ende haben. Ohne Deine Hilfe ist der Arzt machtlos, aber mit Dir vermag er das Höchste. Du bedienst Dich unser, weil Du selber gern im Verborgenen bleibst. Dein Wille ist, daß Du durch uns die Kranken heilst. Du gießest in das Herz ein Freude am ewigen Leben und jeder, der an Dich glaubt, wird lebendig auferstehen und den Tod nicht schmecken. Du hast im Menschen die Kräfte aller Elemente geheimnisvoll zusammengefaßt, so wie ein Arzt, der aus den Säften der Kräuter die Kraft zum Heilen zieht. Laß mich alles zum Nutzen der Kranken nach bestem Vermögen und Urteil anordnen, alles Schädliche von ihnen fernhalten. Laß mich heilig und rein meine Kunst und mein Leben bewahren. Amen.

Philippus Paracelsus, Theophrastus Bombastus von Hohenheim, 1493–1541; Arzt, Philosoph, Naturforscher; einer der berühmtesten deutschsprechenden Gelehrten der Renaissance

Blaise Pascal

GEBET

Nimm denn von mir die Traurigkeit, mein Gott, welche die Selbstliebe mir über meine Leiden verursachen könnte, und über das Mißlingen weltlicher Dinge, welche nicht nach den Wünschen meines Herzens geraten, die deine Ehre nicht suchen. Lege in mich eine Traurigkeit, die der deinigen ähnlich ist. Mein Leiden nehme deinen Zorn von mir. Bewirke dadurch meine Genesung und meine Bekehrung!

Laß mich künftighin Leben und Gesundheit nur darum wünschen, daß ich's gebrauche und beschließe für dich, mit dir und in dir. Ich bitte dich weder um Gesundheit, noch Krankheit, noch Leben, noch Tod; beschließe du über meine Gesundheit und über meine Krankheit, über mein Leben und über meinen Tod, nach deiner Ehre, zu meinem Heil, zum Nutzen der Kirche und deiner Heiligen, deren Glied ich durch deine Gnade zu sein hoffe. Du allein weißt, was mir heilsam ist. Du bist mein allerhöchster Herr, tue also nach deinem Willen. Gib oder nimm, mache meinen Willen dem deinigen ähnlich, gib, daß ich in demütiger und in heiliger Zuversicht mich bereite, die Befehle deiner ewigen Vorsehung anzunehmen, und daß ich alles, was mir von dir kommt, mit gleichem Sinn anbete.

Blaise Pascal, 1623–1662; französischer Religionsphilosoph, Mathematiker und Physiker, Begründer der Wahrscheinlichkeitsrechnung

Jean Paul

ES GIBT EINE VORSEHUNG IN DER WELTGESCHICHTE

Das Schicksal legt Nacht um uns und reicht uns nur Fackeln für den nächsten Weg, damit wir uns nicht betrüben über die Klüfte der Zukunft und über die Entfernung des Ziels. – Es gab Jahrhunderte, wo die Menschheit mit verbundenen Augen geführt wurde –, von einem Gefängnis ins andere; es wird weiter Jahrhunderte geben, wo Einzelwesen sterben, wenn Völker steigen, wo Völker zerfallen, wenn das Menschengeschlecht steigt. Was tröstet uns? Ein unendliches Herz jenseits der Welt. Es gibt eine höhere Ordnung, es gibt eine Vorsehung in der Weltgeschichte, die nach anderen Regeln, als wir zugrundelegten, diese verwirrte Erde verknüpft als Tochterland mit einer höheren Stadt Gottes.

Jean Paul, 1763–1825; deutscher Dichter zwischen Klassik und Romantik

Johann Heinrich Pestalozzi

DIE QUELLE DER GERECHTIGKEIT

Die Quelle der Gerechtigkeit und alles Weltsegens, die Quelle der Liebe und des Brudersinnes der Menschheit, diese beruht auf dem großen Gedanken, daß wir Gottes Kinder sind ...

In diesem großen Gedanken liegt immer der Geist aller wahren Staatsweisheit, die reinen Volkssegen sucht.

Johann Heinrich Pestalozzi, 1746–1827; berühmtester Schweizer Pädagoge der Goethezeit, gründete Armenanstalten und Waisenhäuser

Petrarca

GEBET

Du mein Heil, / Jesu Christe, / wenn menschliches Elend dich zum Erbarmen führen kann: / steh bei mir Armen / und hör in Gnaden auf mein Beten. / Laß mein irdisches Wandern dir zum Gefallen sein / und lenke alle meine Schritte auf den Weg ewigen Heiles, / gönne mir gnädig deinen Beistand am Tag meines Hinscheidens und in jener letzten Todesstunde. / Und denk nicht meiner Sünden, / sondern nimm meine Seele, / wenn sie aus diesem armen Leben scheidet, / freundlich auf und geh nicht ins Gericht, Herr, mit deinem Knechte. / Du Born alles Erbarmens, / tu mit mir, nach deinem Erbarmen. / Nimm du dich meiner Sache an. / Und decke zu am Jüngsten Tage meine Gebrechen / und dulde nicht, / daß diese Seele, deiner Hände Werk, in deines und meines Feindes arge Knechtschaft falle. / Du, mein Gott, / bist mein Erbarmen. / Du wirst mich retten.

Francesco Petrarca, 1304–1374; italienischer Dichter und Humanist, Meister italienischer Sprachkunst

Max Planck

ES GIBT KEINE MATERIE AN SICH

Als Physiker, also als Mann, der sein ganzes Leben der nüchternen Wissenschaft, der Erforschung der Materie diente, bin ich sicher von dem Verdacht frei, für einen Schwarmgeist gehalten zu werden. Und so sage ich nach meinen Erforschungen des Atoms folgendes: Es gibt keine Materie an sich! Alle Materie entsteht und besteht nur durch eine Kraft, welche die Atomteilchen in Schwingung bringt und sie zum winzigsten Sonnensystem des Atoms zusammenhält. Da es im ganzen Weltall aber weder eine intelligente noch eine ewige (abstrakte) Kraft gibt – es ist der Menschheit nie gelungen, das heißersehnte Perpetuum mobile zu erfinden – so müssen wir hinter dieser Kraft einen *bewußten intelligenten Geist* annehmen. Dieser Geist ist der Urgrund aller Materie. Nicht die sichtbare, aber vergängliche Materie ist das Reale, Wahre, Wirkliche (denn die Materie bestünde, wie wir es gesehen haben, ohne diesen Geist überhaupt nicht!), sondern der unsichtbare, unsterbliche Geist ist das Wahre. Da es aber Geist an sich nicht geben kann, und jeder Geist einem Wesen zugehört, so müssen wir zwingend *Geistwesen* annehmen. Da aber auch Geistwesen nicht aus sich selbst sein können, sondern geschaffen worden sein müssen, so scheue ich mich nicht, diesen geheimnisvollen Schöpfer ebenso zu nennen, wie ihn alle alten Kulturvölker der Erde früherer Jahrtausende genannt haben: – *GOTT!*

Max Planck, 1858–1947; Naturforscher, leitete mit Einstein ein neues Zeitalter der Naturwissenschaft ein und prägte unser physikalisches Weltbild entscheidend um

Alexander Puschkin

GEBET

Die Wüstenväter und die unbefleckten Frauen,
Damit das Herz sich heb zu jenseitigen Augen
Und daß es stark im Sturm und Kampf des Lebens sei,
Erschufen göttliche Gebete mancherlei;
Doch keines rührt mich so, keins kann mir so behagen
Wie jenes, das so oft uns unsre Priester sagen
In Trauertagen während großer Fastenzeit;
Zu dem Gebet war ich am häufigsten bereit –
Mit unbekannter Kraft den Fallenden durchdrang es:
»Herr meiner Tage! Nimm den Geist des Müßigganges,
Der Herrschsucht Schlange auch, die Quelle böser Lust
Und der Schwatzhaftigkeit, nimm sie aus meiner Brust.
Doch laß mich dafür schaun, o Gott, die eignen Sünden,
Laß nie dem Bruder mich ein hartes Urteil künden,
Auf daß der Demut und Geduld und Liebe Geist,
Der Keuschheit Geist auf stets mein Herz belebt und speist.«

Alexander Sergejewitsch Puschkin, 1799–1837; russischer Dichter und Lyriker, Begründer der russischen Dichtung als Weltliteratur

Ramakrishna

GEBET AN DIE GÖTTLICHE MUTTER

O göttliche Mutter, ich werfe mich in Deine Gnade. Zu Deinen heiligen Füßen suche ich Zuflucht. Sei gnadenvoll und gib mir reine Liebe zu Dir, eine Liebe von keinem Begehren zerstört, durch kein ichhaftes Wollen befleckt, eine Liebe, um die Dein Ergebener nur um der Liebe selbst willen ringt. Göttliche Mutter, da ist niemand denn Du, den ich mein eigen nennen kann. Ich weiß nicht, wie Dich zu verehren, ich habe keine frommen Verdienste, nicht Hingabe noch Wissen habe ich. Sei gnädig, göttliche Mutter, aus Deiner unendlichen Gnade schenke mir Liebe zu Deinen Lotosfüßen.

Ramakrishna, 1834–1886; Wiedererwecker hinduistischer Frömmigkeit im modernen Indien

Heinrich Riedel

ABENDGEBET

König und Friedefürst! Aller Friede, den Du uns hier schenkst, ja jeder Ruhetag ist ein Gleichnis für den großen Frieden, dem Du uns entgegenführst. Wir sind unterwegs. Laß uns das nie vergessen. Wir danken Dir, daß Du uns zu diesem ewigen Ziel rufst. Laß uns nicht zu näheren, bequemeren Trugzielen abweichen. Täglich wollen wir fort vom Weg dieses Friedens und zurück auf den Weg unserer eigenen Unruhe. Wir wollen oft gar nicht stille sein, sondern suchen den Lärm. Wir wollen uns nicht sammeln, sondern uns zerstreuen. Wir wollen uns nicht führen lassen, sondern selbst planen. Wir wollen uns nicht überwinden, sondern uns ausleben. Herr, wir verlieren Dein Ziel, wenn Du Dich nicht unser erbarmst. Wir danken Dir, daß Du uns nicht nur rufst mit dem sanften Ruf der Frohbotschaft, sondern auch mit dem harten Spruch des Richters. Laß uns der Schärfe Deines Wortes nicht ausweichen. Auch unter Dein richtendes Wort wollen wir uns beugen. Du bringst uns zurück auf Deinen Weg, der ein Weg geheiligter Stille und seligen Friedens ist.

Komm, Du selig Wesen, / das ich mir erlesen, / werd mir offenbar; / meinen Hunger stille, / meine Seele fülle / mit Dir selber gar. / Bleib nur Du / mein Gut und Ruh, / bis Du wirst in jenem Leben / Dich mir völlig geben. Amen.

Rainer Maria Rilke

... UND BAUEN DICH

Werkleute sind wir: Knappen, Jünger, Meister,
Und bauen dich, du hohes Mittelschiff.
Und manchmal kommt ein ernster Hergereister,
Geht wie ein Glanz durch unsere hundert Geister
Und zeigt uns zitternd einen neuen Griff.

Wir steigen in die wiegenden Gerüste,
In unsern Händen hängt der Hammer schwer,
Bis eine Stunde uns die Stirnen küßte,
Die strahlend, und als ob sie alles wüßte,
Von dir kommt wie der Wind vom Meer.

Dann ist ein Hallen von den vielen Hämmern,
Und durch die Berge geht es Stoß um Stoß.
Erst wenn es dunkelt, lassen wir dich los:
Und deine kommenden Konturen dämmern.

Gott, du bist groß.

Rainer Maria Rilke, 1875—1926; deutscher Lyriker der neuromantischen Epoche

Carl Ritter

VOM SEGEN DES GEBETES

Alle meine erworbene Weisheit und Klugheit und Seelenheiterkeit fällt von mir ab, und ich weiß nichts zu tun, als im Gebet zu dem zu flüchten, der die Erbarmung hatte, ein heiliger Gott als nackter Erdensohn zu uns zu kommen und dem Schwerbeladenen, der zu ihm sich flüchtet, Stütze, Trost zu sein und aus Glaube und Liebe die Hoffnung zu erwecken, die ohne ihn in uns ein kalter, falscher Schimmer ist. Wenn ich dann frei von allem Außenwerk und fremdem

Wesen so glücklich war, vor seinem Angesicht zu knieen und eine süße Träne der Demut und der Reue zu vergießen, dann strömte ein ganzer Strom von neuem, unnennbarem Segen fühlbar auf mich herab, und es ward nach langer Dunkelheit wieder Licht in mir, daß Er der Herr ist, der bei uns stets nahe ist in aller Freude und Not. Wir sind nicht umsonst in diese Welt gesetzt, wir sollen hier reif für eine andere werden. Im tiefsten Bewußtsein meiner großen Sünden bin ich doch voller Zuversicht, da ich weiß, daß Gott die ewige Liebe und Gnade ist, und daß mein Erlöser lebt, der seine Gläubigen der Gnade des Ewigen und Gerechten teilhaftig macht.

Carl Ritter, 1779–1859; Geograph, Begründer der vergleichenden Erdkunde

Antoine de Saint-Exupéry

Eisig, o Herr, ist zuweilen meine Einsamkeit.
Und ich begehre nach einem Zeichen in der Wüste meiner Verlassenheit.
Doch im Laufe eines Traumes hast du mich belehrt.
Ich habe begriffen, daß jedes Zeichen eitel ist, denn gehörtest du meiner Stufe an,
so zwängest du mich nicht zum Wachsen.
Und was vermag ich anzufangen mit mir, o Herr, so wie ich bin?

Antoine de Saint-Exupéry (1900–1944); französischer Schriftsteller und leidenschaftlicher Flieger; war im Zweiten Weltkrieg Aufklärungsflieger und ist von einem Flug nicht mehr zurückgekehrt.

Johann Scheffler (Angelus Silesius)

SPRÜCHE

Der Himmel ist in dir
Halt an, wo laufst du hin, der Himmel ist in dir;
Suchst du Gott anderswo, du fehlst ihn für und für.

Die Ledigkeit ist wie Gott
Mensch, wo du ledig bist, das Wasser quillt aus dir
Sowohl als aus dem Brunn der Ewigkeit herfür.

Ohne Warum
Die Ros ist ohn Warum; sie blühet, weil sie blühet,
Sie acht' nicht ihrer selbst, fragt nicht, ob man sie siehet.

Du selbst mußt Sonne sein
Ich selbst muß Sonne sein, ich muß mit meinen Strahlen
Das farbenlose Meer der ganzen Gottheit malen.

Mensch, werde wesentlich
Mensch, werde wesentlich: Denn wann die Welt vergeht,
So fällt der Zufall weg. Das Wesen, das besteht.

Wirst du nicht auch bewegt
Die Sonn erregt das All, macht alle Sterne tanzen.
Wirst du nicht auch bewegt, gehörst du nicht zum Ganzen.

Die Rose
Die Rose, welche hier dein äußres Auge sieht,
Die hat von Ewigkeit in Gott also beglüht.

Angelus Silesius oder Johannes Scheffler, 1624–1677; der große religiöse Dichter des katholischen Barocks, Hauptwerk: Der Cherubinische Wandersmann – Geistreiche Sinn- und Schlußreime

Friedrich Wilhelm Schelling

DIE GESCHICHTE IST EIN EPOS IM GEISTE GOTTES GEDICHTET

Wie Gott in dem ersten Gegenbild, durch die Form nicht bloß überhaupt sich objektiv wird, sondern auch sein Anschauen selbst wieder in jenem anschaut, damit es ihm vollkommen ähnlich und gleich sei, so schaut die Seele auch sich selbst wieder hinein in die Natur, im Licht, welches der in ihr, nur wie in Trümmern, wohnende

Geist ist. Denn obgleich von dem idealen Prinzip vollkommen gesondert, ist die Erscheinungswelt doch für die Seele die Ruine der göttlichen oder absoluten Welt. Sie ist nämlich die Absolutheit, aber nur in ihrer angeschauten Gestalt, nicht das schlechthin Ideale, und auch jene nicht an sich, sondern inwiefern sie durch Differenz und Endlichkeit getrübt ist. Sittlichkeit und Seligkeit verhalten sich nur als die zwei verschiednen Ansichten einer und derselben Einheit; keiner Ergänzung durch die andre bedürftig, ist jede für sich absolut und begreift die andre und das Urbild dieses Einsseins, welches zugleich das der Wahrheit und der Schönheit ist, in Gott. Gott ist auf eine völlig gleiche Weise absolute Seligkeit und absolute Sittlichkeit, oder beide sind die gleich unendlichen Attribute Gottes. – Die Geschichte ist ein Epos, im Geiste Gottes gedichtet; seine zwei Hauptpartien sind: die, welche den Ausgang der Menschheit von ihrem Centro bis zur höchsten Entfernung von ihm darstellt, die andre, welche die Rückkehr.

Friedrich Wilhelm Schelling, 1775–1854; Philosoph des deutschen Idealismus

Max von Schenkendorf

GEBET

Du läßt dich wieder sehen / Des Volkes alter Hort, / Heil Allen, die verstehen / Dein Zeichen und dein Wort! / Du wandelst in den Lüften, / Im Säuseln vor uns her, / Du rollst in Felsenklüften / Die Donner, stark und schwer.

O Herr, wir sinken nieder / Vor deiner Herrlichkeit, / Noch einmal sende wieder / Die letzte Gnadenzeit;/ O hör auf unser Flehen / Und übe du Geduld, / Wenn wir dir eingestehen / Die Armut und die Schuld.

Herr Gott, der allen Sündern / In Gnaden gern vergibt / Und den gefallenen Kindern / Im Strafen Wohltat übt – / Wir alle sinken nieder / Und beten dankend an, / Sind eines Reiches Glieder / Und kämpfen Mann für Mann!

Max von Schenkendorf, 1783–1817; deutscher vaterländischer Dichter der Befreiungskriege

Friedrich Schiller

DREI WORTE

Dem Menschen ist aller Wert geraubt,
Wenn er nicht mehr an die drei Worte glaubt:

Der Mensch ist frei geschaffen, ist frei,
Und würd er in Ketten geboren,
Laßt euch nicht irren des Pöbels Geschrei,
Nicht den Mißbrauch rasender Toren;
Vor dem Sklaven, wenn er die Kette bricht,
Vor dem freien Menschen erzittert nicht.

Und die Tugend, sie ist kein leerer Schall,
Der Mensch kann sie üben im Leben,
Und soll er auch straucheln überall,
Er kann nach der göttlichen streben;
Und was kein Verstand der Verständigen sieht,
Das übet in Einfalt ein kindlich Gemüt.

Und ein Gott ist, ein heiliger Wille lebt,
Wie auch der menschliche wanke,
Hoch über der Zeit und dem Raume webt
Lebendig der höchste Gedanke;
Und ob alles in ewigem Wechsel kreist,
Es beharret im Wechsel ein ruhiger Geist.

Friedrich von Schiller, 1759–1805; deutscher Dramatiker, Balladendichter und Gedankenlyriker

Reinhold Schneider

ALLEIN DEN BETERN KANN ES NOCH GELINGEN

Allein den Betern kann es noch gelingen,
Das Schwert ob unsern Häuptern aufzuhalten
Und diese Welt den richtenden Gewalten
Durch ein geheiligt Leben abzuringen.

Denn Täter werden nie den Himmel zwingen;
Was sie vereinen, wird sich wieder spalten,
Was sie erneuern, über Nacht veralten,
Und was sie stiften, Not und Unheil bringen.

Jetzt ist die Zeit, da sich das Heil verbirgt,
Und Menschenhochmut auf dem Markte feiert,
Indes im Dom die Beter sich verhüllen,

Bis Gott aus unsern Opfern Segen wirkt.
Und in den Tiefen, die kein Auf entschleiert,
Die trocknen Brunnen sich mit Leben füllen.

Reinhold Schneider, 1903–1958; deutscher Schriftsteller

Albert Schweitzer

DAS WESENTLICHE DES CHRISTENTUMS

Alle christliche Frömmigkeit ist nur so viel wert, als in ihr Hingabe unseres Willens an den seinen statthat, als sie zur lebendigen Nachfolge Christi führt ... Es ist mir wie ein Auftrag, der mir zuteil geworden ist, den Menschen zu sagen, *daß die Frömmigkeit von den überlieferten Glaubensvorstellungen unabhängig ist* ... Christus war kein Dogmatiker, er formulierte keine Glaubenslehren. Nirgends verlangt er von seinen Hörern, daß sie ihr Denken dem Glauben opfern. Im Gegenteil: er heißt sie über Religion nachdenken! In der Bergpredigt lehrt er sie, die Frömmigkeit nach dem zu beurteilen, was sie aus dem Menschen in ethischer Hinsicht macht. So ist die Bergpredigt die Rechtsurkunde des freisinnigen Christentums. Die Wahrheit, daß das *Ethische* das Wesen des Religiösen ausmacht, ist durch Jesu Autorität sichergestellt.

Das Wesentliche des Christentums, wie es von Jesus verkündet ist und wie es vom Denken begriffen wird, ist dies, *daß wir durch die Liebe allein in Gemeinschaft mit Gott gelangen.* Alle lebendige Gotterkenntnis geht darauf zurück, daß wir ihn als Willen der Liebe in unseren Herzen erleben ...

... Die Gesinnung der Ehrfurcht vor dem Leben vermag an der Umgestaltung der Kirchen zum Ideal religiöser Gemeinschaft zu arbeiten, weil sie tiefreligiöser Natur ist. In *allem* historisch formuliertem Glauben sucht sie die *ethische Mystik* des Einsseins mit dem Unendlichen Willen, der sich in uns als der Wille zur Liebe erlebt, als das Elementare und Wesentliche der Frömmigkeit zur Geltung zu bringen. Indem sie das Wesentliche und Allgemeinste der Frömmigkeit in den Mittelpunkt stellt, führt sie die verschiedenen religiösen Gemeinschaften aus der Enge historischer Vergangenheit heraus und bahnt Verständigung und Einigkeit zwischen ihnen an ...

Albert Schweitzer, 1875–1965; protest. Theologe, Philosoph, Arzt, von 1913 bis zu seinem Tod Arzt in Lambarene/Afrika

William Shakespeare

SIEH, WIE DIE HIMMELSFLUR ...

Wie süß das Mondlicht auf dem Hügel schläft! –
Hier laß uns sitzen und von der Musik
Das Ohr beschleichen: Stille und die Nacht
Werden zu Tasten holder Harmonie.

Sieh, Jessika, sieh, wie der Himmelsflur
Ist eingelegt mit Scheiben hellen Golds;
's ist nicht der kleinste Kreis, den du da schaust,
Der nicht im Umschwung wie ein Engel singt
Zum Chor der strahlenäug'gen Cherubim,
Und jenes Wohllauts voll sind ew'ge Seelen;
Nur wir, weil dies hinfäll'ge Kleid aus Staub
Ihn grob umhüllt, wir können ihn nicht hören.

William Shakespeare, 1564–1616; größter englischer Dramatiker

Swami Sivananda

WIE ALLE ANGST ÜBERWUNDEN WIRD

Bilde dir die *Gewohnheit* heran, täglich sehr oft »Gott« zu denken, dabei langsam zu atmen, ruhig und mit entspanntem Gesicht zu sitzen, und bald wirst du fühlen, wie Gottes große Ruhe in dich einströmt, körperlich wahrnehmbar.

Je mehr du nun dem Göttlichen Raum in dir gibst, um so ferner rückst du der Welt und hast immer weniger Angst. Von diesem Anfang an brauchst du gar nicht mehr so viel *selbst* zu tun, denn jetzt beginnt bereits *Gott* in dir zu arbeiten; er zeigt dir mit sanftem Zwange immer schöner und einleuchtender, wie töricht du bist, auf die Welt zu blicken, da du doch jederzeit in dir selber Gott wahrzunehmen vermagst. Je nach deiner Wesensart wird es dir zur Lust werden, entweder dich und alles in deinem Leben Gott anheimzugeben aus Liebe zu ihm oder – wenn du ein Tätigkeitsmensch bist – nur noch um Gottes willen zu arbeiten und deine Kraft nur noch im Geiste der *Liebe* wirken zu lassen. – Von da an tut dir die Welt nichts mehr.

Je stärker du dich Gott hingibst, um so weniger bedeutsam ist dir die Welt. Je mehr du wieder Angst hast und auf das »Sichere« schaust oder streitbar dein Ich verteidigst, um so härter werden dich Rückschläge treffen, die dich aber alle wieder zu Gott zurückführen, bis du endlich keine Rückfälle mehr hast, sondern ganz und gar in Gott lebst. Von da an ist dein Körper gesund, dein Geist ist ewig heiter und freudig. Die Arbeit im Beruf wird dir leicht fallen und erfolgreich sein.

Edmund Spenser

ER NUR IST SCHÖN

Sie halten dich für schön; du bist es auch:
Dein Reiz ist so, daß er den Spiegel spart.
Doch wahre Schönheit ist der Seele Hauch
Und reinen Sinn, ihn nenn ich schönre Art.

Denn aller Staat, der sich um jene schart,
Zerstiebt in Nichts, der Farben Fest zerfließt;
Nein, vor Zerstörung, vor Zerfall bewahrt
Bleibt einzig das, was dieser Leib umschließt.

Die Schönheit, die vom Himmel sich ergießt,
Die ahnen läßt des Höchsten Trost und Heil;
Sie ist der Geist, dem alles hier entsprießt:
Von ihm ist, was da prunkt, ein winzig Teil.
Er nur ist schön; schön, was Er edel macht;
Was sonst sich schön nennt, flieht wie Blütenpracht.

Edmund Spenser, 1552(?)–1599; englischer Dichter, Lyriker und Epiker

Baruch Spinoza

WORIN DIE EWIGKEIT BESTEHT

Alles, was ist, ist in Gott, und nichts kann ohne Gott sein oder vorgestellt werden. In der Natur gibt es kein zufälliges, sondern Alles ist vermöge der Notwendigkeit der göttlichen Natur bestimmt, in einer gewissen Weise da zu sein und zu wirken. Die Dinge konnten auf keine andere Weise und in keiner anderen Ordnung von Gott hervorgebracht werden, als sie hervorgebracht sind. Die Ordnung und Verknüpfung der Vorstellungen ist dieselbe wie die Ordnung und Verknüpfung der Dinge. – Die Liebe zu Gott ist das höchste Gut, was wir nach dem Gebot der Vernunft erstreben können, und sie ist allen Menschen gemeinsam, und wir wünschen, daß sich alle ihrer erfreuen. –

Die Seele kann nur während der Dauer ihres Körpers sich etwas bildlich vorstellen und der vergangnen Dinge erinnern. In Gott gibt es jedoch notwendig eine Vorstellung, welche das Wesen dieses und jenes menschlichen Körpers unter der Form der Ewigkeit ausdrückt. Die menschliche Seele kann nicht durchaus mit dem Körper zerstört werden, sondern es bleibt von ihr etwas, was ewig ist. Soweit unsre Seele sich in der Form der Ewigkeit kennt, insoweit hat sie notwendig die Erkenntnis Gottes und weiß, daß sie in Gott ist und durch Gott vorgestellt wird.

Die geistige Liebe zu Gott ist ewig. Wer einen Körper hat, der zu Vielem geschickt ist, hat eine Seele, deren größter Teil ewig ist. Wenn wir auch nicht wüßten, daß unsre Seele ewig ist, so würden wir doch die Frömmigkeit und die Religion und überhaupt Alles, was sich auf die Seelenstärke und den Edelsinn bezieht, für das Höchste halten. Die Seligkeit ist nicht der Lohn der Tugend, sondern die Tugend selbst, und man erfreut sich ihrer nicht, weil man die Lüste im Zaum hält, sondern weil man sich ihrer erfreut, kann man die Lüste im Zaum halten. Die Seligkeit besteht in der Liebe zu Gott.

Baruch Spinoza, 1632–1677; holländischer Philosoph, portugiesisch-jüdischer Abkunft, Vertreter des Rationalismus, Gott als einziger Grund alles Seins und der Natur, bestritt die Willensfreiheit des Menschen

Edith Stein

Laß blind mich, Herr, die Wege gehn,
Die Deine sind.
Will Deine Führung nicht verstehn,
Bin ja Dein Kind!

Bist Vater der Weisheit, auch Vater mir.
Führst durch Nacht Du auch, führst doch zu Dir!

Herr, laß geschehn, was Du willst:
Ich bin bereit!
Auch wenn Du nie mein Leben stillst
In dieser Zeit.

Bist ja der Herr der Zeit: Das Wann ist Dein.
Dein ew'ges Jetzt, einst wird es mein!

Mach alles wahr, wie Du es planst
In Deinem Rat.
Wenn still Du dann zum Opfer mahnst,
Hilf auch zur Tat!

Edith Stein (1891–1942); sie stammte aus einer jüdischen Familie in Breslau und studierte zunächst Philosophie. Nach Jahren des Atheismus konvertierte sie zum Katholizismus und trat 1933 in den Karmeliterorden in Köln ein. Die Nationalsozialisten verschleppten sie 1942 in das Konzentrationslager Auschwitz. Sie gilt als beispielhafte Verfechterin des Glaubens, die in ihrem Leben eine »Verleiblichung des Evangeliums« darstellte.

Adalbert Stifter

HERR, WAS VON DIR KÖMMT, IST GUT ...

Stirbt der Mensch nicht unausgesetzt jahrelang vor seinem Tode, ja seit seiner Geburt – und lebt er nicht noch nach dem Aufhören des Atmens, wer weiß wie lange? Dies gilt sogar von dem allmählichen Übergang des bloßen Stoffes. Was in uns denkt, fühlt, liebt, haßt, Gott anbetet, ins Jenseits übergreift, ist sogar ein ganz und gar Unwandelbares und kann nur mehr und minder von Einflüssen gehemmt oder gefördert werden. Es ist, wir können sein Nichtsein nicht denken und heißen es in höchster Fülle Gott. Wie dasselbe ohne menschlichen Körper ist, können wir nicht fassen, weil wir nur durch den Körper fassen, wie der, welcher von der Seite eines Berges sieht, nie, solange er sich dort befindet, sehen kann, was hinter dem Rücken des Berges ist; aber auch was sein möge hinter jener Grenze, die unser Auge schließt: es ist das Beste, Herrlichste und Weiseste, dessen dürfen wir gewiß sein, das lehrt das Stück Leben, welches wir Diesseits nennen, hinreichend, unsere Vernunft kann es nicht anders vorstellen, und Gott wäre nicht Gott, wenn es anders wäre. Diesen Gedanken habe ich, seit ich männlicher geworden bin, diesen Gedanken habe ich sogar nicht bloß für das Jenseits, sondern für alle Vorkommnisse dieser Welt, und er ist der Inhalt meines Gebetes: »Herr, was von Dir kömmt, ist gut, ich bete es an, wenn es mich auch schmerzet!«

Adalbert Stifter, 1805–1868; oberösterreichischer Dichter

Lulu von Strauß und Torney

HERR, GEH' MIR NICHT VORBEI

Der Tag hing grau in Wolken und war doch schwül und schwer,
die blauen Blitze flammten nachts über die Gärten her,
das Korn stand reif im Felde, und goldner war es nie –
ich bog dem Gott der Liebe mit Zittern meine Knie.

Die Sommernelken blühten und brannten purpurrot,
die ich mir damals pflückte, sind nun verdorrt und tot.
Der Gott, vor dem ich kniete, er schritt an mir vorbei;
ihm nach durch graue Leere ging meiner Sehnsucht Schrei. –

In gelbe Lindenwipfel stößt nun der nasse Wind;
ich gehe stille Wege, die menschenferne sind;

die Stirne, die ich senkte in Tränen und im Traum,
streift wieder eines Gottes dunkler Mantelsaum.

Und zwischen letzten Garben, die goldner Herbst beschert,
im Dampf gepflügter Scholle, die junge Saat begehrt,
das strenge Haupt erhoben in freier Winde Wehn,
seh' ich mit starken Füßen den Gott der Arbeit gehn.

Der du gebietend schreitest durch Sichelklang und Saat,
sich mühen heißt dir beten, und Andacht ist die Tat!
Im Werke meiner Hände hör' meiner Sehnsucht Schrei:
Du Gott, zu dem ich bete – Herr, geh' mir nicht vorbei!

Lulu von Strauß und Torney, 1873–1956; niederdeutsche Heimatdichterin

August Strindberg

GEBET

O Ewiger! Nicht laß ich deine Hand,
die harte, los, bis du mich segnest!
O segne deine Menschheit, Herr!
die leidet, leidet durch des Lebens Gabe!
Vor allem mich, der ich am meisten
litt am Schmerze,
nicht der zu sein, der ich zu sein gewünscht.

MEIN GLAUBE

Wenn ich mich Christ nenne, so geschieht es, weil ich Christus als eine Macht, eine Kraftquelle anerkenne, aus der ich durch das Gebet Kraft schöpfe, die Beschwerden des Lebens einigermaßen zu ertragen. Gleichzeitig aber gestehe ich, daß ich die Versöhnungslehre mit dem Opfertod nicht zu fassen oder zu erklären vermag; das ist jedoch kein Fehler der Lehre, sondern ein Mangel auf meiner Seite, und ich habe nicht das Recht, die Tatsache zu leugnen, nur weil ich sie nicht verstehe.

... Kampf zwischen Heidentum und Christentum, das ist der Streit, der heute die Welt erfüllt. Aber ebenso sicher wie das Christentum neueren Datums als das Heidentum ist, ebenso sicher wird auch die Zukunft dem Christentum gehören, selbst wenn die Äfflinge auch augenblicklich in Mehrheit sind.

... Fällt der Gottesfürchtige zu Boden, so steht er wieder auf, bürstet sich ab und geht weiter; der Gottlose aber bleibt im Dreck liegen.

... Beten *aber* arbeiten, leiden *aber* hoffen, das eine Auge zur Erde, das andere zu den Sternen gerichtet; sich nicht festsetzen noch niederlassen; es gilt ja eine Fußwanderung; kein Heim, sondern eine Gastwirtschaft, eine Posthalterei; die Wahrheit suchen, denn sie existiert ...

August Strindberg, 1849–1912; Schwedens größter Naturalist und einflußreichste Gestalt der Jahrhundertwende, hervorragender Dramatiker

Jan Swammerdam

DER MENSCH MUSS ALLES VON GOTT EMPFANGEN

Ist der Geist wunderbar und unbegreiflich in den allergrößten Geschöpfen, so ist er in den allerkleinsten noch viel unergründlicher. Es ist etwas sehr Wunderbares und stellt den allmächtigen Arm Gottes in Glanz und Majestät dar, der aus einem und demselben Tier ein anderes bildet, das nichts destoweniger dasselbe bleibt (Raupe und Schmetterling). Es ist nichts besser, als daß man allezeit in sich selber ein Mißtrauen setze und behutsam wandle, denn der elende Mensch ist überall unwissend, seine wahre Wissenschaft bestehe darin, daß er seine Schwachheit und Eitelkeit erkenne, die in und für sich selbst nichts besitzt, sondern alles von Gott empfangen muß.

Jan Swammerdam, 1637–1680; niederländischer Arzt und Zoologe, entdeckte u. a. die roten Blutkörperchen, begründete die Entwicklungsgeschichte der Insekten

Rabindranath Tagore

BENGALISCHES GEBET

Seit wann kamest du, o Herr, / Dich mir zu verbinden? / Weder Mond noch Sonne ließ / Jemals dich verschwinden. / Regten sich der Dämm'rung Schwingen, / Hört ich Deine Füße klingen, / Heimlich Botschaft mir zu bringen / Und dich zu verkünden.

Herr, die reinste Freude ward / Heute mir gegeben, / Sie durchflutete mein Herz / Und erfüllt mein Leben. / Als ob nun die Zeit vollendet, / Da sich all mein Mühen endet, / Bringt der Wind mir zugewendet / Deines Atems Weben.

Rabindranath Tagore, 1861–1941; indischer Dichter und Philosoph, Literatur-Nobelpreisträger

Hippolyte Taine

DIE SONNE CHRISTI ...

Es wird kalt in der Welt, wenn die Sonne Christi untergeht. Das Christentum ist das große Flügelpaar, das dem Menschen nötig ist, um sich über sich selbst zu erheben, über sein kriechendes Leben, über seinen engen Horizont. Immer und überall seit 1800 Jahren, wo diese Flügel versagten, oder wo man sie zerschlug, sank die allgemeine und persönliche Sittlichkeit in die Tiefe. Die brutale und rechnerische Selbstsucht erwachte, die Grausamkeit und Sinnlichkeit nahm überhand, die Menschheit wurde zur Räuberhöhle und zu einem Ort des Lasters. Es gibt nichts außer dem Christentum, um uns auf der fatalen schiefen Ebene Halt zu geben, und das alte Evangelium, wie es auch immer in der heutigen Zeit verkündet werden mag, ist heute noch die beste Stütze des sozialen Instinktes.

Hippolyte Taine, 1828–1893; französischer positivistischer Historiker, Literatur- und Kunstkritiker

Mutter Teresa
(Ihr ganzes Leben ist ein Tatgebet helfender Liebe)

Mach uns würdig, Herr,
unsern Mitmenschen in der ganzen Welt,
die in Hunger und Armut leben und sterben,
zu dienen.
Gib ihnen durch unsere Hand
heute ihr tägliches Brot
und durch unser Verstehen Liebe,
Friede und Freude. –

Laß jede Schwester in der Person des Armen
Jesus Christus sehen.
Je abstoßender Arbeit oder Person sind,
desto größer müssen auch ihr Glaube,
ihre Liebe und ihre freudige Hingabe sein,
wenn sie unserm Herrn
in dieser jammervollen Verkleidung dient. –

Das Beten ist sehr schwer, wenn man nicht weiß,
wie man beten soll,
aber wir müssen einander helfen, es zu lernen.
Das Wichtigste ist die Stille.
Menschen, die das Gebet lieben, lieben die Stille.
Wir werden uns nicht in die Gegenwart Gottes versetzen können,
ohne uns zu einer inneren und äußeren Stille zu zwingen.
Deshalb müssen wir uns an eine Stille des Geistes, der Augen und der Zunge gewöhnen.
Gott ist der Freund der Stille.
Wir müssen Gott finden,
wir können ihn aber weder im Lärm noch in der Betriebsamkeit finden.
Seht, wie die Natur, die Bäume, die Blumen, das Gras in einer tiefen Stille wachsen,
wie Sterne, Mond und Sonne in der Stille auf- und untergehen.

Mutter Teresa, geb. 1910; diese einfache albanische Frau hat mit ihrem wahrhaft brennenden Gottesglauben »Berge versetzt«. Sie gründete in allen Erdteilen »Häuser der Nächstenliebe«. In Australien, Europa,

Amerika, Asien und Indien bestehen 1984 über 170 Häuser, davon allein über 95 in Indien. Die Zahl der Schwestern beträgt etwa 2000, die der Brüder 300. Die »Internationale Vereinigung der Mitarbeiter Mutter Teresas« umfaßt etwa 120 000 Mitglieder.

Gerhard Tersteegen

Nun sich der Tag geendet,
Mein Herz zu dir sich wendet
Und danket inniglich:
Dein holdes Angesichte
Zum Segen auf mich richte,
Erleuchte und entzünde mich.

Ich schließe mich auf's neue
In deine Vatertreue
Und Schutz und Herze ein:
Die fleischlichen Geschäfte
Und alle finst're Kräfte
Vertreibe durch dein Nahesein.

Daß du mich stets umgibest,
Daß du mich herzlich liebest
Und rufst zu dir hinein,
Daß du vergnügst alleine
So wesentlich, so reine
Laß früh und spat mir wichtig sein.

Ein Tag, der sagt dem andern
Mein Leben sei ein Wandern
Zur großen Ewigkeit:
O Ewigkeit so schöne,
Mein Herz an dich gewöhne;
Mein Heim ist nicht in dieser Zeit.

Gerhard Tersteegen (1697–1769); Laienprediger und Mystiker, widmete sich als pietistischer Prediger der Erweckung und stellte auch seine über hundert Lieder in den Dienst seiner Mission.

Hans Thoma

... BETEND UNSRE KNIE BEUGEN

Wir Menschen gehen durch das Leben mit gar viel Leiden und Schwächen; wir glauben aber an eine Weiterentwicklung, an die Möglichkeit einer Läuterung zu einem höheren Dasein hinauf. Wie der »reine Tor« durch Mitleid wissend, geht unser geistiges Streben zu einem Gral der brüderlichen Liebe, zu einem Übermenschentum, welches sich auf Selbstverleugnung gründet. Wir erkennen unsere Schwachheit und Sündennot, in die wir verstrickt sind, wir wollen hinauf zu einem Standpunkt der Versöhnung, zum großen Willen allgemeiner Sündenvergebung, wie sie sich im Gebet des Herrn ausdrückt: »Und vergib uns unsre Schuld, wie auch wir vergeben unsern Schuldigern.« Dies könnte die Inschrift sein an dem Gralstempel eines neuen Übermenschentums, zu einem Zustand, wo nicht mehr abgerechnet wird, sondern vergeben, wo die Gerechtigkeit ihre Rechte an die Barmherzigkeit abtritt, wo der Mensch so hoch von sich und seiner Herkunft denkt, daß er mit fromm freudiger Demut durch das Erdenleben gehen kann, so hoch von sich denkt, daß er sich nichts vergibt, wenn er auch die andre Backe zum Schlage hinhält, wo der Spruch vom Splitter und Balken im Auge in seiner ganzen Tiefe verstanden wird und das milde Mahnwort zur Geltung kommt: »Wer von euch ohne Sünde ist, werfe den ersten Stein!« Wo wir uns nicht mehr vor dem Schicksal krümmen, sondern betend unsre Knie beugen vor der Barmherzigkeit, die als Gottes Engel durch die Menschheit schreitet.

Hans Thoma, 1839–1924; bedeutender deutscher Maler

Leo Tolstoi

im Gespräch mit Maxim Gorki

DER GLAUBE IST GESTEIGERTES LICHT

»Ganz unerwartet«, so erzählt Gorki, »fragte er mich einmal (das war wie ein Schlag): ›Warum glauben Sie nicht an Gott?‹«

»Ich habe keinen Glauben, Lew Nikolajewitsch.«

»Das ist nicht wahr. Sie sind von Natur gläubig, und ohne Gott geht's bei Ihnen nicht. Sie werden das bald fühlen. Sie glauben nicht: aus Eigensinn, aus Beleidigtsein – die Welt ist nicht so geschaffen, wie Sie's haben wollten. Es gibt auch solche, die aus Verlegenheit nicht glauben; das passiert jungen Leuten: sie vergöttern eine Frau, wollen's aber nicht zeigen; sie haben Angst, daß die es nicht versteht, und dann fehlt auch der Mut. Zum Glauben wie auch zur Liebe braucht es Tapferkeit, Mut! Man muß zu sich sagen: ich glaube – und alles wird gut, alles scheint so, wie Sie's brauchen, erklärt sich selbst und zieht Sie an. Sehen Sie, Sie lieben vieles, aber der Glaube – das ist gerade die gesteigerte Liebe; man muß noch mehr lieben – dann verwandelt sich die Liebe in Glauben. Wenn man eine Frau liebt – so die allerbeste auf der ganzen Welt – unbedingt, und jeder liebt die allerbeste – aber das ist schon Glaube. Ein Ungläubiger kann nicht lieben. Er verliebt sich heute in eine, nach einem Jahr – in eine andere. Die Seele solcher Leute ist ein Vagabund, sie lebt unfruchtbar; das ist nicht gut. Sie sind als Glaubender geboren, es hat keinen Zweck, sich zu zieren. Sehen Sie, Sie sagen – Schönheit! Aber was ist Schönheit? Das Allerhöchste und Vollkommenste – Gott.«

Leo Nikolajewitsch Graf Tolstoi, 1828–1910; russischer Dichter. – Maxim Gorki, 1868–1936; erster Weltdichter des Arbeitertums

Georg Trakl

GESANG DES ABGESCHIEDENEN

Voll Harmonie ist der Flug der Vögel. Es haben die grünen
Wälder
am Abend sich zu stilleren Hütten versammelt;
die kristallenen Weiden des Rehs.
Dunkles besänftigt das Plätschern des Bachs, die feuchten Schatten.
Und die Blumen des Sommers, die schön im Winde läuten.
Schon dämmert die Stirne dem sinnenden Menschen.
Und es leuchtet ein Lämpchen, das Gute, in seinem Herzen
Und der Frieden des Mahls; denn geheiligt ist Brot und Wein
von Gottes Händen, und es schaut aus nächtigen Augen
stille dich der Bruder an, daß er ruhe von dorniger Wanderschaft.

O das Wohnen in der beseelten Bläue der Nacht.

Georg Trakl, 1887–1914; bedeutendster österreichischer Lyriker des Expressionismus

Félix Lope de Vega

DAS HÖCHSTE HEIL

Der Liebe Sprache dem, der noch nicht eigen
Der Liebe Kenntnis, wie so rauh sie dünkt,
Wenn, eh ins Herz der volle Ton ihm dringt,
Die süßen Melodien plötzlich schweigen.

Und wankend jetzt, jetzt herb im Lebensreigen,
Zum Liebenden zerriss'nen Klang sie bringt:
O Herr der Harmonie, die in ihr klingt,
Erst die Vollendung wird den Wohllaut zeigen!

O höchstes Heil, das mich zum Heil gezogen,
In welcher Sprache soll ich zu dir sprechen?
Wenn ich zu dir der Rede mich verwogen?

Still! Du, auf der mein Busen sucht den Laut,
Was, Zunge, tut's, wenn Worte dir gebrechen,
Da Gott hinunter in die Seele schaut!

Félix Lope de Vega, 1562–1635; spanischer Dramatiker der Barockzeit, Komödiendichter und Epiker

François Villon

BALLADE

O Himmelskönigin, Beschirmerin der Erde,
Du Allbeherrscherin der Unterwelten,
Laß meine arme Christendemut gelten,
Daß ich zu den Erwählten aufgenommen werde.
Denn was du mir, der armen Sünderin,
O Herrin, gnädiglich gegeben,
Es ist zu viel und dankbar sagt mein Sinn,
Ich könnte ohne dich nicht in den Himmel ziehn.
Du sollst mein Glaube sein im Tode wie im Leben.

Sag deinem Sohn, daß ich die Seine bin
Und daß ich meine Sünden büßen will,
Verzeih mir wie der Ehebrecherin,
Verzeih mir wie dem heiligen Theophil,
Der heilig ward und selig ward, wieviel
Er mit dem Teufel Pakte eingegangen.
O schütze mich vor jeder Schuld und Not,
Die du als Jungfrau einen Sohn empfangen,
Nach dem wir alle Lebensstunden bangen.
Du sollst mein Glaube sein im Leben wie im Tod.

Ich bin ein Menschenkind, schon arm und alt,
Ganz ohne Wissen, ohne Können.
Im Kloster sehe ich das Paradies gemalt,
Drin Leierklang und Harfenspiel erschallt,
Und auch die Hölle, drin die Sünder brennen.
Das eine macht mich froh, das andre bange,
O hilf, daß ich die Fröhlichkeit erlange.
O Königin, du aller Ziel und Streben,
Die alles liebt in heißem Glaubensdrange,
Du sollst mein Glaube sein im Tode wie im Leben.

Du trugst, o Jungfrau rein und benedeit,
Herrn Jesum, unsre Lust in Ewigkeit,
Gottsohn, der unsre Sünden auf sich nahm,
Vom Himmel stieg und uns zu helfen kam,
Dem Martertode seine Jugend bot.
Dies ist mein Glaube, hehr und wundersam,
Dies soll mein Glaube sein im Leben wie im Tod.

François Villon, 1431–1463; Dichter des späten französischen Mittelalters

François-Marie de Voltaire

GEBET

O Gott, den man verkennt, o Gott, den alles kündet,
O höre Du das letzte Wort, das aus mir mündet.
Ich suchte doch den Weg zu Dir, wenn ich verirrte,
Erfüllt von Dir war doch das Herz, das sich verwirrte.
Ich sehe ohne Ängste schon den ewigen Schimmer,
Ich glaube nicht, daß Gott, der mich der Erde schenkte,
Daß Gott, der meinen Tag mit seiner Güte tränkte,
Mich, wenn ich ausgelöscht bin, quälen will für immer.

François-Marie Voltaire, 1694–1778; französischer Philosoph und Schriftsteller

Franz Werfel

DIE HEIMKUNFT DES HEILANDES

Niemals wieder will ich
eines Menschen Antlitz verlachen.
Niemals wieder will ich
eines Menschen Wesen richten.
Wohl gibt es Kannibalen-Stirnen.
Wohl gibt es Kuppler-Augen.
Wohl gibt es Vielfraß-Lippen.

Aber plötzlich
aus der dumpfen Rede
der leichthin Gerichteten,
aus einem hilflosen Schulterzucken
wehte mir zarter Lindenduft
unserer fernen seligen Heimat,
und ich bereute gerissenes Urteil.

Noch im schlammigsten Antlitz
harret das Gott-Licht seiner Entfaltung.
Die gierigen Herzen greifen nach Kot –
aber in jedem
geborenen Menschen
ist mir die Heimkunft des Heilands verheißen.

Wie sind wir alle Fremde doch!
Wie unterm letzten Hemde noch
die Schattengreise im Spital
sich hassen bis zum letztenmal
und jeder, eh' er ostwärts mündet,
allein sein Abendlicht entzündet.

So sind wir eitel eingespannt
und hocken bös an unserm Rand
und morden uns an jedem Tisch.
Komm, Heiliger Geist, Du schöpferisch,
aus uns empor mit tausend Flügen!
Zerbrich das Eis in unsern Zügen! . . .

Franz Werfel, 1890–1945; österreichischer Schriftsteller und Lyriker

Walt Whitman

AN DEN GEKREUZIGTEN

Zu Deinem Geist erhebt sich meiner, geliebter Bruder.
Gib nicht acht darauf, daß so viele Deinen Namen aussprechen,
ohne Dich zu verstehen. Ich spreche Deinen Namen nicht aus,
doch im Herzen fühle ich mit Dir.
Mit Freude will ich, mein Gefährte! Dich begrüßen
und die Deinen vor und nach Deiner Zeit, wie auch in der Zukunft;
wir wirken alle miteinander und überliefern den gleichen Beruf
— immer wieder erneut.
Wir wenigen Ähnlichen aus allen Ländern und allen Zeiten;
wir, die wir alle Kontinente umfassen, alle Kasten und Theologien gestalten;
wir, Erbarmenden, Erkennenden, wir Einiger der Menschheit;
schweigend schreiten wir durch Auseinandersetzungen und Dispute,
verurteilen keinen Streitenden, noch irgendeine Ansicht;
wir hören Geschrei und Tumult; Spaltungen suchen uns heim,
Eifersucht und Anklage von allen Seiten;
drohend umkreisen sie uns, uns einzuschüchtern, mein Gefährte;
trotzdem wandern wir unaufhaltsam, frei über die ganze Erde,
ziehen hin und her, bis wir unsere unlöschbare Spur
auf alle Zeiten und Äonen geprägt haben;
bis wir Zeiten und Äonen durchglüht haben, bis Männer und Frauen
aller Rassen, in kommenden Jahrhunderten, gleich uns
vereint sind als Brüder und Liebende.

Walt Whitman, 1819–1892; amerikanischer Dichter

Oscar Wilde

ENTFALTE DIE MÖGLICHKEITEN DER SEELE

Jesus hat gelehrt: Das Wesen des Menschen ist etwas Wundervolles. Entfalt' es, sei du selbst. Denke nicht, daß du durch den Besitz oder das Anhäufen äußerlicher Güter zu deiner Vollendung gelangen wirst. In dir selbst liegt es, vollendet zu werden. Erreichst du dies, dann bedarfst du des Reichtums nicht. Reichtum im landläufigen Sinne kann dir abhanden kommen, wirklicher Reichtum nie. In den Schatzkammern unserer Seele haben wir wertvolle Schätze und Kostbarkeiten, die uns niemand rauben kann. Richte dein Leben auf solche Art ein, daß Äußerliches dich nicht zu berühren vermag, wage es nur, dein Eigentum von dir zu werfen. Dieses schließt nur gemeine Voreingenommenheit, unendliche Mühsal, stetes Ungemach in sich. Eigentum behindert die Persönlichkeit auf Schritt und Tritt.

Jeden Morgen las ich ein wenig in den Evangelien. – Es ist eine köstliche Weise, so den Tag zu beginnen. Jeder sollte es tun, auch wenn er selbst ein wildes unregelmäßiges Leben führt.

Ein dem Erlöser ähnliches Leben führt nur, wer ganz und gar er selbst bleibt, sei er nun ein großer Dichter oder ein Gelehrter, ein junger Student oder ein einfacher Schafhirte auf der Heide, ein Dramatiker wie Shakespeare oder ein Sucher und Gottgrübler wie Spinoza, ein spielendes Kind, oder ein Fischer, der seine Netze in den See senkt. Er sei was er mag, was liegt daran, wenn er nur alle Möglichkeiten seiner Seele zur Entfaltung bringt.

Oscar Wilde, 1854–1900; englischer Dichter, Vertreter der englischen Dekadenz

Stefan Zweig

DASS ICH MICH IN GLUTEN KLÄRTE

Träumerisch ins Abendwerden
lehnt sich langsam Haus an Haus.
Asche dunkelt auf den Herden
und löscht letztes Fünkchen aus.

Alles rinnt in Nacht zusammen.
Nur von jenen Dächern bebt
noch ein Mahnen an die Flammen,
Rauch, der steil zur Höhe strebt.

Seiner Glut nicht mehr gehörend
und von ihr doch hoch gewellt,
sich in seinem Flug verzehrend
und schon Wolken zugesellt.

Eine sanfte, wunderbare
Schwebe ohne Schwergewicht,
steigt er silbern in das klare,
ruhevolle Sternenlicht.

Ist nicht, was ich dumpf begehrte,
seines Wesens tiefster Sinn,
daß ich mich in Gluten klärte
und dann zu den Sternen hin

Aus dem Dunkel in die Helle
Schlacke nicht und nicht mehr Glut,
heimwärts wehte in die Welle
grenzenloser Lebensflut?

Stefan Zweig, 1881–1942; österreichischer Erzähler, Lyriker und Dramatiker, stand dem Impressionismus nahe

GEBETE
AUS HEUTIGER ZEIT

Edwin Aldrin

Großer Baumeister der Welten,
ich danke Dir, daß ich sehen konnte,
wie Deine Welt voll einzigartiger Schönheit
und Ordnung ist. Ich gelobe hinfort an Werken der
Vaterlandsliebe und Menschenliebe zu arbeiten
und lege mein Leben still in Deine Schöpferhand.
Du waltest von Ewigkeit zu Ewigkeit
und bist der Inbegriff der Wahrheit und Gerechtigkeit!

Edwin Aldrin, geb. 1930; Astronaut, amerikanischer Freimaurer, landete als erster Mensch 1969 auf dem Mond. Gottbekenntnisse hat Edwin Aldrin seit 1969 bei vielen Vorträgen als »Missionar der Seele« verkündet.

Stephen Vincent Benét

GEBET DER VEREINTEN NATIONEN

Unsere Erde ist nur ein kleines Gestirn im großen Weltall. Uns obliegt es, daraus einen Planeten zu machen, dessen Geschöpfe nicht von Kriegen gepeinigt werden, nicht von Hunger und Furcht gequält, nicht zerrissen in sinnloser Trennung nach Rasse, Hautfarbe oder Weltanschauung. Gib uns den Mut und die Voraussicht, schon heute mit diesem Werk zu beginnen, auf daß unsere Kinder und Kindeskinder einst mit Stolz den Namen *Mensch* tragen.

Charles Duke

Kaum acht Monate nach dem Mondflug wurde ich Christ. Ich wachte eines Nachts auf, spürte die allmächtige Gegenwart Gottes im Zimmer. Ich fühlte plötzlich seine Hand auf meinen Schultern und wurde förmlich aus dem Bett gezogen. Es war überwältigend. Ich stand auf, ging in das Zimmer nebenan, kniete nieder, hob meine Hände hoch empor und gab mich völlig dem Herrn hin. Von Herzen sagte ich: »Ich bin Dein!« –

Ja, ich hatte ein Erlebnis mit Ihm, dem lebendigen Gott, das Erlebnis ist so überwältigend, daß die Fahrt nach dem Mond dagegen restlos verblaßt.

Charles Duke, Astronaut, war 1972 der zehnte Mensch auf dem Mond; dort entnahm er mit dem Mondlandefahrzeug »Orion« Bodenproben. Mit einer Bibelgruppe veranstaltet er jetzt Heilpredigten, indem er Kranken die Hand auflegt und betet. Blinde und sogar Krebskranke konnte er durch »die Kraft des allzeit gegenwärtigen höchsten Gottes« im Verein mit seiner Gruppe von ihren Leiden befreien.

James Irvin

Auf dem Mond überkam mich kristallklar das Gefühl der unermeßlichen Macht Gottes und Seines Sohnes. Aud dem Mond fühlte ich die überwältigende Präsenz Gottes. Ich spürte Seinen Geist so nah, wie ich es nie auf Erden spürte, ganz nah, es war umwerfend . . . seitdem bete ich!

Seitdem verkündige ich in aller Welt, auch in Indien, China, Deutschland und in anderen Ländern, meine spirituelle Botschaft, die da heißt: Jeder Mensch kann gesegnet und glücklich leben, wenn er hofft und betet, daß er durch die transformierende Berührung Gottes die Liebe zu Christus erhält.

James Irvin, Austronaut, landete 1971 als achter Mensch mit dem Mondlandefahrzeug »Falcon« auf dem Mond. Er wurde später Leiter der christlich-caritativen High-Flight-Organisation. In seinem Buch »To Rule the Night« schildert er das hier wiedergegebene Grunderlebnis.

Lobet den Herrn des Kosmos,
das Weltall ist sein Heiligtum
mit einem Radius von hunderttausend
Millionen Lichtjahren.

Lobt ihn
den Herrn der Sterne
und der interstellaren Räume.

Lobt ihn
den Herrn der Milchstraßen
und der Räume zwischen den Milchstraßen.

Lobt ihn
den Herrn der Atome
und der Vakuen zwischen den Atomen.

Lobt ihn
mit Geigen, mit Flöten
und Saxophon.

Lobt ihn
mit Klarinetten und Englisch Horn,
mit Waldhörnern und Posaunen,
mit Flügelhörnern und Trompeten.

Lobt ihn
mit Bratschen und Violoncelli,
mit Klavieren und Pianolen.

Lobt ihn
mit Blues und Jazz
und Sinfonieorchestern,
mit den Spirituals der Neger
und der Fünften von Beethoven,
mit Gitarren und Xylophonen.

Lobt ihn
mit Plattenspielern und Tonbändern.

Alles was atmet
lobe den Herrn,
jede lebendige Zelle.

Halleluja!

Ernesto Cardenal, geb. 1925; nicaraguanischer Priester und Lyriker. Sein Werk »Salmos« (1964; deutsch: »Zerschneide den Stacheldraht«) gilt als die bedeutendste religiöse Dichtung des 20. Jahrhunderts in spanischer Sprache. Wurde mit dem Friedenspreis des Deutschen Buchhandels ausgezeichnet.

GEBET UM LEBENSKRAFT

Herr, Deine Urkraft bete ich an.
Du durchdringst das Weltall mit Deiner Kraft.
Die Myriaden Galaxien und Sonnen drehen sich letzthin durch Deine Macht.
Dein Feueratem allein ist die Ursache aller Welten und allen Lebens!
Herr, Du Großer, Unendlicher, Allmächtiger, ich bitte Dich,
verleihe mir, Deinem Kinde, Kraft, Lebenskraft, daß ich den eingeborenen Willen Gutes zu tun, Gutes zu leisten, Gutes zu vollenden, erfüllen kann.
Gib mir bitte immer mehr Kraft, den rechten Weg zu gehen und alle Widerstände zu überwinden. Laß mich, Herr, klar und deutlich erkennen, daß ich das Richtige tue.
Mit Deiner Hilfe, Herr, wird das Schwerste für mich leicht sein,
gib mir Kraft, erwecke Deine Urkraft,
Deinen göttlichen Liebeswillen in mir.
Herr, sei gepriesen, sei bedankt heute und immer!

W.

PSALM ÜBER DIE NOTWENDIGKEIT AN EINEN PERSÖNLICHEN GOTT ZU GLAUBEN

Was wir Gott und Gottheit nennen
Ist meist töricht falsche Meinung.
Wer, ach, wer, – wer kann erkennen,
Daß Er als Naturerscheinung
Zwar bewegt das Größte, Kleinste,
Zeugungsmächtig Richtung gebend,
Noch der Mikrokosmen feinste
In die Urstruktur verwebend,
Daß Er almagiert das Ganze,
Ameisen, Galaxien steuernd
Und voll Lust im Schöpfungsglanze,
Rein das All im All befeuernd,
Liebt die Myriaden Sterne,
Kinder seines Schöpfungsmutes;
Doch sie sind Ihm nirgends ferne,
Sind Atome Seines Blutes.

Er, der große Umgestalter
Muß als Sein des Seins erscheinen.
Ewig schafft der Licht-Erhalter
Selbst sich neu als den All-Einen! –
Als Person aller Personen,
Als das Über-Ich der Geister,
Will Er tief im Menschen wohnen,
Er, des Universums Meister. –
In der Herzensstille lesen
Können wir Sein Wort, das heilige:
»Mensch, Du bist nur Mensch gewesen,
Wenn Ich Mich an Dir beteilige!«
Im geheimnisvollen Ahnen
Können wir beglückter wandeln,
Lenkt Er uns're Lebensbahnen
Durch persönlich eignes Handeln!

W.

GEBET DER WALE AM LEBEN ZU BLEIBEN

Die Riesenwale, blauköpfig und schwer,
Sie steigen in das Rosenlicht der ersten Frühe.
Wie Schöpfungsatem weht es übers Meer,
Und mit den Kindern spielen zärtlich jetzt die Kühe.

Die Walbullen zieh'n sorgsam ihren Kreis
Und schleudern prustend Wasser hoch im Silberstrahle
Des grünen Azursundes Lob und Preis.
Doch bald in voller Sonne sammeln sich die Wale,

Das Licht um ihre Leiber purpurn sprüht,
In ihren Seelen sich mit unsagbarem Schwingen
Ein Sehnen jetzt um Wirklichkeit bemüht:
»Du Großer Gott der Wale, hör uns, laß verbringen

Doch unser Leben hier in Sicherheit;
Gib, daß wir alle in des Ozeans Wunderweiten
Sind gegen Jagd und wilden Mord gefeit,
Gib uns zurück die friedlichen, die alten Zeiten,

Da's keine Dynamit-Harpunen gab,
Die heute uns den Leib stets blutiger zerreißen.
Des Menschen Schiff wird uns zum Massengrab.
Gib Gott uns – uns, die wir auch Deine Kinder heißen,

Die reine Lust doch ganz in Deinem Schein
Zu leben und zu atmen. Bitte laß gewähren
Uns doch ein nicht vom Tod verfolgtes Sein,
Daß unsere Mütter wieder frei und stolz gebären.

Gib uns, o Gott, das Paradies zurück,
In dem Seepferdchen und Delphine mit uns spielen.
Wir wollen nichts als das einfache Glück,
Daß Menschen nicht mit Mordmaschinen auf uns zielen.«

W.

HERZ DER WELTEN, DAS IN BLAUEN TIEFEN SCHLÄGT

Herz der Welten, das in blauen Tiefen schlägt
Und mit jedem Schlage alle Sonnen trägt.

Puls des Lebens, der in jedem Leben klopft;
Durch der Sterne Strahlen stets Dein Blut vertropft.

Lieb' der Liebe, die in allen Herzen thront,
Den, der wahrhaft liebt, auch mit Liebe lohnt.

Glut der Rose, die im reinen Duft enthüllt,
Daß Dein Wonneatem blühnde Sphären füllt.

Zeit der Zeiten, die auch eines Gläubigen Zeit
Wandelt hier auf Erden schon in Ewigkeit.

Licht der Lichter, das allein Verbindung schafft
Mit dem Anschaun Deiner goldnen Liebeskraft.

Wort der Worte, das all' Leben aufgebaut:
Ohne Dich kein Ton, nicht ein einziger Laut!

Quell der Quellen, der den Makrokosmos speist
Und zutiefst auch noch im Atome kreist.

Bild der Bilder, das wohl sichtbar keiner malt
Und doch Urnatur in Schönheit widerstrahlt.

Gott der Götter, der mit seiner Göttlichkeit
Stets das Selbst, das Dich will, herrlich eingeweiht.

Herz der Welten, das in blauen Tiefen schlägt
Und mit jedem Schlage – alle Sonnen trägt;

Trag auch ewig mich und erfüll mich ganz,
Daß Dich dankbar preist – nur Dein eigner Glanz.

W.

GEBET

Wenn mir die Stunde Schwermut bringt,
der Herzschlag schwerer geht,
die Trauer mich fast niederzwingt,
dann – hilft mir das Gebet!

Die Melodie der Ewigkeit
im Gotteswort liegt.
Bald fühle ich mich wie geweiht,
das Licht der Gottheit siegt!

Das Herz schlägt wieder treu und gut,
die dunkle Last entfiel.
Das Beten bringt mir starken Mut,
Seh neu das Lebensziel!

W.

GEBET EINES JUNGEN ARBEITSLOSEN

Lieber Gott, man sagt, Du kannst alles,
Du kannst helfen, wenn man Dich bittet!
Ich bin aus der Schule entlassen und habe keine Lehrstelle.
Ich bin jung, kräftig, was soll ich nur tun, wenn ich
nicht arbeiten kann? Dabei will ich dringend einen Beruf haben.
Herumlungern, nichts tun, macht mich verrückt!
Hilf mir, lieber Gott, eine Stelle zu finden, eine Stelle,
die für mich passend ist, in der ich mich mit ganzer Kraft
betätigen kann, Dir zur Ehre, Herr!
Ich liebe zu arbeiten, darum gib mir Arbeit.
Gott, Du bist wie ein Vater zu einem Kind.
Du wirst auch mich, der ich Dein Kind bin, nicht allein lassen.
Ich flehe Dich an, gib mir Arbeit, gute Arbeit, gib mir die
Stelle, die meine Fähigkeiten entwickelt.
Ich danke Dir, lieber Gott, daß ich die für mich geeignete
Lehrstelle jetzt finden werde. Du hilfst mir, Dein Geist
ist allmächtig, Dank, tausend Dank!

W.

GEBET EINES SPORTLERS UM EINEN FAIREN KAMPF

Herr, ich bitte Dich, laß mich heute den Kampf – der Bessere zu sein – anständig bestehen. Du machtest einstmals gesund, Du machst auch heute gesund und läßt die Deinen mit voller Gesundheit und Kraft siegen.

Und doch bitte ich Dich nicht um den Sieg, er liegt allein in Deiner Hand. Ich bitte Dich darum, meine Kräfte frei zu machen und auf gute Weise zu steigern, so daß ich dabei weder mir noch anderen schade.

Herr, gib mir heute Ruhe und Sicherheit, laß mich das Beste aus dem Kampf machen, was ich mit Deiner Hilfe vermag.

Jetzt und immer, Herr, Gewaltiger, Einziger, laß mich unter Deinem Schutz stehen! Amen.

W.

GEBET EINES RENTNERS

Mein Gott, ich habe über 40 Jahre gearbeitet,
war Tag um Tag gebunden in einer Tätigkeit,
von der ich fühlte, daß sie letzthin
nicht dem Willen meiner Seele entsprach.
Nun will ich nach Deinem heiligen Willen,
geliebter Herr Jesus, das tun und vollenden,
was mein Leben sinnvoll ausfüllen kann.
Danken muß ich Dir, Herr,
daß ich mich gar nicht alt und verbraucht fühle.
Ich bin noch rüstig genug,
Älteren und Schwächeren zu helfen!
Hilf Du mir dazu, Jesus Christus,
daß ich in Deinem Namen und nach Deinem Willen
die Beschäftigung finde,
die auch mir hilft.
Zeig mir den Weg, gib mir die Kraft,
wie ich anderen nutzen und helfen kann –
in Deinem Namen,
Amen!

W.

GEBET EINES AUTOFAHRERS

Jesus Christus, Du bist der Lenker der Welten
und unserer Geschicke.
Ich begebe mich jetzt unter Deine Hut,
begleite Du mich auf meinen Fahrten
durch das Gewühl der Stadt.
Schenke mir Deine Gnade und Deinen Schutz,
nur mit Dir fahre ich sicher.
Ja, halte Deine starke Hand segnend über mich
und laß mich sicher mein Ziel erreichen.
Geliebter Herr Jesus Christus, mit Dir
fahre ich wohlbehalten und geschützt.
Ich werde auch ruhig bleiben und überlegen,
wenn andere Autofahrer unfair –
ohne viel Rücksicht fahren!
Herr, Du bist bei mir.
Du bist nicht einzuholen
und nicht zu überholen!
Ich halte mich nur an Dich, Herr!
Dank Dir, dank Dir von ganzer Seele.
Amen!

W.

AN MARIA

Maria, Gebenedeite,
Mutter und Königin,
Ich bitte Dich, ach, leite
Die Seel' zum Vater hin.

Maria, Du Gnadenkrone,
Du ewige Himmelszier,
Ach, laß mich Deinem Sohne
Einst gleichen für und für.

Maria, Du süße Linde,
Weltbaum voll blüh'nder Lust,
Ach, laß mich zu Deinem Kinde
Werden an Deiner Brust.

Maria, Du rote Blüte
Im weißen Gottesschnee,
Gib, daß ich im Gemüte
Und Herzen aufersteh'!

W.

WEIHNACHTSLIED

Nacht der Nächte: Weihe-Nacht,
Weih' mich ins Geheimnis ein
Daß das Wunder ward vollbracht
Hier auf Erden Gott zu sein.

Allmacht ging zum Menschen hin,
Kam in menschlicher Gestalt,
Um zu wandeln unsern Sinn
Mit der Liebe Allgewalt.

Jedes Dunkle werd verzehrt
Von dem innern Lichte still:
Mensch sein, hat ER uns gelehrt,
Kann nur der, der Gutes will,

Der das Gute auch vollbringt
Fern von Haß und Neid und Streit,
Daß dem Fleische sich entringt
Die gefangne Göttlichkeit!

Nacht der Nächte: Weihe-Nacht,
Weih' mich ins Geheimnis ein,
Daß das Wunder ward vollbracht
Hier auf Erden Mensch zu sein!

W.

PSALM VON DER STILLE

Du, Gott, bist ein Gott der Stille,
Du baust die Welt im unendlichen Schweigen.
In Deiner unendlich inneren Fülle
Erschaffst Du den kosmischen Sternenreigen.
Der Myriaden Sonnen zeugende Kreise
Sind Deines stillen Lichtes Liebesbeweise.

Du, Gott, bist ein Gott der Stille.
Wie Gläubige von Deinem Geiste trunken
Beten, daß sie lenke Dein heiliger Wille
Und sie spüren zutiefst den göttlichen Funken,
So magst Du nur allein in den Herzen wohnen
Der Stillen, die lieben Meditationen.

Du, Gott, bist ein Gott der Stille,
Du hast Deine Welt in Muße gestaltet,
Du gabst dem Samen die Erde als Hülle,
Daß sie als wärmender Mutterschoß waltet.
Im Lärm, im groben, geht die Schöpfung verloren:
Nur im Stillen wird sie zart wiedergeboren.

Die mit W. gezeichneten Texte sind von Charles Waldemar.

RELIGION UND GOTTESVEREHRUNG

VOLLKOMMENHEIT, UNENDLICHKEIT, WEISHEIT, ALLMACHT, ALLWISSENHEIT, ALLGEGENWART, LIEBE, GÜTE, GERECHTIGKEIT GOTTES.

Gott ist selber das wahre und ewige Licht.

Schließ' aus der ewigen Vollkommenheit der Welt
Auf die Vollkommenheit Des, der sie so erhält.
Weil er vollkommen ist, ist all sein Tun vollkommen,
Von dem Vollkomm'nen kann nichts kommen unvollkommen.

Rückert

In der Vollkommenheit besteht das Wesen Gottes; sie ist der Plan der Schöpfung, die Quelle aller natürlichen und übernatürlichen Begebenheiten, das Ziel aller unserer Begierden und Wünsche, die Richtschnur unsers Tuns und Lassens; sie ist der höchste Grundsatz in der Sittenlehre, die Sonne in dem System der Wissenschaften, ohne welche Alles in Nacht und Verwirrung zurückfällt.

Mendelssohn

Gott ist von keinem Raum, von keiner Zeit umzirkt,
Denn Gott ist da und dann, wo er und wann er wirkt;
Und Gott wirkt überall, und wirket immerfort,
Immer ist seine Zeit, und überall sein Ort.
Er ist der Mittelpunkt, der Umkreis ist er auch,
Weltend' und Anfang ist sein Wechselauseinhauch.

Rückert

Da fällt durch's Dunkel heil'ger Buchen
So warm und mild der Sonnenstrahl.

Schmidt v. Lübeck

Des Menschen Glaube prägt in seinem Tun sich aus,
Formt seine Züg' und blickt ihm zu dem Aug' heraus.
Sein Glaub' ist es, der ihn aufrichtet oder bückt,
Zum Himmel ihn erhebt, zum Boden niederdrückt.

Rückert

Du siehst die Andern rings in einer Form von Glauben,
Die kannst du ihnen nicht, und sollst du auch nicht rauben.
Sie glauben, daß die Form die allerhöchste sei,
Die allereinzige von allen Hüllen frei.
Daß eine and're Form gewesen sei zuvor,
In der das reine Licht noch war verhüllt vom Flor,
Das glauben sie; doch daß auch das enthüllte Licht
Zuwachses fähig sei, das glauben sie dir nicht.
Du aber glaubest, daß, gleichwie aus Dämmerungen
Der Bildlichkeit ein Licht unbildlicher entsprungen,
Auch dies unbildliche wird wieder bildlich heißen
Vor einem, das nach ihm die Dämm'rung wird zerreißen,
Und ewig Gottes Licht aus Klarheit wächst in Klarheit
Viel Offenbarungen hindurch in Offenbarheit.

Rückert

Wenn nur auf e i n e Art sich Gott hätt' offenbart,
Zu offenbar hätt' ihn des Menschen Geist gewahrt.
Doch nun verhüllen ihn viel' Offenbarungen,
Und unvollkommen sind die Gottgewahrungen.
Der Glaubensweisen Streit zeigt seine Herrlichkeit,
Denn E r ist Eins, um den sich unser Wahn entzweit.

Rückert

Unsere Bestimmung ist die Erlangung der Vollkommenheit durch die Erkenntnis Gottes.

Das Gebet ist die Erhebung des Gemütes zu Gott. Das Gemüt schließt in sich Geist und Herz. Der Geist muß Erkenntnis, das Herz Liebe haben. Dies ist das Organ, wodurch der Sterbliche sich Gott naht.

Gott ist überall. Der wahre Mensch wandelt immer im Tempel der Gottheit und betet ohne Unterlaß; denn sein Geist und sein Herz sind dieser Tempel.

Karl v. Eckartshausen

Der hat viel gelernt, der auf Gott still horchen gelernt hat.

Lavater

Ach, daß wir doch dem reinen stillen Wink
Des Herzens nachzugeh'n so sehr verlernen!
Ganz leise spricht ein Gott in uns'rer Brust;
Ganz leise, ganz vernehmlich, zeigt uns an,
Was zu ergreifen ist und was zu flieh'n.

Goethe

Wir ernten Übel und Leiden, weil wir nicht nach dem Willen des Höchsten leben.

Gottes Wort trügt nicht.

Gott geht auf den Grund.

Gott weiß Alles am besten zu machen.

Die wahre Weisheit ist in Gott,
Kommt von Gott,
Führt zu Gott, und
Ruht in Gott.

J. M. Seiler

Es wohnt ein Gott hoch über unserm Kreise,
Ein Gott der Huld, ein starker Gott der Macht;
Er ist allein der Ordnende, der Weise,
Er wohnt im Licht und weiß, was er vollbracht.
Mag wunderbar das dunkle Schicksal walten,
Er wird es hell und freundlich einst entfalten,
Denn er ist Gott, und unten wohnt die Nacht.

Zschokke

Wer den wundervollen Bau des weiten Weltalls, oder auch nur den eben so wundervollen Bau eines Wurmes kennt, den wir im Staube zertreten, kann nicht mehr leugnen: hier ist eine Weisheit, welche keine menschliche ist, welche mit erstaunenswürdiger Zweckmäßigkeit Alles, im Einzelnen und Ganzen, für das Gedeihen des Einzelnen und Ganzen untrennbar verbunden hat. Wer die Geschichte der Erdbewohner, der untergegangenen und noch lebenden Völker kennt, kann nicht mehr leugnen: es waltet ein höchstes Wesen, welches die Geisterwelt, wie ein Vater seine Kinder, lohnend und strafend zur geistigen Vollendung führt. Wer seine eigenen Lebensbegebenheiten durchmustert, kann nicht mehr leugnen: jedes vermeinte Übel ist zuletzt Quelle des Guten für uns; das Schicksal ist die unsichtbare Vaterhand Gottes.

Zschokke

Alles steht in Gottes Hand.

Bei Gott ist kein Ding unmöglich.

Wo Menschenhand zu kurz ist, da ist Gottes Hand noch lang genug.

Der Sieg ist Gottes.

Wider Gott hilft keine Macht.

Der Mensch denkt,
Gott lenkt.

Die Welt schaltet,
Gott waltet.

Dem Glauben an eine Macht, die höher ist als alle irdischen Gewalten, hat der menschliche Geist nie ausweichen können, selbst wenn er es unternahm, ihn in sich zu vertilgen.

Niemeyer

Wer allen seinen Willen hat und Wunsch, der hat Frieden. Das hat niemand, denn dessen Wille mit Gottes Wille völlig eins ist. Diese Einswerdung geb uns Gott! Amen!

Meister Eckhart

Damit Gott die Seele auf seine Weise zur Vereinigung – in der Kontemplation – bringe, ist nur eine verdienstliche Handlung erforderlich: alle Anlagen außer Tätigkeit zu setzen und sie auf ihre natürlichen Ansprüche und Betätigungen verzichten zu lassen, damit sie die Erleuchtung von oben empfangen könne.

Johannes vom Kreuz

Das Tiefste, das wir erfahren können, sind die Offenbarungen der Mystik. Es ist das fundamentale Gefühl, das an der Wiege aller wahren Kunst und Wissenschaft steht. Wer es nicht kennt, kann sich nicht mehr wundern, er erlebt das tiefe Erstaunen nicht mehr, er ist so gut wie tot, wie eine erloschene Kerze.

Albert Einstein

Warum die Allmacht nicht ohn' Übel schuf die Welt?
Weil ein vollkomm'nes Bild nicht lauter Licht enthält.
Der beste Maler kann's nicht ohne Schatten malen,
Die stets notwendig sind, damit die Lichter strahlen.

Rückert

Eh' man nur ein Wörtchen spricht,

Weiß Gott, was uns gebricht.

Gott weiß wohl, was uns fehlt.

Gott sieht in's Herz.

Gott läßt sich nicht täuschen.

Sei fromm, Gott sieht's.

Gott läßt sich allenthalben finden.

Der Himmel ist uns überall gleich nahe.

Gott sieht man überall in's Gesicht.

Wohin ich mich wende,

Find ich des Ewigen Spur,

Des Allgegenwärtigen Nähe.

Klopstock

Ich finde dich, wo ich, o Höchster, hin mich wende,
Am Anfang find' ich dich, und finde dich am Ende.
Dem Anfang geh' ich nach, in dir verliert er sich;
Dem Abschluß späh' ich nach, aus dir gebiert er sich.
Du bist der Anfang, der sich aus sich selbst vollendet,
Das Ende, das zurück sich in den Anfang wendet.
Und in der Mitte bist du selber das was ist;
Und ich bin ich, weil du in mir die Mitte bist.

Rückert

Sturm der Vernichtung, sprich, wohin denn mich verschlagen,
Wohin denn willst du mich, wo Gott nicht wäre, tragen?
Von Gott ist alles Sein umrungen und umschlungen,
Und ich bin sein, nicht mein, ich bin von ihm durchdrungen.
Wohin ich sehe, seh' ich Gottes Schoß mir offen,
Der nur dem Zweifel ist verschlossen, nicht dem Hoffen.
Verschlossen ist er nur dem ihm verschloß'nen Sinn,
Drum ist er offen mir, weil ich ihm offen bin.

Rückert

Gottes Liebe schließt uns ein wie der Himmel uns einschließt.

Die Liebe Gottes trägt und erhält Alles.

Gottes Lieb' und Güte wird alle Tage neu.

Gott läßt alle Jahr' eine neue Welt wachsen.

Bei Gott ist Rat und Tat.

Gottes Rat schläft nicht.

Alle guten Gaben kommen von oben.

Der alte Gott lebt noch.

Gott verläßt die Seinen nicht.

Gott grüßt alle Welt, aber Wenige danken ihm.

Regen und Segen kommt vom Herrn.

Der Segen des Herrn macht Alle reich.

An Gottes Segen
Ist Alles gelegen.

Gott muß schicken,
Wenn's soll glücken.

Gottes Güte gibt allein
Segen, Wachstum und Gedeihn.

Was Gott tut, das ist wohlgetan.

Gott gibt Schultern nach der Bürde.

Gott gibt nicht mehr Frost als Kleider.

Gott läßt einen wohl sinken,
Aber nicht ertrinken.

Wen Gott naß macht, den macht er auch wieder trocken.

Gott schlug nie einen Schlag, er heilt' ihn wieder.

Wenn Gott eine Türe zumacht, macht er eine andere auf.

Je größer die Not,
Je näher Gott!

Rückert

Es strömt ein Quell aus Gott und strömt in Gott zurück,
Der Einstrom hohe Lust, der Ausstrom höchstes Glück.
Er strömet in dich ein durchs off'ne Tor der Sinnen,
Und strömet aus dadurch, und nimmt dich mit von hinnen.
Durchs Auge strömt er ein als Licht, daß er verkläre
Dein Inn'res, und entströmt verklärt als Freudenzähre.
Den Geist zu wecken, strömt er ein als Ton durchs Ohr,
Und strömt aus deinem Mund als Dankgebet hervor.
Einströmt er dem Geruch als Lenzduft, Sehnsuchthauch,
Und strömt im Atem aus als Seufzeropferhauch.
Er strömt durch den Geschmack ins Mark und ins Gehirne,
Und als Gedanke tritt er leuchtend aus der Stirne.
Es strömt als irdischer Empfindungen Gewühle
Ins Herz, und aus der Brust als himmliche Gefühle.
Du fühlest: was du bist, ist er in dir, nicht du,
Und strömst in dem Gefühl' dich deinem Urquell zu.

Rückert

Der Gedanke: »Gott ist die Liebe« ist jener geheimnisvolle Punkt, der jedes Wesen zwingt in sich festzustehen und zu leben, der alle Kreaturen in sich und mit einander zusammenhält, der mitten in Kampf und Not die ewige Harmonie zeigt, in die wir nicht Alle aufgehen.

Auerbach

Gott ist Richter über alle Welt.

Wen Gott lieb hat, den züchtigt er.

Gott geht langsam, aber wohl.

Gottes Rechnung fehlt nicht.

Was Menschen nicht bestrafen,
Bestraft Gott.

Was Gott spart in die Länge,
Das straft er mit Strenge.

Gott bleibt nicht aus, wenn er gleich verzieht.
»Gott straft die Sünden der Väter bis ins dritte und vierte Glied.«
Vor Gott ist keine Flucht, als nur zu ihm. Nicht Trutz,
Vor Vaters Strenge ist nur Liebe — Kindes Schutz.

Rückert

»Die ganze Welt wäre glücklich, wenn alle Wesen nicht sich selbst, sondern ihresgleichen lieben würden.«

Tolstoi

LIEBE ZU GOTT, GOTTESFURCHT, GOTTVERTRAUEN, GEBET, FRÖMMIGKEIT, ANDACHT, GEWISSEN.

»Du sollst Gott, deinen Herrn, lieben aus ganzem Herzen, aus ganzer Seele, aus ganzem Gemüte, und aus allen deinen Kräften.«

»Gott ist die Liebe, und die in der Liebe bleiben, die bleiben in ihm.«
Gott lieben ist die höchste Weisheit.

Was hat dich, Geist, vermocht, aus Gott hervorzuwallen?
Er hat dich nicht verbannt, du bist nicht abgefallen,
Die Liebe nur hat dich, die Liebe dich vertrieben,
Er wollte, daß er dich, daß du ihn könntest lieben.
Wär'st du nicht außer ihm, wie könnt'st du suchen ihn?
Wär' er nicht außer dir, wie könnt' er an dich zieh'n?

Rückert

Gott ist die Liebe! Sein Gebot
Zu halten laßt uns streben;
Die Liebe sieget über Tod
Und ihre Kraft ist Leben.

O, glaub' an sie und bleib' in ihr,
So wirst du Wahrheit finden;
Du bleibst in Gott, Gott bleibt in dir,
Die Welt zu überwinden.

Nicht Furcht ist, was die Liebe hegt,
Die Furcht ist Pein des Knechtes;
Die Liebe, freudig frei bewegt,
Ist sicher ihres Rechtes.

So Jemand spricht: Ich liebe Gott,
Und seinen Bruder hasset,
Der treibet mit der Wahrheit Spott,
Vom Lügengeist erfasset.

Wer Den nicht liebt, den brüderlich
Sein Auge kann gewahren,
Wie trüg' es Liebe wohl in sich
Für Gott, den Unsichtbaren?

Hammer

Wir sehen also hieraus klar ein, worauf unser Ganzes Heil, unser Glück, unsere Freiheit, unsere Gesundheit beruht: nämlich auf der beharrlichen und unwandelbaren Liebe zu Gott. Die Überzeugung der Menge freilich ist eine andere. Frei glauben sie zu sein, wenn sie ihren Gelüsten gehorchen dürfen; ihren Rechten glauben sie etwas zu vergeben, wenn sie sich ewigen Gesetzen unterwerfen sollen. Sie wissen nicht, daß Seligkeit nicht Lohn der Liebe, sondern die Liebe selbst ist, und daß wir ihrer nicht teilhaftig werden, weil wir unsere Leidenschaften bezwingen, sondern daß wir diese bezwingen, weil wir selig sind.

v. Feuchtersleben

»Gottesfurcht ist aller Weisheit Anfang.«

»Wer den Herrn fürchtet, der hat eine sichere Festung.«

Gottesfurcht lebet lang.

Die Furcht des Herrn ist eine Quelle des Lebens.

Wer Gott fürchtet, über Den ist Niemand.

Wer Gott fürchtet, der hat sonst Niemand zu fürchten.

Fürchte Gott, tue recht und scheue Niemand!

Sohn, fürchte Gott, damit dein Inn're furchtlos sei,

Die Gottesfurcht nur macht von Menschenfurcht dich frei.

Rückert

Was schlichtet, Herz, den Streit, der dich mit dir entzweit?
Die Gottesfurcht, die dich von aller Furcht befreit;
Vor aller Furcht der Welt und weltlicher Geschicke,
Von aller Furcht vor dir, dem quälendsten der Stricke.
Verstören kann dich nichts, wenn du dich nicht verstörst,
Und frei nur fühlst du dich, wenn du dem Herrn gehörst.
Wie schön ist's, einen Herrn statt vieler Herrn zu haben,
Der seine Diener kann mit Herrlichkeit begaben.

Rückert

Ich bin jung gewesen und alt geworden und lege das Zeugnis ab, daß ich nie in einem Menschen gründlicher durchgreifende und anhaltende Sittlichkeit gefunden habe, als bei Gottesfürchtigen, nicht nach der heutigen, sondern nach der alten kindlichen Weise. Nur bei ihnen fand ich auch Freudigkeit im Leben, eine herzhafte siegende Heiterkeit von so ausgezeichneter Art, daß sie mit keiner andern zu vergleichen ist.

F. H. Jacobi

Wer auf Gott vertraut,
Hat auf guten Grund gebaut.

Befiehl' Du dem Herrn deine Wege!
Welt, wie du wilt,

Gott ist mein Schild!

Ich wag's – Gott vermag's!

Vertrauen wir auf off'ner See
Uns einem Sterne, der uns führet,
Warum vertrauen wir in unserm Weh'
Dem Gotte nicht, der diesen Stern regieret?

E. M. Kuh

Vertrau' auf Gottes Schutz! Wer könnte dich sonst schützen?
Und stütze dich auf ihn! Auf wen willst du dich stützen?
Der Welt Bosheit gereicht zum Besten Gottes Kindern,
Und fördern werden dich selbst Feinde, die dich hindern.

Rückert

Woher ich kam, wohin ich gehe, weiß ich nicht,
Doch dies: von Gott zu Gott ist meine Zuversicht.
Warum ich jetzo bin, und Andre sonst gewesen? –
Warum mir dieser Platz, kein and'rer, ist erlesen? –
Ich blühe wie die Blum' und wachse wie der Baum,
In meiner Jahreszeit und meinem Gartenraum.
Im großen Garten ist kein abgeleg'nes Beet,
Das nicht zu seiner Zeit von Lenzduft ist durchweht,
Kein abgeleg'nes Beet, das nicht erblüht in Wonne
An seines Gärtners Blick, sein Blick ist Mond und Sonne.

Ich fühle Sommerlust und fühle Winterschauer,
Und einen Schauder, daß ich bin von kurzer Dauer.
Doch eine Ahnung, daß ich ewig bin von Stamme,
Daß nicht, die sich verzehrt, auch mich verzehrt, die Flamme.
Es ist ein nied're Trieb in mir, ein höh'res Streben,
Dem will ich folgen und mich jenem nicht ergeben.
Zur reinsten Blüte will ich meine Lust entfalten,
Und meine Schmerzen selbst in Wonnen umgestalten.
Ich steh' in Gottes Hand, und ruh' in Gottes Schoß,
Vor ihm fühl' ich mich klein, in ihm fühl' ich mich groß.

Rückert

Befiehl du deine Wege
Und was dein Herze kränkt,
Der allertreusten Pflege
Des, der den Himmel lenkt.

Der Wolken, Luft und Winden
Gibt Wege, Lauf und Bahn,
Der wird auch Wege finden,
Da dein Fuß gehen kann.

Dem Herrn mußt du vertrauen,
Wenn dir's soll wohlergeh'n,
Auf sein Werk mußt du bauen,
Wenn dein Werk soll besteh'n.

Mit Sorgen und mit Grämen
Und mit selbsteig'ner Pein.
Läßt Gott sich gar nichts nehmen,
Es muß erbeten sein.

Paul Gerhardt

Über das christliche Gebet

Aus katholischen und reformierten Bekenntnissen

I.

KATHOLISCHE KATECHISMUSLEHRE ÜBER DAS BETEN

Was heißt beten? Beten heißt sein Gemüt zu Gott erheben, um ihn zu loben, ihm zu danken oder ihn um seine Gnade zu bitten; daher der Name Lob-, Dank- und Bittgebet . . .

Ist auch das Bittgebet Pflicht? Das Bittgebet ist nicht bloß Pflicht, sondern für alle, die den hinreichenden Gebrauch der Vernunft haben, ein notwendiges Mittel zur Seligkeit. – Warum? Weil wir ohne dasselbe die Gnade nicht erhalten, die wir nötig haben, um bis zum Ende im Guten zu verharren. – Weiß denn Gott nicht ohnehin schon, was wir nötig haben? Allerdings weiß Gott, was wir nötig haben; aber er will auch, daß wir durch demütiges Gebet ihn als den Geber alles Guten anerkennen, unsere Abhängigkeit von ihm bezeugen und uns dadurch seiner Gaben einigermaßen würdig machen. – Muß man beim Gebete sich immer bestimmter Worte bedienen? Nein; nur beim mündlichen Gebet bedient man sich bestimmter Worte; man kann aber auch bloß innerlich beten oder betrachten . . .

Welches sind die vorzüglichsten Früchte des Gebets?
1. Das Gebet vereinigt mit Gott und macht himmlisch gesinnt;
2. es stärkt wider das Böse und kräftigt zum Guten;
3. es tröstet in Trübsal und hilft in der Not;
4. es erlangt uns die Gnade der Beharrlichkeit bis zum Tode. –
Wie müssen wir beten?

1. mit Andacht, 2. mit Demut, 3. mit Vertrauen, 4. mit Ergebung in den Willen Gottes, 5. mit Beharrlichkeit . . .

Sind alle Zerstreuungen beim Gebete sündhaft? Nein; die Zerstreuungen sind nur dann sündhaft, wenn man sie selbst verschuldet oder freiwillig zuläßt; kämpft man aber dagegen, so vermehren sie unser Verdienst . . .

Warum erhalten wir nicht immer, um was wir beten?

1. Weil wir nicht recht beten; oder 2. weil das, was wir begehren, nicht zur Ehre Gottes und zu unserem Heile ist . . .

Aus dem »Erweiterten Katholischen Katechismus für die Mittelklassen der Gymnasien« von J. Schmitz. 1911. S. 202 ff.

FENELON, ÜBER DAS GEBET

Das Gebet, das wir zu Gott richten, kann Ihm weder wohlgefällig, noch uns nützlich sein, wenn es nicht jene Eigenschaften hat, welche die heilige Schrift und die heiligen Väter ihm beilegen. Wie soll man also beten?

1. Man muß mit Aufmerksamkeit beten. *Gott, sagt der heilige Cyprian, hört auf die Stimme des Herzens, und nicht auf die Stimme, die unser Mund bildet.* Man muß, fügt er hinzu, wachen und von ganzem Herzen dem Gebete obliegen. Darum soll jeder menschliche und einseitige Gegenstand vor den Augen des Geistes verschwinden und dieser Geist selbst einzig auf das bedacht sein, um was er bittet. »Mit wem, sagt er, sollst du mit Aufmerksamkeit reden, wenn nicht mit Gott? Kann er weniger von dir fordern, als du an das denkest, was du zu Ihm sprichst? Wie kannst du hoffen, daß Er dich erhöre, wenn du dich selbst nicht hörest? Du willst, daß Er deiner gedenke, und du selbst denkest nicht an dich?« Weit entfernt, Gott durch ein solches Gebet zu besänftigen, beleidigest du Ihn damit.

Es ist wahr, spricht der heilige Augustinus, daß ich die demütige Stellung deines Körpers sehe, aber ich weiß nicht, wo dein Geist ist, und ob er aufmerksam auf das gerichtet, was er anzubeten vorgibt.

Bekennen wir, daß dieser Vorwurf des heiligen Augustinus für die Christen unseres Jahrhunderts nicht zu stark ist, da die Stellung ihres Körpers nur zu sehr den Leichtsinn und die Lauheit ihrer Seelen bezeugt. Wenn man sieht, wie sie mitten in einer Kirche und während des hochheiligen Meßopfers sich mit den unwürdigsten Gegenständen beschäftigen, vorwitzig hin und her schauen, die Heiligkeit des

Ortes und die Majestät der heiligen Geheimnisse vergessen und ganz profane, ja sogar sündhafte Unteredungen halten, wer sollte sie da nicht für ungläubig halten? Und wem könnte es noch in den Sinn kommen, daß diese bei so großer Unehrerbietigkeit und so ärgerlichem Betragen noch die Absicht hätten, zu beten und Gott zu ehren! Diese Aufmerksamkeit während des Gebetes, die so billiger Weise von den Christen gefordert wird, ist leichter zu üben, als man denkt. Man beobachte nur die Regel, welche der heilige Augustinus dazu angibt.

»Folge«, sagt er, »soviel als möglich den Gesinnungen und Belehrungen, welche in den Gebeten, Hymnen und Lobgesängen der Kirche enthalten liegen. Vereinige dich im Geiste mit dieser Mutter; bitte, wenn der Psalm zum Gebete einladet; seufze, wenn er Seufzer erweckt; hoffe, wenn er zur Hoffnung aufmuntert; erfreue dich, wenn seine Worte voll der Freuden sind; traure undf ürchte, wenn er Traurigkeit und Furcht einflößt; kurz, richte deine Gesinnungen nach den Worten des heiligen Officiums. Diese Art und Weise, dem Gottesdienste beizuwohnen, ist ein vortreffliches Gebet.«

2. Man muß mit Glauben beten. Dieser Glaube, wie der heilige Apostel Jakobus sagt, muß so fest sein, daß er nie wanke; denn wer da wankt, gleicht den Meereswogen, die der Wind hin und her treibt. Wer also, fährt er fort, ohne dieses Vertrauen betet, der hoffe nicht, daß er erhört werde. Und wirklich, was ist so sehr im Stande, das Herz Gottes für uns zu bewegen, als unser Vertrauen auf seine Barmherzigkeit? Wenn wir, sagt der heilige Cyprian, mit Vertrauen, ja selbst mit einer gewissen Vertraulichkeit zu Gott bitten, so ist Er es selbst, der uns diesen Gebetsgeist gibt. Es muß also der Vater die Worte seines eigenen Sohnes erkennen, wenn wir dieselben aussprechen, und es muß Derjenige, der im Innersten unseres Herzens wohnt, selbst unsere Gebete bilden und ordnen.

Jesus Christus bittet in uns; durch Ihn bitten wir seinen Vater, und alle unsere Gebete schließen wir mit seinem allerheiligsten Namen; denn es gibt keinen anderen Namen, der uns retten könnte*, und nur durch seine unendlichen Verdienste dürfen wir Gnaden von Gott hoffen.

Wir müssen also glauben, daß wir mit einem so mächtigen Gebete alles vermögen. Wir treten in die Rechte dieses göttlichen Heilandes ein, wir sind Miterben seines Reiches und sprechen zu Gott in der

* Apostelgeschichte 4,12

Eigenschaft seiner Kinder. Wer aus uns, ruft der heilige Cyprian aus, hätte es je gewagt, Gott seinen Vater zu nennen, wenn Er es nicht selbst befohlen hätte, als Er uns beten lehrte? Müssen wir aber nicht bekennen, daß fast in all' unseren Gebeten dieses kindliche Vertrauen uns fehlt? Wir suchen nur dann Hilfe im Gebete, wenn alle andere Hilfe fehlgeschlagen.

Wenn wir unser Herz prüfen, so werden wir finden, daß wir Gott um den uns notwendigen Beistand so bitten, als ob Er uns noch nie welchen gegeben, und daß wir uns der Güte Gottes unwürdig machen, weil wir Ihn durch gewisse heimliche Untreue beleidigen. Fürchten wir, daß der Herr einst an uns denselben Vorwurf richten wird, den Er an den heiligen Petrus gerichtet, nämlich: »Kleingläubiger, warum hast du gezweifelt?«* Könntest du wohl, um dich von meiner Güte zu überzeugen, noch größere Beweise fordern, als jene, die Ich dir gegeben? Warum also hältst du den Strom der Gnaden, die ich dir bereite, dadurch auf, daß du dich weigerst, dieselben von Mir zu hoffen? Du brauchtest nur auf sie zu hoffen, um sie zu erhalten. Mißtrauische und undankbare Seele, warum hast du gezweifelt?

3. Mit dem Vertrauen muß die Demut verbunden werden: Großer Gott, nicht auf unsere Gerechtigkeit gestützt, schütten wir vor Dir unser Gebet aus, sondern auf deine Barmherzigkeit bauend*. Ohne diese Stimmung unseres Herzens können wir, so fromm wir auch sonst sein mögen, Gott nicht gefallen.

Aus: Das Innere Seelen-Leben von Fénelon, Erzbischof von Cambray, Einsiedeln 1882

MEISTER ECKHART, ÜBER DAS MYSTISCHE GEBET IM CHRISTENTUM

Nun frage ich weiter: was ist des abgeschiedenen Herzens Gebet. Darauf antworte ich folgendermaßen: Abgeschiedenheit und Lauterkeit kann überhaupt nicht beten. Denn wer betet, der begehrt etwas von Gott, daß es ihm zuteil werde, oder er begehrt, daß Gott ihm etwas abnehme. Das abgeschiedene Herz begehrt aber nichts und hat auch nichts, dessen es gern ledig wäre. Darum steht es alles Gebetes ledig, und be-

* Daniel 9, 18

steht sein Gebet nur darin: einförmig zu sein mit Gott. In diesem Zusammenhang können wir anführen, was Dionysius über das Wort Sankt Pauls bemerkt: »Ihrer sind viele, die alle nach der Krone laufen, und doch wird sie nur Einem.« Alle die vielen Kräfte der Seele laufen nach der Krone, und doch wird sie nur dem einen Wesen. Er fügt hinzu: Das Laufen nach der Krone bedeutet Abkehr von allem Erschaffenen und Einswerden mit dem Unerschaffenen. Wenn die Seele dahin gelangt, so verliert sie ihren Namen: Gott zieht sie so völlig in sich, daß sie selber darüber zunichte wird, wie die Sonne das Morgenrot an sich zieht, daß es zunichte wird. Dahin bringt den Menschen nur reine Abgeschiedenheit.

II.

FASTEN UND BETEN DER REFORMIERTEN

Fasten und Beten, so gemeiniglich und billig dem christlichen Tun zugezählt werden, halten wir für ganz heilige und nützliche Werke, zu welchen auch unsere Prediger fleißig ermahnen. Denn wie das Fasten etlicher Maßen eine Abstellung dieses gegenwärtigen Lebens ist, welches den bösen Begierden von Natur ganz verhaftet ist, also ist das Gebet eine Erhebung des Gemütes in Gott und ein solches Gespräch mit Gott, daß kein ander Ding das Gemüt mit den himmlischen Begierden mehr anzündet und nach dem Willen Gottes gewaltiger gestaltet. Wiewohl nun aber diese Übungen ganz heilig und den Christen hoch von Nöten sind, aber doch durch sie nicht so sehr dem Nächsten mit Nutz gedient als der Mensch dem Nächsten zu dienen bereit und geschickt gemacht wird, können sie keineswegs christlicher Lehre, Unterweisung, Vermahnung und auch anderen Diensten, die stracks und gleich den Leuten Nutz und Frommen bringen, vorgezogen werden, wie es von vielen seit langer Zeit wider Gottes Ordnung geschehen ist . . .

Aus der Confessio Tetrapolitana. 1530 Art. 7

WARUM IST DEN CHRISTEN DAS GEBET NÖTIG?

Warum ist den Christen das Gebet nötig? Darum, daß es das vornehmste Stück der Dankbarkeit ist, welche Gott von uns fordert, und daß Gott seine Gnade und seinen heiligen Geist all denen will geben, die ihn mit herzlichem Seufzen ohne Unterlaß darum bitten und ihm dafür danken. – Was gehört zu einem solchen Gebet, das Gott gefalle und von ihm erhört werde? Erstlich, daß wir allein den einzigen, wahren Gott, der sich uns in seinem Wort hat geoffenbart, um alles, was er uns zu bitten befohlen hat, von Herzen anrufen. Zum andern, daß wir unsere Not und unser Elend recht gründlich erkennen, uns vor dem Angesicht seiner Majestät zu demütigen. Zum dritten, daß wir diesen festen Grund haben, daß er unser Gebet, unangesehen, daß wir dessen unwürdig sind, doch um des Herrn Christi willen gewißlich wolle erhören, wie er uns in seinem Wort verheißen hat. – Was hat uns Gott befohlen, von ihm zu bitten? Alle geistliche und leibliche Notdurft, welche der Herr Christus gegriffen hat in dem Gebet, das er uns selbst gelehrt . . . Was bedeutet das Wörtlein Amen? Amen heißt, das soll wahr und gewiß sein. Denn mein Gebet viel gewisser von Gott erhört ist, als ich in meinem Herzen fühle, daß ich solches von ihm begehre.

Aus dem Heidelberger Katechismus. 1563

MARTIN LUTHER, ÜBER DAS GEBET

Lieber Meister Peter, ich geb's euch so gut, als ich's habe, und wie ich selber mich mit Beten halte. Unser Herr Gott geb's euch und jedermann besser zu machen. Amen.

Wenn ich fühle, daß ich durch fremde Geschäfte oder Gedanken bin kalt und unlustig zu beten geworden – wie dann das Fleisch und der Teufel allwege das Gebet wehren und hindern – nehme ich mein Psälterlein, laufe in die Kammer oder, so es der Tag und Zeit ist, in die Kirche zum Haufen und hebe an, die zehn Gebote, den Glauben und, darnach ich Zeit habe, etliche Sprüche Christi, Pauli mündlich bei mir selbst zu sprechen, allerdings wie die Kinder tun. Darum ist's gut, daß man frühmorgens lasse das Gebet das erste und des Abends das

Die Kaaba (arab. Würfel) im Hof der großen Moschee in Mekka, dem kulturellen Zentrum der islamischen Welt.

letzte Werk sein, und hüte sich mit Fleiß vor diesen falschen, betrüglichen Gedanken, die da sagen: Harre ein wenig, über eine Stunde will ich beten, ich muß dies oder das zuvor fertigen; denn mit solchen Gedanken kommt man vom Gebet in die Geschäfte, die halten und umfangen dann einen, daß aus dem Gebete des Tages nichts wird . . .

Wenn nun das Herz durch solches, mündliches Gespräch erwärmt und zu sich selbst gekommen ist, so knie nieder oder stehe mit gefalteten Händen und Augen gen Himmel, und sprich oder denke aufs kürzeste du kannst:

Ach himmlischer Vater, du lieber Gott, ich bin ein unwürdiger, armer Sünder, nicht wert, daß ich meine Augen oder Hände gegen dich aufhebe und bete. Aber weil du uns allen geboten hast zu beten und dazu auch Erhörung verheißen, und über das selbst uns beide, Wort und Weise gelehrt durch deinen lieben Sohn, unseren Herrn Jesum Christum, so komme ich auf solches dein Gebot, dir gehorsam zu sein, und verlasse mich auf deine gnädige Verheißung, und im Namen meines Herrn Jesu Christi bete ich mit allen deinen heiligen Christen auf Erden, wie er mich gelehrt hat: »Vater unser, der du bist usw.« (ganz aus von Wort zu Wort) . . .

Zuletzt merke, daß du mußt das *Amen* allwege stark machen und nicht zweifeln, Gott höre dir zu gewißlich mit allen Gnaden und sage Ja zu deinem Gebet, und denke ja, daß du nicht allein da kniest und stehst, sondern die ganze Christenheit oder alle frommen Christen bei dir und du unter ihnen in einmütigem, einträchtigem Gebet, welches Gott nicht verachten kann; und gehe nicht vom Gebet, du habest denn gesagt oder gedacht: Wohlan, dies Gebet ist bei Gott erhört, das weiß ich gewiß und fürwahr. Das heißt Amen . . .

Darum liegt die größte Macht daran, daß sich das Herz zum Gebete ledig und lustig mache, wie auch der Prediger 4,17 sagt: Bereite dein Herz vor dem Gebete, auf daß du nicht Gott versuchst. Was ist's anders, denn Gott versuchen, wenn das Maul plappert und das Herz anderswo zerstreut ist? Wie jener Pfaff betete auf die Weise: Deus in adjutorium meum intende[1] — Knecht hast du ausgespannt? — Domine adjuvandum me festina[2] — Magd, gehe, melke die Kuh. — Gloria patri et filio et spiritui sancto[3] — Lauf, Bube, daß dich der Ritt schüttle[4] usw.

[1] *»Herr, achte auf mein Gebet.«*

[2] *»Eile, Herr, mir zu helfen.«*

[3] *»Ehre sei dem Vater und dem Sohne und dem heiligen Geist.«*

[4] *»Daß dich das Fieber schüttle!«*

Tholos (Rundbau) im Heiligtum der Athena Pronaia in Delphi, erbaut um 400 v. Chr. Der Apollon-Tempel in Delphi war eine der bedeutendsten Mysterienstätten des Altertums.

Welcher Gebete ich meine Tage im Papsttum viel gehört und erfahren habe, und sind fast aller ihre Gebete der Art. Damit wird Gottes nur gespottet, und wäre besser, sie spielten dafür, wenn sie ja nichts Besseres tun könnten oder wollten. Denn ich habe selbst solche horas canonicas[1] mein Tage viel gebetet, leider so, daß der Psalm oder die Gezeit aus war, ehe ich gewahr war, ob ich angefangen oder im Mittel wäre.

[1] *»Kanonische Stunden«, d. h. die festgesetzten Gebetszeiten.*

ERLEUCHTUNGEN UND VISIONEN DER HEILIGEN UND MYSTIKER

SRI AUROBINDO - INDIEN
DER BAALSCHEM - POLEN
JAKOB BÖHME - DEUTSCHLAND
BERNHARD VON CLAIRVAUX - FRANKREICH
MEISTER ECKEHART - DEUTSCHLAND
GEORGE FOX - ENGLAND
FRANZ VON ASSISI - ITALIEN
AL-GHAZÂLI - IRAN
JEANNE MARIE DE LA MOTHE-GUYON - FRANKREICH
HILDEGARD VON BINGEN - DEUTSCHLAND
IGNATIUS VON LOYOLA - SPANIEN
KATHARINA VON SIENA - ITALIEN
JANE LEADE - ENGLAND
PLOTIN - GRIECHENLAND
RAMAKRISHNA - INDIEN
SERAFIM - RUSSLAND
SEUSE - DEUTSCHLAND
SWEDENBORG - SCHWEDEN
TERESA A JESU - SPANIEN

Was heißt Mystik?

Das Wort – von dem griechischen Zeitwort myein abgeleitet – bedeutet: verschließen, und zwar namentlich den Mund und die Augen. Mysterien nannte man daher »Lehren und heilige Gebräuche, die im Verborgenen mitgeteilt und stillschweigend bewahrt werden sollten.

Um das Höchste, Gott selbst oder das Eine, zu »schauen«, muß man sich reinigen und von allem, was jenes nicht ist, losmachen, »die leiblichen Augen schließen«, sich sogar über das Schöne und die Tugenden erheben. Doch ist der Ausdruck Schauen vielleicht nicht richtig gewählt, es handelt sich hier vielmehr um eine andere Art zu sehen, eine Ekstase (d. h. ein verzücktes Außersichgeraten), ein Einfachwerden, ein Hingeben seiner selbst, ein Verlangen nach Berührung, eine Ruhe und ein Sinnen, mit Ihm (dem göttlichen Wesen) eins zu werden, was man im Allerheiligsten »Schauen« nennt. Diese völlige Versenkung in das Eine, das dann plötzlich dem selbst sonnenhaft gewordenen Auge der Seele aufleuchtet, ist ein Glück, das sie mit nichts vertauschen würde, auch wenn man ihr den ganzen Himmel anböte.

Das Ziel der Mystik ist die innigste Vereinigung des Innersten der Menschenseele mit der Gottheit.

Erleuchtungen und Visionen

GOTT IST DIE ORIGINALE UND UNIVERSALE EXISTENZ

Gott ist ein personaler Gott, der nicht eine Person ist, sondern die einzig wirkliche Person und die Quelle aller Personalität.

Gott ist mehr als ein Mann oder eine Frau, ein Streifen Land oder ein Glaube, eine Meinung, Entdeckung oder ein Prinzip. Er ist die Person über allen Personen, das Heim und Vaterland aller Seelen, die Wahrheit, von der die Wahrheiten nur unvollkommene Ziffern sind.

Gott ist ein Wesen und nicht eine abstrakte Existenz oder ein Status reiner, zeitloser Unendlichkeit. Die originale und universale Existenz ist Er.

So wie wir selber nicht nur eine Anzahl von Qualitäten oder Kräften oder eine psychologische Quantität sind, sondern ein Wesen, eine Person, die so ihre Natur zum Ausdruck bringt, so ist Gott eine Person, ein bewußtes Wesen.

Wenn Herz und Leben sich dem Höchsten und Unendlichen zuwenden, dann gelangen sie nicht zu einer abstrakten Existenz oder Nicht-Existenz, einem Sat oder einem Nirvâna, sondern zu einem Existierenden, einem Sat Purusha; nicht zu einem Bewußtsein, sondern zu einem bewußten Wesen, einem Chaitanya Purusha; nicht nur zu der rein impersonalen Freude des »Ist«, sondern zu dem unendlichen »Ich bin Seligkeit«, zu einem Anandamaya Purusha. Das ist die Wahrheit, die im integralen Yoga ihren Platz hat und ihn behält.

Wir suchen und bekennen ihn nicht um der Transzendenz willen, sondern weil Er transzendent ist, nicht um der Universalität willen, sondern weil Er universal ist, nicht um der individuellen Befriedigung willen, sondern weil Er der Individuelle ist.

Er ist Er selbst, jenseits aller unserer positiven wie negativen Definitionen.

Sri Aurobindo

Es handelt sich nicht um Befähigtsein oder Nichtbefähigtsein, sondern um das Annehmen der Gnade. Kein Mensch ist zum Yoga befähigt. Es geschieht durch die Gnade und ein Licht von oben, daß man fähig wird, und das dafür Notwendige ist, nicht nachzulassen und sich dem Licht zu öffnen.

Stärke ist recht für den Starken – aber sich sehnendes Streben und die Gnade, die dem antwortet, sind auch nicht einfach Mythen, sie sind große Wirklichkeiten des religiösen Lebens.

Wenige sind ihrer, von denen sich die Gnade zurückzieht, viele aber, die sich von der Gnade zurückziehen.

Glaube an Gott, an die göttliche Gnade!

Ich habe gesagt, daß Friede und Stille höchst entscheidenderweise in einer Herabkunft von oben her kommen, wirklich und wahrhaftig kommen sie immer so, wenn auch nicht immer dem Anschein nach, denn der Adept ist sich nicht immer des Prozesses bewußt. Er fühlt, daß der Friede sich in ihm niederläßt oder wenigstens manifestiert, aber er ist sich nicht bewußt, wie und woher er kam. Gleichwohl ist es eine Wahrheit, daß alles, was dem höheren Bewußtsein zugehört, von oben kommt, nicht nur der geistliche Friede und die Stille – das Licht, die Kraft, die Erkenntnis, das höhere Sehnen und Denken, die Freude kommen von oben.

Für den größten wie den kleinsten unter uns ist unsere Kraft nicht unsere, sondern uns gegeben.

Diese Herabkunft ist ein sine qua non des Überganges und der Verwandlung. Die göttliche Liebe steigt zuerst als etwas Transzendentes und Universales herab, und aus dieser Transzendenz und Universalität teilt sie sich, der göttlichen Wahrheit und dem göttlichen Willen gemäß, den Menschen mit, indem sie eine umfassendere, größere, reinere Liebe schafft, als irgendein menschlicher Geist und menschliches Herz es je auszudenken vermögen. Wer diese Herabkunft gefühlt hat, der kann dann wirklich ein Instrument für die Geburt und das Handeln in der Welt werden.

Es geschieht wirklich auf diese Weise.

Das Nirvâna* zu erreichen, das war also das erste radikale Ergebnis meines eigenen Yoga. Es warf mich plötzlich in einen Zustand ober-

* Zustand höchster Erleuchtung. S. auch Kapitel »Hinduismus«.

halb aller und ohne alle Gedanken, unbefleckt durch irgendeine mentale oder vitale Bewegung. Da war kein Ich, keine reale Welt. Nur wenn ich durch die unbeweglichen Sinne hindurchschaute, dann war da eine Welt leerer Formen, materialisierter Schatten ohne Substanz wahrzunehmen, hingelagert über die völlige Stille. Da war nicht das Eine oder gar das Viele, nur eben absolut Das, eigenschaftslos, beziehungslos, völlig, unbeschreiblich, undenkbar, absolut, gleichwohl zuhöchst real und allein real. Dies war kein mentales Vorstellungsgebilde, nichts von oben her Erlauschtes, keine Abstraktion, es war positiv, die einzige positive Realität, wenngleich nicht eine physische Welt im Raum, durchdringend, mit Beschlag belegend, oder vielmehr das überflutend und überschwemmend, was einer psychischen Welt ähneln mochte, keinen Platz oder Raum lassend für irgendeine Realität außer sich selbst, nichts anderm erlaubend, überhaupt real, positiv oder substantiell zu scheinen.

Sri Aurobindo

DER BAALSCHEM OFFENBART SICH

Es wird erzählt: »Nachdem Israel ben Elieser hintereinander die Ämter eines Schulhelfers, eines Lehrhausdieners, eines Kinderlehrers, eines Schächters und zeitweilig auch das eines Fuhrmanns bei seinem Schwager bekleidet hatte, pachtete der für ihn in einem Dorf am Flusse Prut ein Stück Land mit einem Wirtshaus, in dem Gäste auch beherbergt wurden. Unweit davon über der Furt war in den Berg eine Höhle gehauen, da weilte der Baalschem die Woche über, in seine Andachten versenkt. Kam von einer Zeit zur andern ein Reisender ins Wirtshaus, so trat die Frau an die Tür und rief hinüber, und stets hörte Israel den Ruf und erschien ohne Verzug, den Gast zu bedienen. Am Sabbat jedoch blieb er zu Haus und trug den weißen Sabbatrock.

Eines Tages, es war ein Dienstag, reiste ein Schüler Rabbi Gerschons, des Schwagers des Baalschem, in die Stadt Brody zu seinem Lehrer. Sein Weg führte ihn durch das Dorf am Prut, er stieg aus und trat ins Wirtshaus. Alsbald rief die Frau ihren Ruf, der Baalschem kam und bediente den Gast beim Essen. Nachher sagte der: ›Israel, spann mir die Pferde wieder an, ich muß weiter.‹ Der Baalschem spannte die Pferde an, kam es zu melden und fügte hinzu: ›Wie wär's aber, wenn Ihr über Sabbat hier bliebt?‹ Dem Gast lächerte es des törichten Geredes. Kaum aber war er eine halbe Meile gefahren, brach ihm ein Wagenrad; es war nicht gleich wieder herzustellen, und er mußte umkehren und in dem Wirtshaus über Nacht bleiben. Am nächsten, am übernächsten Tag und auch am Freitagmorgen stellten sich immer neue Hindernisse ein, und zuletzt war nichts übrig, als über Sabbat zu bleiben. Vergrämt ging er am Freitagmorgen umher. Da sah er, daß die Frau zwölf Sabbatbrote buk. Erstaunt fragte er, wozu sie die brauche. ›Nun freilich‹, sagte sie, ›mein Mann ist ein ungelehrter Mensch, aber rechtschaffen ist er doch, und wie ich's bei meinem Bruder gesehen habe, so mache ich's auch bei meinem Mann.‹ ›Gibt es etwa bei euch ein Bad?‹ fragte er weiter. ›Gewiß‹, antwortete sie, ›gibt es hier ein Tauchbad.‹ ›Wozu braucht ihr denn‹, fuhr er fort, ›ein Tauchbad?‹ ›Nun freilich‹, sagte sie, ›mein Mann ist ein ungelehrter Mensch, aber rechtschaffen ist er doch, und so geht er eben jeden Tag ins Tauchbad.‹

Am Nachmittag, als Betenszeit war, fragte er die Frau, wo ihr Mann sei. ›Im Feld, bei den Schafen und Rindern‹, sagte sie. So mußte der Gast Nachmittags- und Abendgebet und Sabbatempfang allein sprechen, und noch immer kam der Wirt nicht heim. Er betete nämlich in seiner Höhle. Als er endlich ins Haus trat, nahm er wieder die bäuerische Gebärde und Redeweise an und begrüßte so seinen Gast. ›Seht‹, sagte er. ›so ist es doch so gekommen, daß Ihr über Sabbat hierbleibt.‹ Er stellte sich an die Wand, wie um zu beten, dann bat er, um sich nicht durch seine unverstellbare Inbrunst zu verraten, den Gast, den Segen über den Wein zu sprechen. Sie saßen und aßen mitsammen. Danach bat der Baalschem den Gast, eine Lehrrede vorzutragen. Um der Fassungsgabe seines Wirtes nicht allzuviel zuzumuten, erzählte der Schüler Rabbi Gerschons schlecht und recht, wovon der Wochenabschnitt handelte, das ist, von der Verknechtung der Kinder Israels in Ägypten.

In jener Nacht, der letzten vor dem Tag, da dem Baalschem das sechsunddreißigste Jahr seines Lebens sich runden sollte, kam ihm vom Himmel die Botschaft, die Zeit der Verborgenheit sei um. Mitten in der Nacht erwachte der Gast auf seinem Bett in der Wirtsstube und sah ein großes Feuer auf dem Herde brennen. Er lief hinzu; denn er meinte, die Holzscheiter hätten Feuer gefangen. Da sah er: was er für Feuer gehalten hatte, war ein großes Licht. Ein großes weißes Licht ging vom Herde aus und füllte das Haus. Der Mann zuckte zurück und fiel in Ohnmacht. Nachdem der Baalschem ihn daraus erweckt hatte, sagte er zu ihm: ›Man guckt nicht auf was einem nicht gewährt ist.‹

Am Morgen ging der Baalschem im weißen Sabbatrock in seine Höhle, kam hocherhobenen Haupts und strahlenden Angesichts heim, ging im Haus einher und sang das mystische Lied: ›Richten will ich zum Mahl.‹ Sodann sprach er die ›große Weihe‹, wie es seine Art war, mit einer wunderbaren Kraft der Hingabe. Beim Mahl bat er wieder den Gast, eine Lehrrede zu sprechen, der aber war so verwirrt, daß er nur eine knappe Schriftdeutung vorzubringen vermochte. ›Darüber habe ich eine andere Deutung gehört‹, sagte der Baalschem.

Sie beteten zusammen das Nachmittagsgebet, und dann sprach der Baalschem und offenbarte Geheimnisse der Lehre, die noch nie vernommen worden waren. Danach beteten sie das Abendgebet mitsammen und vollzogen die Scheidung zwischen Sabbat und Werkwoche.

Als Rabbi Gerschons Schüler nach Brody kam, ging er, ehe er noch seinen Lehrer aufsuchte, zu der Gemeinschaft der ›großen Chassidim‹* in dieser Stadt, berichtete, was ihm widerfahren war, und fügte hinzu: ›Ein großes Licht weilt in eurer Nähe. Es wäre angemessen, daß ihr hingingt, es in die Stadt zu bringen.‹ Sie gingen hin und begegneten dem Baalschem vor dem Dorf am Waldrand. Sie machten aus Zweigen einen Hochsitz und setzten ihn darauf, und er sprach zu ihnen Worte der Lehre.

Berichtet von Martin Buber

DIE WIEDERGEBURT BEGINNT IM GEMÜT

Sprichst du: Was ist die neue Wiedergeburt? Oder wie geschieht die im Menschen? Höre und sieh, verstopfe nicht dein Gemüt, laß dir den Geist dieser Welt mit seiner Macht und Pracht nicht dein Gemüt erfüllen: fasse dein Gemüt und reiß durch ihn aus: neige dein Gemüt in die freundliche Liebe Gottes, mache dir deinen Vorsatz ernst und streng mit deinem Gemüt, durch die Wollust dieser Welt durchzureißen und derer nicht zu achten: denke, daß du in dieser Welt nicht daheim bist, sondern bist ein fremder Gast in einem schweren Gefängnis gefangen! Rufe und flehe zu dem, der den Schlüssel zum Gefängnis hat, ergib dich ihm in Gehorsam der Gerechtigkeit, Zucht und Wahrheit; suche nicht das Reich dieser Welt also hart, es wird dir ohne das genug anhangen: so wird dir begegnen die züchtige Jungfrau hoch und tief in deinem Gemüt, die wird

* S. über »Baalschem« in »Jüdische Religion«.

dich führen zu deinem Bräutigam, der den Schlüssel hat zu den Toren der Tiefe. Vor dem mußt du stehen, der wird dir geben von dem himmlischen Manna zu essen: das wird dich erquicken und du wirst stark werden und ringen mit den Toren der Tiefe. Du wirst durchbrechen die Morgenröte: und ob du gleich allhier in der Nacht gefangen liegst, so werden dir doch die Strahlen der Morgenröte des Tages im Paradiese erscheinen, in welchem Orte deine züchtige Jungfrau steht und deiner mit der freudenreichen Engelschar wartet: die wird dich in deinem neuen wiedergeborenen Gemüt und Geist gar freundlich annehmen.

Wirst du nun folgen (nämlich dem Rat der edlen Sophia), so wirst du erfahren in dir selber, nicht allein nach diesem Leben, sondern auch noch in dieser Welt, in deiner Wiedergeburt, die dir teuer entgegnen wird, aus welchem Geist dieser Autor geschrieben habe.

Sieh dich nur an, du blindes Gemüt und betrachte dich, wo ist deine Engelsgestalt in dir? Warum bist du so zornig, grimmig und boshaft? Warum steigst du noch in deiner Bosheit auf in Hoffart, in Macht und Pracht und vermeinst ein schönes Tier zu sein? Was tust du? Warum hast du den Geist dieser Welt in dich gelassen, der dich führt wie er will in Hochmut und Stolz, in eigen Macht und Pracht, in Geiz und Lügen, in Falschheit und Trug und dann in Krankheit und Zerbrechung?

Oh, du blindes Gemüt, in deiner Macht und Pracht, voll Bosheit und Grimm des Teufels, du bist bei allen Teufeln im Abgrund der Hölle. So du nicht umkehrst und trittst in die englischen Fußstapfen, durch ernste Reue und Buße deines Greuels, daß dir der Heiland und Schlangentreter des Grimmes, Zornes, Bosheit, Lügens und Trügens und deiner angeborenen Hoffart und Geizes begegnet, und dich in seine Arme nimmt und in sich neu gebiert, und dich in den Schoß der züchtigen Jungfrau gibt, daß du ein Engel werdest: so bist du sonst des ewigen Todes in der ewigen Finsternis und erreichst nimmermehr das Reich Gottes.

Denn kein zornig, boshaftig, hoffärtig, eigenehrig, lügenhaftig, diebisch, räuberisches, mörderisches, unzüchtiges, unkeusches Gemüt ist Gottes Gleichnis, sondern ein demütiges, züchtiges, keusches, reines, freundliches Gemüt, das sich mit seiner Begierde und Liebe zum Herzen Gottes neigt, das ist Gottes Gleichnis, in welchem der feuerflammende Geist in der Freude und Sanftmut aufgeht aus dem Willen, vor dem Willen; seinen Brüdern des Willens seines Geistes, so von ihm ausgeht, gerne auch gönnen, sich ihnen anzuneigen und, wie man im Sprichwort redet, das Herz mitzuteilen, welches im Geist geschieht: darinnen die himmlische Freude im ewigen Element aufgeht, und die Wunder Gottes in der Jungfrau erblickt werden zum ewigen Gemüt und Lobgesang Gottes, da das Gemüt spielt auf der Harfe Davids aus dem Lobgesang Gottes: da dann in dem ewigen heiligen Gemüt aufgehen Erkenntnis, Farben im Element und Wunder im Geist mit Taten und Kraft.

Und das ist das Bild Gottes, das Gott zu seinem Lob und Freude schuf und kein anderes. Laß dir nur kein anderes vormalen durch den tollen Antichrist: es ist kein anderes; es überzeugt dich dein Leib und Seele, sowohl Himmel und Erde, Sterne und Elemente. Siehe an, was du willst, es überzeugt dich alles; und wirst du nicht umkehren und in das Bildnis treten, dazu dich Gott schuf, so wirst du dich vor allen Kreaturen schämen in deines Leibes Zerbrechung, wenn dein Gemüt im Seelengeist wird roh ohne Leib stehn.

Auch so sollst du wissen, wie es vor Gott Sünde ist: Du hast in dir das Element, das eine Wonne vor Gott ist; so du nun also mit der Hölle Qual wütest und tobst, berührst du das Element und erweckst den Grimm zum Ausgang, und tust eben als der Teufel tut, da er den Grimm im Fiat erregte und anzündete, davon der Grimm die Erde und Stein gebar: du sündigst bis im Himmel vor Gott. Davon die Propheten an vielen Enden klagten, daß das ungehorsame Volk ihren Gott beleidigte. Ob's ihm wohl in sich nicht wehe tut, so wird doch sein Grimm nach dem ersten Prinzip in den Toren der Tiefe, darin die Seele steht, entzündet, und ist ein eitel Greuel vor ihm.

Siehe, alles was du in dein Gemüt einläßt, so deine Seele nicht in Gott geneigt ist, daß sie in Glauben und Zuversicht auf ihn sieht: so ist dir alles Sünde, was du tust. Denn du führst ein irdisch Gemüt in die Tore der Tiefe, da der Geist Gottes geht, und verunreinigst das Element, welches vor Gott ist.

Sagst du wie? Gott wohnt im Himmel? Oh, du blindes Gemüt, voll Finsternis! Der Himmel, da Gott wohnt, ist auch in dir, gleichwie Adam auf Erden im Paradies war. Laß dich den Antichrist nicht aus dieser Welt über die Sterne weisen: er lügt wie der Teufel selbst. Gott ist überall, der Hölle Grund ist auch überall, wie der Prophet David sagt. Ps. 139, 9. Schwinge ich mich an die Morgenröte oder in die Hölle, so bist du da. Item: Wo ist die Stätte meiner Ruhe, bin nicht ich's, der alles erfüllt? Ich sehe aber an den Elenden, der zerbrochenen Geistes ist, in dem will ich wohnen. Esai 66, 1, 2. Item: In Jakob will ich wohnen und Israel soll meine Hütte sein. Ps. 132, 13, 15. Sir. 24, 13.

Verstehe recht: Er will wohnen in dem zersprengten und zerbrochenen Geist, der die Tore der Finsternis zersprengt, und zu dem will er eindringen. Darum hüte dich vor der Sucht; sprich nicht: Ich stehe im Finsteren, der Herr sieht mich nicht, noch was ich denke und tue. Er steht in der Pforte deines Gemütes, wo die Seele in den zersprengten Toren steht vor Gottes klarem Angesicht: und werden alle deine Greuel vor Gott erkannt, und du entfärbst damit das Element Gottes. Du betrübst die züchtige Jungfrau, die dir zur Gesellin ist in dein Gemüt gegeben, die in ihrem Zentrum wohnt und dich vor ungöttlichem Wege warnt. So du folgst und umkehrst und durch ernste Buße zu ihr einbrichst, so krönt sie dir dein Gemüt mit Weisheit und Verstand, daß du dem Teufel wohl kannst entfliehen. Wo aber nicht; so fällst du aus einer Sünde und Greuel in den anderen und machst dein Maß voll und überflüssig, so hilft dir dann der Teufel in seinem Reich. Du dienst ihm wohl, denn du bist eine rechte Peitsche der Seele, ein Greuel deinem Gemüt! –

Jakob Böhme

ERLEBNIS VOM KOMMEN DES BRÄUTIGAMS

Ich bekenne, das Wort hat mich besucht, und sogar sehr oft. Aber obwohl Er oft in meine Seele gekommen ist, habe ich niemals und zu keiner Zeit den genauen Augenblick Seines Kommens feststellen können. Ich habe gefühlt, daß Er da war; ich erinnere mich, daß Er bei mir gewesen ist. Ich habe manchmal ein Vorgefühl Seines Kommen gehabt; aber ich habe nie Sein Kommen oder Gehen selbst gefühlt. Ich muß gestehen, daß ich bis zum heutigen Tage nicht weiß, wie Er kommt oder geht ... Woher wußte ich dann überhaupt, daß Er da war? Durch Seine machtvolle, lebendige Gegenwart. Wenn Er in mich eingetreten war, weckte Er meine schlafende Seele, erleuchtete und besänftigte und entzündete Er mein Herz ... Nur an der Bewegung meines Herzens konnte ich seiner Gegenwart inne werden, und nur an der Besserung meiner sündigen Natur und an der starken Zurückhaltung, die all meinen irdischen Neigungen auferlegt wurde, erkannte ich die Macht seines Einflusses.

Seine Güte und Freundlichkeit haben sich in der Besserung meines Lebens, wie gering sie auch sein mag, gezeigt. In der Umwandlung und Erneuerung meines Geistes, des inwendigen Menschen, habe ich bis zu einem gewissen Grade Seine Lieblichkeit und Schönheit kennengelernt und bin mit staunender Bewunderung Seiner ungeheuren Größe erfüllt worden . . . Wann immer Er von mir fortgeht, wird meine Stimme Ihn zurückrufen. Ich will nicht aufhören nach Ihm zu rufen, wenn er fortgegangen ist, um Ihn das dringende Verlangen meines Herzens nach Seiner Rückkehr wissen zu lassen, auf daß ich Ihm in Glückseligkeit angehören, auf daß Er sich mir hingeben möge. Und ich muß gestehen, daß mich nichts erfreuen kann bis Er wiederkommt, Er, der meine einzige Freude ist.

Bernhard von Clairvaux

VOM URQUELL DER GOTTHEIT

Das Edelste, was am Menschen ist, das ist das Blut, wenn es guten Willens ist. Aber das Ärgste, was am Menschen ist, das ist das Blut, wenn es bösen Willens ist. Siegt das Blut über das Fleisch, dann ist der Mensch demütig, geduldig und keusch und hat alle Tugend in sich. Siegt aber das Fleisch über das Blut, dann wird der Mensch hoffärtig, zornig und unkeusch und hat alle Untugend in sich.

Merket auf: Ehe Gott Himmel und Erde schuf und alle Kreaturen, da wirkte Gott nicht; er hatte nichts zu wirken, und auch in ihm war noch kein Werk. Dann sprach Gott: wir machen einen uns Gleichen. Schöpfen ist ein leichtes Ding, das tut man, wann und wie man will. Aber was ich jetzt mache, das mache ich aus mir selber und in mir selbst und drücke mein Bild ganz und gar hinein.

Darum, als Gott den Menschen machte, da wirkte er in der Seele sein ihm ebenbürtiges Werk: sein Ebenbild, sein wirkendes und sein immerwährendes Werk, die Seele. Die ist das Werk Gottes. Gottes Natur, sein Wesen und seine Gottheit hängt daran, daß er in der Seele wirken muß. Gesegnet, gesegnet sei Gott! Weil nun Gott in der Seele wirkt, darum liebt er sein Werk. In mir selbst ist also Gottes Liebe und seine Natur, sein Wesen und seine Gottheit. Mit der Liebe, mit der Gott liebt, liebt er auch alle Kreaturen; nicht als Kreaturen liebt er sie, sondern die Kreaturen als Gott. In der Liebe, in der Gott wirkend liebt, darinnen sind auch alle Dinge, ist die ganze Welt geliebt.

Gott genießt sich selber in allen Dingen. Seine Sonne wirft ihren lichten Schein auf alle Kreaturen, und worauf diese Sonne ihren Schein wirft, das zieht sie in sich und verliert doch nicht ihre Leuchtkraft. Alle Kreaturen haben Leben und Wesen aus ihr. So zieht meine Vernunft alle Kreaturen in sich, damit sie in mir vernünftig seien, und so trage ich alle Kreaturen wieder zurück zu Gott. Achtet darum auf das, was ihr tut! Ich bitte euch darum bei der Ewigen Wahrheit und bei meiner Seele.

Noch etwas will ich sagen, was ich noch nie gesagt habe: Ich behaupte, der innere und der äußere Mensch sind voneinander so verschieden, wie Himmel und Erde voneinander entfernt sind. Betrachte ich die Lilien auf dem Felde, dann sehe ich wohl ihren Schein und ihre Farbe und ihre Blätter; aber ihren Duft sehe ich nicht? Warum? Weil der Duft in mir ist. Was mich ansprechend dünkt, das ist in mir, und ich spreche es aus mir heraus. So auch schmecken alle Kreaturen meinen äußeren Menschen als Kreaturen, wie Wein und Brot und Fleisch. Aber meinem inneren Menschen schmeckt nicht die Kreatur als solche, sondern allein die Kreatur, sofern sie Gottes Selbsthergabe ist.

Ich nehme ein Becken mit Wasser und lege einen Spiegel hinein und setze es unter das Rad der Sonne. Dann wirft die Sonne ihren lichten Schein aus dem Spiegel im Boden des Beckens und vergeht doch nicht. Das Widerspiegeln des Spiegels in der Sonne kommt aus der Sonne, ist Sonne, und der Spiegel ist doch, was er ist. So auch ist es mit Gott. Gott ist mit seiner Natur, seinem Wesen und seiner Gottheit in meiner Seele, und doch ist nicht er die Seele. Das Widerspiegeln meiner Seele aber ist Gott und bleibt doch, was sie ist. Gott wird, da alle Kreaturen »Gott« aussprechen. Da wird Gott. Als ich noch im Grunde, im Boden und im Ursprung der Gottheit stand, da fragte mich niemand, wohin ich wollte oder was ich täte. Erst als ich ausfloß, da sprachen alle Kreaturen »Gott«. Fragte man mich etwa: Bruder Eckart, wann gingt Ihr aus dem Hause? Das beweist dann doch, daß ich zuvor darinnen war. Gerade so sprechen alle Kreaturen von Gott. Wenn ich nun wieder zu Gott heimkomme, dann mache ich mir kein Bild mehr von Gott, ich bin dann in Gott. Darum ist mein Durchbruch und Münden viel herrlicher und edler als mein Entspringen. Wenn ich nun aber wieder in den Grund, in den Boden und in den Urquell der Gotttheit komme, so fragt mich niemand, von wannen ich komme oder wo ich gewesen bin. Da hat mich niemand vermißt; da hört dann alles auf.

Wer diese Predigt verstanden hat, dem gönn' ich es wohl. Wäre niemand hier gewesen, so hätte ich es diesem Stocke predigen müssen.

Es mag nun etliche Leute geben, die kommen wieder heim und sprechen dann: Ich will mein Brot in Ruhe essen und im übrigen Gott dienen. Ich sage aber in Wahrheit: Diese Leute werden verirrt bleiben müssen und können das nimmer erringen noch erlangen, was jene erreichen, die da Gott nachgehen durch Armsein und durch Verfremdung hindurch. Amen.

Meister Eckhart

ZUM BILDE GOTTES WIEDERGEBOREN

Eines Tages, als ich draußen einsam gewandert und nach Hause gekommen war, wurde ich in die Liebe Gottes emporgehoben, so daß ich mich nur über die Größe Seiner Liebe wundern konnte. In dieser Gemütsverfassung wurde mir durch das Licht und die Macht des Ewigen offenbart, so daß ich es deutlich sah, wie alles in und durch Christum geschehen war und noch geschehen sollte; und wie Er diesen Versucher, den Satan, und alle seine Werke besiegt und vernichtet hatte, und wie Er ihm über ist. Ich erkannte, daß alle diese Beunruhigungen gut für mich waren, desgleichen die Versuchungen zur Erprobung meines Glaubens, den Christus mir gegeben hatte. Wenn manchmal mein Gemüt verschleiert war, so blieb doch mein verborgener Glaube fest, und die Hoffnung tief im Innern hielt mich wie ein Anker im Grunde des Meeres und verankerte meine unsterbliche Seele an ihren Bischof und bewog sie, auf dem Meere der Welt zu schwimmen, wo all die tobenden Wogen, bösen Wetter, Stürme und Versuchungen sind. Aber ach! Da sah ich wirklich meine Ängste, Prüfungen und Versuchungen mehr als jemals. Als das Licht aufging, da erschien mir alles, was außerhalb des Lichtes war, Finsternis, Tod, Versuchung, das Sündhafte und Gottlose, alles war offenbar und sichtbar im Licht. Danach erschien in mir ein reines Feuer: da sah ich, wie Er wirkte gleich einem läuternden Feuer ... dann kam der Geist des Unterscheidens über mich, in welchem ich mein eigenes Denken, Stöhnen und Seufzen scharf sah, und was das war, was mich klar machte.

Jetzt war ich geistig durch das flammende Schwert hindurch in Gottes Paradies gekommen. Alles war neu geworden, und die ganze Schöpfung strömte für mich einen anderen Geruch als zuvor aus, was wahrlich ganz unsagbar war. Ich kannte nur noch Reinheit und Unschuld und Rechtschaffenheit; denn ich war durch Jesum Christum zum Bilde Gottes wiedergeboren worden, zum Zustande Adams vor seinem Sündenfall. Die Schöpfung wurde mir offenbart, und es wurde mir gezeigt, daß allen Dingen ihr Name gegeben war gemäß ihrer Natur und Heilkraft. Der Gedanke kam mir, ob ich mich zum Wohle der Menschheit als Arzt betätigen sollte, da mir die Beschaffenheit und Heilkraft der Geschöpfe vom Herrn offenbart waren. Doch der Geist führte mich sogleich weiter, und ich schaute in einen anderen Zustand, der stetiger war als Adams Unschuld, nämlich in einen Zustand wie bei Jesu Christo, der niemals abfallen würde ... Der Herr führte mich in große Dinge, und wundervolle, ganz unbeschreibliche Tiefen wurden mir offenbart; aber wer sich dem Heiligen Geist hingibt und zum Ebenbild des Allmächtigen emporwächst, kann das Wort der Weisheit, das alle Dinge offenbart, empfangen und die verborgene Einheit im Ewigen erkennen.

George Fox, der Begründer des Quäkertums

AUS »LEBEN DES HL. FRANZ VON ASSISI«

I

Die Erscheinung einer gekreuzigten Engelsgestalt

Als er einst in einer Einsiedelei verweilte, die von dem Orte, wo sie liegt, den Namen Alverno führt – dies geschah zwei Jahre, bevor seine Seele zum Himmel zurückkehrte – da sah er über sich im Gesicht einen göttlichen Mann stehen, der wie ein Seraph sechs Flügel besaß. Er war mit ausgebreiteten Händen und zusammengeschlossenen Knien ans Kreuz genagelt. Zwei Flügel hoben sich über das Haupt hinaus, zwei breiteten sich aus zum Fliegen, zwei endlich bekleideten den ganzen Körper.

Als dies der selige Knecht des Höchsten sah, erfüllte ihn eine mächtige Bewunderung, doch wußte er nicht, worauf dies Gesicht sein Augenmerk richten wollte. Er freute sich aber aufs höchste und war gar fröhlich über die Wahrnehmung, daß ihn der Seraph so gütig und huldvoll angeblickt hatte – dieser war nämlich unaussprechlich schön – nur schreckte ihn, daß er ans Kreuz angeheftet war und bitter leiden mußte. So stand er denn sozusagen traurig und freudig zugleich auf, und Freude und Schmerz bewegten abwechselnd sein Herz. Sorgfältig dachte er darüber nach, was wohl dies Gesicht zu bedeuten habe, und in dem Bestreben, dessen tieferen Sinn zu ergründen, wurde sein Geist schließlich aufs höchste beängstigt. Als er nun in dieser Sache nicht zur klaren Einsicht gelangen konnte, und sein Herz durch das neue Gesicht noch ganz beschäftigt war, begannen sachte an seinen Händen und Füßen die Nägelmale zu erscheinen, wie er es kurz vorher an dem gekreuzigten Mann über sich gesehen hatte.

Seine Hände und Füße waren in der Mitte wie mit Nägeln durchbohrt, und zwar kamen an der inneren Handfläche und der oberen Seite der Füße die Köpfe der Nägel zum Vorschein, auf der jeweilig gegenüberliegenden Seite dagegen die Spitzen. Jene Zeichen waren nämlich rund an der inneren Handfläche, außen und länglich; ein kleines Stücklein Fleisch erschien dort, das wie eine um- und zurückgeschlagene Nagelspitze aussah und über das übrige Fleisch hervorragte. So waren die Nägelmale auch an den Füßen beschaffen und ragten über das andere Fleisch hervor. Auch war die rechte Seite wie von einem Lanzenstich durchbohrt und zeigte eine verharschte Wunde, die oft blutete, so daß seine Kutte mit Flecken seines heiligen Blutes betupft war. Oh wie wenige durften, solange der gekreuzigte Knecht des gekreuzigten Herrn lebte, seine heilige Seitenwunde schauen! Doch selig Elias, der sie sehen durfte, solange der Heilige lebte, und nicht weniger selig Rufinus, der sie mit eigenen Händen betastet hat. Als nämlich einst der Bruder Rufinus, um ihm etwas abzureiben, seine Hand in den Busen des heiligen Mannes gesteckt hatte, glitt sie ihm nach der, wie es oft vorkommt, rechten Seite aus, und es geschah, daß er jene kostbare Wunde berührte. Bei dieser Berührung fühlte der Heilige nicht geringen Schmerz, stieß die Hand von sich zurück und rief: »Der Herr möge deiner schonen!« Sorgfältig verbarg er diese Wunde vor den Leuten, verhüllte sie sogar aufs Gewissenhafteste vor den Nächsten, so daß die Brüder in seiner unmittelbaren Umgebung und seine ergebensten Jünger lange Zeit davon gar nichts wußten.

Obschon sich der Knecht und Freund des Höchsten mit solchen Perlen und kostbaren Edelsteinen geschmückt sah und über Menschenruhm und Ehre wunderbar geziert, wurde er doch nicht etwa eitel in seinem Herzen und suchte auch nicht irgend jemandem in eitler Ruhmsucht zu gefallen, sondern gab sich Mühe, damit nicht Menschengunst ihn um den Besitz der ihm verliehenen Gnade betrüge, dies auf alle mögliche Weise zu verbergen. Es gehörte nämlich zu seinen Gewohnheiten, nur wenigen oder gar niemandem ein Geheimnis zu enthüllen, aus Besorgnis den Anschein einer parteiischen Zuneigung zu erwecken durch ebensolche Enthüllung, wie es ja etwa bei derartigen Günstlingen der Fall ist, daß sie irgendwelchen Schaden nahmen, der gerade in der Vergünstigung, die man ihnen erwies, seinen Ursprung hat. Er führte in Herz und Mund jenes Prophetenwort: »In meinem Herzen habe ich deine Worte verborgen, auf daß ich nicht wider dich sündige.« So oft nämlich einige Weltleute sich bei ihm eingefunden hattten, und er lieber nicht mit ihnen reden wollte, hatte er dies als Zeichen verabredet für seine Jünger und Brüder, die gerade bei ihm weilten, daß er den erwähnten Vers zitierte; wenn er dies tat, sollten sie sich von denen, die sich versammelt hatten, in aller Bescheidenheit verabschieden. Er hatte nämlich die Erfahrung gemacht, daß es gar nicht vom Guten ist, wenn man immer allen alles mitteilt, und daß derjenige nicht ein wahrer Mann des Geistes sein kann, dessen Inneres um nichts reicher und größer ist, als das, was er zur Schau trägt und was von den Menschen nach dem, was sie sehen, beurteilt werden kann. Auch war er auf Leute gestoßen, die dem äußeren Schein nach mit ihm verbunden waren, innerlich aber ihm ferne standen, öffentlich Beifall heuchelten, ihn im Rücken jedoch verlachten, die sogar sein Urteil ein wenig beeinflußten und die Aufrichtigen in verdächtiges Licht rücken konnten. Die Bosheit versucht ja oft die Reinheit anzuschwärzen, und weil die Mehrzahl der Menschen mit der Lüge umgeht, glaubt man den wenigen Wahrhaftigen nicht mehr.

II

Vom Lob der geistlichen Fröhlichkeit und dem Übel des Unmuts

Das sicherste Mittel gegen die tausend Fallen und Listen des Feindes, versicherte der Heilige, ist die geistliche Fröhlichkeit. Er pflegte zu sagen: »Dann triumphiert der Teufel am meisten, wenn er die Freude des Geistes dem Knechte Gottes rauben kann. Er hat einen Staub, den kann er, soviel er will, in kleinen Teilen auf das Gewissen streuen und damit die reine Gesinnung und das sündlose Leben beschmutzen. Aber die Freude, die dem geistlichen Menschen das Herz erfüllt, macht das tödliche Gift der Schlange zunichte. Die Teufel können Christi Diener nichts anhaben, wenn sie ihn mit heiliger Freude erfüllt sehen. Wenn ihm aber weinerlich zu Mute ist, und er verzagt und klagt, dann verzehrt ihn leicht die Traurigkeit, oder er wendet sich eitler Freude zu.« Darum bemühte sich der Heilige stets, ein fröhliches Herz zu haben und die Salbung des Geistes mit Freudenöl zu bewahren. Mit größter Sorgfalt mied er die Krankheit des Unmuts, so daß er, sobald sich sein Herz ihr hingeben wollte, gleich beten ging. Er sagte nämlich: »Wenn ein Knecht Gottes, wie es vorkommen kann, aus irgend einem Grund verwirrt ist, muß er sofort aufstehen und beten und so lange vor dem Antlitz des höchsten Vaters verweilen, bis er ihm seine heilsame Freudigkeit wiedergibt. Wenn aber die Traurigkeit lange anhält, so wächst jenes Übel an, und wenn es nicht durch Tränen abgewaschen wird, erzeugt es im Herzen einen bleibenden Schaden.«

III

Von der Engelsharfe

In jenen Tagen, da er wegen seiner Augenkrankheit in Rieti weilte, rief er einen Genossen, der in der Welt einst Lautenschläger gewesen war, und sagte: »Bruder, die Kinder dieser Welt kennen die göttlichen Heiligtümer nicht; denn die Musikinstrumente, die ursprünglich göttlichem Lob dienen sollten, hat die menschliche Lust zum Ohrenschmaus gemacht. Ich möchte daher, Bruder, daß du im geheimen eine Laute borgst, dazu ein ehrbares Lied dichtest, und dem Bruder, der voll körperlicher Schmerzen ist, einen Trost gebest.« Da antwortete der Bruder: »Ich fürchte sehr, Vater, die Leute möchten mir dies als Anflug von Leichtsinn auslegen.« Darauf der Heilige: »Lassens wir's also, Bruder. Es ist gut, vieles zu unterlassen, damit nicht Anstoß gegeben werde.« Als in der folgenden Nacht der heilige Mann wachte und über Gott nachsann, schlug plötzlich in wundervoller, süßer Melodie Lautenklang an sein Ohr. Er sah niemanden, doch vernahm er bald von hier, bald von da Töne wie von einem hin- und herschreitenden Lautenspieler. Mit seinem auf Gott gerichteten Geist genoß der Vater in jenem süß ertönenden Lied solche Himmelslust, daß er glaubte, er sei in einer anderen Welt. Als er am Morgen aufstand, rief er dem genannten Bruder, erzählte ihm alles der Reihe nach und fügte hinzu: »Der Herr, der die

Betrübten tröstet, hat mich noch nie ohne Trost gelassen. Siehe, da ich menschliches Lautenspiel nicht hören konnte, habe ich lieblichere Klänge vernommen.«

IV

Wie der Heilige in der Freude des Geistes französisch sang

Oft tat er folgendes: Der süßeste Klang seines Geistes, den er in sich hatte, ergoß sich bei ihm in einen französischen Gesang, und die göttliche Einflüsterung, die sein Herz verstohlen empfing, brach in Jubelgesang in französischer Mundart aus. Manchmal nahm er ein Stück Holz, wie wir es mit Augen sahen, vom Boden auf, legte es unter den linken Arm, hielt in der Rechten eine mittelst eines Fadens gebogene Rute und strich damit wie über eine Geige über das Holz, dabei machte er die dazugehörenden Bewegungen und sang vom Herrn auf französisch. Oft aber endigte dieser Freudengesang mit Tränen, und der Jubel löste sich so in Mitleiden des Leidens Christi auf. Dann seufzte und klagte dieser Heilige fortwährend, er vergaß das irdische Saitenspiel, das er in der Hand hielt, und hing mit dem Blick am Himmel.

Berichtet von Bruder Thomas de Celano

WUNDERBARE WELT DES HERZENS

Die Wunder der Welt des Herzens sind unendlich viele an der Zahl. Auf einem aber beruht des Herzens Adel, das ist vor allem wunderbar, wenn auch die meisten Menschen seiner nicht achten.

Ein Zwiefaches ist es, worauf des Herzens Adel beruht: Das Wissen und die Macht.

Der Adel, der auf dem Wissen beruht, ist wiederum etwas Zwiefaches. Das eine kann jedermann begreifen, aber das andere ist geheimnisvoller als das erste, nicht jedem bekannt und gar seltener Art. Das erste, allen Offenbarte, ist dies, daß das Herz die Kraft der Erkenntnis aller Wissenschaften und Künste besitzt, durch die der Mensch alle Künste versteht und das, was in den Büchern steht, liest und begreift, so wie die Geometrie, die Rechenkunst, die Heilkunde, die Sternkunde und die Rechtswissenschaft. Obgleich das Herz eine Einheit ist, die sich nicht teilen läßt, so haben doch alle diese Wissenschaften in ihm Raum, ja, die ganze Welt ist in ihm nicht mehr als Atom im Meere ist. Mit der Bewegung eines Augenblicks erhebt es sich denkend von der Erde zu den höchsten Himmelshöhen und durchmißt die Welt vom Anfang bis zum Untergang. Gebunden an die Welt des Erdenstaubes mißt der Mensch die ganze Himmelssphäre aus, erkennt eines jeden Sternes Maß und nennt durch die Meßkunst die Zahl seiner Ellen. Er lockt mit List den Fisch herauf von des Meeres Grund und den Vogel herab aus dem Reich der Lüfte und macht die stärksten Tiere, das Kamel, den Elefanten und das Pferd sich dienstbar und alles, was es in der Welt an wunderbaren Wissenschaften gibt, macht er sich zu seinem Gewerbe.

All dies Wissen aber erlangt er auf dem Wege der fünf Sinne. Daher ist es ein äußeres Wissen, und jedermann kennt den Weg dazu.

Wunderbarer aber als alles dies ist jenes Fenster, das im Innern des Herzens nach der übersinnlichen Welt des Himmels geöffnet ist, gleichwie außerhalb des Herzens fünf Türen nach der sinnlichen Welt geöffnet sind. Diese sinnliche Welt heißt die Körperwelt, die übersinnliche die Geisterwelt. Die meisten Menschen kennen nur die mit den Sinnen wahrnehmbare Körperwelt, doch das ist oberflächlich und unbegründet; und als Weg der Erkenntnis kennen sie nur den der Sinne, und auch das ist oberflächlich ...

Wenn sich ein Mensch im Wachen selbst kasteit und sein Herz von Zornmut und Begierde und allem schlechten Wesen und allem Bösen dieser Welt reinigt und sich dann an einem einsamen Orte niedersetzt, die Augen schließt, die Sinne stillegt und sein Herz in Verbindung setzt mit der höheren Welt, indem er im Geiste, nicht mit der Zunge, beständig spricht: »Allâh! – Allâh!«, so lange, bis er das Bewußtsein verliert von sich selbst und der ganzen Welt und von nichts mehr weiß als von Gott, dann öffnet sich ihm, obgleich er wachend ist, jenes Fenster, was andere nur im Schlafen sehen, schaut er im Wachen. Die Geister der Engel erscheinen ihm in herrlichen Gestalten, und er sieht die Propheten und empfängt von ihnen Belehrung und Beistand, und das Reich der Erde und des Himmels wird ihm gezeigt. Wem dieser Weg sich eröffnet hat, der schaut unbeschreibliche und gewaltige Dinge. Wenn der Gesandte Gottes sagt: »Es ward mir die Erde sichtbar, und es wurden mir gezeigt die Länder des Aufgangs und des Untergangs«, oder wenn es im Worte Gottes heißt: »Und so zeigten wir Abraham das Reich des Himmels und der Erde« (Sure 6, 75), so ist das in diesem Zustand geschehen. Ja, alles Wissen der Propheten ist auf diesem Wege zu ihnen gekommen, nicht auf dem Weg der Sinne und des lernenden Studiums. Der Anfang dessen aber ist immer der heilige Kampf, wie es im Worte Gottes heißt: »Weihe dich ihm in Weihe«, (Sure 6, 75) das heißt: Mache dich von allen Dingen los und ledig, gib dich ihm ganz hin und kümmere dich nicht um die Geschäfte dieser Welt, denn die wird Gott schon selbst zum Rechten lenken. »Er ist der Herr des Aufgangs und des Untergangs, es gibt keinen Gott außer ihm, darum nimm dir ihn zum Sachwalter!« (Sure 73, 8—10) Und wenn du ihn zu deinem Sachwalter genommen hast, halte dich aber selber frei und mische dich nicht unter die Menschen, sondern »ertrage, was sie sagen, und sondere dich ab von ihnen in Freundlichkeit.« (Sure 73, 8—10)

Al-Ghazâli

ANSCHAUEN UND LIEBEN

Das Gebet dessen, der da betet, ist nicht vollkommen, wenn er weiß, daß er betet.

O mein Herr Jesus, der Du mir befiehlst, ohne Unterlaß zu beten, gib mir Gnade, solches zu tun, gewähre es mir auch für die, welche Du mir gegeben hast. Du, o göttliches Wort, bist selbst in uns dieses immerwährende und unablässige Gebet. Du, o göttliches Lamm, bist das Licht, das den ganzen Himmel unsrer Seele erleuchtet. Ach, daß wir ja nie ein andres Gebet als Dein Gebet, ein andres Licht als Dein Licht, eine andre Liebe als Deine Liebe haben möchten!

Diese Nacht habe ich einen schönen Traum gehabt. Es kam mir vor, als wenn ich auf meinem Lager mich in einem Winkel verborgen hätte, zu beten. Da wurde mir gezeigt, wie die Engel Gott anschauen. Dies ist etwas sich so weit Erstreckendes und Großes, daß ich es nicht auszusprechen vermag. Ich habe da gelernt, daß die Engel nicht denken, nämlich tätlicherweise durch Bilder, Formen und Gestalten. Während dieser ganzen Zeit fand auch in mir kein einziger Gedanke Platz. Eine Seele, die sich über die geschaffenen Dinge erhoben hat, erhält keine deutlich wahrnehmbaren Vorstellungen mehr, sondern sie ist in ihren alles Wesen übertreffenden Gott versenkt. Solches ist über allen Begriff. Ich habe da gelernt, wie notwendig es sei, keinen Gedanken, was es auch für einer sei, weder guten noch bösen, zuzulassen; und wie man von allen Gestalten und Bildern befreit sein muß, um das lautere, innere Gebet zu tun. Dies bedeutet allerdings einen Tod. Er besteht darin, daß keinem Überlegen, keinem Denken, keinen Bildern Platz gegeben werde, damit dem Verstande, wenn er so frei geworden ist, dasjenige eingedrückt werden könne, was Gott beliebt, oder vielmehr, daß er in diesem unermeßlichen Leersein verbleibe. Wenn der Mensch in dieser gänzlichen Freiheit von allen Bildern, Gestalten, Gedanken, Vernunft und Andenken sein und darin beharren könnte, gleichwie er in der Freiheit von allem Begehren und Wollen verbleibt, so würde er in Gott vollkommen sein, ob ihn Gott gleich von außen mit einigen in die Augen fallenden Fehlern und Mängeln bedeckte, um ihn vor den Menschen wie Sein Heiligtum und Seine Hütte des Stifts verborgen zu halten. Allein man fällt immer wieder auf das Denken und bleibt nicht getreu, weil der Mensch gern auf menschliche und nicht auf Gottes Weise handeln will. Dieser Tod des Verstandes dauert weit länger und ist viel härter und schwerer als aller andrer Tod. Wenn aber der Mensch bei rechter Zeit anfangen wollte, mit völliger und beständiger Treue zu arbeiten, daß er sich von aller Verwicklung und Unruhe des Verstandes abziehen möchte, so würde sein Verstand gereinigt werden, und er würde sodann in gereinigtem Geiste den reinen und erhabenen Geist anbeten. Wenn nur meine Kinder neuen Mut faßten, daß sie nichts von besagten Dingen mit Willen bei sich einließen, so würden sie in ein neues Land gelangen, sie würden sich von den sinnlichen Bildern und von tausend Plagen, welche die Einbildungskraft verursacht, entreißen und befreien. Gott selbst wird uns darin kräftig beistehen und wird endlich alle unsre Werke in uns vollenden. »Denn auch alle unsre Werke hast Du für uns vollbracht« (Jes. 26, 12).

O mein Gott, Du hast meine Seele zu einer so hohen Erkenntnis zubereiten wollen. Du lehrtest mich, o Liebe, o Heiliger Geist, daß durch solchen Weg des Todes man allen Ketzereien, allen Irrtümern, allem Streit, allen Unreinigkeiten entgeht, ja, alledem, was die Affekte rege macht und den Eigensinn hervorruft, damit man in die nackte und lautere Wahrheit eingehe. O mein Gott, gib, daß alle die, welche Du erwählt hast, dieses erkennen mögen!

Es sagt uns die Schrift, daß Jesus Christus auf einen Berg ging, die Nacht über dem Gebete Gottes sich zu widmen (Luk. 6, 12). Was heißt das, Gebet Gottes? Anschauen und Lieben. Dieses Gebet ist es, das Er auf dem Berge die Nacht über verrichtete, und das auch wir tun sollen, denn nach Römer 8, 29 sind wir vorherbestimmt, gleichgestaltet zu werden dem Ebenbilde Seines Sohnes. Wir wollen die Umstände dieses Gebetes etwas untersuchen.

Fürs erste begibt sich Jesus Christus abseits allein, uns zu lehren, daß wir uns von allen Kreaturen, Gedanken und Neigungen entfernen müssen. Aus der Neigung und Begierde entstehen ordentlich die Gedanken. Wenn wir viel Liebe gegen uns selbst tragen, so werden die Gedanken und Absichten auf uns selbst uns oft zerstreuen. Deswegen müssen wir uns von allem diesem freimachen. Wir müssen überdies auch auf den Berg steigen, das heißt über uns selbst uns emporschwingen und uns vergessen, damit wir nur allein mit diesem einigen und unveränderlichen Wesen zu tun haben. Daselbst werden wir als Befreite von allem, was Er nicht selbst ist, imstande sein, Sein Ebenbild, welches Sein Wort ist, in uns aufzunehmen, so daß eine solche Seele der unaussprechlichen Gemeinschaft der allerheiligsten Dreieinigkeit teilhaftig wird. Es ist ferner nötig, daß unsre Begebung auf den Berg bei Nacht geschehe, daraus wir erkennen, daß, einen wie hohen Grad unser Anschauen auch in diesem Leben erreicht hat, es doch nur gegen die Ewigkeit eine Nacht ist, und daß das wahre Anschauen in der Nacht des Glaubens geschehen muß.

Der heilige Dionysius nennt diese unvergleichliche Dunkelheit einen finstern Nebel, welcher durch die Wolke, die über der Stiftshütte sich sehen ließ, sobald die Gegenwart Gottes dieselbe erfüllte, vorgebildet worden ist. O Nacht, die schöner ist als der hellste Tag! O Dunkelheit, die heller ist als das Licht selbst! Du scheinest unserm schwachen Verstande dunkel, da du doch das Licht selbst bist. Du kannst den Menschen nicht vergnügen, dieweil er dich nicht kennt. Inzwischen ist dieser dunkle Glaube von so unvergänglicher Notwendigkeit, daß ohne denselben man nimmermehr in diesem Leben zu dem vollkommenen Schauen gelangen wird.

Dieses Anschauen muß bloß und einfach sein, weil es lauter sein muß. Alles, was dasselbe bestimmt und ihm Grenzen setzt, das unterbricht und hindert es; denn da Gott ein reines und einfaches Wesen ist, so kann man Ihn nicht anders anschauen als so, wie Er ist. Nun aber vermag nichts als der dunkle und nackte Glaube uns solche lautere Anschauung zu schenken, welche, da sie mit keinem ausdrücklichen Dinge umgeht, auch gar keine Deutlichkeit haben kann. Und da liegt die Quelle der reinen Liebe. Alles besondere Licht und alle Erkenntnis ist wie ein Gegenschein, der nimmermehr die Sache so, wie sie in sich selbst ist, sondern nur in einem groben Bild darstellt, welches dem einfachen und unermeßlichen All nicht gleich sein kann.

Weil daher das Gebet Gottes oder die Anschauung nur ein einfaches Tun ist, welches in Anschauen und Lieben besteht, so sieht und erkennt eine in die göttliche Dunkelheit verschlungene Seele nichts; alles scheint ihr Liebe zu sein: sie glaubt nichts anderes zu tun, als zu lieben. Und da ihre Liebe nackt ist, nach dem Maße des Glaubens, so erkennt sie weder ihre Liebe noch ihre Erkenntnis.

Sobald die Liebe keine Absicht mehr auf sich selbst hat, wird sie für lauter angesehen, ob sie gleich nicht ganz vollkommen ist. Wenn die Liebe nichts mehr für sich selbst will und auf nichts denn nur auf die Ehre, Ruhm und Preis Gottes abzielt, so wird sie für noch vollkommener gehalten, denn die Vollkommenheit der Liebe ist in der Ähnlichkeit, die sie mit der Liebe Gottes hat, zu suchen. Gott als Gott, erster und einiger Ursprung und letztes Ende, kann nichts andres als sich selbst lieben, und alles, was Er lieben soll, das muß Er notwendig in Absicht auf sich selbst lieben: denn darum ist Er Gott. Anders aber verhält es sich mit den geschaffenen und von diesem All entsprungenen Dingen: diese dürfen nichts außer Gott lieben und alles auf dieses All abzielen. Wenn sie im Lieben ein Absehen auf sich selbst haben, so setzen sie sich an Gottes Statt, tun Eingriff in dessen Rechte und wollen das nicht sein, was sie sind, nämlich Kreaturen. Daher Gott lieben in Absicht auf sich selbst ist nichts Gutes, sondern ein Verbrechen. Als uns Gott aus sich selbst entspringen und ausgehen ließ, da hat Er uns auch diese Eigenschaft der anschauenden Liebe und das Vermögen, Ihn zu lieben, wie Er sich selbst liebt, ohne andern Endzweck als auf Ihn selbst, beigelegt.

Dieses Anschauen, das keinem Dinge Raum gibt, entzieht Gott nichts von dem, was Er ist; denn es erlaubt weder Gedanken noch Bild noch irgend etwas Nennbares, das sich nicht in Gott finden könnte, und läßt uns von Ihm nicht vorstellen, was Er nicht ist. Deswegen besteht in dem dunklen und nackten Glauben die vollkommene Anschauung Gottes in Ihm, also wie Er ist, welche, da sie sich nichts zueignet, demselben nichts entwendet. Die nackte Liebe folgt notwendig der nackten Anschauung. Diese Liebe aber wird nackt und lauter genannt, weil sie nichts als Gott zum Ziele hat.

In diesem volkommenen Anschauen und in dieser lautern Liebe beruht die Seligkeit der Engel und der Auserwählten im Himmel, aus welchen alles eigene Interesse und Absicht, welcherlei es auch sei, verbannt ist; und darin besteht auch die Seligkeit in diesem Leben, wiewohl in einem weit unvollkommenern Grade. Alle unsre Pein, all unser inneres Leiden, wenn wir's recht untersuchen, kommt von nichts anderm als von den Absichten auf uns selbst her; wir mögen uns mit noch so gutem Vorwand schützen wollen. Laßt uns mit Jesu auf dem Berge beten, laßt uns beten, wie Er gebetet hat, laßt uns anschauen, laßt uns lieben, so werden wir Gottes Gebet beten. O göttlicher Jesus, ich vereinige mich mit diesem Gebete Gottes, das Du bei Nacht in Einsamkeit auf dem Berge tatest. Verleihe mir Gnade, dieses zu tun!

Obschon diese Liebe ihr Auge auf Gott allein richtet, so ergießt sie sich doch von eben dieser Liebe in Gott auf den Nächsten und flößt ihm das ein, was Gott selbst will und was Er von aller Ewigkeit her gewollt hat. Dies geht so zu: nachdem die lautere Liebe alle besondere Liebe der Kreatur und alle natürliche Zuneigung verzehrt hat, so flößt ihr Gott sowie Jesus Christus eine so große Liebe für den Menschen ein, für deren Erlösung Er Sein Leben dahingegeben hat, wie die Liebe Jesu Christi selbst es ist, nach dem Maße, wie der Geist einem jeden zuteilt, alos daß eine solche Seele tausendmal das Leben für das Heil ihrer Brüder lassen würde. Und gleichwie ein solches Herz, das ganz in Gott ruht und von dessen Liebe ganz durchdrungen ist, sich keine eigene Bewegung von sich selbst gibt, so neigt Gott eben dieses Herz, für diejenigen zu beten oder sich darzugeben, für welche es Ihm gefällt, und nach dem Maße, als Er von Ewigkeit über solche Seelen beschlossen hat; dergestalt, daß es darin nicht auf das Belieben und die Wahl des Menschen, sondern auf den Willen Gottes ankommt. Er führt besonders solche Seelen zu, deren man sich nicht entschlagen kann, wenn man gleich wollte. Auf Fleisch und Blut, Anverwandte und Freunde wird hier nicht gesehen: Gott schickt solches, wie und für wen es Ihm gefällig ist. Davon sehen wir ein Beispiel von Paulus, der, als er anderswohin zu gehen gedachte, nach Mazedonien gesandt wurde (Apostelg. 16, 7–10). Was hier an dem Apostel mehr äußerlich und zu einem Zeugnis geschieht, das geht in den Seelen, von denen ich rede, mehr innerlich vor. Solches geschieht gleichfalls auf eine sehr lautere Art, ohne Bilder und Gestalten.

Jeanne Marie de la Mothe-Guyon

Ich sah es wie einen großen, eisenfarbenen Berg. Darauf saß jemand in solch leuchtendem Glanze, daß diese Helligkeit mich blendete. Nach jeder Seite ging wie sanfter Schatten ein breiter, langer Flügel aus.

Vor ihm, am Fuße des Berges, stand eine Gestalt, die um und um voll Augen war, so daß ich vor der Menge der Augen nichts von menschlicher Erscheinung gewahren konnte. Vor dieser Gestalt war eine andere. Sie hatte das Aussehen eines Knaben, hatte fahles Gewand und weiße Schuhe. Auf ihr Haupt herab fiel von dem Sitzenden auf dem Berge eine solche Fülle Glanzes, daß ich das Gesicht nicht sehen konnte. Auch lebendige Funken sprühte der Sitzende aus, die aufs lieblichste die beiden Gestalten umflogen. An dem Berge waren viele Fenster zu sehen, in denen Menschenköpfe erschienen, fahle und weiße.

Da auf einmal rief Der auf dem Berge mit gewaltiger, durchdringender Stimme:

»Du gebrechlicher Mensch, Staub vom Staub der Erde, Asche von der Asche, rufe und sage vom Eintritt der reinen Erlösung, auf daß jene unterwiesen werden, die bis ins Mark der heiligen Schriften sehen und sie doch nicht verkündigen und predigen wollen, weil sie lau und stumpf sind gegen Gottes Sache. Tu ihnen auf das Schloß der Geheimnisse, das sie zaudernd hehlen auf verborgenem Felde. Breite dich aus in einen Quell des Überflusses, ströme aus in mystische Belehrungen, daß jene, die wegen Evas Fall dich verächtlich halten wollen, erschüttert werden von der Flut deines Sprengens. Denn nicht von einem Menschen hast du die Erhabenheit dieser Tiefe, du empfängst sie von oben, vom heiligen Richter in der Höhe, wo dieser heitere Umgang zwischen Leuchtenden in hellstem Lichte strahlen wird. Erhebe dich also, rufe und künde, was dir in der riesenstarken Kraft der göttlichen Hilfe geoffenbart wird! Denn der da jeder seiner Kreaturen mächtig und gütig gebietet, er durchgießt alle, die ihn fürchten und frohliebend im Geiste der Ergebenheit ihm dienen, mit der Klarheit himmlischer Erleuchtung und führt die ausharrenden Pilger des rechten Weges zu den Freuden ewiger Schauung.«

Der große eisenfarbene Berg sinnbildet die Stärke und Stetigkeit des ewigen Gottesreiches, das durch keinen Ansturm wankenden Unbestandes zu erschüttern ist. Und der Jemand, der auf dem Berge sitzt und vor lichter Herrlichkeit dein Auge blendet, zeigt Den im Reiche der Seligkeit, der im Glanze immerwährender Heiterkeit göttlich erhaben und für Menschengeist unfaßbar dem ganzen Erdkreis gebietet. Die langen weiten schattengleichen Flügel zu beiden Seiten sinnbilden die zarte, milde Beschützerschaft, die mit Ermahnung wehrt und auch mit Züchtigung; sie zeigen würdig das unsagbare Wesen steter, wägender Gerechtigkeit.

Vor dem Fuße des Berges steht die um und um mit Augen besetzte Gestalt. Demütig selbstvergessen erkennt sie das Reich Gottes, und verschanzt in der Furcht des Herrn wirkt sie mit dem Scharfblick guten und geraden Strebens eifrig und beharrlich unter den Menschen. Du kannst an ihr vor lauter Augen keine menschliche Form erkennen. Dank ihrem alldurchdringenden Gesicht hat sie jenes Vergessen des Göttlich-Rechten, das in melancholischer Stimmung die Menschen so oft erleben, so gänzlich überwunden, daß ihre Wachsicht von der schwächlichen, irdischen Frageweise nicht mehr zu beirren ist.

Bei dieser Gestalt erscheint eine andere im Knabenalter, im bleichen Gewande und mit weißen Schuhen. Der Furcht Gottes, die vorangeht, folgt nämlich die Armut im Geiste; denn die Furcht Gottes in ihrem Geist der Andacht besitzt auch die Seligkeit jenes Armseins im Geiste, die nicht hohes Selbstgefühl, nicht Überhebung des Herzens will, sondern die Einfachheit und Nüchternheit des Geistes liebt. Im Unansehen ergebenen Verhaltens, gleichsam in fahl unscheinbares Gewand gekleidet, schreibt sie ihre guten Werke nicht sich selber zu, sondern Gott, und folgt den leuchtenden Spuren des Gottessohnes freudig nach. Auf ihr Haupt fällt von dem Sitzenden auf dem Berge ein solcher Glanz hernieder, daß man ihr Gesicht nicht sehen kann. Denn die Heiterkeit der Heimsuchung Dessen, der preiswürdig jeglichem Geschöpf gebietet, gießt Macht und Stärke in solcher Fülle ein, daß die Betrachtung eines schwachen Sterblichen solche Hingabe himmlischen Reichtums an die menschliche Armut nicht zu fassen vermag.

Von dem, der auf jenem Berge sitzt, gehen viele lebendige Funken aus, die mit großer Anmut die Gestalten umfliegen. Das bedeutet: Es kommen vom allmächtigen Gott verschiedene starke Kräfte, die in göttlicher Klarheit erglänzen, und umfassen und bestreichen als umgebende Helfer und Beschützer feurig diejenigen, die Gott wahrhaft fürchten und der Armut im Geiste mit treuer Liebe sich ergeben.

In dem Berge sieht man viele Fenster, in denen blasse oder weiße Menschenköpfe erscheinen. Das heißt: In der erhabensten Höhe kann der unvergleichlich tiefen, scharfen Erkenntnis Gottes das Streben und Handeln der Menschen nicht verhehlt und nicht verborgen werden, wie sie doch an sich selber so oft ihres Wesens fahle Kühle oder warmen Glutglanz offenbaren – bald Menschen des Ermüdens an Herz und Hand und schmählich in Schlaf versinkend, halb Menschen der Erwecktheit und des ehrenvollen Wachens. So sagt doch auch, ganz nach meinem Wunsche, Salomon: Armut hat sich erworben die lasse Hand, die Hand der Starken aber schafft sich Reichtum (Spr. 10, 4). Das heißt: Schwach und arm hat sich der Mensch gemacht, der zur Gerechtigkeit nichts wirken, die eigene Sünde nicht bezwingen, die fremde Schuld nicht erlassen wollte und leergeblieben ist an köstlichen Werken der Seligkeit. Wer aber die starken Werke des Heiles wirkt, der greift, ein Läufer auf dem Weg der Wahrheit, nach dem Springquell der Glorie, aus dem er sich die kostbarsten Schätze Himmels und der Erde erwirbt. Wer immer also zu eigen hat das Wissen im heiligen Geist und die Schwungfedern im Glauben, der übertrete meine Mahnungen nicht, sondern nehme sie auf mit verkostender Seele.

Hildegard von Bingen

EIN ERLEBNIS DES HL. IGNATIUS VON LOYOLA

Während er in dem Hospital (in Manresa) weilte, geschah es ihm oft am hellen Tage, daß er neben sich in der Luft ein Etwas bemerkte, das ihm großen Trost gewährte; denn es war außerordentlich schön. Er konnte nicht erkennen, von welchem Gegenstande die Erscheinung herrühre, doch kam es ihm einigermaßen vor, als ob sie die Gestalt einer Schlange habe und als ob sie viele Stellen aufwies, die wie Augen glänzten, obschon es keine waren. Beim Anblick dieser Erscheinung war er von großer Freude und von Trost erfüllt, und je öfter er dieselbe sah, desto größer wurde der Trost; wenn jenes Etwas ihm aber entschwand, so betrübte er sich darüber ...

Eines Tages ging er, um seiner Andacht zu genügen, zu einer Kirche, die nur wenig mehr als eine Meile von Manresa lag, – ich glaube, sie heißt Sankt Paul. Der Weg dahin führt am Flusse vorbei. Als er hier, in seine frommen Gedanken versunken, ein Stück Weges gegangen war, setzte er sich ein wenig nieder, das Gesicht dem Flusse zugekehrt, der in der Tiefe dahinfloß. Wie er nun dort saß, begannen die Augen seines Geistes sich zu öffnen, nicht zwar in dem Sinn, daß er ein Gesicht geschaut hätte, sondern indem er viele Fragen erfaßte und erkannte, sowohl solche, die das geistliche Leben, als solche, die den Glauben und die Wissenschaft betrafen; und dies war mit einer so großen Erleuchtung verbunden, daß ihm alles neu schien.

Doch ist es unmöglich, das, was er damals begriff, im einzelnen näher anzugeben, obschon es sehr viel war, nur das läßt sich sagen, daß sein Geist von einer großen Klarheit erfüllt wurde, und zwar in solchem Maße, daß ihm dünkte, wenn er alle Gnadenhilfe, die er während seines ganzen Lebenslaufes bis zum verflossenen 62. Lebensjahr von Gott erhalten habe, und alles, was er an Wissen besessen, zusammenfasse und gleichsam alles in eins zusammenlege, so hätte er doch nicht so viel empfangen, als damals dieses einzige Mal.

Infolge dieses Erlebnisses blieb sein Geist so erleuchtet, daß ihm schien, er sei ein anderer Mensch geworden und er habe einen anderen Verstand erhalten, als er vorher hatte. Als die Erleuchtung eine gute Weile gedauert hatte, ging er hin und kniete nieder vor einem Kreuz, das dort in der Nähe stand, um Gott Dank zu sagen. Da erschien ihm wieder jenes Gesicht, das ihm schon vielmals vorgeschwebt war und das er niemals verstanden hatte, nämlich jenes oben erwähnte Etwas mit den vielen Augen, das ihm so schön dünkte. Aber jetzt vor dem Kreuze sah er deutlich, daß das Ding nicht mehr wie gewöhnlich so farbenprächtig sei; und es ging ihm unter kräftiger Zustimmung des Willens die ganze klare Erkenntnis auf, daß es der böse Geist sei. Nachher pflegte es noch oft lange Zeit hindurch sich ihm zu zeigen; er aber vertrieb es, um ihm seine Verachtung zu bezeigen, jedesmal mit dem Pilgerstab, den er gewöhnlich in der Hand trug.

Ignatius von Loyola

GEHEIMNISSE DER EKSTASE

Im Namen Jesu Christi des Gekreuzigten und der süßen Maria.

Liebster, gütigster Vater in Christo Jesu! Ich, Katharina, Dienerin und Magd der Knechte Jesu Christi, schreibe Euch in seinem kostbaren Blute, voll Verlangen, daß Ihr eine neugegründete Säule im Garten der heiligen Kirche seid, ein treuer Bräutigam der Wahrheit, wie es Euch zukommt und mich von Herzen glücklich macht.

Und darum will ich nicht, daß Ihr irgend einer Trübsal oder Verfolgung weden das Haupt zurückwendet, sondern ich will, daß Ihr es erhoben traget im Unglück; denn nur durch unser Ausharren bezeugen wir unsere Liebe und Standhaftigkeit und ehren den göttlichen Namen, anders nicht.

Jetzt ist es Zeit, geliebter Vater, sich ganz zu verlieren und sich selbst zu vergessen, wie die glorreichen Werkleute es getan, die mit großer Liebe und Sehnsucht ihr Leben hingaben und in stetem Gebete, standhaft bis zum Tode, diesen Garten mit ihrem Blute tränkten.

Habet acht, daß ich Euch nicht furchtsam sehen muß und erschreckt von Eurem eignen Schatten. Seid vielmehr ein mannhafter Kämpfer und entzieht Euch nie dem Joche des Gehorsams, das der höchste Hirt Euch auferlegt hat. Und auch im Orden wirket, was zu Gottes Ehre ist; denn das fordert die große Güte Gottes von uns, und zu anderem sind wir nicht hier.

Seht, in welchen Nöten die heilige Kirche ist: in allem ist sie ganz verlassen ...

Mein lieber Vater, ich will Euch die großen Geheimnisse Gottes nicht verschweigen, sondern sie in aller Kürze berichten, so gut die gebrechliche Zunge sie zu geben vermag. Auch will ich Euch sagen, was ich von Euch getan zu sehen wünsche. Doch vernehmt ohne Kummer, was ich Euch sage. Ich weiß nämlich nicht, was die göttliche Güte mit mir vorhat: ob sie mich auf Erden bleiben heißt oder mich zu sich ruft.

Vater, mein lieber Vater und Sohn, so wunderbar sind die Geheimnisse, die Gott vom Tage der Beschneidung bis heute gewirkt hat, daß die Zunge sie nicht aussprechen kann. Doch übergehen wir diese ganze Zeit und kommen wir gleich auf den Sonntag Sexagesimae. An diesem Sonntag geschahen, wie ich Euch in Kürze berichten will, jene Geheimnisse, von denen Ihr hören sollt. Niemals habe ich Ähnliches erfahren. So groß war der Schmerz meines Herzens, daß mir die Tunika zerriß, wo ich sie anfaßte, und ich eilte, wie vom Krampfe befallen, durch die Kapelle. Hätte mich jemand gehalten, er hätte mir das Leben genommen. Als der Montagabend herankam, fühlte ich mich gedrungen, dem Christus auf Erden (Urban VI.) und drei Kardinälen zu schreiben. Ich ließ mir helfen und ging in das Arbeitszimmer. Und als ich an Christus auf Erden geschrieben hatte, konnte ich nicht weiter, so große Schmerzen peinigten meinen Leib.

Bald darauf begannen die Dämonen auf mich einzustürmen, daß ich ganz betäubt davon war. Sie wüteten gegen mich armen Wurm, als wäre ich die Ursache, daß ihren Händen entrissen sei, was sie lange Zeit in der heiligen Kirche besessen hatten. Und so heftig war mein Schrekken und mein leiblicher Schmerz, daß ich aus dem Arbeitszimmer fliehen und zurück in die Kapelle flüchten wollte, gleich als wäre das Arbeitszimmer die Ursache meiner Leiden gewesen.

So erhob ich mich, und da ich nicht gehen konnte, stützte ich mich auf meinen »Sohn« Barduccio. Aber plötzlich fiel ich hin. Als ich so dalag, schien es mir, als sei die Seele aus dem Körper gewichen. Es war nicht wie vordem einmal, als sie verzückt vom Leibe schied, denn damals kostete meine Seele das Glück der Unsterblichen, indem sie gleich ihnen das höchste Gut empfing, sondern jetzt war es ein anderer Zustand: denn ich glaubte nicht in meinem Körper zu sein, sondern sah meinen Körper, als sei ich für mich ein anderer. Da meine Seele nun die Qual ihres Gefährten mit ansah, wollte sie wissen, ob ich nichts mit ihm zu schaffen hätte, und sagte zu ihm: Mein Sohn, keine Furcht! Allein ich sah, daß weder die Zunge noch ein anderes Glied sich bewegen konnte — wie an einem Körper, der vom Leben geschieden ist. So ließ ich ihn, wie er war, und mein Geist versenkte sich in den Abgrund der Dreieinigkeit. Das Gedächtnis war ganz erfüllt von der Not der heiligen Kirche und der ganzen Christenheit, und ich schrie auf vor Gottes Angesicht und bat mit Zuversicht um die göttliche Hilfe. Ich brachte ihm meine Wünsche dar und bestürmte ihn um des Blutes des Lammes und aller Leiden willen: und so dringend bat ich da, daß mir schien, er werde diese Bitte nicht verschmähen. Dann bat ich ihn für euch alle, daß er seinen Willen und meine Wünsche an euch erfülle. Auch bat ich ihn, mich zu retten von der ewigen Verdammnis. — Und so lange verblieb ich so, daß die Meinen mich als tot beweinten, und aller Schrecken der Dämonen war gewichen. Dann trat das demütige Lamm vor meine Seele und sprach: »Zweifle nicht, ich will dein Verlangen und das meiner andern Diener erfüllen; du sollst sehen, daß ich ein guter Meister bin, der die Töpfe schafft, zerschlägt und zusammenfügt nach seinem Wohlgefallen. Diese meine Töpfe weiß ich zu zerschlagen und wieder zusammenzufügen, und darum nehme ich die Schale deines Leibes und bilde sie wieder im Garten der heiligen Kirche, aber anders als sie war.«

Und während jene Wahrheit einnehmend in Wort und Weise, mich durchdrang, fing mein Körper wieder leise an zu atmen und gab Zeichen, daß meine Seele zurückgekehrt sei in ihre Schale. Ich war voll Staunen. Aber es blieb mir im Herzen ein solcher Schmerz, daß ich ihn noch fühle. Jede Freude, jede Erquickung war mir nun verwehrt. Und als sie mich hinauftrugen in mein Zimmer, schien es mir von Dämonen erfüllt: und sie begannen einen neuen Angriff, es war der schrecklichste, den ich je bestanden. Sie wollten mich überzeugen, daß nicht ich in dem Körper sei, sondern gleichsam ein unreiner Geist. Mit liebender Inbrunst rief ich Gottes Hilfe an: »Gott, höre meinen Hilferuf, eile mir zu helfen! Du hast es gefügt, daß ich in diesem Kampf allein bin ohne den Trost des geistlichen Vaters meiner Seele, dessen ich zur Strafe meines Undanks beraubt bin.«

Zwei Nächte und zwei Tage gingen hin in diesen Stürmen. Zwar blieben Geist und Wille unverletzt, fest auf ihr Ziel gerichtet, aber der Körper schien dahin zu schwinden. Da wollte ich am Tage der Reinigung Mariä die Messe hören. Da erneuerten sich alle Geheimnisse, und Gott zeigte mir die Größe der Not, wie sie später dann zu Tage trat; denn ganz Rom war im Begriff, sich unter elenden Schmähungen und vielfacher Schamlosigkeit zu empören. Aber Gott hat Balsam auf ihre Herzen gelegt, und ich glaube, es wird ein gutes Ende nehmen.

Dann gebot mir Gott, daß ich während der ganzen Fastenzeit ihm die Gebete und den heiligen Dienst meiner geistlichen Familie nur für die heilige Kirche aufopfere, und daß ich jeden Morgen eine Messe hören sollte, was, wie Ihr wißt, für mich unmöglich ist. Aber dem Gehorsam gegen ihn ist alles möglich. Und dieses Verlangen hat mich so ganz durchdrungen, daß ich an nichts anderes mehr denke, weil der Geist nichts anderes mehr sieht, der Wille nichts anderes mehr wünscht. Dennoch aber entfremdet sich meine Seele nicht den Dingen dieser Welt, sondern im Umgang mit den wahren Bürgern kann und will die Seele sich nicht mit ihnen an ihrer Freude erfreuen, vielmehr an ihrem Hunger nach Gerechtigkeit, den sie haben und den sie hatten, als sie Pilger und Wanderer in diesem Leben waren.

Auf diese und viele andere Weisen, die ich nicht erzählen kann, verzehrt sich mein Leben und zerfließt in dieser süßen Braut. Ich opfere es auf diese Weise hin, wie es die glorreichen Märtyrer taten durch das Opfer ihres Blutes. Ich bitte die göttliche Güte, daß sie mich bald die Erlösung ihres Volkes sehen lasse.

Um die Stunde der Terz komme ich aus der Messe, und Ihr würdet eine Tote sehen nach Sankt Peter wandeln; ich trete wieder ein, um im Schiff der heiligen Kirche zu arbeiten. Da bleibe ich bis zur Stunde der Vesper, und ich möchte diesen Ort nicht verlassen, weder bei Tag noch bei Nacht, bis ich dieses Volk ein wenig gefestigt sehe und vereint mit seinem Vater. Mein Körper besteht ohne Speise, bei so großen wonnigen Schmerzen des Leibes, wie ich sie noch nie ertrug – so daß mein Leben an einem Faden hängt. Noch weiß ich nicht, was die göttliche Güte mit mir vorhat; aber wenn auch mein Gefühl mir nicht klar macht, was sie über mich beschlossen hat, so sagt mir doch der Zustand meines Leibes, daß ich jetzt durch ein neues Martyrium der Wonne meiner Seele, der heiligen Kirche, dienen muß, bis daß Er, der mich vielleicht mit sich auferstehen läßt, allen meinen Leiden und kreuzigenden Wünschen Ziel und Ende setzt. Oder Er wird seinen gewohnten Weg einschlagen, daß Er meinen Leib wieder heimsucht. Ich bitte Seine Barmherzigkeit immer wieder, daß Er Seinen Willen an mir erfülle und Euch und die anderen nicht als Waisen zurücklasse. Sondern Er leite Euch im wahren, vollkommenen Lichte immer den Weg der wahren Lehre. Er wird es sicher tun.

Nun bitte und bestürme ich Euch, mein Vater und Sohn, daß Gott, wenn Ihr hören solltet, Er habe das Auge Seines Erbarmens mir zugewandt, Euer Leben erneuern wolle: gleichsam erstorben gegen jedes sinnliche Gefühl, werfet Euch in das Schifflein der heiligen Kirche. Und seid immer auf der Hut in Eueren Reden. Die wirkliche Zelle wird Euch selten vergönnt sein, aber die Zelle Eures Herzens sollt Ihr immer haben und mit Euch tragen. Denn, Ihr wißt es, solange wir uns in ihr verhalten, können uns die Feinde nicht an. Dann sei alles was Ihr tut auf Gott gerichtet und geordnet. Auch bitte ich Euch, daß Ihr Euer Herz zur Reife zeitigt durch eine heilige wahre Klugheit, und Euer Leben ein Vorbild sei für die Kinder der Welt, ohne daß Ihr je die Sitte der Welt zu der Eurigen macht. Und Eure Großmut gegen die Bedürftigen und Eure freiwillige Armut, die Ihr immer bewahrt habt, erneuere und erfrische sich in Euch durch wahre, vollkommene Demut; und in keiner Standeshöhe, zu der Gott Euch berufen mag, lasset darin nach, sondern tieft Euch um so mehr im Tal der Demut ein und suchet Eure Freude am Tisch des Kreuzes. Dort nehmt die Speise der Seele ein; umfanget die Mutter im ergebenen, treuen und beständigen Gebet in heiliger Nachtwache; feiert täglich die heilige Messe, wenn nicht ein Notfall Euch abhält. Fliehet müßige, leichtfertige Worte; reif in der Rede und in allem sollt Ihr sein und Euch erzeigen. Werfet von Euch alles empfindsame Wesen der Selbstliebe und alle knechtische Furcht; denn nicht solche Diener braucht die heilige Kirche, sondern Menschen, die hart sind gegen sich, weitherzig gegen sie. Das sind die Dinge, die ich Euch zu befolgen bitte.

Auch bitte ich Euch, daß Ihr das Buch und was Ihr sonst Geschriebenes von mir findet, zur Hand nehmt, Ihr, Bruder Bartolomeo, Bruder

Tomaso und der Meister (Eremit Tantucci). Macht daraus gemeinsam mit Messer Tomaso, was Euch gutdünkt zu Gottes Ehre, in der ich Erquickung fand.

Auch bitte ich Euch, daß Ihr meiner geistlichen Familie, soviel Ihr könnt, Hirte und Führer und Vater seid und sie bewahrt in der Liebe und vollen Eintracht, auf daß sie nicht auseinanderlaufe wie Schafe ohne Hirten. Ich glaube, ich werde nach meinem Tode mehr für sie und für Euch tun können als im Leben. Ich werde die ewige Wahrheit bitten, daß sie alle Gnaden und Gaben, die sie meiner Seele geschenkt hat, über Euch ergieße, auf daß Ihr Kerzen seid, gesetzt auf hohe Leuchter.

Ich bitte Euch, betet zum ewigen Bräutigam, daß er mich mutig seinen Willen vollenden lasse und mir die Menge meiner Sünden vergebe. Und Euch, lieber Vater, bitte ich, verzeiht mir Ungehorsam, Unehrerbietigkeit, Undank jeder Art, Leid und Bitterkeit, alles, was immer ich wider Euch begangen, und die geringe Sorge, die ich um unser Heil getragen habe. Und ich bitte Euch um Euren Segen.

Betet eifrig für mich und lasset für mich beten bei der Liebe Christi des Gekreuzigten. Verzeiht mir, wenn ich Euch Worte der Bitterkeit geschrieben; nicht um Euch zu betrüben, habe ich es getan, sondern weil ich im Zweifel bin und nicht weiß, was Gottes Güte mit mir vorhat. Ich will meine Schuldigkeit getan haben. Seid nicht traurig, weil mir einer vom andern getrennt sind. Eure Person wäre mir ein großer Trost, größer aber ist mir der Trost und die Freude, all das fruchten zu sehen, was Ihr wirket für die heilige Kirche.

Und dringender noch bitte ich Euch für sie zu arbeiten, denn sie war noch nie in solcher Not. Weichet vor keiner Verfolgung je zurück ohne die Erlaubnis unsers Herrn, des Papstes. Tröstet Euch in Christo, dem süßen Jesus, ohne jede Bitterkeit. Mehr sage ich Euch nicht.

Verbleibet in Gottes heiliger und köstlicher Liebe.

Gesu dolce, Gesu amore.

Katharina von Siena

DAS MAGISCHE HAUS

Diesen Morgen, nachdem ich erwachte, fühlte ich alle Influenzen oder Wirkungen des Brunnquells der Liebe als Ströme in mich einfließen, meinen Geist als eine Schutzwacht zu bewahren und aus meiner natürlichen und sinnlichen Selbstheit auszugleiten. Und darauf erschien mir ein sehr heller Zirkel, in welchem eine unerkannte und unergründliche Tiefe von lauter himmlischer Materie war: und daraus kamen ein paar flammende Räder hervor, und auf denen selben war ein Haus von klarem Kristall erbaut, das mit regulär-viereckten Fenstern und Türen versehen war. Jede von dessen Seiten hatte eine Tür und das Haus war oben über und über platt: und es war so hell und klar, daß ich durchaus sehen konnte. Und in demselben sahe ich eine gar herrliche Person auf- und abgehen, obgleich keine der Türen offen war. Und ich beschaute sie, bis sie vom Zirkel herniederstieg. Und es brach doch der Zirkel nicht. Und sie kam nahe zu mir, da sie doch keine der Türen auftat. Und die Person, die in einer himmlischen Reinigkeit allda war, sagte zu mir: »Komm' herauf!« Worauf ich antwortete und sagte: »Wie kann ich in eine solche herrliche Behausung, als diese ist, kommen? Es ist ja keine Tür offen.« Darauf wurde augenblicklich eine der Seitentüren eröffnet und ich wurde auf- und in dasselbe eingenommen und hatte kein Empfinden vom sterblichen Leibe, das mich beunruhigt hätte; sondern war als ein lautrer Geist und betrachtete dies herzliche Wesen ohne Furcht: denn ich war mit lauter Freuden erfüllet, daß ich nunmehr dahin gekommen war, da ich das Angesichte meines Jesu sehen konnte, und mit den Strahlen Seiner Glorie überschattet und bedeckt war; welche mich in seine eignene Persönlichkeit verschlungen hatte. Und nichtsdestoweniger sah ich mich selbsten auch von ihm unterschieden, da ich denn sagte: »Herr, soll ich hier auf ewig wesentlich bleiben?«, worauf mir geantwortet wurde: »Mag dirs denn nicht genug sein, daß du den Ort siehest, der für die Geburt bereitet ist, mit welcher du in Arbeit gewesen bist, der dir völlige Freiheit geben soll, mit mir zu leben und zu wandeln von einer Behausung der Glorie des Vaters in die andere. Ihr sollt kommen, bis ihr die ganze unendliche Weite und Breite der Reiche gesehen habt, die den Erlösten beschieden sind.«

Nach dieser Unterredung bewegten sich die feurigen Räder und der Zirkel ließ sich hernieder; und zog das Haus empor; und darauf wurde es mit einer triumphierenden Anzahl himmlischer Heerscharen lauter englischer Gestalten in weißen langen Röcken besetzt, die das Haus rings umgaben, auch mit seraphinischem Freudengetöne frohlockten und sprachen. Der Tabernakel, welcher hinabstieg, ist wieder heraufgestiegen. Und alles dieses hörte und sah ich, und wußte, das es eine Verzükkung meines Geists war, auch daß ich wieder herab in meine sterbliche Behausung kommen sollte; alles zur Befreiung der Geburt zu vollenden: welche der Sohn und Erbe ist, der ewig in diesem Hause bleiben soll. Und ob ich wohl, nachdem ich wieder in meine leibliche Sinnlichkeit kam, einigen Kampf und Streit hatte, daß ich von der persönlichen Gemeinschaft mit meinem verherrlichten Jesu abwesend sein sollte, so befriedigte mich doch sein Geist und sagte, daß mir alles dieses als ein Unterpfand und als ein tröstlich Zeugnis gegeben sei, daß die Geburtsarbeit der Liebe ihre völlige Vergeltung noch ungleich überflüssiger haben sollte, als was ich jetzund gesehen und genossen hatte.

DAS GLÄSERNE BUCH

In dieser Nacht, da meine äußeren Sinne in der Ruhe lagen, sahe ich, als von fernen einen beschloßnen und abgesonderten Ort, welcher so hell und klar, als das Firmament des Himmels, war; allwo ich die Gestalt eines Buches gewahr wurde, so weder Schlösser noch Siegel hatte; auch war, soviel ich merken konnte, nichts drein geschrieben; die Blätter aber waren ganz durchleuchtig, als ein flammend Licht anzusehen. Nach diesem kam aus demselben Welt-Runde eine Herde oder Schar in lauter langen weißen Röcken und in triumphierender Gestalt hervor: diese alle umgaben mich sehr freudig und mit anmutig helleuchtenden Angesichten, und wollten mich in ebensolcher Freudigkeit mit ihnen haben; ich aber war mehr traurig und beschwert und konnte mich in solcher Geschwindigkeit nicht bewegen, wie sie mit ihren luftartigen Leibern taten. Bald aber fühlte ich eine mächtige Kraft von ihren Leibern in mich überfließen; und ob ich mich wohl auf ihre Erscheinung anfänglich entsetzte, so war ihre höfliche Bezeigung und Freundlichkeit gegen mich doch so groß, daß ich in kurzem in ihrer Freiheit und Freude mit war. Kaum aber hatte ich solche empfunden, da sagten sie mir, daß sie sich wieder nach ihrem Orte begeben müßten. Worauf ich sie bat, daß sie mich doch nicht verlassen, sondern mit ihnen zu gehen verstatten wollten; welches sie aber für die Zeit nicht tun oder zulassen könnten. Worüber ich denn wieder in Schwermütigkeit geriet.

Visionen der Jane Leade

Das Höchste ist immer nahe, strahlend, über allem Erkennbaren. Hier können wir getrost alle Gelehrtheit beiseitesetzen. Auf dieser Stufe wird der Suchende plötzlich emporgerissen und auf den Kamm der Woge des Geistes gehoben, und schaut, er weiß selbst nicht wie. *Die Vision überflutet seine Augen mit Licht: aber er sieht nichts anderes — das Licht selbst ist die Vision ... Schauen und geschaut werden ist eins. Der Geschaute und der Schauende sind eins.* Jede Erinnerung ist ausgelöscht. Vorher war alles bewußt gewesen. Doch nun ist alles im Strom der Liebe, in der höchsten Seligkeit des Entrücktseins untergegangen. In dieser Hingerissenheit liegt höchstes Glück.

Laßt uns einmal annehmen, alles Lebendige — nicht nur vernunftbegabte Wesen, sondern sogar die unvernünftigen Tiere und alles, was aus dem Schoß der Erde hervorwächst — strebe nach der Kontemplation als seinem einzigen Ziele ... Erscheint euch das zu seltsam? Doch wir alle, groß und klein, bewegen uns im Spiel oder im Ernst auf die Vision zu, jede unserer Handlungen ist ein Versuch zur Kontemplation . . . Wenn man die Natur früge, warum sie ihre Werke hervorbringt, so würde sie vielleicht folgendes antworten:

»Was immer ins Dasein kommt, entsteht aus der schweigenden Vision, die mir eigen ist. Ich selbst bin aus einer Vision hervorgegangen, ich liebe die Vision und schaffe aus der in mir vorhandenen Visionsfähigkeit. Ich schaffe die Gegenstände der Kontemplation so wie Mathematiker sich ihre Figuren vorstellen und sie aufzeichnen. Ich schaue in mich hinein, und die Figuren meiner materiellen Welt bekommen Leben als ob sie aus meinem Brüten entstünden ...«

Das Eine ist in Wahrheit jenseits aller Beschreibungmöglichkeit: was Du auch sagtest würde es begrenzen. Das Alles-Durchdringende hat keinen Namen ... Aber wenn wir es nicht mit dem Verstand begreifen können, so bedeutet das nicht, daß wir es überhaupt nicht fassen können. Diejenigen, die inspiriert und von Gott besessen sind, verstehen wenigstens das eine, daß sie etwas Größeres in sich tragen ... Wenn die Seele plötzlich Licht erhält, dürfen wir überzeugt sein, daß wir das Göttliche erlebt haben. Denn diese Erleuchtung kommt von Gott und ist Gott. Wir dürfen annehmen, daß Er gegenwärtig ist.

Die Schwierigkeit besteht darin, daß wir uns der Gegenwart des Einen nicht durch den Verstand bewußt werden, sondern auf eine Weise, die über unsere irdischen Begriffe hinausgeht. Wenn wir etwas mit dem

Verstand auffassen, so nehmen wir ein Ding nach dem anderen wahr. Der Verstand verliert sich in der Vielheit. Doch die andere Art liegt jenseits alles Begreifenkönnens. Wir legen dir dringend nahe, dich in keine Erörterungen darüber einzulassen, sondern nur dem Ruf der Vision zu folgen ... Da schaut die Seele den Strom des Lebens und des Geistes, den Fluß des Seins, die Quelle des Guten, die Wurzel der Seele. Diese Wasser fließen ewig in unverminderter Fülle ... *Und nun ist der Mensch im Höchsten untergetaucht, mit Ihm verschmolzen, eins mit Ihm. Er ist selbst die Einheit geworden, und nichts unterscheidet oder trennt ihn von ihr. Wenn dieser Aufstieg einmal gelungen ist, so gibt es keinen anderen Gedanken, keine Leidenschaft und keine auf etwas Äußeres gerichteten Wünsche mehr. Verstand, Wille, das Leben der Sinne – alles tritt gänzlich zurück. Über alles Irdische emporgehoben, von Gott besessen, so ruht der Eingeweihte bewegungslos in vollkommener Stille: Er ist der Friede selbst.*

Plotin

BESCHREIBUNG DES UNAUSSPRECHLICHEN

Was verstand Ramakrishna unter dem »Gott-Schauen« mag der Leser fragen? Was bedeutet der Begriff, das Wort Samadhi? Und welches sind die Stufen der Entwicklung, auf denen man diesen übersinnlichen Zustand erreichen kann?

In der Zeit, da ich die Legenden um Ramakrishna sammelte, erschien es mir immer notwendiger, die Natur der geistigen Erfahrung zu erfassen, die seine Schüler von ihm empfingen. Wie kam es, daß diese jungen, gesunden und kräftigen Menschen nie seiner überdrüssig wurden? Warum hingen sie mit solcher frommen Inbrunst an ihm? Welche Wunder ließ er sie schauen? Wie geschah es, daß sie unempfindlich wurden gegen die Lockungen der Welt? Bot ihnen Ramakrishna einen mächtigeren tieferen Anreiz?

All diese Fragen stellte ich Swami Turyananda in Benares. Er gab mir folgende Antwort:

»Ramakrishna ließ uns das Gesicht des Ewigen schauen. Nach einer solchen Offenbarung blieben wir bei ihm in der Hoffnung, durch sein Erbarmen und seine Lehre von neuem Gott zu schauen. Wer einmal sein

Schüler war, blieb es für immer! Denke an die Möglichkeit, in den Samadhi erhoben zu werden, wofür die Menschen hunderte von Daseinsformen erleiden müssen – allein durch die Berührung des Fingers oder Fußes des Heiligen! Wie hätten wir ihn verlassen können, die wir so gierig wie jedes junge Wesen danach verlangten, die vollkommene Glückseligkeit immer und immer wieder zu kosten! Durch ihn vermochten wir, einmal wenigstens, dem Blicke Gottes zu begegnen; und dies machte uns taub und blind gegen die Welt. Hier können wir nichts erkennen, doch was unser Auge betrachtet, das strahlende Licht des »*Tat*« verwandelt es. Alles, was wir sehen oder fühlen, sagt uns: du bist Er, du bist Er – *Tat Twam asi!* Das hat Ramakrishna für uns getan. Nach solchem Erlebnis blieben wir an ihn gebunden, wie es der Vogel an den Himmel ist. Wie weit er auch fliegen mag nach allen Richtungen der Welt, er bleibt doch immer unter der schimmernden Obhut des Himmelsgewölbes.«

Oft baten die Schüler Ramakrishna, er möge ihnen die unsichtbare Welt beschreiben. Er aber versicherte, daß die Erkenntnis Gottes nicht durch Worte vermittelt werden könne. »Keine Worte, allein die Erfahrung kann den vollkommenen Glanz des Unsichtbaren offenbaren.«

Trotzdem drängte ihn die kleine Gruppe seiner Verehrer, ihnen vor allem seine eigene Erfahrung des *Samadhi*, der vollkommenen Vereinung mit dem Absoluten, *Brahman* zu beschreiben. Ramakrishna entschuldigte sich:

»Ich sehe nicht ein, warum ich euch das erklären sollte, euch, die ich erzog und unterstützte, diese Erfahrung aus euch selbst zu verwirklichen. Wenn sie mit Worten beschrieben werden kann, was beschreibt ihr sie nicht selbst!«

»Meister«, entgegneten die Schüler. »wir sind nicht fähig, solange wie du darin zu verweilen. Du aber, der du sechs oder sieben Tage im Samadhi verharrtest; du allein kannst es erklären. Wie dürfen wir auch wagen, im Angesicht des Schweigens zu sprechen!« Ramakrishna lächelte nur über diese schlecht verkleidete Bewunderung.

Ein anderes Mal versuchte ein junger Mensch mit sehr feinem Geist ihn zum sprechen zu bringen.

»Meister, wie kann man wissen, ob jeder von uns zu derselben Erfahrung gelangt, da ja unsere Wege verschieden sind? Wenn ich meditiere, und mein ganzes Sein durch den Gedanken der vollkommenen Einheit, zum Leben erwacht, so wird doch meine geistige Kraft nicht in derselben Art wirken wie die eines anderen?«

»Nun!« erwiderte der Heilige, »dieser Vergleich der verschiedenen Fortschritte der menschlichen Intuïtion ist leicht zu beschreiben. Ich habe selbst alle diese Stufen untersucht, um ihre Wahrheit zu bestätigen. Wie meine seelische Kraft auch wirken mochte, am Ende erhob sie sich auf die Ebene des siebenten Tales. Und dort schaute ich ...«

In diesem Augenblick ging Ramakrishna in den Zustand des Samadhi ein. Sein Atem stand still, sein Herz hörte zu schlagen auf, und sein Puls war nicht mehr fühlbar. Wäre nicht die Temperatur seines Körpers gewesen, man hätte ihn für eine Leiche halten können. Zweifellos bot dieser Zustand nichts aufregendes; die Schüler hatten ihn oft so gesehen, manchmal selbst Tage lang ...

Als er endlich aus der Ekstase erwachte, nahm er den Faden der Unterhaltung wieder auf:

»Oh meine Söhne! Ich will versuchen, euch begreifen zu lassen, was geschehen ist. Aber es ist zu groß, als daß Worte es ausdrücken könnten. Ihr müßt selbst untertauchen in den Wassern einer solchen Erfahrung; es gibt kein anderes Mittel, ihre Tiefe auszukosten. So wachsam euer Bewußtsein und Verstand auch sein mögen, sie können nicht mit der plötzlich aufbrechenden Erleuchtung der göttlichen Gegenwart wetteifern. Sie können beide nur einen Wortschwall aufwirbeln und sich in ihm verlieren.«

»Aber, Herr, du wolltest uns doch zeigen, wie im Menschen die Schau der Seele, das Dharma-Auge, geboren wird.«

»Ja«, stimmte Ramakrishna zu, »wenn auch das, was die Seele erschaut, nicht beschrieben werden kann, so können doch die Wege ihrer Schau, durch Worte erfaßt werden. Wohl gibt es nur ein Ziel, doch die Mittel es zu erreichen sind verschieden. Die *Rishis* früherer Zeiten haben mindestens fünf Arten aufgezählt, nach denen die Seele ihre Kraft auf Gott zu richten vermag, wenn sie durch Gebet und Meditation ergriffen ist. Manchmal, so erklären die Weisen, bewegt sich die menschliche Seele durch Sprünge vorwärts wie eine Kröte; dan wieder durch plötzliches Gleiten und lebhafte Wendungen wie ein Kriechtier, das die Böschung erklimmt. Es gibt aber noch andere Wege. Langsam klopft jeder Schlag des Herzens, jede Zelle des Körpers; der regelmäßige Rhythmus, nach dem die Intuitionen erwachen, wird langsam und unvermeidlich wie der Zug einer Ameisenkolonne, die von einem Nahrungsplatz zum anderen zieht. Die vierte Art ist die der Vögel. Ihr wißt, wie die Vögel von einem Baum auffliegen, und scheinbar ziellos in der Luft herumschwirren. Trotzdem aber enden sie auf einem anderen Baum in der Ferne, auf den sie die ganze Zeit hingezielt hatten. So erheben sich die Kräfte der Seele, wenn sie durch unverminderte Hingabe genugsam angestachelt sind, um sich mit dem Göttlichen zu verbinden. *Jedes Stückchen eures Wesens fliegt dann empor, getragen auf den Flügeln des Lichts*, das jede Dunkelheit durchdringt. Vielleicht irrt es ziellos zuerst; *doch beharrt ihr in der Meditation und im Gebet, dann werden euch diese Flügel bis zur Wohnung der vollkommenen Einheit emportragen.*

Die fünfte Art ist von den andern völlig verschieden. Die Weisen haben sie den Weg der Affen genannt. Es kommt vor, daß man Affen unbeweglich wie Steine sitzen sieht. Plötzlich aber beginnen sie zu springen und zu hüpfen und geben keine Ruhe, bis sie ihr Ziel erreicht haben: den Garten voll Mangofrüchten. So geht auch eure geistige Schau vor. Tagtäglich verharrt ihr unbeweglich in der Betrachtung; aber nichts Neues geschieht. Doch ihr beharrt weiter im Denken an das vollkommene Einssein mit der ganzen Kraft eures Herzens, eures Leibs, eurer Seele, eures Geistes. Seid auf der Hut, daß nicht ein Stückchen von euch untätig bleibt; *sammelt all eure Kraft auf diesen einen Punkt, bis sich nach zwei oder drei Jahren plötzlich eure Schau von einer zur anderen Ebene aufschwingt* und mit der Leichtigkeit eines Falken die steilsten Berge überfliegt, um sich dann in *Advaita*, das vollkommene Einsein mit dem unendlichen Geist, zu versenken.«

Ramakrishna hatte die Augen geschlossen und verharrte unbeweglich. Langsam ging er von Neuem in den Samadhi ein. Diesmal mußten die Umstehenden eine lange Zeit warten. So seltsam es aber erscheinen mag, ihre Geduld war grenzenlos, wenn es darum ging, die Worte ihres Guru zu hören. Es mochte fast eine Stunde vergangen sein, bis Ramakrishna aus der Ekstase erwachte und die Unterhaltung wieder aufnahm: »Neben den verschiedenen Arten, durch die eine Seele sich bis zur vollkommenen Vereinigung erheben kann, muß man die verschiedenen Bewußtseinsebenen beachten, die sie durchschreiten muß. Wer es auch sein mag, der sich in Betrachtung versenkt — ein Buddha oder ein ganz gewöhnlicher Mensch —, seine Meditation wird ihn immer durch sechs aufeinanderfolgende Täler führen, durch sechs verschiedene Bewußtseinsebenen bis zu der siebenten und letzten Stufe. Ob eure Intuition im Hüpfen der Kröte oder im leichten Flug des Vogels fortschreitet, sie muß die sieben Täler betrachten.«

»Ist die Erfahrung, die in jedem dieser Täler erworben wird, immer die gleiche, unabhängig von dem Rhythmus, in dem die Seele dorthin gelangt?« unterbrach ihn einer der Schüler.

»Ja«, sagte der Meister, »immer die gleiche.«

Weiter fragte der Schüler: »Begann deine Meditation jedesmal am gleichen Punkt, und war sie von der unseren verschieden?«

»Ramakrishna: »Ich ging genau den gleichen Weg wie ihr. Ich verharrte in völliger Ruhe, wie mir mein Guru geraten hatte und *reinigte mein Denken und Empfinden von aller Befleckung trennender Gedanken. Mit meinen Gedanken, meinem Herzen, meiner Seele, mit jeder Zelle meines Leibes suchte ich Seine Gegenwart.* Ich wußte, daß nichts mich von Ihm trennte. Er war in mir. Ich trieb jedes Stückchen meiner selbst an, um dieses verborgene Selbst hervorzulocken. Heraus o Schwert der Unsterblichkeit, aus diesem Körper, der deine Scheide ist! So habe ich gebetet, Tage, Wochen und Monate. Schließlich wurde meine Schau lebendig ... sie schwang sich über das Steilufer dieser Welt in die Wasser des ersten der sieben Täler. *Ein mir unbekanntes Licht, einer anderen Sonne gleich, erhellte nun alles, was ich sah. Alle Dinge der Erde, auf denen meine Augen ruhten, waren in Schönheit getaucht; wohin ich auch blickte, brachen Anmut und Geistigkeit wie Tiger aus dunkeln Schlupfwinkeln hervor.* Ich begriff, daß ich mich im Haus der Sinne befand. Die Schau solcher Wunder erfüllte mich mit einer fürchterlichen Begehrlichkeit. *Besitze! Nimm! riefen sie mir zu. Ich war von dem unwiderstehlichen Wunsch besessen, die ganze um mich ausgebreitete Schönheit zusammen zu raffen.* Aber gleichzeitig brach ein anderer Schrei in mir auf: Halt ein! Hüte dich vor der dunklen Versuchung dieses Tals. Dann versank ich mit neu entfachtem Eifer noch tiefer in die Meditation. Glühend betete ich um Befreiung von den Fallstricken dieses Tals. Nach einigen Monaten wurden meine Gebete erhört: der Sinn der Welt führte mich nicht mehr in Versuchung. Langsam schwand das erste Tal aus meinem Bewußtsein wie das Gerippe eines Opfers, das die Klauen des Adlers fallen lassen ...

Ich war in das zweite Tal eingedrungen. Hier wurde ich nicht mehr von der fesselnden stofflichen Schönheit alles Erschauten besessen. Das Licht, in dem nun die Welt erstrahlte, war feiner, zarter, gedämpfter. Bruchstücke von schönen Farben, Formen und Klängen erfüllten und verschönten meine Stunden an diesem Ort. Ich fühlte mich glücklich hier, und träumte davon, in meinen Meditationen nachzulassen und hier zu verweilen. Ja, in dieser Stunde überfiel mich die Versuchung, Leben aus mir zu schaffen: Ich hörte den Ruf des Geschlechts. Denn in dem hehren Licht dieses zweiten Tales erscheint das Geschlecht als Glückseligkeit und Macht. Doch wie groß auch diese Versuchung ist, die Seele muß ihr widerstehen. Mit aller Anstrengung versuchte ich, mein Bewußtsein von dem betörenden Zauber der Geschlechtlichkeit zu befreien. Auf dem Altar der Gottessuche sammelte ich das Brennholz der Anbetung. Das Feuer der Erleuchtung brannte zuerst schwach. Einige Tage noch, und die Flammen brachen wie Lichtblitze hervor. Unter dem brennenden Stich der Flammen sank das zweite Tal in Asche. Von nun ab verwirrten mich seine Versuchungen nicht mehr.

So erreichte ich die dritte Stufe. Hier wurde das Gefühl von Macht, das ich im zweiten Tal erfahren hatte, noch um das Hundertfache vermehrt. Ich fühlte mich fähig, die Sonne zwischen meinen Händen zu halten und sie in meiner hohlen Hand in einen brennenden Aschenhaufen zu verwandeln. *Aber auch dieser Machttrieb muß überwunden werden: er ist nur eine Prüfung des Charakters, denn keine Versuchung ist nichtswürdiger als der Machthunger.* Nachdem ich die Gefahr erkannt hatte, vertiefte ich meine Meditation aufs äußerste; sie mußte noch mächtiger werden als die Macht, die es zu überwinden galt. Ich betete — und wie ich betete! — um Erlösung von der Herrschsucht. Trotz allem blieb die Versuchung wie die Eckzähne einer Otter tief in mein Fleisch geschlagen. Aber meine Seele wollte nicht vor ihr zurückweichen! Auf den Flügeln der Meditation erhob ich mich höher und höher, bis ich die Höhe nicht mehr messen konnte ... In diesem Augenblick öffnete die gräßliche Schlange den Rachen und ließ von mir ab.

Wie der Elefant, der ein Hindernis wegräumt, so brach ich in das Tal *Hridaya Jyoti*, das Licht von Gottes Herz, ein. Als wäre mein Herz eine Fackel geworden, entzündet von Seiner Flamme, so ergoß sich das Licht von meiner Seele über alle Dinge. Steine wie Sterne, alles, was lebte, sang in gleicher Verzückung den Lobgesang des Unaussprechlichen. In diesem vierten Tal fühlte ich mich fast vollkommen sicher vor jeder Versuchung. Trotzdem wachte ich streng über mich. Obwohl ich ein Lichtkelch war, mißtraute ich doch der Versuchung. Dieses Gefühl wurde zur Mahnung, und ich beschloß, mich in diesem Tal nicht aufzuhalten. Eine lange Zeit des Fastens und der Versenkung folgte.

Diesmal hatte ich glücklicherweise nicht so lange zu warten. *Das Licht meines Herzens breitete sich aus, zog sprühende Kreise wie ein immer wachsendes Netz von Sonnen.* Und siehe, ich hatte das nächste Tal erreicht. Ich war im Reich des Ausdrucks! Mein Denken, mein Fühlen, jeder Pulsschlag, jede Zelle meines Seins war ein Lichtbrand. Meine Kehle, meine Lippen sprachen Worte des Entzückens und des Segens. Ich lobpries Gott ohne Unterlaß; ich konnte nur noch von Ihm sprechen.

Hätte mir jemand von Vergnügen oder Besitz gesprochen, seine Worte hätten mich wie Ruten geschlagen. Wenn einer meiner Verwandten zu mir kam, um mich über Familienangelegenheiten um Rat zu fragen, lief ich fort und verbarg mich in den Wäldern von Panchabati. Eltern und Freunde, die Ansprüche auf mich ausüben wollten, machten mir den Eindruck eines tiefen Schachts, dessen Leere mich in die unteren Bereiche zog, und ich meinte, in diesen dunklen Gewölben zu ersticken. Allein die Gegenwart dieser Menschen weckte in mir das Gefühl des Ertrinkens, und ich fand erst Frieden, wenn ich sie verließ. Mit anderen Worten: das fünfte Tal war nicht erfüllt von Duldsamkeit und Liebe zu Allen. Darum mußte ich mich noch höher erheben.

Ich versenkte mich in eine noch strengere, noch tiefere Meditation. Darin gab es keinen Frieden, keine Freude mehr für mich. Wenn ich Ihn nicht von Angesicht zu Angesicht schauen werde, nehme ich mir das Leben, sprach ich zu mir. *Ein Tiger, der sich zum Sprunge niederkauert: das war meine innere Haltung.* Ich betete, wartete, lauerte. Ich wollte nicht länger im Tal des Ausdrucks verweilen, wollte mich nicht mit den Lobpreisungen Gottes begnügen. Ich mußte Ihn schauen. So blieb ich gestrafft in Erwartung und Gebet. Plötzlich erblickte ich etwas vor mir. Ich stürzte und im selben Augenblick war ich in das sechste Tal, das *Turya*, versetzt! Hier fand ich mich ganz nah bei dem Geliebten. Ich konnte Ihn sehen, Ihn fühlen; nur eine dünne Wand noch trennte uns, nur ein leichter, durchsichtiger Schleier verbarg die Seele vor ihrem Selbst. Ich erkannte, daß ich endlich die Schwelle des Hauses der Einheit überschritten hatte.

Aus dem sechsten Tal gelangt man mühelos in das siebente. Hier dringt kein Wort, kein Zittern eines menschlichen Gedankens ein. Allein die Seele, die in Schweigen gehüllt ist, kann den Schleier heben, der sie noch von Gott und Seiner Umarmung trennt.«

Als Ramakrishna zu reden aufhörte, lag tiefes Schweigen über dem Raum. Doch einer der jungen Leute erhob seine Stimme, anstatt den restlichen Tag über die Offenbarungen Ramakrishnas zu meditieren und sprach: »Die Menschen sagen, du seist nicht gelehrt, Meister; wie kannst du dennoch alles wissen, was die Weisen der Vergangenheit geschrieben haben? Was du uns offenbart hast, steht aufgezeichnet in den Büchern über Metaphysik. Doch man sagte mir, du seiest ein Mensch ohne Bildung.« Ramakrishna antwortete ganz anders als gewöhnlich: »Ich habe nie gelehrte Bücher studiert; aber ich habe Gelehrte darüber streiten hören. Nachdem ich alles gehört, und was mir recht und wahr schien, für meinen eigenen Gebrauch behalten hatte, habe ich aus allen Gedanken ein Gebinde geflochten und mir um den Hals geschlungen. Dann habe ich es zu Gottes Füßen niedergelegt und habe gebetet: Göttliche Mutter, nimm all deine gelehrten Bücher und Gesetze. Das Einzige, nach dem ich verlange, ist deine Liebe.«

Da stellte einer der Schüler eine bedeutsame Frage:

»Meister, alles, was du uns gesagt hast, ist gut für die Seele und befriedigt das Herz. Aber mein widerspenstiger Geist möchte noch folgendes begreifen: Der im glühenden Verlangen nach vollkommener Einheit meditiert, muß sprechen, fühlen und erleben: Ich bin Er! Ich bin Er! Was aber ist mit denen, die den umgekehrten Weg gehen und sagen: Du bist noch nicht ich; aber ich suche Dich. Was geschieht mit ihnen, Meister? Durchqueren sie auch die sieben Täler, um schließlich eins mit Ihm zu werden? Oder bleiben sie auf immer von ihm getrennt?«

Ohne nur im geringsten zu zögern, antwortete Ramakrishna: »Deine Frage berührt die tiefsten Dinge. Ob du nun zu Gott sagst: Du, oder ob du sagst: Ich bin Er, darin liegt nicht der geringste Unterschied. Jene, die zu Gott Du sagen, haben sehr innige Beziehungen zu ihm, so etwa wie die Beziehungen eines alten Dieners zu seinem Herrn. Im gleichen Maß, in dem beide altern, stütz sich der Herr immer mehr auf den Diener, der ihm ein Freund ist und fragt ihn immer und öfter um seinen Rat. Zutiefst erfreut durch die Hingabe seines Dieners, nimmt er ihn eines Tages bei der Hand und setzt ihn auf seinen eigenen erhabenen Platz. Was tust du Herr? wendet der Diener bewegt und verwirrt ein. Der Herr aber nötigt ihn, auf dem erhöhten Sitze neben ihm zu bleiben; Du bist mir gleich, mein vielgeliebter Freund, spricht er zu ihm. So wird auch Gott den Menschen, der ihn mit allem Ernst und aller Hingabe verehrt, auch wenn er Ihn als eine Macht außer sich selbst anbetet, zu irgend einer Zeit ganz unerwartet mit Sich Selbst vereinen. Das ist Samadhi*.«

Die Legende erzählt, daß einst einige Freunde Ramakrishna baten, den Zustand des Samadhi zu erklären: »Wenn du uns dies Erlebnis offenbaren kannst, dann gibst du uns damit den Beweis für alles Übrige. Erkläre uns den Zustand des Samadhi, und du wirst uns Gott gezeigt haben.«

Der Heilige erwiderte vorsichtig:

»Wenn ich euch eine Erklärung von Gott gebe, was soll sie euch nützen? Ich weiß wohl, wozu ihr sie verwenden würdet: zu einem Glaubensbekenntnis, das ihr einer neuen Religion in meinem Namen zu

* Zustand höchster Erleuchtung.

Grunde legen würdet. Aber ich bin nicht auf die Erde gekommen, um einen neuen Kult zu stiften. Das liegt mir wahrlich fern!«

Es scheint indessen, als habe Ramakrishna seine Beschreibung von Gott bei einer anderen Gelegenheit gegeben. Einige Besucher fragten ihn: »Kannst du uns über etwas aufklären, das uns als Widerspruch erscheint? Man sagt, du habest die Gottgleichheit erreicht: du seiest Er. Dabei aber fährst du fort, alle Verehrung der göttlichen Mutter darzubringen. Nie sagst du Ich; du sprichst von Gott, der Mutter, sagst Sie und Du. Hast du das ›Ich bin Er‹ erlebt, warum nennst du Gott dann Du?«

Darauf der Meister:

»Das ist eine letzte Frage der Haltung. Ich habe Ihn gesehen und Ihn umarmt. Ich war unendliches Sein, vollkommenes Wissen und Glückseligkeit. Aber ich konnte nicht in diesem unbedingten Zustand und gleichzeitig in diesem bedingten Sein verharren. Dort gibt es keine Grenzen. Jeder und alles ist ein einziges unendliches Sein. Unbedingt und unbeschreiblich. Man kann es nicht in Worte fassen. Was man auch sagen mag, es wird zum Endlichen. Natürlich sagst du: Sie, Du, Mutter – nimm die sieben Töne der Musik, nimm an, du gingst die Tonleiter hinauf – Do, Re, Mi ... bis du den höchsten Ton erreichst. Was tust du dann? Du kehrst wieder zu Do zurück. Jeder, der das Schweigen, den höchsten Gipfel erreicht hat, sagt Do, im Augenblick, da er den Mund öffnet. Und Do ist Gott!«

Ramakrishna
Geschildert von Dhan Gopal Mukerji

WUNDERBARE BEGEGNUNG MIT DEM VATER SERAFIM

»Es war an einem Donnerstag im November 1831. Ein trüber Tag. Ziemlich tief lag der Schnee auf der Erde; vom Himmel fielen dichte Schneeflocken nieder, als Vater Serafim mit mir eine Unterredung auf seiner Wiese begann, die nahe bei seiner Einsiedlerklause am Bach Ssarowka, am Berge liegt und bis ans Ufer des Baches heranreicht.

Er gebot mir, mich auf dem Stumpf eines gefällten Baumes zu setzen, und hockte neben mir nieder.

›Der Herr hat mir offenbart‹, sagte der Starez, ›daß du in deinen Knabenjahren voller Eifer zu erfahren trachtetest, welches das Ziel unseres christlichen Lebens sei, und du hast viele geistliche Persönlichkeiten darum befragt.‹ — Ich schalte hier ein, daß dieser Gedanke mich seit meinem 12. Lebensjahr immer wieder beschäftigte und daß ich mich tatsächlich an viele Geistliche mit dieser Frage gewandt hatte, ohne je eine befriedigende Antwort zu erhalten. Dem Starez war das unbekannt.

›Niemand aber‹, fuhr der Starez fort, ›hat dir hier Bestimmtes gesagt. Sie haben dir nicht so geantwortet, wie sie es hätten tun sollen. Ich, der arme Serafim, will dir sagen, worin das Ziel wirklich besteht. Kirchgang, Gebet, Fasten, Wohltun und andere christliche Werke sind an und für sich gut, aber das Ziel des Christentums erschöpft sich nicht im Verrichten dieser Werke, wiewohl sie unerläßliche Voraussetzungen der Zielerreichung sind. Das wahre Ziel besteht im Erlangen des heiligen Geistes Gottes. Achte darauf, daß nur ein um Christi willen verrichtetes gutes Werk des heiligen Geistes Früchte bringt. Mehr als alles aber bringt sie das Gebet, weil es gleichsam immer in unseren Händen ist als ein Werkzeug zur Erlangung der Gaben des Geistes. Durch das Gebet werden wir gewürdigt, mit unserem allgütigen und lebenspendenden Gott und Erlöser zu reden; aber man muß nur so lange beten, bis sich der heilige Geist Gottes auf uns herniederläßt. Wenn er uns zu besuchen geruht, gebührt es, mit dem Gebet aufzuhören. Warum soll man ihn dann noch bitten: Komm, und nimm Wohnung in uns!, wenn er schon zu uns gekommen ist!‹

›Väterchen‹, sagte ich, ›Ihr sprecht vom Erlangen der Gnade des heiligen Geistes als dem Ziel des christlichen Lebens. Aber wie und wo kann ich es dann sehen? Gottes Werke sind zu sehen; kann denn auch der heilige Geist sichtbar werden? Wie soll ich denn wissen, ob er mit mir ist oder nicht?‹

›Wir haben uns vom wahren christlichen Leben und von der Weite des ursprünglichen christlichen Schauens fast ganz entfernt und sind unter dem Vorwand der Aufklärung in eine solche Finsternis des Nichtwissens geraten, daß uns beinahe unglaubhaft erscheint, was die Alten noch mit solcher Klarheit verstanden haben, daß ihnen auch in gewöhnlichen Gesprächen die Vorstellung vom Erscheinen Gottes nicht seltsam erschien: Gott und die Gnade seines heiligen Geistes haben diese Menschen nicht im Traum oder in der Phantasie gesehen und erfahren, sondern wirklich und wahrhaftig . . .

. . . Die Gnade des heiligen Geistes leuchtet immerfort im Herzen in dem von aller Ewigkeit her göttlichen Lichte Christi. Dieses Licht Christi tilgt gänzlich, wenn der Sünder sich zur Buße bekehrt, die Spuren seiner begangenen Sünden . . . Diese Gnade des heiligen Geistes ist ein Licht, das den Menschen durchstrahlt. Gott hat wiederholt vor vielen Zeugen die Wirkung, der Gnade des heiligen Geistes an den Menschen offenbart, die er heiligte und mit seinen heiligen Ausgießungen durchleuchtete. Erinnere dich an Moses nach seiner Unterredung mit Gott auf dem Berge Sinai. Die Menschen vermochten ihn nicht anzublicken, so leuchtete er in dem ungewöhnlichen Lichte, das ihn umgab. Und erinnere dich an die Verklärung Christi auf dem Berge Tabor. ›Und seine Gewänder glänzten wie der Schnee‹, und seine Jünger fielen vor Angst vor ihm nieder (Mk 9, 8). Und so erscheint die Gnade des heiligen Geistes Gottes in unbeschreiblichem Lichtglanz all denen, denen Gott ihr Wirken offenbart.‹

›Auf welche Weise erfahre ich aber‹, fragte ich Vater Serafim, ›daß ich mich in der Gnade des heiligen Geistes befinde?‹

›Das ist sehr einfach‹, gab er mir zur Antwort. ›Darum sagt auch der Herr: Den Einfältigen gibt er seine Gnade. Von diesem Lichte Gottes erfüllt, haben die Apostel immer gesehen, ob der Geist Gottes auf ihnen ruhte oder nicht, und von ihm durchdrungen und die Mitanwesenheit des Geistes Gottes in sich wahrnehmend, sagten sie mit Bestimmtheit, daß ihr Werk heilig sei.‹

›Dennoch verstehe ich nicht, wie ich fest davon überzeugt sein kann, im Geiste Gottes zu sein. Wie soll ich selber sein Erscheinen erkennen? Ich möchte, daß ich das ganz richtig verstehe!‹

Da nahm Vater Serafim mich ganz fest an die Schultern und sagte:

›Wir beide, du und ich, sind jetzt im Geiste Gottes. — Warum siehst du mich nicht an?‹

Ich erwiderte: ›Ich kann nicht sehen, weil Blitze aus euren Augen schießen. Euer Antlitz ist lichter geworden als die Sonne, und meine Augen tun mir weh.‹

Vater Serafim erwiderte: ›Fürchte dich nicht, auch du bist jetzt ebenso licht geworden, wie ich es bin, du selbst bist jetzt in der Fülle des Geistes Gottes, sonst könntest du mich nicht so erblicken.‹

Und indem er seinen Kopf zu mir neigte, sagte er mir leise ins Ohr: ›Danke denn Gott für die unsagbare Gnade, die er dir erweist. Du hast gesehen, daß ich mich nicht einmal bekreuzigt habe, sondern nur in meinem Herzen habe ich in Gedanken zu Gott dem Herrn gebetet und gesagt: O Herr, würdige ihn, klar und mit leiblichen Augen die Herabkunft Deines Geistes zu sehen! Da hat Gott allsogleich das demütige Gebet des armen Serafim erfüllt ... Wie sollen wir beide ihm denn nicht für diese Gnade danken? Warum blickst du mir nicht in die Augen? Schaue nur einfach hin und fürchte dich nicht. Der Herr ist mit uns.‹

Nach diesen Worten blickte ich in sein Antlitz, und ein noch größeres ehrfürchtiges Entsetzen überkam mich. Man stelle sich vor, inmitten der Sonne, in der strahlenden Helligkeit ihres mittäglichen Lichtes — das Antlitz des Menschen, der mit einem spricht! Man sieht, wie sich seine Lippen bewegen, sieht den wechselnden Ausdruck seiner Augen, hört seine Stimme, man fühlt, daß jemand einen an der Schulter gefaßt hat, aber diese Hände sieht man nicht, man sieht weder sich selber noch seine Gestalt, sondern nur das eine blendende etliche Klafter weithin strahlende Licht, das mit seinem blendenden Glanz auf der Schneedecke leuchtet, die auf dem Felde liegt, und die Schneeflocken, die von oben herniederfallen und den großen Starez und mich bedecken. Wie wäre es möglich, sich den Zustand vorzustellen, in dem ich mich befand.

›Was fühlst du jetzt?‹ fragte mich Vater Serafim.

›Es ist unbeschreiblich schön‹, sagte ich.

›Wie denn schön?‹

Ich antwortete: ›Ich fühle eine solche Stille und einen solchen Frieden in meiner Seele, daß ich es mit Worten nicht auszudrücken vermag.‹

›Das ist‹, sagte Vater Serafim, ›der Friede, von dem der Herr zu seinen Jüngern gesagt hat: Meinen Frieden gebe ich euch! — Und was empfindest du noch?‹

›Eine ungemeine Süße‹, antwortete ich.

Und Vater Serafim fuhr fort: ›Das ist die Süße der Seligkeit, von der es in der Heiligen Schrift heißt: Du tränkst sie aus dem Born Deiner Wonnen (Ps. 35, 9). Diese Süße nun erfüllt und ergießt sich durch alle unsere Adern in unbeschreiblicher Beseligung. Von dieser Süße schmelzen unsere Herzen gleichsam hin, und wir beide sind von einer Seligkeit erfüllt, die sich mit gar keinen Worten ausdrücken läßt. — Und was fühlst du noch?‹

›Eine ungemeine Freude in meinem Herzen‹, antwortete ich.

Vater Serafim fuhr fort: ›Wenn der Geist Gottes auf den Menschen niedersteigt und ihn mit der Fülle seines Kommens überschattet, wird die menschliche Seele erfüllt von unbeschreiblicher Freude, denn der Geist Gottes schafft freudig alles, gleichviel, woran er auch rühren mag. Aber wie trostreich diese Freude auch sein mag, die du nun in deinem

Herzen empfindest, so ist sie doch nichtig im Vergleich zu der Freude, von welcher der Herr selber durch den Mund seiner Apostel gesagt hat, daß, ›was kein Auge sah und kein Ohr vernahm und was in keines Menschen Herz kam, Gott denen bereitet hat, die ihn lieben‹ (I. Kor. 2, 9). Ein Vorgeschmack dieser Freude wird uns jetzt zuteil, und wenn wir schon davon eine solche Süßigkeit, Herrlichkeit und Freude in unserem Herzen empfinden, was soll man dann erst von jener Freude sagen, die im Himmel denen bereitet ist, die hier auf Erden weinen? Auch du hast zur Genüge in deinem Leben Tränen vergossen und siehst nun, mit welcher Freude dich Gott schon in diesem Leben tröstet. – Was fühlst du noch?‹

›Eine unbeschreibliche Wärme‹, antwortete ich.

›Wie denn das? Wir sitzen doch hier im Freien, es ist Winter, wir haben Schnee zu unseren Füßen und auf uns liegt wohl mehr als ein Zoll Schnee! Was mag das wohl für eine Wärme sein?‹

Ich erwiderte: ›So eine Wärme, wie sie im Badehaus ist, wenn man auf die glühenden Steine Wasser gießt und der Dampf wie eine Säule hochfährt . . .‹

›Und der Geruch?‹ fragte er mich weiter, ›ist der auch wie im Badehause?‹

›Nein‹, antwortete ich, ›es gibt nichts, was diesem Wohlgeruch zu vergleichen wäre.‹

Vater Serafim lächelte freundlich und sagte: ›Ich weiß es selber, frage dich aber absichtlich, ob du es auch so fühlst. Keine Annehmlichkeit irdischer Düfte ist zu vergleichen mit dem Wohlgeruch, den wir nun empfinden, weil uns jetzt der Wohlgeruch des heiligen Geistes umfängt. Was auf der Erde könnte ihm gleich sein! – Du sagtest, es wäre ringsum warm wie in einem Badehause. Nun aber sieh hin: weder auf dir, noch auf mir schmilzt der Schnee, desgleichen nicht um uns. So ist denn diese Wärme nicht in der Luft, sondern in uns selber. Es ist eben jene Wärme, von der der heilige Geist uns mit den Worten des Gebets zum Herrn schreien läßt: ›Mit der Wärme Deines heiligen Geistes erwärme mich!‹ Die von Ihm Durchgluteten fürchten den Winterfrost nicht, da sie wie in warme Pelze in die gnadenreichen Gewänder gehüllt sind, die der heilige Geist webt. So muß es auch in der Tat sein, denn die Gnade Gottes muß in uns wohnen, in unserem Herzen, denn der Herr hat gesagt: Das Reich Gottes ist inwendig in euch! Mit dem Reich Gottes hat er die Gnade des heiligen Geistes gemeint. . . .

Aufgezeichnet von dem Bezirksrichter Nikolai Alexandrowitsch Motowilow

WIE ER DEN MINNIGLICHEN NAMEN JESU AUF SEIN HERZ ZEICHNETE

In denselben Zeiten wurde ein unmäßiges Feuer in seine Seele gesandt, das sein Herz in göttlicher Liebe ganz inbrünstig machte.

Eines Tages, als er es in sich fühlte und göttliche Liebe in ihm aufloderte, da ging er in seine Zelle an seine heimliche Liebesstätte und kam in eine liebliche Betrachtung und sprach: »Ach, zarter Gott, könnte ich doch irgendein Liebeszeichen erdenken, das ein ewiges Liebeszeichen zwischen mir und dir und eine Urkunde wäre dafür, daß ich dein und du meines Herzens ewige Liebe bist, eine Urkunde, die kein Vergessen jemals mehr vertilgen könnte!«

In dieser inbrünstigen Glut warf er vorne sein Schulterkleid zurück, entblößte seine Brust und nahm einen Griffel in die Hand, sah sein Herz an und sprach: »Ach, gewaltiger Gott, nun gib mir heute Kraft und Macht, mein Verlangen zu vollbringen; denn du mußt heute in den Grund meines Herzens geschmolzen werden.« Und er fing an, stach mit dem Griffel in das Fleisch über dem Herzen und stach so hin und her und auf und ab, bis er den Namen JHS recht auf sein Herz gezeichnet hatte. Von den scharfen Stichen floß das Blut reichlich aus dem Fleische und rann über den Leib hinab in die Brust. Das war im Feuer der Liebe eine so liebliche Augenweide, daß er der Schmerzen nicht viel achtete.

Als er dies getan, ging er so versehrt und blutig aus der Zelle auf die Kanzel unter den Gekreuzigten und kniete nieder und sprach: »Ei ja, mein Herr und meines Herzens einzige Liebe, nun schau her auf meines Herzens große Begierde! Herr, ich kann und kann dich nicht tiefer in mich drücken; o weh, Herr, ich bitte dich, daß du dich nun tiefer in den Grund meines Herzens drückest und deinen heiligen Namen also in mich zeichnest, daß du niemals mehr aus meinem Herzen scheidest.«

So liebeswund ging er lange Zeit, bis er, ich weiß nicht wie lange danach, genas; und der Name JHS blieb gerade auf dem Herzen stehen, so wie er begehrt hatte; die Buchstaben waren wohl so breit wie die Breite eines glatten Halmes und so lang wie ein Glied des kleinen Fingers. Er trug den Namen so auf seinem Herzen bis an seinen Tod, und so oft sich das Herz bewegte, so oft ward der Name bewegt. Im Anfang war er gar wohl zu sehen. Er trug ihn aber so heimlich, daß ihn nie ein Mensch sah; außer einem seiner Freunde, dem zeigte er ihn in frommer Vertrautheit.

Wenn dann später etwas Widerwärtiges an ihn kam, sah er nur

das minnigliche Liebeszeichen an, und die Widerwärtigkeit wurde ihm desto leichter. Seine Seele sprach manchmal in einem Liebeskosen: »Herr, sieh, die Liebenden dieser Welt zeichnen ihre Liebe auf ihr Gewand; ach, mein Lieb, so hab' ich dich in das frische Blut meines Herzens gezeichnet.«

EINE ANTWORT AUF DIE FRAGE, WO GOTT UND WIE GOTT IST

Die gute Tochter sprach: »Herr, ich habe nun wohl empfunden, daß Gott ist; aber wo Gott ist, das wüßte ich noch gerne.« Er sprach: »Das sollst du hören!

»Die Meister sagen, Gott habe kein Wo, er sei All im All. Nun tu die inneren Ohren, die Ohren deiner Seele auf und höre scharf zu? Dieselben Meister sagen in der Kunst Logica*, man komme manchmal durch den Namen auch zur Erkenntnis eines Dinges. So sagt der Lehrer, daß der Name »Sein« der erste Name Gottes sei. Zu diesem Sein, in seiner lauteren Einfalt, wende deine Augen und laß dies und das Teilsein fallen! Nimm nur Sein an sich, das unvermischt sei mit Nichtsein; denn wie Nichtsein alles Sein leugnet, so leugnet auch Sein in sich alles Nichtsein. Ein Ding, das noch werden soll oder gewesen ist, ist jetzt nicht in seidener Gegenwärtigkeit. Nun kann man aber vermischtes Sein oder Nichtsein wohl nicht anders erkennen als durch eine Betrachtung des Allseins. Dies ist nicht ein zerteiltes Sein von dieser oder jener Kreatur; denn das Teilsein ist ganz vermischt mit etwas Anderheit, das ist einer Möglichkeit, noch etwas in sich aufzunehmen. Darum muß das namenlose göttliche Sein in sich ein Allsein heißen, das alle zerteilten Sein durch seine Gegenwart erhält.

»Es ist eine wunderliche Blindheit menschlicher Vernunft, daß sie das nicht zu prüfen vermag, ohne welches sie doch nichts erkennen oder sehen kann. Darum sagt ein weiser Meister, das Auge unserer Erkenntnis in seiner Schwachheit verhalte sich zum dem Sein, das an sich am allererkennbarsten ist, wie die Augen einer Fledermaus zu dem klaren Lichte der Sonne; denn das viele verteilte Sein verwirrt und blendet den Verstand, so daß er die göttliche Finsternis nicht sehen kann, die doch an sich die allerlichteste Klarheit ist.

* Wissenschaft.

»Nun tu deine inneren Augen auf und betrachte, wenn du kannst, dies Sein in seiner einfachen Lauterkeit; und du wirst bald sehen, daß es von niemand ist und kein Vor und kein Nach hat, auch weder von innen noch von außen wandelbar, sondern ein einfaches Sein ist; auch erkennst du, daß es das Allerwirklichste, das Allergegenwärtigste, das Allervollkommenste ist, indem nicht Gebrechen noch Anderheit bestehen, das vielmehr ein einziges Eins in einfacher Nacktheit ist. Und diese Wahrheit steht so klar in jeder erleuchteten Vernunft, daß sie nichts anderes zu denken vermag; denn eins beweist und bringt das andere hervor. Weil dieses Sein also einfach ist, muß es notwendig auch das Erste sein und von niemand sein und ewig sein; und weil es das Erste ist und ewig ist und einfach, deshalb muß es das Gegenwärtigste sein. Es thront in der allerhöchsten Vollkommenheit und Einfachheit, wo nichts hinzu oder hinweggenommen werden kann.

»Kannst du das verstehen, was ich dir von der bloßen Gottheit gesagt habe, so wirst du damit auch in das unbegreifliche Licht der göttlichen verborgenen Wahrheit tief versenkt. Dies einfache, lautere Sein ist die erste, oberste Ursache aller verursachten Wesen, und durch seine allem innewohnende Gegenwärtigkeit umschließt es alle zeitliche Gewordenheit als ein Anfang und ein Ende aller Dinge. Es ist allzumal in allen Dingen und ist allzumal außerhalb aller Dinge. Darum sagt ein Meister: Gott ist wie ein Kreis, dessen Mittelpunkt allenthalben und dessen Umfang nirgends ist.«

Die Tochter sprach: »Gelobt sei Gott! Ich werde, soweit ich folgen konnte, belehrt, daß Gott ist und wo Gott ist. Nun wüßte ich gerne auch, wie er dreifaltig sein kann und doch dabei so ganz einfaltig ist.«

Er hub also wieder an und sprach: »Jedes Wesen ist desto mannigfaltiger in seiner vermögenden Kraft, je einfaltiger es an sich ist; was nichts hat, das gibt nichts, was viel hat, vermag viel zu geben. Nun wurde vorhin von dem einfließenden und überfließenden Gut gesprochen, das Gott in sich ist, und dessen abgründige, übernatürliche Güte ihn dazu drängt, daß er diese nicht allein behalten, sondern auch frei in und außer sich zuteilen will. Das oberste Gut muß notwendig auch die höchste und die edelste Entgießung seiner selbst haben; und die kann nicht anders sein, als in einer Gegenwärtigkeit und innerlich, substanzlich, persönlich, natürlich und ungezwungen notwendig, auch endlos und vollkommen. Alle anderen Entgießungen, die in der Zeit oder in der Kreatur geschehen, sind nur ein Abglanz jener ewigen Entgießung der unergründlichen göttlichen Güte. Auch sagen die Meister, mit dem

Ausfluß der Kreatur aus dem ersten Ursprung biege das Ende kreisförmig wieder in den Anfang ein; denn wie das Ausfließen der Personen aus Gott Form und Vorbild des Ursprungs der Kreatur ist, also ist es auch ein Vorspiel des Wiedereinfließens der Kreatur in Gott.

Nun beachte den Unterschied zwischen der Entgießung der Kreatur und der Gottes: Da die Kreatur ein zerteiltes Sein ist, so ist auch ihr Geben und Entgießen geteilt und gemessen. Der menschliche Vater gibt seinem Sohn in der Geburt einen Teil des eignen Seins, aber durchaus nicht das, was er ist, weil er ja selbst nur ein geteiltes Gut ist. Da nun feststeht, daß die göttliche Entgießung, entsprechend der Größe des Gutes, das Gott selbst ist, und weil er ja alles andere Gut grenzenlos übertrifft, auch desto inniger und edler sein muß, so folgt notwendig, daß diese Entgießung auch dem Wesen gleich sein muß und also nicht ohne Entgießung seines Wesens in persönlicher Eigenschaft geschehen kann.

Kannst du nun mit einem geläuterten Auge hineinblicken und die lauterste Güte dieses obersten Gutes schauen, die in ihrem Wesen ein gegenwärtiger, wirkender Anfang ist, sich selbst natürlich und willig zu lieben, so siehst du die überschwengliche, übernatürliche Entgießung des Wortes aus dem Vater, von dessen Gebären und Sprechen alle Dinge hervorgesprochen und gegeben werden; auch siehst du, daß in dem obersten Gute und in der höchsten Entgossenheit notwendig die göttliche Dreifaltigkeit, Vater, Sohn und Heiliger Geist, entspringt. Und da die höchste Entgossenheit sich aus dem obersten seienden Gute drängt, so muß in der ausströmenden Dreifaltigkeit auch die alleroberste und edelste Mitseinsheit, die höchste Gleichheit und Selbstheit des Seins bestehen, das die Personen in innebleibender Ausgegossenheit mit ungeteilter Substanz, ungeteilter Allmacht der drei Personen in der Gottheit haben.«

Die Tochter sprach: »Waffen, ich schwimme in der Gottheit wie ein Adler in der Luft!«

Er sprach: »Aber von der Entgossenheit des Geistes ist zu wissen, daß die Substanz der göttlichen Vernunft Erkenntnis ist, und diese muß entsprechend der Form, die in der Vernunft empfangen ward, auch Neigung zu ihrem Ziel und Ende haben. Diese Neigung ist Wille, und dessen Begehren ist Lust suchen nach dem Besten. Nun bedenke auch, daß die Vorstellung des Geliebten in dem Liebenden nicht der Form der Natur gleich ist, wohl aber die Vorstellung der Vernunft im Lichte der Erkenntnis. Da also jenes Wort durch die Ausgießung des Vaters in die

Form der Natur und mit persönlichem Unterschied entströmt, so heißt seine Entgießung aus dem Vater eine Geburt; weil aber dieses Hervorgehen nicht so ist beim Ausfließen des Willens und der Liebe, woraus die dritte Person, die nach dem Strome der Liebe sowohl dem Vater wie auch dem Ausdruck und Abbild seines innersten Abgrundes entquillt, darum kann diese dritte Person auch weder Sohn noch geboren heißen. Und da die Liebe vernünftig oder geistig ist, und im Willen als innere Neigung oder inneres Liebesband besteht, zwischen dem Liebenden und dem, was er liebt, darum gehört zur dritten Person der Ursprung, der durch die Weise der Liebe aus dem Willen kommt und Geist heißt.

Hier wird der Mensch von dem göttlichen Lichte überstrahlt und umgebildet in verborgener Liebesfülle, die niemand begreifen kann, er habe sie denn selbst empfunden.«

Die Tochter sprach: »Ach Herr, wie ist dies eine so überschwengliche christliche Lehre! Aber man findet etliche vernünftige Menschen, die leugnen das alles, was hier von Gott gesagt ist, und halten dafür, daß dem, der zum Höchsten gelangen will, Gott eine böse Scheidewand sei; so einer müsse entgottet werden, er müsse auch entgeistet sein, alle Gesichte zurückstoßen und sich allein zur einleuchtenden Wahrheit, die er selber ist, hinkehren.«

Er sprach: »Diese Worte sind falsch in der Bedeutung, die man ihnen gewöhnlich beilegt. Darum gib dich mit ihnen nicht ab und höre, was christliche Wahrheit davon hält! Dem gemeinen Manne ist Gott ein Herr der ganzen Welt, der keine Bosheit ungebüßt und kein gutes Werk ungelohnt hingehen läßt. Dem, der nun Sünde tut, ist Gott ein furchtbarer Gott, wie der gute Hiob sprach: Ich habe Gott alle Zeit gefürchtet wie die Schiffsleute die großen Wellen. Auch wer auf großen Lohn hoffend Gott dient, hat einen großen Gott, der ihm großherzig lohnen kann. Aber dem wohlgeübten, vergeistigten Menschen, der sich von sündhaften Dingen, die Gott haßt, durch mannigfaltiges Sterben losgerungen hat und Gott aus inbrünstiger Liebe allzeit dient, dem ist Gott in seinem Herzen nicht der Gott, wie ihn jene andern auffassen, er ist ihm wohl entgottet; er faßt ihn als ein herzliches, lieberfülltes Lieb, und die knechtische Furcht ist abgefallen, wie Paulus sagt. Also bleibt dem gottinnigen Menschen Gott warhaft ein Gott und Herr, und er ist sein doch auch wieder ledig in jener groben Fassung, weil er ein höheres erfaßt hat.

Wie aber der Mensch entgeistet werden soll, darüber laß dich noch belehren! Wenn ein Mensch in seinem Anfang zu merken beginnt, daß er eine Kreatur aus Leib und Seele, und daß der Leib sterblich, aber die Seele ein ewiger Geist ist, so gibt er dem Leibe und all seiner tierischen Sinnlichkeit Urlaub, hält sich an den Geist und macht den Leib dem Geiste untertänig; auch ist dann all sein Wirken nach innen gerichtet und ein einziges Trachten nach dem überirdischen Geiste, wie er den finden, wie er den ergreifen und seinen Geist mit diesem Geiste vereinen könne. Und solche Menschen heißen geistige, heilige Menschen. Wenn ein Mensch dabei nun zutiefst erfaßt wird, sich auch lange Zeit darin geübt hat und dann der über allem Sein schwebende Geist vor ihm spielt und doch den greifenden Händen entgeht, so beginnt der kreatürliche Geist sein eigenes Unvermögen einzusehen und, seinem Selbst entsinkend, sich bis auf den Grund der Seele der ewigen, göttlichen Kraft zu überlassen, sich vom Selbst zu ihr hinzukehren und das eigene Sein neben des obersten Seins Unermeßlichkeit zu verachten. Mit diesem Versinken in Gott kommt aber auch der Geist irgendwie dahin, sich zu vergessen und zu verlieren. In diesem Sinne sprach Paulus: »Ich lebe, nicht mehr ich«, und Christus sprach: »Selig sind die Armen des Geistes.« Also bleibt der Geist seiner Wesenheit nach und wird doch entgeistet in seiner Eigenschaft als Träger des selbstischen Sein.«

Heinrich Seuse

VON DES MENSCHEN AUFERWECKUNG VON DEN TOTEN UND SEINEM EINTRITT INS EWIGE LEBEN

Wenn der Körper seine Verrichtungen in der natürlichen Welt, die den Gedanken und Neigungen seines Geistes entsprechen, nicht mehr versehen kann, so sagt man, der Mensch sterbe. Dies geschieht, wenn die Atemzüge der Lunge und die Pulsschläge des Herzens aufhören. Gleichwohl jedoch stirbt der Mensch nicht, sondern wird bloß von dem Körperlichen getrennt, das ihm in der Welt zum Gebrauch gedient hatte; der Mensch selbst lebt. Ich sagte, der Mensch selbst lebe, weil der Mensch nicht Mensch ist durch den Körper, sondern durch den Geist, da es ja der Geist ist, der im Menschen denkt und das Denken nebst der Neigung den Menschen ausmacht.

Der Geist des Menschen bleibt nach der Lostrennung noch eine Zeitlang im Körper, jedoch nicht länger als bis zum völligen Stillstehen des Herzens, was mit Verschiedenheit geschieht, je nach dem Zustand der Krankheit, an welcher der Mensch stirbt. Denn die Bewegung des Herzens hält bei einigen lange und bei anderen nicht lange an. Sobald diese Bewegung aufhört, wird der Mensch auferweckt; dies geschieht aber allein vom Herrn. Unter der Auferweckung wird verstanden die Herausführung des Menschengeistes aus dem Körper und seine Einführung in die geistige Welt, welche gemeinhin die Auferstehung genannt wird.

Wie die Auferstehung vor sich gehe, ist mir nicht bloß gesagt, sondern auch durch lebendige Erfahrung gezeigt worden; die Erfahrung selbst geschah an mir, damit ich vollkommen wissen möchte, wie es damit zugeht.

VISION VOM ZUSTAND NACH DEM TODE

Ich ward in einen Zustand der Empfindungslosigkeit in Rücksicht der körperlichen Sinne, somit beinahe in den Zustand der Sterbenden gebracht, während jedoch das inwendige Leben samt dem Denken unversehrt blieb, damit ich wahrnehmen und im Gedächtnis behalten möchte, was vorging und was denen geschieht, die von den Toten auferweckt werden. Ich nahm wahr, daß das Atmen des Körpers beinahe weggenommen war, während das inwendige Atmen, das das des Geistes ist, zurückblieb, verbunden mit einem schwachen und leisen des Körpers.

Zuerst ward nun eine Gemeinschaft in bezug auf den Herzschlag mit dem himmlichen Reich eröffnet, weil dieses Reich dem Herzen des Menschen entspricht. Es erschienen auch Engel aus demselben: einige in der Ferne und zwei nahe bei dem Haupt.

Die Mitteilung ihrer Gedanken geschah dadurch, daß sie mir ins Angesicht sahen; denn so geschehen im Himmel die Mitteilungen der Gedanken. Weil mir das Denken und Empfinden gelassen war, und zwar zu dem Ende, daß ich wissen und behalten möchte, wie die Auferwekkung geschieht, so ward ich inne, daß jene Engel zuerst forschten, wohin mein Denken gehe, und daß sie mein Gemüt in diesen Gedanken festhalten wollten. Nachher wurde mir gesagt, daß der Geist des Menschen beim Verscheiden des Körpers so lange in seinem letzten Gedanken festgehalten wird, bis er zu den Gedanken zurückkehrt, die aus derjenigen Neigung hervorgehen, welche in der Welt die allgemeine oder herrschende bei ihm gewesen war.

Die Engel suchten dann mit größter Sorgfalt zu bewirken, daß von dem Auferweckten keine andere Vorstellung ausgehe, als die nach der Liebe schmeckt; dann sagen sie ihm, daß er ein Geist sei. Die geistigen Engel leisten, nachdem ihm der Genuß des Lichtes gegeben worden, dem neuen Geist alle Dienste, die er in diesem Zustand irgend wünschen mag, und unterrichten ihn über die Dinge, die im anderen Leben sind, soweit er es nämlich fassen kann. Ist er aber nicht von der Art, daß er unterrichtet werden will, so sehnt sich der Auferweckte aus dieser Gesellschaft dieser Engel hinweg; gleichwohl jedoch verlassen nicht die Engel ihn, sondern er trennt sich von ihnen. Denn die Engel lieben einen jeden und wünschen nichts sehnlicher als Dienste zu leisten, zu unterrichten und in den Himmel zu erheben; darin besteht ihr größtes Vergnügen. Trennt sich nun der Geist auf diese Weise, so wird er von guten Geistern aufgenommen, und wenn er in ihrer Gemeinschaft ist, so werden ihm auch alle Dienste geleistet. Ist aber sein Leben in der Welt so beschaffen gewesen, daß er in der Gesellschaft der Guten nicht sein konnte, so sehnt er sich auch von diesen weg, und dies so lange und so oft, bis er sich solchen beigesellt, die mit seinem in der Welt geführten Leben völlig übereinstimmen; bei diesen findet er sein Leben und führt dann, merkwürdigerweise, das gleiche Leben wie in der Welt.

Ich sprach mit einigen am dritten Tage nach ihrem Hinscheiden; mit dreien auch, die ich in der Welt gekannt hatte, und diesen erzählte ich, daß man nun eben zu ihrem Leichenbegängnis Anstalten träfe, damit ihr Körper begraben werde. Ich hatte den Ausdruck gebraucht: ›damit sie begraben würden‹. Da sie dies hörten, befiel sie einiges Staunen; sie sagten, sie leben ja, das aber möge man beerdigen, was ihnen in der Welt gedient hatte. Nachher wunderten sie sich sehr, daß sie, solange sie im Körper lebten, nicht an ein solches Leben nach dem Tode geglaubt hatten, und besonders darüber, daß innerhalb der Kirche beinahe alle in solchem Unglauben sind.

Die, welche in der Welt an gar kein Leben der Seele nach dem Tod des Körpers geglaubt hatten, sind, wenn sie bemerken, daß sie leben, sehr beschämt; allein diejenigen, die sich hierin bestärkt hatten, werden zu gleichen gesellt und von denen, die im Glauben waren, getrennt. Meistens werden sie an eine höllische Gesellschaft gekettet, weil solche ebenfalls das Göttliche geleugnet und die Wahrheiten der Kirche verachtet hatten, denn inwieweit jemand sich wider das ewige Leben seiner Seele bestärkt, insoweit bestärkt er sich auch wider die Dinge des Himmels.

VISION DER SCHAREN AUS DEN VIER HIMMELSGEGENDEN

Einst ward ich eines Engels ansichtig, der unter dem östlichen Himmel schwebte und eine Trompete in der Hand und an den Mund hielt, und sie gegen Mitternacht, gegen Abend und gegen Mittag hin ertönen ließ. Er war mit einem griechischen Oberkleid, das vom Fluge rückwärts floß, angetan und mit einer Binde umgürtet, die wie von Karfunkeln und Saphiren flammte und leuchtete; er schwebte abwärts und ließ sich langsam wieder auf den Boden, der für mich Festland war. Wie er den Boden berührte, stand er auf den Füßen, und ging da und dorthin, und lenkte sodann, als er mich bemerkte, seine Schritte auf mich zu.

Ich war im Geist, und in diesem stand ich auf einem Hügel in der Mittagsgegend, und als er herangekommen war, redete ich ihn an und fragte: »Was geht jetzt vor? Ich hörte das Schmettern deiner Trompete und sah dein Herabkommen durch die Luft.« Der Engel gab zur Antwort: »Ich bin abgesandt, die berühmtesten Gelehrten, die scharfsinnigsten Genies und die hervorragendsten Weisen, die sich aus den Reichen der Christenheit auf diesem Festland befinden, zusammenzurufen, damit sie auf dem Hügel, auf dem du stehst, zusammenkommen und offenherzig angeben möchten, welche Vorstellungen, Begriffe und Überzeugungen sie in der Welt von der himmlichen Freude und von der ewigen Seligkeit gehabt haben. Der Grund meiner Sendung war der, daß einige Neuangekommene aus der Welt, die in unseren himmlichen Verein, der im Osten ist, eingelassen worden, berichten, daß in der ganzen Christenheit auch nicht einer wisse, was die himmlische Freude und die ewige Seligkeit und somit, was der Himmel sei.«

Darüber waren meine Brüder und Genossen sehr verwundert und sagten zu mir: »Steige hinab und rufe und entbiete die Weisesten in der Geisterwelt, in welche alle Sterbliche nach ihrem Austritt aus der natürlichen Welt zuerst versammelt werden, zusammen, damit wir aus dem Munde mehrerer gewiß werden, ob es Wahrheit ist, daß ein solches Dunkel oder eine solche finstere Unwissenheit in Betreff des ewigen Lebens bei den Christen waltet.« –

»Warte noch ein wenig«, setzte er hinzu, »und du wirst Scharen von Weisen hier anlangen sehen; der Herr wird für sie ein Versammlungshaus bereiten.« Ich wartete zu, und siehe, nach einer halben Stunde sah ich zwei Scharen von Mitternacht, zwei von Abend und zwei von Mittag her, und so wie sie kamen, wurden sie von dem Engel mit der Trompete in das bereitete Haus eingeführt und nahmen hier die nach den Himmelsgegenden für sie bestimmten Plätze ein. Es waren sechs Haufen oder Scharen, ein siebenter war von Morgen, und dieser ward vor Lichtglanz von den übrigen nicht gesehen.

Nachdem sie versammelt waren, eröffnete der Engel den Grund der Zusammenberufung und bat, die Scharen möchten der Reihe nach ihre Weisheit kundgeben, betreffend die himmliche Freude und die ewige Seligkeit. Und nun schloß jede Schar einen Kreis, die Gesichter den Gesichtern zugewandt, damit sie diese Gabe aus den in der vorigen Welt gefaßten Vorstellungen zurückrufen und sodann näher betrachten, das näher Betrachtete aber, nachdem sie sich darüber beraten, vortragen möchten.

Nach der Beratung sagte die erste Schar, die von Mitternacht her war: »Die himmlische Freude und die ewige Seligkeit sind eins mit dem Leben des Himmels selbst, weshalb jeder, der in den Himmel eintrifft, seinem Leben nach in dessen Festlichkeiten eintritt, nicht anders als wie der, der zu einer Hochzeit eintritt. Ist nicht der Himmel vor unseren Augen über uns, somit an einem Ort, und hier und sonst nirgends und sind Genüsse über Genüsse und Wonnen über Wonnen. In diese wird der Mensch versetzt, allem Gefühl seines Gemütes und allem Empfinden seines Körpers nach, infolge der Freudenfülle jenes Ortes, mit seiner Versetzung in den Himmel. Die himmliche Seligkeit, welche auch die ewige ist, ist daher nichts anderes als die Einlassung in den Himmel, und zwar eine Einlassung aus göttlicher Gnade.«

Nachdem sie dies gesagt, gab die zweite Schar von Mitternacht aus ihrer Weisheit folgendes Bedenken hervor: »Die himmlische Freude und die ewige Seligkeit sind nichts anderes als das fröhlichste Zusammenleben mit den Engeln und die angenehmsten Unterhaltungen mit ihnen, wovon die Gesichter immerfort im Ausdruck der Fröhlichkeit und aller Mund im beständigen Wonnelächeln über die süßen und witzigen Reden gehalten wird. Was sind die himmlischen Freuden anderes als Variationen solcher Dinge in Ewigkeit fort?«

Die dritte Schar, die die erste von den Weisen aus der Abendgegend war, gab aus den Gedanken ihrer Neigungen folgendes hervor: »Was sind die himmlische Freude und die ewige Seligkeit anderes als das Zutischesitzen mit Abraham, Isaak und Jakob, an deren Tafeln sich leckere und köstliche Speisen und vortreffliche, edle Weine finden werden, und nach dem Mahl Spiele und Tänze, von Jungfrauen und Jünglingen nach Symphonien und Flötensolos aufgeführt, und zwischenhinein Gesänge der lieblichsten Lieder, und endlich gegen Abend wird Theater sein, und nach diesem wieder Gastmahle, und so jeden Tag in Ewigkeit fort.«

Nachdem sie dies ausgesprochen, gab die vierte Schar, die die zweite von der Abendgegend her war, ihre Ansicht kund und sagte: »Wir hatten mehrerlei Vorstellungen von der himmlischen Freude und von der ewigen Seligkeit gehegt und die mancherlei Freuden miteinander verglichen, und sind dann zu dem Schluß gekommen, daß die himmlischen Freuden die Paradiesesfreuden sind. Was ist der Himmel anderes als das Paradies, das sich von Osten nach Westen und von Süden nach Norden ausdehnt, und in dem Fruchtbäume und liebliche Blumen stehen, und in deren Mitte der herrliche Baum des Lebens, rings um welchen die stets wieder verjüngten Seelen notwendig täglich neue Freuden ein- und ausatmen?«

Die fünfte Schar, die die erste der Genies aus der mittäglichen Gegend war, sprach sich folgendermaßen aus: »Die himmlischen Freuden und die ewige Seligkeit sind nichts anderes als überwiegende Herrschermacht und hochaufgesammelte Schätze, und daraus überkönigliche Pracht und überherrlicher Glanz. Daß die Freuden des Himmels und der fortwährende Genuß derselben, welcher die ewige Seligkeit ist, dies seien, haben wir an denen in der vorigen Welt, die dergleichen erlangt hatten, und dann auch daraus ersehen, daß die Seligen im Himmel mit dem Herrn herrschen werden und Könige und Fürsten sein sollen, weil sie die Söhne dessen sind, welcher der König der Könige und der Herr der Herren ist, und daß sie sitzen werden auf Thronen, und die Engel ihnen dienen sollen. Die Pracht des Himmels aber ersahen wir aus dem, daß das neue Jerusalem, unter welchem die Herrlichkeit des Himmels beschrieben wird, Tore haben soll, deren jedes eine Perle sein werde, und Straßen aus gediegenem Gold, und eine Mauer auf Edelsteine gegründet, und daß folglich jeder, der in den Himmel aufgenommen ist, seinen von Gold und Kostbarkeiten schimmernden Hof haben und die Herrschaft der Reihe nach von dem einen auf den anderen übergehen werde.«

Nach dieser erhob die sechste Schar, welche die zweite aus der

Mittagsgegend war, ihre Stimme, und sprach: »Die Freude des Himmels und seine ewige Seligkeit ist nichts anderes als eine immerwährende Verherrlichung Gottes, ein ewig fortdauerndes Fest, und der seligste Gottesdienst mit Gesang und Jubel, und so eine beständige Erhebung des Herzens zu Gott, mit der völligen Zuversicht der Annahme ihrer Gebete und Lobpreisungen für die göttliche Mildtätigkeit in ihrer Beseligung. Einige aus dieser Schar setzten noch hinzu, jene Verherrlichung werde geschehen bei prächtigen Kerzen, und bei den wohlriechendsten Räucherungen und unter feierlichen Prozessionen.«

Die siebente Schar, vor Lichtglanz den übrigen nicht sichtbar, war aus dem Osten des Himmels; sie waren Engel aus derselben Gesellschaft, aus der der Engel mit der Trompete war. Diese hatten, nachdem sie in ihrem Himmel vernommen, daß auch nicht einer in der Christenheit wisse, was die Freude des Himmels und die ewige Seligkeit sei, zueinander gesagt: »Dieses ist keineswegs Wahrheit, eine so große Finsternis und ein solcher Stumpfsinn kann nicht in den Gemütern der Christenheit sein; auch wollen wir hinabsteigen und hören, ob es Wahrheit ist, und wenn es Wahrheit ist, so ist es etwas Ungeheures.« Diese Engel sagten nun zu dem Engel mit der Trompete: »Du weißt, daß jeder Mensch, der sich nach dem Himmel gesehnt und unter den Freuden desselben sich etwas Bestimmtes gedacht hat, nach dem Tod in die Freuden seiner Phantasie eingeführt wird; dies geschieht den meisten in der Geisterwelt, welche im vorigen Leben über den Himmel nachgedacht und über die Freuden daselbst etwas bei sich ausgemacht hatten, bis sie sich danach sehnten.«

Nachdem er dies gehört, sagte der Engel mit der Trompete zu den sechs Scharen, die aus den Weisen in der Christenheit zusammenberufen waren: »Folget mir! Und ich will euch in eure Freuden, somit in den Himmel, einführen.«

Emanuel Swedenborg

BESCHREIBUNG EINER VISION

Ich sah neben mir, gegen meine linke Seite zu, einen Engel in leiblicher Gestalt. In dieser Weise sehe ich sie wunderselten. Obgleich mir oft Engel erscheinen, so geschieht dies doch gewöhnlich, ohne daß ich sie sehe. Hier aber wollte der Herr, daß ich den Engel in leiblicher

Gestalt sehen sollte. Er war nicht groß, sondern klein, und sehr schön. Sein Angesicht war so entflammt, daß er mir als einer der erhabensten Engel vorkam, die ganz in Flammen zu stehen scheinen. Es müssen dies diejenigen sein, die man Cherubim nennt. Sie sagen mir zwar ihre Namen nicht; aber ich sehe gut, daß im Himmel zwischen den einen und den anderen ein unaussprechlicher Unterschied ist. In den Händen des mir erschienen Engels sah ich einen langen goldenen Wurfpfeil, und an der Spitze des Eisens schien mir ein wenig Feuer zu sein. Es kam mir vor, als durchbohre er mit dem Pfeile einigemale mein Herz bis aufs Innerste. Und wenn er ihn wieder herauszog, so war es mir, als zöge er diesen innersten Herzteil mit heraus. Endlich verließ er mich ganz entzündet von feuriger Liebe zu Gott. Der Schmerz dieser Verwundung war so groß, daß er mir die erwähnten Klageseufzer auspreßte; aber auch die Wonne, welche dieser ungemeine Schmerz verursachte, war so überschwenglich, daß ich unmöglich von ihm frei zu werden verlangen, noch mit etwas Geringerem mich begnügen konnte, als mit Gott. Es ist dies kein körperlicher, sondern ein geistiger Schmerz, wiewohl auch der Leib, und zwar nicht wenig, an demselben teilnimmt. Der Liebesverkehr, welcher nunmehr zwischen der Seele und Gott stattfindet, ist so süß, daß ich zur Güte des Herrn flehe, er wolle ihn dem zu kosten geben, der etwa meint, ich lüge hierin.

Solange dieser Zustand andauerte, ging ich umher, als wäre ich außer mir. Ich hätte weder sehen noch reden, sondern nur in meine Pein mich versenken mögen, die eine größere Glorie für mich war, als in allem Geschaffenen zu finden ist.

Oft, wenn die Seele so in sich selbst entzündet ist, fühlt sie bei einem ganz flüchtigen Gedanken an das Säumen des Todes, oder beim Anhören eines Wortes, welches sie daran erinnert, von anderswoher kommend einen Stich, oder so etwas, wie einen feurigen Pfeil, der sie durchdringt, ohne daß sie wüßte, woher oder wie derselbe kommt. Ich sage nicht, daß es in Wirklichkeit ein Pfeil ist; mag es aber was immer sein, das sieht man klar, daß es nicht von unserer Natur herkommen kann. Ebensowenig ist es ein eigentlicher Stich, wiewohl ich es so nenne; aber es verwundet scharf, jedoch nach meinem Dafürhalten nicht da, wo man sonst die Schmerzen fühlt, sondern im tiefsten und innersten Grunde der Seele, wo dieser schnell vorübergehende Blitzstrahl alles zu Asche verbrennt, was er Irdisches von unserer Natur vorfindet. Solange nämlich der Zustand, in den hier die Seele versetzt wird, andauert, ist es unmöglich, daß sie sich an etwas erinnere, was ihr eigenes

Wesen betrifft; den in einem Augenblicke werden ihre Vermögen derart gebunden, daß sie keine Freiheit zu irgend etwas mehr haben, außer nur zu dem, was den Schmerz der Seele vermehrt.

Ich möchte nicht den Anschein erwecken, als übertreibe ich; denn ich sehe wahrhaftig, daß ich noch zu wenig sage. Dieser Zustand kann unmöglich genügend geschildert werden. Es ist eine Verzückung, die, wie gesagt, die Sinne und Vermögen zu allem, was nicht dazu dient, die Pein desselben zu fühlen, untauglich macht; denn der Verstand bleibt dabei ganz wach, um zu erkennen, wie billig die Seele ihr Fernsein von Gott empfindet. Dazu kommt noch, daß Gott selbst dazu hilft, indem er der Seele gerade in dieser Zeit eine so lebendige Erkenntnis seines Wesens verleiht, daß ihre Qual einen Grad erreicht, in welchem sie laut aufschreien muß. Anders kann sie hier nicht, obschon sie sonst große Schmerzen mit Geduld zu leiden gewohnt ist; denn diese Pein empfindet sie nicht am Leibe, sondern, wie gesagt, in ihrem Innersten.

Obwohl dieser Zustand nicht lange dauert, so wird doch der Körper ganz verrenkt davon, und der Puls schlägt während dieser Zeit so schwach, als wenn die Seele schon zu Gott hinscheiden wollte, was durchaus nicht zuviel gesagt ist. Denn die natürliche Wärme des Leibes nimmt ab, wogegen die Seele von jener andern Hitze so verzehrt wird, daß nur ein klein wenig noch fehlt, und ihr Verlangen nach dem Genusse Gottes würde erfüllt sein. Dabei empfindet sie jedoch am Leibe gar keinen Schmerz, obwohl derselbe, wie gesagt, so verrenkt wird, daß er nachher drei bis vier Tage lang große Schmerzen leidet und nicht einmal zum Schreiben Kraft hat, und er meines Erachtens auch ferner schwächer bleibt, als er vorher gewesen. Diese Unempfindlichkeit mag daher kommen, weil der innere Schmerz der Seele so groß ist, daß dieselbe äußere Schmerzen gar nicht achtet. Empfinden wir ja auch sonst, wenn wir an irgend einem Teil des Leibes einen recht heftigen Schmerz leiden, die anderen Schmerzen, so viele ihrer auch sein mögen, wenig, wie ich selbst dies wohl erfahren habe. In dem Zustande aber, worin hier die Rede ist, fühlt der Leib gar keinen Schmerz, ja ich glaube, er würde es nicht einmal empfinden, wenn er auch in Stücke zerrissen würde.

Teresa a Jesu

Zuweilen geschieht es, daß man urplötzlich eine hastige Bewegung der Seele merkt, und der Geist mit einer solchen Schnelligkeit dahingerissen zu werden scheint, daß man, besonders am Anfange, von großer Furcht befallen wird. Darum habe ich Euch gesagt, diejenigen, welchen unser Herr solche Gnaden erweist, bedürften eines großen Mutes, und ich füge hier bei, daß ihnen auch ein großer Glaube, großes Vertrauen und eine entschiedene Hingabe in den Willen Gottes nötig ist, damit er mit der Seele tue, was ihm beliebt. Oder meint ihr, es sei ein geringer Schrecken, wenn man ganz bei Sinnen ist und sieht, wie die Sele, und nachdem, was wir von einigen lesen, mit ihr auch der Leib entrückt wird, ohne zu wissen, wie, von wem und wohin? Denn im ersten Augenblicke dieser Bewegung ist man noch nicht so gewiß, ob sie von Gott ist. Aber gibt es hier denn kein Mittel, um widerstehen zu können? In keiner Weise! Im Gegenteile wird es, wie ich von einer gewissen Person weiß, durch Widerstand nur ärger. Es scheint, Gott wolle hier der Seele zu erkennen geben, daß sie, nachdem sie sich so oft und ernstlich seinen Händen übergeben und mit so ganzem Willen sich ihm vollkommen zum Opfer gebracht, fortan keine Macht mehr über sich habe; sie wird, wenn sie sich zu widersetzen versucht, nur in merklich gewaltsamerer Bewegung entrückt. Darum hat sich jene Person auch vorgenommen, gleich dem Strohhalme, den, wie Ihr vielleicht schon gesehen habt, der Bernstein an sich zieht, nicht mehr zu widerstehen, sondern sich den Händen dessen zu überlassen, der so mächtig ist; denn sie sah ein, das beste sei hier, aus der Not eine Tugend zu machen. Und weil ich eben des Strohhalmes Erwähnung getan, so versichere ich euch: mit der nämlichen Leichtigkeit, mit welcher ein großer, starker Mann einen Strohhalm aufhebt, entrückt dieser große und mächtige Riese den Geist.

Die Entrückung des Geistes geschieht in einer Weise, daß es wahrhaftig den Anschein hat, der Geist scheide vom Leibe; und doch ist es anderseits gewiß, daß die Person nicht tot ist. Indessen kann sie wenigstens für einige Augenblicke selbst nicht sagen, ob die Seele im Leibe ist, oder außer dem Leibe. Ist sie aber wieder zu sich gekommen, so meint sie in einem ganz anderen Lande gewesen zu sein, als in dem wir leben. Das Licht, welches sich ihr dort zeigte, ist von dem irdischen so verschieden, daß sie sich davon, wie von anderen Dingen, die sie geschaut, unmöglich eine Vorstellung machen könnte, wenn sie auch ihr ganzes Leben lang sich abmühete.

Teresa a Jesu

NICHTCHRISTLICHE RELIGIONEN

VORBEMERKUNG

Dem christlichen Leser, der jeweils mit der eigenen Konfession vertraut sein sollte, stellen wir in Stichworten nichtchristliche Religionen vor, die mit ihren Gebeten und Glaubensbekenntnissen in diesem Band vertreten sind.

Heute dürfte es auch einem großen Leserkreis willkommen sein, Einblick in die fremden Kulturen jener Völker zu gewinnen, die in den letzten Jahren ihre Unabhängigkeit erlangt haben oder noch darum kämpfen.

Aber vor allem soll ein Rückblick auf die alten, teils schon untergegangenen Kulturen und Religionen zum Verständnis heutiger religiöser Anschauungen beitragen.

Die 4,7 Milliarden Menschen, die heute die Erde bevölkern, verteilen sich – laut Statistik – auf folgende Religionen:

Christentum	850 Millionen
Chinesische Volksreligionen	700 Millionen
Islam	190 Millionen
Hinduismus	480 Millionen
Buddhismus (ohne Chinesen)	220 Millionen
Primitive Naturreligionen	86 Millionen
Shintoismus	38 Millionen
Judentum	13 Millionen
Zarathustrische Religion	0,6 Millionen

Diese Zahlen sind natürlich unverbindlich, da die Ergebnisse der einzelnen Volkszählungen und das statistische Material oft unzuverlässig sind. So liegen beispielsweise bei Naturvölkern widersprechende Angaben vor. Besonders in Ostasien sind die Berechnungen schwierig, denn dort ist das Bekenntnis zu gleichzeitig zwei Religionen möglich. So sind viele Japaner Shintoisten und gleichzeitig überzeugte Buddhisten.

Über 700 Millionen Menschen sind Anhänger von Sekten und sonstigen kleineren Religionsgemeinschaften, oder sie sind religiös indifferent, beziehungsweise ohne Glauben. Trotz aller Vorbehalte geben die genannten Zahlen die ungefähre relative Verbreitung der verschiedenen Religionen wieder.

Die Griechen nannten jenes Land Ägypten (abgeleitet aus Het-ka-Ptah, das ›Haus des Ka des Ptah‹, d. i. Memphis), das die alten Bewohner *Kemet* (das heißt die schwarze, vom Nilschlamm bedeckte Erde) hießen. Dieses Land, scharf unterschieden von der üblichen ›roten Wüstenerde‹, umfaßt ein Gebiet von 1000 km Länge und nur 15 km Kulturbodenbreite. Nur dieses alljährlich vom Nil mit neuem Mutterboden gedüngte Land war fruchtbar, denn die Monsunregen schwemmten gewaltige Massen frischer Erde aus dem abessinischen Hochland heran.

Dieses fruchtbare Land bestand aus Oberägypten (dem Niltal) und Unterägypten (dem Nildelta). Über dreißig Dynastien regierten das Land; das *Alte Reich* umfaßte die erste bis achte Dynastie (3000–2242 v. Chr.) während in der *Spätzeit* die einundzwanzigste bis dreißigste Dynastie regierte (1085–341 v. Chr.).

Als besondere Kennzeichen der ägyptischen Kultur sind die gewaltigen Grabdenkmäler anzusehen, die während der sogenannten *Pyramidenzeit* (2770–2270) errichtet wurden. Hier sind vor allem *Cheops, Chephren* und *Mykerinos,* die berühmten Weltwunder von *Gise* (Gizeh) bei Kairo zu nennen.

Nachdem 30 v. Chr. Ägypten römische Provinz wurde, konnte das *Christentum* langsam die alte ägyptische Religion verdrängen. Allerdings dauerte dieser Prozeß noch mehrere Jahrhunderte. Erst *Justinian* (525–565 n. Chr.) bereitete dem Eselskult in Philä ein Ende.

Im Jahre 641 verdrängten die Araber die byzantinische Herrschaft und Ägypten wurde *islamisch.*

Im Pantheon der ägyptischen Götter treten vor allem *Osiris, Isis* und ihr Sohn *Horus* hervor. Der Kult dieser Triade eroberte nicht nur das Nilland, sondern auch das gesamte Mittelmeergebiet. In zahlreichen Tempeln wurden diese drei Gottheiten verehrt. Auch in den hellenistischen Mysterienreligionen spielt dieser Kult eine hervorragende Rolle.

Der Mythos basiert auf folgender Überlieferung: Osiris (das positive Lichtprinzip) wurde von seinem bösen Bruder *Seth* (Typhon, der Zerstörer) in einem Sarg eingesperrt und ins Meer gestürzt. Verzweifelt irrte Isis, die Schwester und Gattin des Osiris umher, bis sie schließlich den Sarg in Byblos, beim heutigen Beirut fand und ihn versteckte. Isis, die bereits den Horus geboren hatte, konnte jedoch nicht verhindern, daß Seth sich erneut des Körpers des Osiris bemächtigte und ihn zerstückelte. Nun gelang es Isis mit Hilfe von Horus und

Anubis den Körper wieder zusammenzusetzen und ihn lebendig zu machen. Der herangewachsene Horus bekämpfte bald siegreich den bösen Seth.

Nach dem durch Vermittlung der Erdgottes geschlossenen Frieden gelang es jedoch Horus, Seth endgültig zu besiegen und aus Ägypten zu verdrängen. Osiris übernahm das Amt des Herrschers der Unterwelt. Dieses Amt des Lichtgottes war um so wichtiger, als zahllose Sargtexte und Papyrusrollen von dem Weiterleben der Toten im Jenseits berichten und wie sie mit Hilfe von Osiris böse Kräfte und Dämonen abwehren können, um ›verklärt‹ das ewige Leben zu erreichen.

Der Himmel galt bei den Ägyptern als weiblich, die Erde hingegen als männlich. Alles Leben entstand aus dem uranfänglichen Ozean des Chaos *(Nun)*, aus dem auch die ganze Schöpfung hervorging. Übereinstimmend bekunden Pyramidentexte, daß der Himmel als ein Ozean angesehen wurde, auf dem Sonne, Mond und Gestirne in Schiffen umherfahren. Das nächtliche Untertauchen und morgendliche Wiedererscheinen des Sonnengottes wußte man dadurch zu erklären, daß man sich einen nächtlichen Fluß unter der Erde vorstellte, auf welchem der Lichtgott die Unterwelt durchreiste.

In den verschiedenen ägyptischen Kulten kann man immer wieder pantheistische und theistische Strömungen als vorherrschend feststellen. So bezeichnet der ›Shabaka-Text‹, aus der ersten Hälfte des 3. Jahrtausends bereits den Gott *Petah* als Urheber aller Götter, Wesen und Dinge. In einem Hymnus auf *Amon-Rê* (um 1450) wird dieser Gott als der Einzig-Eine, der Alleinschaffer und Vater aller Götter und Könige gepriesen. Aber erst der König Amenophis IV., der sich selbst den Namen *Echnaton* gab (1372—1355 v. Chr.) lehrte den echten unverbildeten *Monotheismus. Aton*, versinnbildlicht durch die Sonnenscheibe, war für ihn der alleinige Gott, dessen ›Lichtstrahlen Hände waren, die das Herz anrührten‹ (siehe den berühmten vom König selbst gedichteten *Sonnen-Hymnus* unter »Ägypten«).

Der hervorragende Jenseits-Kult war nicht nur charakterisiert durch die Einbalsamierung der Toten, die Seelenwanderung, sondern vor allem auch durch die im Vergleich zu anderen Traditionen am weitesten ausgebildete Tiersymbolik. Manche Tiere wurden zum Beispiel als Entsprechungen höherer und höchster Fähigkeiten angesehen; so war der *Apis-Stier* in *Memphis* mit der fruchtbaren Kraft der Erde begabt, der *Widder* in *Mendes* entsprach gewissen astralen Mächten, auch das Krokodil, die Katze oder der Falke, der Pavian, Schlangen galten als göttliche Wesen oder als Inkarnationen von Himmelskräften und wurden deshalb nach dem Tode einbalsamiert und mit höchsten Ehren begraben. Auch wurden oft die Götter als Tiere oder mit Tierköpfen versehen dargestellt: Der *Sonnengott* als Käfer, *Thot*, der Gott des Mondes und der Gelehrsamkeit, mit dem Kopf eines Ibis, *Rê* mit dem eines Sperbers, *Anubis*, der Totengott, mit dem eines Schakals, die Göttin *Bastet* mit dem einer Katze. –

Große Verehrung genoss auch die *Sphinx;* dieses löwenartige Fabelwesen mit Menschenkopf sollte ursprünglich ein Abbild des Pharao Chephren sein, wurde aber bereits zur Zeit des Neuen Reiches als göttlicher ›Horus im Lichtberge‹ (griech. Harmachis) angebetet.

ALTAMERIKANISCHE KULTURRELIGIONEN

Bedeutende Hochkulturen entwickelten die *Inkas* in *Peru – Bolivien*, die *Tolteken* und *Azteken* in *Mexico*, die *Mayas* in *Guatemala* und *Yukatan*, die *Tschiotsches* in *Kolumbien*.

Der Name der Azteken geht auf ihre mystische Urheimat *Aztlan* zurück; ihre Militärmonarchie breitete sich im 14. Jahrhundert n. Chr. auf dem Hochland von Mexico aus. Das Reich der Azteken war dem Untergang geweiht, als die Spanier im Jahre 1521 *Tenochtitlan* (sprich Tenotschtitlan) – heute Ciudad de Mexico – eroberten. Bereits früher hatten hier auf diesem Gebiet die *Tolteken* ein mächtiges Reich geschaffen, so daß die Azteken ein bedeutendes kulturelles Erbe antreten konnten. Besonders ihre Kosmologie und mathematisch hochentwikkelte Chronologie war toltekisch beeinflußt. Die Erdscheibe dachte man sich schwimmend in einem riesigen Urmeer, ferner mit neun Unterwelten versehen und mit neun oder auch dreizehn Überhimmeln.

Die Azteken glaubten an zahllose Götter, Halbgötter, gute und böse Dämonen, Natur- und Ahnengeister, und demgemäß waren auch die Kultbräuche sehr vielfältig.

Tonacatecutli (›Herr unsres Fleisches‹) regierte im obersten der Himmel mit seiner Gattin; sie sind die hohen Lebensgötter, denn sie bereiten den Kinderseelen den Weg in den Mutterleib.

Vor allem wurden *Quetztlcouatl* (sprich Ketsalkouatl), ›die Schlange mit den Federn des Kuedzalvogels‹ oder einfach ›Federschlange‹, in großen Tempeln mit sorgfältig ausgedachten Priesterritualen verehrt. Nach aztekischer Überlieferung verwandelte er sich in den Windgott und

Gott des Nachthimmels, der als alter Mann sein Volk verließ und nach Osten ging, zu seiner Urheimat, sich verbrannte und dann wie ein Phönix neu erstand als Morgenstern am Himmel.

Jene Verheißung nun, daß der Gott seinem Volk die Wiederkunft in einer fernen Zeit versprochen hatte, beschwor den tragischen Irrtum, dem ein ganzes Volk erliegen sollte: Da Quetzalcouatl ein bärtiger Mann mit weißer Hautfarbe gewesen sein sollte, empfingen die Azteken den spanischen Eroberer Cortez als ihren wiedergekommenen Gott mit großer Freude und Verehrung. Zu spät erkannten sie, daß der fremde Ankömmling kein Gott und Friedensfürst war, sondern Krieg und Tod über ihr Land brachte.

Der Nationalgott der Azteken war *Huitzilopochtli* (sprich Huitsilopotschtli). Als furchtbarer Kriegsgott war er von der Erdgöttin durch einen vom Himmel gefallenen Daunenball empfangen und kam bewaffnet aus ihr hervor. Um der Kraft des Gottes teilhaftig zu werden, wurde bei einem Fest im Dezember eine Riesenstatue des Huitzilopochtli aus Honig, Mehl und Kinderblut aufgestellt, die der König und seine Beamten zerstückelte und dann verspeiste.

Überhaupt war das Leben der Azteken durch zahlreiche Riten und Feiern streng eingeteilt; durch Gebete, Hymnen, Fasten, Keuschheit und andere asketische Zucht glaubte man, die Gunst der Götter zu erlangen, bzw. die Feindschaft und Mißgunst der Dämonen und ›schlechten‹ Götter abzuwehren.

In den heiligen Kultstätten sogenannter ›Götterstädte‹ brachte man auch periodisch Menschenopfer dar. So wurde zum Beispiel in dem Ort *Teotihuacan*, auf der Plattform einer oben abgestuften Pyramide (aztekisch *teocalli*) den von vier Männern gehaltenen Kriegsgefangenen vom Priester mit einem Obsidian-Messer das Herz herausgeschnitten. Dieser entsetzliche Kult diente dazu, dem Sonnengott *Tonatiuh* neue Energie zu geben. Durch ein solches Opfer sollte der Gott für seinen ununterbrochenen Sonnenlauf gekräftigt werden, damit die Welt nicht in Nacht und ewige Finsternis stürze. Aus diesem Grunde wurden auch ununterbrochen ›heilige Kriege‹ unternommen und zuweilen sollen angeblich tausende Kriegsgefangene auf einmal bei ›Götterfesten‹ getötet worden sein.

Bedeutend friedfertiger als die Azteken waren die *Mayas*, die in Südmexico, Yukatan, Guatemala und Teilen von El Salvador und Honduras lebten. Bereits 445 bis 890 n. Chr. haben sie riesige Prachtbauten in Copán, Palenque, Tikal und Uaxactun errichtet. Nach einer gewaltigen Massenauswanderung nach Yukatan konnte sich das neue Reich nur noch bis zum Jahre 1437 halten; nach diesem Zeitpunkt entstanden nur noch wenige größere Bauten.

Die Mayas lebten in Frieden und für schöne Künste. Sie räumten ihren Kriegern nicht, wie die Azteken, nach dem Tode einen Ehrenplatz im Jenseits ein. Ihr Pantheon war hierarchisch geordnet: Obenan stand der selbst nicht handelnde Hochgott *Hunahpu* (Hunabku), der den tiefen Tatwillen dem Sonnengott und Kulturheros *Itzamna* übertrug.

Kuqulkan brachte als ›Federschlange‹ der Menschheit und der Welt den ›Segen der Fruchtbarkeit‹, aber er wirkte auch als Ordner des Kalenders und Begründer der Wissenschaft.

Ferner wurden verschiedenen Göttern der Sterne, des Erdbebens, des Bodenbaus, des Regens vielfältige Opfergaben dargebracht, vor allem Früchte, Blumen, Hunde und Truthähne.

Wie bei den Azteken kannten auch die Mayas rangmäßig gestufte Priesterschulen. In den Tempelbezirken huldigte man dem sakralen Ballspiel, was durchaus zum Kultus gehörte. Angehörige der Adelsklasse, aber auch andere sportbegeisterte Jünglinge versinnbildlichten mit dem oft recht schweren Durchschießen des Balles durch Steinringe an den Seitenmauern den Lauf der Gestirne. Vor allem wurde der freie Lauf des Sonnenballs dargestellt.

Neben den *Tschibtschas* (Chibchas), die vom Nicaragua-See bis nach Ecuador angesiedelt waren, sind vor allem die *Inka-Peruaner* zu nennen, die eine außerordentliche Hochkultur errichtet hatten.

Im Jahre 1532, zur Zeit der Eroberung durch die Spanier erstreckte sich das Reich über ungeheure Länderstrecken vom nördlichen Chile bis zum südlichen Columbien, insgesamt über 37 Breitengrade.

Die Inkas (auch ›Eyllu‹ genannt) hatten ein bedeutendes Kulturgut von dem Volk der *Aimara* oder *Cola* übernehmen können, die bereits zwischen 500 und 1000 n. Chr. großartige Zeugnisse ihrer Entwicklung in der gewaltigen Tempelstadt *Tiahuanaco* hinterlassen hatten.

Die Inkas verschmolzen die einheimischen Kulte zu einer Staatsreligion und führten als Reichssprache das Ketschua (wiss. Quechua) ein. Sie verehrten vor allem *Viotchara* als »Herrn der Herren«, den Erschaffer des Himmels und der Erde und brachten ihm in zahlreichen großen Tempelbauten rituelle Verehrung dar.

BABYLONISCH-ASSYRISCHE RELIGION

Babylonien erhielt seinen Namen von der Stadt Babylon (aus Bab-ilani = Tor der Götter); diese war lange Zeit hindurch das kulturelle Zentrum eines großen Gebietes. Das Alluvial-Band der Flüsse Euphrat und Tigris erstreckt sich von der Stelle, wo sie sich zuerst nahekommen, bis zum Persischen Golf.

Das südliche Gebiet hieß *›Sumer‹* (richtig: Shumer), das nördliche nach seiner Hauptstadt *›Akkad‹*. Die alte Hauptstadt der Assyrer war Assur und lag am rechten Ufer des Tigris. Geographisch wird der gesamte babylonisch-assyrische Raum *Mesopotamien* genannt. Die uns in Keilschrift überlieferten religiösen Texte sind äußerst vielfältig; sie bieten Gebete, Buß-Psalme, Zaubersprüche, Hymnen, Schriften über Vorzeichenkunde, Sprichwörterweisheit, mythologische Epen und Märchen dar.

Von den epischen Stücken sind besonders bedeutsam die von *»Gilgamesch«* und *»Ishtars Höllenfahrt«*.

Die babylonische Religion lehrt zwar einen *Polytheismus,* jedoch konnte zweifellos der einzelne Gläubige damals aus der Vielzahl der Götter einen besonderen erwählen, dem er seine höchste Gottesverehrung darbrachte. Das babylonische Pantheon wurde angeführt durch die Dreiheit: Anu, Enlil, Ea.

Anu (sumerisch An) war der Gott des Himmels. Sein Haupttempel stand in Uruk.

Enlil, dessen Stadt Nippur hieß, beherrschte als ›Herr des Windes‹ den Äther.

Ea (sumerisch En-ki) beherrschte als ›Herr der Tiefe‹ Meer, Fluß und Regen; er wurde besonders in Eridu verehrt.

Sin, Schamasch und Ischtar stellen eine weitere göttliche Triade dar.

Sin (sumerisch En-zu) regiert als ›Herr der Weisheit‹ den Mond, während *Schamasch* (sumerisch Uru oder Babbar, der Glänzende) der Sonnengott ist, der in Sippar als ›Gott der Gerechtigkeit‹ sein Heiligtum besaß.

Ishtar gewann als Göttin eine umfassende Verehrung; sie beschützte als Morgenstern den Kampf und als Abendstern die Liebe und hatte ihre Tempel in Ninive, Assur und Babylon.

Im syrisch-phönizischen Raum huldigte man ihr als Astarte während die Griechen sie unter dem Namen Aphrodite verehrten.

Aus der großen Anzahl weiterer Götter sei hier noch *Assur* hervorgehoben, dem die Assyrer als Gott der Stadt gleichen Namens huldigten. Diesem Nationalgott Assur stand *Schulmanu* als Kriegsgott zur Seite.

Als Hauptgott Babylons galt zeitweise *Marduk,* der als Gott der Morgensonne und der Vegetation die anderen Götter an Kraft und Einfluß weit überragte.

Ein sehr beliebter Vegetationsgott war auch *Tammuz,* dessen Kult in ganz Vorderasien sich verbreitete.

Der *Kultus* entsprach dem kosmogonischen Weltbild; so wurden die Götter in Tempeln verehrt, die oft Riesenausmaße hatten; sie sollten ein Abbild der Welt darstellen und die drei Haupträume versinnbildlichen, das Wasserreich, die Erde und den Himmel. Neben einem großen Tempel errichtete man den Stufenturm *(Zikkurrat).* Jedes der fünf oder sieben Stockwerke entsprach einem der fünf Planeten oder der sieben Himmelsleuchter (Sonne, Mond, Wandelsterne). Diese Zikkurrats waren durchaus heilig und stellten die Verbindung der Götter mit dem Menschen dar, also die Brücke zwischen Himmel und Erde. Bei großen Festen stieg hier der Gott zur Erde herab, erhörte die Anrufungen und Gebete der Gläubigen und stieg dann später wieder zum Himmel hinauf. Diese Tempel waren mit vielen kostbaren Götterbildern geschmückt und oft von kolossaler Größe, siehe die biblische Geschichte vom Turm zu Babel (1. Mos. 11,4).

Der Religionskultus stand schon um 3000 v. Chr. in großer Blüte, und als um 2000 *Hammurabi* die Babylonier unter seiner Herrschaft einigte und Babylon zur Hauptstadt machte, wurde der Tempelbau noch weiter gefördert. Um mit dem jeweiligen Gott in segensreiche Verbindung zu kommen, sprach man am Tage oftmals Gebete, Buß-Psalme und Hymnen, verbrannte dabei wohlriechende Kräuter (Zedernholz, Zypresse, Sandel). Auch versuchte man die Götter durch Opfer gnädig zu stimmen und brachte Wein, Milch, Früchte, Honig, aber auch getötete Rinder, Schafe, seltene Vögel und anderes dar.

Das Neujahrsfest im Frühling wurde mit besonderer Prachtentfaltung gefeiert; Prozessionen durchzogen die Stadt, in denen hochragende Götterbilder getragen wurden. Beachtenswert ist, daß bei diesem Fest bereits eine Art Mysterienspiele stattfanden; es wurden die Ereignisse der Weltschöpfung dramatisch dargestellt – mit einer Sinndeutung der planetarischen Kräfte und Gottheiten. Aber auch eine Reihe anderer heiliger Tage wurde mit oft mehrtägigen Festen gefeiert, die durch einen kultischen Kalender genau eingeteilt waren.

Der Buddhismus (indisch: Buddha-dharma) gründet sich auf die Lehre des vor 2500 Jahren lebenden Buddha, d. h. der ›Erwachte‹, der ›Erleuchtete‹. Diese historische Gestalt, oft auch *Gautama* oder *Shakyasinka* (Löwe aus dem Geschlecht der Shakyas) war nicht der einzige ›Erleuchtete‹, also nicht der einzige ›Buddha‹.

Nach sehr alter Überlieferung sollen bereits vor Erscheinen des wahren Urhebers der Lehre andere Buddhas auf der Welt erschienen sein. In dieser Auffassung liegt sozusagen ein Ewigkeits-Anspruch der Buddhisten; sie meinen, daß ihre Universalreligion schon immer bestand *und daß auch immer wieder neue Buddhas die ›heilige Lehre‹* verkünden.

Buddhas Leben ist von zahlreichen Legenden umrankt; er soll um ungefähr 560 v. Chr. als Sohn des Königs *Shuddhodana* und seiner Gattin *Maya* in Kapilavastu im Himalaya zur Welt gekommen sein. Er wurde zunächst *Siddhartha* (der sein Ziel erreicht hat) genannt und erst nach gewonnener Erleuchtung bezeichnen ihn die buddhistischen Schriften meist als *›Bodhisattva‹* (für die Erleuchtung bestimmtes Wesen, zukünftiger Buddha). Die Empfängnis seiner Mutter geschah auf übernatürliche Weise; sein Vater hatte hieran keinen Anteil: Der Sohn ging in Gestalt eines weißen Elefanten in ihren Schoß ein. (»Elefant« hat hier die Bedeutung der übernatürlichen Kraft.)

Bei der Geburt des Knaben strahlte sonnenhelles Licht über die gesamte Welt und verkündete so seine Göttlichkeit. Der Knabe wurde von jeder Berührung mit der Außenwelt ferngehalten und wuchs in großem Luxus auf. Später als Jüngling verheiratete er sich bald und seine Gattin gebar ihm einen Sohn *Rahula*.

Nun weiß die Legende zu berichten, daß gerade am Tag der Geburt seines Sohnes der Prinz das Schloß verließ und zwar aus folgenden Gründen: Bei vier Ausfahrten waren ihm Gottheiten in Gestalt eines Greises, eines Toten, eines Kranken und eines Asketen erschienen, und er hatte so mit dem Leid des Daseins Berührung gefunden. Er begann nun das Leben eines die Lande durchstreifenden Pilgers.

Nachdem Gautama die Askese mit strengsten Kasteiungen geprüft hatte, kam er doch zu dem Schluß, daß die Selbstpeinigung ihn nicht zum Ziel der Erlösung führen könne. Nun gab er sich mit ganzer Kraft den tiefsten Versenkungsübungen hin und erlangte nach vielen Jahren in einer ›Sternnacht‹ unter einem Feigenbaum die Erleuchtung. Hier hatte ihn noch der Teufel *Mara* heimgesucht, dem es aber nicht gelang, ihn vom ›Pfad der Wahrheit‹ fortzulocken.

Nachdem er als Neunundzwanzigjähriger sein heimatliches Schloß verlassen hatte war es ihm innerhalb von sieben Jahren gelungen, zum Buddha, d. h. zum ›Erwachten‹, zu werden.

Jetzt pilgerte er nach *Sarnath* bei Dinares und setzte dort das ›Rad der Lehre‹ in Bewegung. Hier gelang es ihm durch seine gewaltigen Predigten viele Anhänger zu gewinnen und zwar auch fünf Asketen, die ihn früher wegen seiner ›Flucht vor der Selbstkasteiung‹ arg kritisiert hatten. Diese fünf Asketen wurden die ersten Mönche des von ihm gestifteten Ordens *(Sangha).*

Viele Jahrzehnte noch – bis zu seinem achtzigsten Lebensjahr – wanderte Buddha durch große Teile Nordindiens und gewann dem ›guten Gesetz‹ *(sad-dharma)* immer neue Anhänger. Er starb in *Kushnagara.*

Hören wir diesen kurzen Bericht über sein Ende: Unter zwei in voller Blüte stehenden Salabäumen, obschon nicht die Zeit der Blüte war, unter diesen zwei Zwillingsstämmen legte sich Buddha, von seinem Jünger Ananda geleitet, nieder, und Blüten fielen auf ihn herab, vom Himmel kam ein Blumenregen, und droben ertönten himmlische Weisen; die letzten Worte an seine Jünger waren:

»Die Lehre, die Ordnung, die ich euch gelehrt und verkündet, die ist euer Meister, wenn ich hingegangen bin – vergänglich ist alles, was da geworden ist, ringet ohne Unterlaß!«

Da erhob sich sein Geist durch alle Stufen der Entzückung in das Nirwana. – Die Erde erbebte, der Donner rollte. Vor den Toren der Stadt gegen Sonnenaufgang haben die Adligen von Kushnagara den Leib des Größten ihres Volkes mit den höchsten, nur den Königen erwiesenen Ehren verbrannt.

Buddha sagt von sich: »Der Allüberwinder, der Allumfassende bin ich, in allem, was ich bin, ohne Flecken. Die Welt habe ich verlassen ohne Begehren. Bin ich ein Erlöster? Aus eigener Kraft besitze ich die Erkenntnis, wen sollte ich meinen Meister nennen? Ich habe keinen Lehrer, niemand ist mir zu vergleichen. In der Welt samt dem Himmel ist niemand, der mir gleich sei. Ich bin der Heilige in der Welt, ich bin der höchste Meister. Ich allein bin der vollendete Buddha; die Flammen sind in mir erloschen, ich habe das Nirwana erreicht.«

Der Gott Brahma sprach, als der Heilige in das Nirwana einging:

»In den Welten die Wesen all legen einst ab die Leiblichkeit,

So wie jetzt Buddha, der Siegesfürst, der höchste Meister aller Welt,

Der Mächtige, Vollendete, zum Nirwana eingegangen ein. –«

Wird der wechselnde Strom, das Strömen der Sankhara, das Entstehen und Vergehen der Welten in Ewigkeit bleiben?

»Der Erhabene hat dies nicht offenbart. Weil es nicht zum Heile dient, weil es nicht zum frommen Wandel, zur Loslösung vom Irdischen, zur Vernichtung des Begehrens, zum Aufhören, zur Ruhe, zur Erkenntnis, zur Erleuchtung, zum Nirwana dient, deshalb hat der Erhabene es nicht offenbart.«

(Diese Zitate aus Daveda und Rigveda wurden dem »Buddha« von H. Oldenberg entnommen.)

Der Buddhismus breitete sich in Indien mehr und mehr aus, ohne indes den tief eingewurzelten Brahmanismus (Hinduismus) verdrängen zu können. In der Person des Kaisers *Ashoka,* der 272 bis 232 v. Chr. fast über ganz Indien regierte, fand die Religion des ›Erwachten‹ einen ungemein starken Förderer.

Dagegen entscheidend für die Geschichte der Religion muß man die neue Geistesrichtung ansehen, die in den Jahrhunderten um die Zeitwende als *›Mahayana‹* (das *›große Fahrzeug‹* ›zum Heil‹) dem einfachen nüchternen Buddhismus neue, starke Impulse gab. Die alte Richtung wurde zur Unterscheidung fortan *›Hinayana‹* (das *›kleine Fahrzeug‹*) genannt.

Der Mahayana-Buddhismus versuchte dem Volk ein neues, höheres Ideal nahezubringen; anstelle des weltentsagenden *Arhat* (Heiligen) setzte er die aktive Gestalt eines *Boddhisattva.*

Erst durch das Mahayana, das große Fahrzeug, wurde der Buddhismus zu einer Weltreligion und faßte auch außerhalb Indiens Fuß, so in Indonesien, dem heutigen Ostturkestan und China, wie auch in Korea und Japan. Vor allem waren es die feierlichen Riten und Zeremonien des ›großen Fahrzeugs‹, die die großen Volksmassen ansprachen.

Seit der Mitte des ersten Jahrtausends nach Christi bereitete sich endlich eine dritte Phase der buddhistischen Heilslehre vor, die sich dann unter dem Namen *›Mantrayana‹* oder *›Vadschrayana‹* (›Fahrzeug der Zaubersprüche‹ und *›Diamant-Fahrzeug‹*) einbürgerte.

Diese Lehre basierte zum großen Teil auch auf magischen Volkskulten und koordinierte uralte Weihehandlungen mit dem Kult von weiblichen Gottheiten und erotischen Riten. Diese Art Lehre entsprach nun keineswegs mehr der Urlehre des Buddha, sondern lehnte sich teilweise eng an die Überlieferung des hinduistischen *Tantrismus* und *Shaktismus* an. (Tantra = Geheimlehre und Shakti = hohe weibliche Gottheit, Gattin Vishnus).

Die Heiligen Schriften sind im sogenannten *Pali-Kanon* vertreten; diese Schriften sind dermaßen umfangreich, daß sie eine ganze Bibliothek darstellen. So umfangreich diese Bücher auch sind — sie sollen angeblich auch die authentischen Reden Buddhas enthalten, — so läßt sich doch die Heilslehre und Ethik auf fünf Gebote zurückführen. Da allem Entstehen und Wirken der Welten ein Moralgesetz innewohnt, muß der einzelne im praktischen Alltag sich diesen Geboten unterwerfen: nicht töten, nicht stehlen, nicht lügen, keine unerlaubten geschlechtlichen Beziehungen ausüben und keine berauschenden Getränke genießen.

Die Glieder des ›edlen achtfachen Pfades‹ öffnen den Weg zum Heil: 1. rechte Anschauung, 2. rechte Gesinnung, 3. rechtes Reden, 4. rechtes Handeln, 5. rechtes Leben, 6. rechtes Streben, 7. rechtes Überdenken und 8. rechtes Sichversenken.

Immer wieder wird in der buddhistischen Literatur auf die *Meditation,* die Kunst der Andacht und Versenkung hingewiesen, ohne die der ›edle achtfache Pfad‹ schwer oder gar nicht zu beschreiten ist.

Als unbedingter Grundbegriff der buddhistischen Religion muß die *Vergeltungskausalität* aller Taten angesehen werden *(karma).* Das ganze Weltall wird nicht, wie in den anderen gottgläubigen Religionen von einem Weltschöpfer und Weltenrichter erhalten oder zerstört, sondern es wird von einem *ewigen Gesetz* regiert. Der Buddhist glaubt also nicht an einen ewigen Gott, nimmt aber doch die Existenz von zahllosen vergänglichen karmisch-gewordenen Gottheiten wie Brahma, Vishnu usw. an. Allerdings sind es meist Laien, die diesen Göttern ihre Verehrung entgegenbringen, um in diesem Leben Sicherheit, irdische Güter, langes Leben usw. zu erhalten.

Im ursprünglichen Buddhismus belächelten die Mönche den Glauben an diese Gottheiten, da sie meinten, Buddha selbst stehe mit seiner ungeheuren Erkenntnis weit über den im Nichtwissen befangenen Göttern.

Im Mahayana und Vadschrayana wird bereits ein größerer ›Götterkult‹ vermieden, da hier hinduistische Bräuche weitgehend zur Geltung kamen.

Zum Schluß sei noch auf die *Wiederverkörperungslehre* hingewiesen. Der Buddhismus, der das Wesen einer unvergänglichen Gottheit bestreitet, bringt seinerseits das ewige Weltgesetz *(dharma)* zur Geltung, da alles Tun durch Wiedergeburten ›reguliert‹ wird. Ein schlechter Mensch schafft sich also durch schlechte Taten ein verhängnisvolles karma und muß im nächsten Leben die Folgen seines Tuns büßen. Es ist also stets das Gesetz von Ursache und Wirkung, das das immer wieder neu verkörperte Leben des einzelnen gestaltet, nach dem Wort: »Was du säst, wirst du ernten!«

Der Tod kann die materiellen und intellektuellen Bestandteile eines Menschen auflösen, aber nicht seinen durch das karma dauernd gespeisten ›Lebensstrom seiner Bewußtheit‹. Dieser wirkt kontinuierlich über den Tod hinaus und bewirkt die Grundlage für die Entstehung eines neuen Wesens, das, wie gesagt, in der neuen Erscheinungsform nur das ernten kann, wofür es im früheren Leben die Ursachen gesetzt hat. Die Endsumme alles Wirkens und Tuns bedeutet für den Buddhisten stets nur Leid und Leidenschaft. Wegen des schlechten karma leidet er aber nicht nur auf der Erde, sondern auch in verschiedenen ›Höllen‹ verbüßt er langfristige Strafen. Andererseits können seine guten Taten durch den Aufenthalt in einer hohen Götterwelt belohnt werden.

Je höher die stockwerkartig angeordneten Himmel liegen, desto vollkommener sind die Eigenschaften seiner Bewohner. Aber der Weise legt keinerlei Wert darauf, in einem dieser Götterhimmel zu verweilen, weil auch sie immer nur eine Zwischenstation bedeuten, nach der das ›leidvolle Leben‹ auf Erden wieder aufgenommen werden muß. Nur das endgültige Erreichen des *Nirwana* befreit von dem ›ewigen Kreislauf‹ der Wiedergeburt. Die Gelehrten im Westen haben diesen Begriff meist falsch gedeutet; sie behaupteten, daß es sich hier um ein endgültiges ›Verwehen‹, ›Verlöschen‹ handele, um das ›Untertauchen in das absolute Nichts‹; keine Deutung könnte falscher sein.

Bei dem *Nirwana* handelt es sich um einen ›Überzustand‹, der nichts mehr mit der empirischen Welt, der Welt der Erscheinungen zu tun hat, sondern um einen ›Zustand absoluter Kraft und Herrlichkeit, der in sich selbst völlig genügsam ist und nichts von außen braucht, um zu bestehen‹.

Alle, die diesen Zustand erlangten, bekundeten, daß er von einer unsagbaren überirdischen Seligkeit erfüllt ist.

Die chinesische Religion ist kosmisch ausgerichtet; der Mensch steht hier in inniger Beziehung mit dem gesamten Universum; nur wenn seine Beziehungen zur Erde wie auch zum Himmel harmonisch sind, ist die ›Ordnung der Dinge‹ gewährleistet.

Der chinesische Universalherrscher heißt der ›Himmelssohn‹ (Tiändsi), der in ältesten Zeiten auch den Namen ›Wang‹ führte.

Der reinste Ausdruck dieser Lehre wird im Tao gefunden (sprich dau; wörtlich Pfad, Bahn oder Weg). Hier offenbart sich das ewig wirkende Weltgesetz, ein ›sanftes‹ Gesetz, das still aber unüberwindlich in der gesamten Natur wie auch im Menschenherzen wirkt.

Mit diesem Gesetz kann man sich durch ›Ordnung im eigenen Leben‹ in derartige Übereinstimmung bringen, daß man von den großen richtunggebenden Kräften des Universums getragen und behütet wird.

Die kosmisch begründeten Religionsüberlieferungen reichen nachweisbar bis über 5000 Jahre zurück; erst um 500 v. Chr. traten zwei Richtungen besonders hervor; der *Konfuzionismus* und der *Taoismus*, die in den beiden Weisen *Konfuzius* (551–479 v. Chr.) und *Lao-tse* (angeblich 604–517 v. Chr.) ihre gegensätzlichen Begründer gefunden hatten.

Das chinesische Ursymbol wird in den beiden Kräften, dem lichten *›Yang‹* und dem dunklen *›Yin‹* dargestellt. Das uralte Zeichen hierfür wird *Tai-dji* genannt (d. h. Uranfang). Hier treten sich weiß- und dunkelblaue Kreishälften gegenüber. Ein dunkler Punkt in der weißen Kreishälfte und ein weißer Punkt in der dunklen versinnbildlicht, daß beide Urkräfte stets gleichzeitig vorhanden sind und sich immer wieder neu durchdringen.

Der Taoismus ist vom Buddhismus weitgehend beeinflußt worden, hat sich aber doch zu einer selbständigen Religion mit völlig eigenen Kultformen entwickelt. In einem weitverbreiteten Klosterwesen fand eine vielfältige Götterwelt Verehrung. Vor allen wirkt die ›Trinität der drei Reinen‹, nämlich *Pan-gu,* der Edelsteinkaiser, *Yühwang* (wiss. Yü-hung) und *Lao-tse.*

Die taoistische Kirche besteht seit dem 2. Jahrhundert n. Chr.; sie untersteht einem hohen Priester, dem sogenannten *Himmelsmeister,* der als irdischer Statthalter des ›Edelsteinkaisers‹, in den ›Drachen- und Tigerbergen‹ seine Residenz besitzt. Dieser Himmelsmeister ist auch Herr der Geister, die er mit vielfältigen magischen Praktiken bannt.

Das *Tao* war für die Chinesen bis zu dem großen Umschwung 1949 das höchste Prinzip, das Himmel, Erde und Menschheit durchdringt und den ganzen Verlauf des Werdens und Vergehens bestimmt. Der Mensch kann nur gut leben, wenn er sich dem Tao anpaßt, das heißt, wenn er in seinen sittlichen Bestrebungen die ›Grundgüte‹ in seinem Wesen manifestiert und sich der ›Unerschütterlichkeit‹ des kosmisch-sittlichen Weltgesetzes anpaßt. Er muß durch seine Lebensführung das menschliche Tao dem himmlischen Tao entsprechen lassen. Er darf deshalb nichts Gezwungenes und Unnatürliches in seinem Charakter haben, sondern soll von natürlicher Großmut und herzlicher Einfachheit sein.

Die ältesten Schriften der Chinesen werden als die ›Fünf *King*‹ bezeichnet; wir haben es hier mit *kanonischen Büchern* zu tun, in denen auch die wichtigsten Werke der konfuzianischen Schule vertreten sind.

Diese Schriften heißen:

1. *I-djing* (wiss. Yi-king), das *Buch der Wandlungen;* dieses Werk soll angeblich von dem Kaiser *Fu-chi* (wiss. Fu-hsi) 2950 v. Chr. verfaßt worden sein. Es handelt sich hier um ein Wahrsagebuch, das 64 durch Verbindung von ›starken‹ und ›schwachen‹ gebildete Diagramme enthält. Diese Zeichen und Symbole enthalten jeweils einen tiefen Sinn und können als ›Zukunftsorakel‹ in der erstaunlichen Vielfalt individueller Auslegungen von den Ratsuchenden befragt werden.

2. *Shi-djing* (wiss. Shi-king). Dieses *Buch der Lieder* enthält eine Sammlung von Gedichten aus dem 9. bis 6. Jahrhundert v. Chr. und gilt als das Hauptbuch der chinesischen Poesie.

3. *Shu-djing* (wiss. Shu-king), das *Buch der Urkunden;* hier liegt eine Sammlung von Regierungserlassen, teils politischen Verhaltungsregeln, lehrhaften Aussprüchen vor, die aus mythischer Zeit stammen sollen, von sogenannten ›Urkaisern‹. Die Wissenschaftler nehmen aber an, daß dieses Buch der Urkunden erst im 9. bis 7. Jahrhundert v. Chr. entstanden ist.

4. *Tschun-tjiu* (wiss. Ch'un-ts'iu) *Frühling und Herbst;* dieses Buch soll angeblich von Konfuzius herstammen und enthält eine Geschichte seines Heimatstaates Lu in den Jahren 722 bis 481 v. Chr.

5. *Li-dji* (wiss. Li-ki), *Buch der Riten;* dieses sehr wichtige Werk über religiöse Kulte wurde im 1. Jahrhundert n. Chr. bereits verbreitet.

Es seien hier einige Textproben aus den kanonischen Büchern wiedergegeben, die zeigen, daß es sich um eine bedeutende Morallehre handelt:

»Dinge haben ein Beginnen und ein Aufhören, Handlungen haben ein Ende und einen Anfang; der dies Erkennende, das Erste und das Letzte, nähert sich der Lehre. – Wünschten die Alten die leuchtende Tugend zu verherrlichen im ganzen Lande, begannen sie mit der guten Regierung ihrer Lehnsherrschaft; wünschten sie ihre Lehnsherrschaft gut zu regieren, begannen sie mit der Ordnung ihres Hauses; wünschten sie ihr Haus zu ordnen, begannen sie mit der eigenen Bildung; wünschten sie sich selbst zu bilden, begannen sie mit der Vervollkommnung ihres Herzens; wünschten sie ihr Herz zu vervollkommnen, begannen sie mit der Reinigung ihres Willens; wünschten sie ihren Willen zu reinigen, begannen sie mit der vollkommenen Ausbildung ihrer Erkenntniskraft; die vollkommene Ausbildung der Erkenntniskraft aber besteht in der Erforschung der Dinge. Von dem Himmelssohn bis zum gemeinen Volk ist dies das einzige für alle, die Wurzel, aus welcher die eigene Bildung entsteht; – daß die Wurzel in Unordnung, die Zweige aber in Ordnung seien, findet nicht statt. Das Wichtige gering und das Geringe wichtig zu achten, das geht nicht an. Von Beharrlichkeit durchdrungen, folgt Sicherheit; durch Sicherheit wird Ruhe möglich; Ruhe erzeugt Festigkeit; Festigkeit Besonnenheit, und durch Besonnenheit erreicht man sein Ziel.«

Die Chinesen haben in der Schule des Lao-tse und in den späteren aus Indien herübergekommenen Traditionen auch eine in Stufe und Form reich gegliederte Geisterwelt, die aber von gewinnsüchtigen Priestern besonders bei der großen Masse meist zu leerer Mantik und falschem spiritistischen Gaukelspiel benutzt wurde.

Die *Shing-ling:* Engel der Liebe, und *Shing-ming:* Engel des Lichts, dienen dem Yang-Prinzip, dem Positiven, während die *Ku-ei* und niederen Geister für das Yn-Prinzip, der negativen Kraft kämpfen.

Die Geisterwelt bildet den Ein- und Ausgang der Gottheit und die Grundlage für die physische Welt.

Aus diesem Geisterglauben bildete sich schon in uralter Zeit ein das ganze Leben der Chinesen durchdringender Ahnenkult heraus.

Die alten Religionslehren haben nach dem Jahr 1949 in China weitgehend ihre Gültigkeit verloren; nur die Überlieferungen und Weisheitsregeln usw. ließ man gelten, die irgendwie mit der neuen Staatsform in Übereinstimmung gebracht werden konnten oder sogar als vorauserfolgte ›Verkündigungen‹ derselben auszulegen waren. Neuerdings darf auch wieder das berühmteste literarische Werk des *Taoismus*, Lao-tse *›Tao-te-king‹* (sprich tau-dö-djing) verbreitet werden. Vielleicht kommen überhaupt die Werke der altchinesischen Literatur und Religionsweisheit wieder zur Geltung; es wäre jedenfalls bedauerlich, wenn im heutigen und zukünftigen China, diesem uralten Kulturvolk, jene herrlichen Schriften der Schüler des Lao-tse nicht mehr gelesen würden, wie: Das ›Wahre Buch vom quellenden Urgrund‹ des *Lieh-tse* (sprich Liä-dsi), der im 5. Jahrhundert v. Chr. gelebt haben soll, und das ›Wahre Buch vom südlichen Blütenland‹ des *Dschuang-dsi* (wiss. Chuang-tse) aus dem 4. bis 3. Jahrhundert v. Chr.

Viele Chinesen sind auch heute noch gleichzeitig Konfuzianer, Taoisten und Buddhisten.

GRIECHISCHE RELIGION

Die griechische Religion wird aus dem Glaubensquell einer vorgriechischen Bevölkerung (u. a. oft als Pelasger bezeichnet) gespeist. Auch die dem indogermanischen Sprachstamm zugehörigen Griechen, die *Ionier, Äoler* und *Dorer*, die zu Beginn des 2. Jahrtausends v. Chr. einwanderten, brachten bereits hochentwickelte religiöse Kultformen mit. Uralte Kultstätten und Heiligtümer fand man zum Beispiel auf Kreta in tiefen Höhlen und auf Bergen.

Vor allem war die *mykenische* Kultur (Mykene = Stadt im nordöstlichen Peloponnes) überaus reich an Kultformen, Riten und Mysterien; diese Kultur schuf zweifellos die Basis jener Mythologie, die uns die gewaltige homerische Dichtung offenbart.

Die ›olympische Götterwelt‹ tritt uns himmlisch, aber auch irdisch real in den Epen *Homers*, der *Ilias* und *Odyssee* entgegen, die im 8.–6. Jahrhundert v. Chr. abgeschlossen worden sein sollen.

Hesiod (um 700 v. Chr.) war es, der zuerst versucht hatte, das äußerst vielgestaltige und oft auch widerspruchsvolle Pantheon mit seinen wechselvollen Mythen und Kulten in ein genealogisches System zu bringen. Hatte Hesiod damit begonnen, eine ›olympische Religion‹ darzustellen, so waren es vor allem die großen Tragödiendichter *Aischylos, Sophokles* und *Euripides* im 5. Jahrhundert v. Chr., die in ihren Werken eine Vertiefung des Menschenbildes durch mythische Religiosität zu verwirklichen trachteten.

Mit der Zeit traten im hellenischen religiösen Denken zwei Spannungspole hervor; einerseits waren die gebildeten Schichten, aber auch Angehörige des Volkes begeistert von dem Ideal des maßvollen Lebens und der genauen Befolgung göttlicher Gebote (repräsentiert durch den Lichtgott *Apollon*, den Herrn des *delphischen Orakels)*, andererseits wieder waren es der aus Thrakien kommende *Dionysos-Kult* und die vom Geheimnis umwitterten *Demeter-Mysterien* in *Eleusis*, die eine starke Anziehungskraft ausübten.

Auch die sektenartige orphische Bewegung beeinflußte nicht nur viele Gläubige, sondern wirkte auch auf derart bedeutende Geister ein wie *Pythagoras* (580–496 v. Chr.) und *Platon* (427–347 v. Chr.)

Über den anderen griechischen Göttern steht der machtvolle Vater *Zeus*, der ›Blitzeschleuderer‹, von den Römern Jupiter genannt. Auf dem Berg Olymp hat er seinen Wohnsitz und ihm zu Ehren feierte man in Olympia die berühmten Spiele. Als Hüter der sittlichen Weltordnung wacht er darüber, daß Eide gehalten werden; er beschützt die, welche Recht tun und rächt furchtbar das verletzte Gastrecht. Er ist allwissend und sagt die Zukunft durch *Orakel* voraus.

Zeus, der herrschende Allgott, hat aber nicht immer regiert; er ist selbst durch Kampf zur Macht gekommen. In früheren Zeiten hatte *Uranos* (Himmel) die Herrschaft über die Welt besessen, der später dann von seinem Sohn Kronos angegriffen und entmannt wurde.

Zeus gelang es, seinen Vater Kronos zu entthronen, und er teilte dann die Macht mit seinen Brüdern *Poseidon*, dem Meeresgott, und *Hades*, dem Herrn der Unterwelt.

Seine Schwester *Hera* (lat. Juno) nahm er zur Gattin; sie, die unter der Untreue ihres göttlichen, liebesmächtigen Gemahls sehr zu leiden hatte, ist selbst die Beschützerin der Ehe. Sie gebar Zeus den ›Gott der Kraft und des Krieges‹ *Ares* (lat. Mars), den hinkenden *Hephaistos* (lat. Vulcanos), den ›Gott des Feuers und der Schmiedekunst‹ sowie die liebliche *Hebe* (lat. Juventus), die ›Göttin ewiger Jugend‹. Zeus ließ sich trotz der Androhungen Heras nicht zurückhalten, auch mit anderen Frauen Liebesbeziehungen einzugehen. So schenkte ihm *Metis*, die Tochter *Pallas Athene* (lat. Minerva), die ›Göttin des Krieges‹, die Erfinderin von Kriegswagen, Pflug, Webstuhl und Flöte.

Als Metis schwanger ging, fürchtete Zeus, daß ihr Kind ihn seiner Macht berauben könnte und aus diesem Grunde verschlang er die Geliebte, aber *Athena* entsprang dann dem Haupte ihres Vaters in strahlender Rüstung.

Der Mythos deutet hier sehr sublim auf die Gehirnzeugung des Gottes hin und versinnbildlicht derart die Macht des schöpferischen Denkens.

Auf der Insel Delos war es *Leto* (lat. Latona), die ihm das Zwillingspaar *Apollon* und *Artemis* (lat. Diana), die Göttin der Jagd gebar.

Besondere Bedeutung kommt im griechischen Pantheon Apollon, dem Gott des Lichtes zu; er ist der eigentliche ›Erheller‹ des griechischen Lebens. Mit seinen goldenen Pfeilen vertreibt er die Mächte der Dunkelheit; er gibt Schutz vor dem Bösen, reinigt von Sündenschuld und heilt Krankheiten. Mit dem Lorbeerkranz in seinen goldenen Locken ist er der Schutzherr der Poesie und Musik.

In Delphi errichtete man dem Gott ein eigenes Heiligtum; hier gab er durch den Mund der Pythia die Zukunft kund.

Zeus verführte auch die *Plejade Maja,* die ihm *Hermes* (lat. Mercurius), den listenreichen Götterboten gebar. In der Gestalt eines Schwanes näherte sich Zeus der *Leda* und sie brachte ein Ei zur Welt, aus dem die rettenden Kämpfer *Kastor* und *Polydeukes* (lat. Pollux) hervorgingen sowie die schöne *Helena,* die Gattin des Königs Menelaos von Sparta, deren Entführung durch *Paris,* einem Sohn des *Priamus,* zum Trojanischen Krieg führte.

Zeus war auf seinen Liebeswegen ungemein erfinderisch.

So drang er zu *Danai,* die als Tochter des Königs von Argos von diesem in einem unterirdischen Verließ gefangen gehalten wurde, als *›goldener Regen‹* ein. Dieser Verbindung entsprang der Held *Perseus,* der die *Medusa,* das schlangenhaarige Ungeheuer tötete, deren Anblick alles Lebende zu Stein verwandelt hatte. Der Sohn des Perseus hieß *Elektryon,* dessen Tochter *Alkmene* ihren Vetter *Amphitryon* ehelichte.

Zeus verfolgte *Alkmene* mit seinen Liebeswünschen; jedoch sie wollte sich ihm nicht gefügig zeigen. Da nahm er die Gestalt des Amphitryon an, umarmte sie in Abwesenheit ihres Gatten, so daß sie den *Herakles* zur Welt brachte (lat. Hercules).

Zeus vereinigte sich auch mit der Erdgöttin *Demeter* (lat. Ceres), der Tochter des Kronos.

Die *Fruchtbarkeitsgöttin* schenkte ihm die Tochter *Persephone* (lat. Proserpina), die von dem Unterweltsbeherrscher *Hades* (lat. Pluto) geraubt wurde. Die Mutter *Demeter* geriet darüber in solche Verzweiflung, daß alles Gedeihen der Natur gehemmt wurde. Zeus gelang es, den Hades zu einem Vergleich zu bewegen: Persephone blieb ein Drittel des Jahres bei Hades, den übrigen Teil des Jahres bei ihrer Mutter.

Unter dramatischen Umständen geschah die Geburt des *Dionysos* (lat. Bacchus). Die thebanische Königstochter *Semele* bat ihren geliebten Zeus einmal, ihr in der Gestalt zu erscheinen, wie er zu Hera käme. Auf diesen Wunsch hin nahte sich Zeus der Semele im Blitz und sie starb, bevor sie das Kind zur Welt bringen konnte. Zeus verschloß die Leibesfrucht in seinem Schenkel und ließ sie aus diesem hervorgehen.

Dionysos, der Gott des Weines, des Schauspiels und der Fruchtbarkeit wurde von Nymphen erzogen. Zusammen mit einer großen Anzahl von *Satyren* (Waldgeistern mit Hörnern und Bocksschwänzen) und *Mänaden* (rasenden Frauen) trat er einen Siegeszug durch die Welt bis nach Indien an. Wo er auch erschien, wurden orgiastische Feste gefeiert; die Mänaden gerieten oft in ekstatischen Taumel, jagten dann Tiere, die sie zerrissen und roh verschlangen. Sie glaubten, hierdurch sich die Kräfte des oft in Tiergestalt erscheinenden Gottes anzueignen.

Nach der orphischen Überlieferung hieß Dionysos ursprünglich *Zagreus* und galt als Sohn des Zeus und der Persepohne.

Hera verfolgte ihn mit ihrer Eifersucht und bewegte die *Titanen* dazu, ihn in Stücke zu reißen und zu verschlingen. Hera setzte das Herz des Zagreus dem Zeus zum Mahl vor; er brachte dann den Gott in schöner Körperform ans Licht.

Gottheiten von einiger Bedeutung waren noch: *Helios* (lat Sol) und *Selene* (lat. Luna), welche die Sonne beziehungsweise den Mond regieren.

Aphrodite (lat. Venus), ›die dem Meerschaum Entstiegene‹, hatte einen Sohn mit Namen *Eros* (lat. Amor); beide sind Herrscher über die Liebe.

Hekate ist eine Unterweltsgöttin und Zauberin, *Pan* (lat. Faunus) ein bocksbeiniger Hirtengott.

Asklepios (lat. Äsculapius), dessen Symbol ein von zwei sich entgegengesetzt windenden Schlangen umhüllter Stab ist, beschützt als Gott der Heilkunst die Ärzte.

Ferner sei noch auf die neun Töchter des Zeus und der *Mnemosyne* (Erinnerung) hingewiesen, die als *Musen* die Künste und Wissenschaften beschirmen:

Euterpe (Flötenspiel und tragische Chöre), *Erato* (Poesie und Musik, *Kalliope* (Epos, Rhetorik und Philosophie), *Klio* (Geschichtsschreibung), *Melpomene* (Gesang), *Polyhymnia* (Lyraspiel), *Terpsichore* (Tanz), *Thalia* (Komödie) und *Urania* (Astronomie).

Die gesamte griechische Götterwelt, selbst Zeus, war im Bereich des Todes durch das Prinzip der *Moira* eingeschränkt; sie gebot dem Tun der Götter Einhalt.

Abschließend sei gesagt, daß unter den nichtchristlichen Religionen keine den abendländischen Menschen heute derart geistig anrührt und bewegt wie die griechische.

Diese in westlicher Kultur begründete Hinwendung zum Hellenentum hat zweierlei Ursachen; erstens geht unsere Kultur weitgehend auf die griechische zurück und zweitens übt die griechische Geisteswelt unvermindert einen starken Einfluß auf unser Denken und Fühlen aus.

Die großen Geister wie *Homer, Sokrates, Aischylos, Platon* und andere wirken noch heute auf uns befruchtend mit ihren Ideen und Werken, so auch die formvollendeten Marmorgestalten genialer Bildhauer, die eine göttliche harmonische Welt darstellen.

HINDUISMUS

Die Bewohner Vorderindiens vor der Einwanderung der Arier (um 1500 v. Chr.) muß man als Hindus bezeichnen; der Name Hindu identifiziert gleichzeitig seit dem 9. oder 11. Jahrhundert n. Chr. ihre Religion. Die Begriffe ›Inder‹ wie ›Hindu‹ leiten sich gleichermaßen von dem Sanskritwort ›Sindhu‹ ab, dem indischen Namen des großen Flußes.

Die Religion der Arier war sehr hochstehend und kannte bereits eine bildlose Verehrung von Natur- und anderen Gottheiten; die heiligen Schriften der Arier, die sogenannten *Veden,* gehen auf eine ursprünglich mündliche Überlieferung zurück und wurden erst später als ›Lieder und Sprüche‹ niedergeschrieben.

Um 1000 v. Chr. und in den nächsten Jahrhunderten wurden diese heiligen Schriften durch sogenannte *›Brahmana-Texte‹ sorgfältig* erweitert.

Der *Veda* (Wissen) krönt die gesamte religiöse Literatur der Hindus und wurde in der Kunstsprache des Sanskrit abgefaßt.

Es handelt sich hier nicht um ein einheitliches Buch, wie es zum Beispiel die Bibel oder der Koran darstellt, sondern um vier *Sanhitas* (Sammlungen): *Rigveda* (Hymnen an die Götter), *Samaveda* (Opfergesänge), *Yadschurveda* (Opfersprüche) und *Atharvaveda* (Zauberlieder).

Diesen vier Grundwerken, deren Entstehung bis zum Jahre 1250 v. Chr. zurückreichen soll, schließen sich nicht nur die *Brahmanas* (Opfertexte ab 1000 v. Chr.), sondern auch diephilosophischen Traktate der *›Upanishaden‹* (ab 800 v. Chr.) an.

Die *Rishis* (heilige Seher) sollen bereits in früheren Zeiten den ganzen Veda ›erschaut‹ haben. In göttlicher Inspiration sind die *Rishis* von dem *Brahma* ›angehaucht‹ worden und haben die ›Verkündigungen‹ des *›Urwesens‹* fixiert. Der zuerst entstandene Teil des Veda, der Rigveda feiert in seinen ›Hymnen an die Götter‹ besonders den Götterkönig *Indra,* der als Inkarnation des sonnenhaften Heldentums gilt; er besiegt das Böse in der Gestalt von Drachen und berauscht sich an dem Unsterblichkeit verleihenden Somatrank.

Die Lieder des Rigveda wurden vor allem gesungen, um dem Sänger die Kommunikation mit der höheren göttlichen Kraft zu ermöglichen; hierdurch erhoffte er sich selbst persönlichen Vorteil, wie etwa Glück in der Schlacht, Gesundheit, Besitz von Frauen, Kühen und anderen irdischen Gütern.

Doch finden sich in dem uralten Rigveda bereits Stellen, die völlig monotheistisch anmuten. So wird (10,90) *Purusha* (eigentl. Mann) als der gewaltige Urgeist und Schöpfer gefeiert, der die ganze Welt geschaffen hat, aber alles Geschaffene dann in göttlicher Unermeßlichkeit überragt.

Der Atharvaveda ist vor allem eine Sammlung von Zaubersprüchen für die verschiedensten Wünsche. Der Gläubige hofft durch seine Sprüche und Lieder die Götter zu bewegen, daß sie ihm siegreich in der Schlacht zur Seite stehen, ihn überhaupt durch die Fährnisse des Lebens schützend geleiten, ihm Glück, Gesundheit, Geld und Gut verleihen.

Im ›Brahmana der hundert Pfade‹ wird das *eine* göttliche Urwesen, das hinter dem Schleier der Erscheinungen wirbt, derart gepriesen:

»Der *Atman* (Geist) war im Anfang da; er schaute um sich und sah nur sich selbst, er sprach das erste Wort: »Ich bin«. Daher kommt der Name ICH. Er begehrte nach einem zweiten. Er umfaßte in sich die Wesenheit von Weib und Mann, die sich umschlungen halten. Er spaltete diese seine Wesenheit in zwei Teile: daraus wurden Gatte und Gattin; deshalb sind wir jeder gleichsam ein Halbteil, sagt Vajnavalkya, deshalb wird diese Lücke (des männlichen Wesens) durch das Weib ausgefüllt.«

In der weiteren Entwicklung des Vedakreises ist die Befreiung von den äußeren Scheingebilden nur durch die völlige Lösung von ihnen möglich; alles Verlangen muß verschwinden:

»Wenn von *jedem* Begehren eines Herzens er sich löst, geht der Sterbliche unsterblich in das Brahma hinieden ein.«

Hat sich aus dem *einen* göttlichen Brahma die Welt in ihrer vielfältigen Form entwickelt (Mundaka 1,1,7), so ist der eine *Atman* (Geist) im Menschen selbst tätig. Am besten wird diese Erkenntnis durch die kurze Formel ausgedrückt: »*Tat tvam asi!*« (Das bist Du selbst!).

Der Atman, der die innerste Urkraft und der Beweggrund der Welt ist, die Ursache aller Erscheinungen, ist identisch mit dem Selbst.

Die Erlösung des Suchenden tritt ein, wenn er die ›Formel aller Formeln‹ aussprechen kann: »*Aham brahma asmi*« (Ich bin das Brahma!). Es ist dies die letzte Identifizierung mit der Gottheit, die nur der straflos vollziehen kann, der sein *Karma* (Wirkung der Werke) derartig getilgt hat, daß er keine neue Wiedergeburt mehr zu fürchten braucht.

An die Vedas schließt sich eine Fülle ›Heiliger Werke‹ an; hervorzuheben sind die beiden großen Epen: Das *Mahabharata* und das *Ramayana.*

Diese beiden großen Epen, das *Mahabharata* und das *Ramayana* gelten als Werke der heiligen Überlieferung *(smriti)*, welche die Lehren des *Veda* — trotz aller Abweichungen — fortsetzen.

Das Mahabharata vereinigt den Höhenflug erhabener Poesie mit beispiellos tiefer Gedankenkraft; neben anderen zahlreichen Lehrgedichten hat hier vor allem die *Bhagavadgita* (Der Gesang des Erhabenen) Weltruhm gefunden.

Der erhabene Gott *Vishnu* inkarniert sich hier in irdischer Gestalt als *Krishna.*

Das umfangmäßig nicht große Werk (700 Doppelstrophen) bringt diamantklare philosophische Belehrungen über Gott, Seele und Welt. Hier finden wir die beiden Heilswege dargestellt, die den Hindu zur wahren Gottesverwirklichung führen können: Der eine Weg führt zur Erkenntnis durch Weltentsagung, während der andere aus dem Kreis der Wiedergeburten befreit durch jenes wunschlose Handeln, das einzig in der Liebe zu Gott begründet ist.

Ein gewaltiges Werk ist das *Ramayana* (Ramas Lebenslauf), das 24 000 Sanskritstrophen aufweist.

Ferner sind die achtzehn *Puranas* (alte Erzählungen) hervorzuheben, die reich sind an mythologischen Überlieferungen und eine Anzahl von kultischen Riten und Weisheitslehren enthalten. In dem bekanntesten Purana, in dem *Bhagavata,* sind wunderbar tiefsinnige Krishna-Legenden zusammengefaßt, die ungemein beliebt sind.

Sind die sogenannten klassischen Werke der Hindus im Sanskrit abgefaßt, so entstand seit 1400 eine literarische Produktion in verschiedenen neuindischen Sprachen. Bedeutende Dichter versuchten die alten Götterlegenden und Überlieferungen dem Volke zugänglicher zu machen, indem sie z. B. *Bengalisch, Hindi, Marathi, Gudscharati* bevorzugten.

Der Hindu kann seine religiöse Einstellung nach den verschiedenartigsten Systemen und Schulen ausrichten. Es kommt ganz darauf an, ob er neben *dualistisch-theistischen* auch *monistisch-pantheistische* Deutungen gelten lassen will oder umgekehrt.

Die zweite Gruppe von Systemen, *Sankhya* und *Yoga* übt zweifellos heute eine größere Anziehungskraft aus; das *Sankhya* stellt eine ›Aufzählungsphilosophie‹ dar, mit gründlicher ›Nennung‹ der Weltprinzipien. Für den Yoga (Anspannung, Atem-Geistkonzentration) gibt es praktische Methoden, die einerseits die Energisierung von Seele und Körper lehren und andererseits durch *Meditationstechnik* die Realisierung des Gottesbewußtseins; d. h. der Yogi muß sein sterbliches *Ich* aufgeben, um das höhere *Selbst* (Atman) zu erreichen.

Sehr große Verbreitung hat heute der *Vedanta* (Veda-Ende) gefunden, der vielfältig die ›am Ende des Veda stehenden Upanishaden‹ interpretiert. Wir haben es hier mit der ›Philosophie des Hinduismus‹ zu tun; besonders das System von *Shankara* (800 n. Chr.) muß heute als führend angesehen werden. Shankara lehrt, daß der Mensch nur zur ›höheren Wahrheit‹ aufsteigen kann, wenn er die ›wahre Wirklichkeit‹ erkannt hat; d. h., der Mensch wird erst frei, wenn er die vielfältigen Erscheinungsformen der Welt als trügerischen Schein, als *Maya* erkannt hat, um hinter dem ›Schleier der Materie‹ den einzig wahren und wirkenden ›Urheber aller Dinge‹, den unpersönlichen Absoluten, den *Brahma* zu erkennen.

Sobald in der Meditation der Urgrund der eigenen Seele, also Brahma selbst für die einzige Wirklichkeit des Seins erkannt ist, wird der Erkennende mit dem All-Einen identisch und im gleichen Augenblick ist seine Erlösung bewirkt.

Von den drei Hauptgöttern des Hinduismus *Brahma, Vishnu* und

Shiva werden vor allem Vishnu und Shiva verehrt. Irrtümlicherweise wird oft angenommen, daß *Brahma* der höchste Gott des Brahmanismus ist, er stellt aber nur den Werkmeister (Demiurg) des höchsten Gottes dar, der in dessen Auftrag die Welt gestaltet.

Die beiden anderen Götter *Vishnu* und *Shiva* genießen, wie erwähnt, die größere Verehrung; jeder von ihnen gilt bei seinen Verehrern als Inkarnation des einen *Weltenherrn*, dessen Regentschaft ewig ist.

Die anderen Götter gelten mehr oder weniger als vergängliche Wesen, die den Gesetzen der Seelenwanderung gehorchen müssen.

Vishnu symbolisiert die Erhaltung und *Shiva* die Zerstörung der Welt. *Vishnu* wird mit seinen vier Armen, Diskus, Lotus, Muschel und Keule tragend und auf seinem Adler Garuda reitend dargestellt. Seine Gattin ist *Lakshmi* (auch *Shri*), die Göttin des Glücks und der Schönheit.

Shiva (der Gnädige) erscheint auf den Abbildungen meist mit einem oder fünf Köpfen. Sehr oft wird er als mit weißer Asche bestreuter Asket dargestellt, der eine Kette aus Menschenschädeln um den Hals trägt. In den vier Händen hält er Embleme wie Dreizack, Bogen und Trommel.

Bedeutet *Shiva*, der durch seinen Tanz den Weltuntergang beschwört, einerseits das zerstörende Prinzip, so ist er andererseits wieder der große ›Herr der Zeugung‹. Aus diesem Grunde verehrt man ihn auch unter der Gestalt des Phallus (Linga).

Die Yoga ausübenden Asketen sehen in ihm ihren Schutzgott, auch Shivas Gattin *Parvati* (die Bergestochter) zeigt zwei entgegengesetzte Aspekte. Häufig wird sie auch *Durga* (die ›Schwerzugängliche‹) genannt.

Als *Kali* (die Schwarze) wird sie in vielen Tempeln in der grausigen Gestalt einer mit Menschenknochen geschmückten ›Bekämpferin der Dämonen‹ darstellt, der man früher sogar Menschenopfer darbrachte.

Aber sie ist auch die gütige Allmutter, die die Lebewesen liebt, beschützt und mit Nahrung versorgt.

Die meisten Hindus sind heute *monotheistisch* gesinnt, sie glauben an *einen* regierenden Weltenlenker. Das uralte *Kastenwesen ist heute* durch Druck der Regierung weitgehend aufgelockert, aber sicher bedarf es noch vieler Jahrzehnte, bis dieses uralte und teils verhängnisvolle ›Einteilungsprinzip der Gesellschaft‹ überwunden ist.

Der *Islam* (d. h. ›Hingabe an Gott‹) – mit diesem Wort bezeichnete Mohammed selbst die von ihm verkündete Religion – begründet sich auf den in arabischer Reimprosa abgefaßten *Koran*. Dieses auch von Mohammed abgefaßte Werk zerfällt in 114 Abschnitte (Suren), die enstprechend ihrer Länge angeordnet sind.

Mohammed erblickte um 570 n. Chr. in Mekka als Sohn des *Abdalah* und der *Amina* das Licht der Welt; er gehörte einer sehr armen Familie aus dem Stamme der Kuraischiten an. Nachdem er früh seine Eltern verloren hatte, verdiente er kümmerlich sein Brot als Hirte. Sein Leben nahm eine völlig neue Richtung, als ihn die reiche Witwe *Chadidscha* als Kameltreiber anstellte. Er rückte zum Leiter ihrer Handelskarawanen auf und heiratete als Fünfundzwanzigjähriger die um fünfzehn Jahre ältere Frau.

Doch er begnügte sich nicht damit, ein reicher Handelsmann zu sein; in einer Höhle bei Mekka hatte er Gesichte und Visionen, in welchen ihn der Engel Gabriel oder Gott selbst zu hohen Taten berief. Zunächst glaubte ihm nur seine Frau, daß er zum *Propheten der Araber* ausgewählt sei, doch mit der Zeit gewann er einige einflußreiche Freunde.

Als seine Frau starb, verließ er bald seine Heimatstadt, weil die meisten Mekkaner ihm nicht nur die Gefolgschaft verweigerten, sondern gänzlich gegen ihn waren. Die Auswanderung nach Yathrib, dem heutigen *Medina*, geschah am 16. Judith des Jahres 622 n. Chr. und bildet seit Omar den Anfang der islamischen Zeitrechnung.

Mohammed gelang es in Medina ständig mehr Anhänger zu gewinnen; und es dauerte nur einige Jahre, bis er hier seine Talente als hervoragender Staatsmann und Heerführer unter Beweis stellen konnte. 630 zog er mit seinem Heer als Sieger in Mekka ein. Sein staatsmännisches Geschick vereinte er mit tiefer menschlicher Güte, so daß die Mekkaner sich bald begeistert zu seiner neuen Religion bekannten, zumal er das Zentralheiligtum der arabischen Heiden, die *Ka'aba* auch als Wallfahrtsort anerkannte. Der Prophet gewann immer mehr Einfluß über die arabischen Stämme, die bisher eine große Anzahl von Göttern und höheren Wesen verehrt hatten. Wurde bereits in den verschiedenen Stammeskulten auch ein männlicher Gott unter dem Namen *Allah* verehrt, so standen diesem doch eine weibliche Göttin *Allat* und eine große Anzahl von anderen Göttern und Geistern zur Seite. Auch wurden heilige Steine in einer Art ›Götzendienst‹ mit Weihehandlungen und Opfergaben bedacht.

Mohammed, zum Herrscher eines theokratischen Staates aufgerückt, löste die Vielfalt der Kulte durch einen strengen und absoluten *Monotheismus* ab; der Glaube an den *einen,* allmächtigen Gott und Weltenherrscher bildet das Herzstück des Islam. »Er ist der eine Gott, der ewige Gott. Er zeugt nicht und wird nicht gezeugt, und keiner ist ihm gleich.«

Der Islam gesellt dem unvergleichlichen Gott keine anderen Wesen bei und betrachtet darum die Lehre des Christentums als schweren Irrtum, weil hier die Lehre von der Gottessohnschaft Jesu verkündet wird.

Am 8. Juli 632 starb der Prophet in den Armen seiner Lieblingsfrau *Aischa,* der Tochter seines ersten Anhängers und späteren Nachfolgers *Abu Beka.*

So streng auch der Prophet die Einzigartigkeit und Macht des *einen* Weltengottes und Schöpfers *Allah* immer wieder in seinem Koran betonte, so huldigte er doch dem Glauben an Engel und Geister. Vor allem wird den Menschen durch die Engel geholfen, die einerseits als Boten Gottes wirken und andererseits als Schutzgeister.

Die wichtigsten Mächte und Engel sind: *Gabriel, Michael, Rafael* (Israfil), *Asrael, Malek,* der Höllenvogt und *Ridvan,* der Förderer des Paradieses; der Gläubige muß ferner noch eine bedeutende Anzahl von Geistern respektieren, die *Dschinnen* (lat. Genius), die teils hilfreich und teils schädlich sind.

Der Koran fand noch eine gewisse Ergänzung durch die autoritative Überlieferung *(Sunna),* die Berichte über die Worte und Taten Mohammeds und seiner ersten Anhänger zusammenfaßt. Diese Berichte liegen in einer Reihe von Sammlungen vor *(Hadith)* und dienen vor allem dazu, das Denken und Handeln aller Moslems im Sinne des idealen, unerreichbaren Vorbildes zu beeinflussen. Schon bald nach dem Tode Mohammeds konnte der Islam einen gewaltigen Siegeszug über die verschiedensten Länder der Erde antreten; die Feldherrn Omars eroberten 638 Syrien, 641 Ägypten und 642 Persien.

Nach dem Tode Omars 644 drang der Islam unaufhaltsam weiter vor; im Osten kam er bis zum Indus, während er im Westen gegen das byzantinische Reich anbrandete und sich über ganz Nordafrika ausdehnte. Im Jahre 711 eroberte er Spanien, um 1000 begann er sich in Indien auszubreiten. 1526 gründete dort *Baba* das Großmogulreich, und

1453 gewannen die Türken Konstantinopel und setzten sich später im Balkan fest.

Allerdings konnte sich der Glaube des Propheten in Spanien nicht halten, sondern wurde 1492 daraus vertrieben und im 19. Jahrhundert verlor er auch den größten Teil der Balkanhalbinsel wieder. Diesen Verlusten konnten jedoch andere Gewinne entgegengesetzt werden, so die Ausbreitung des Glaubens um 1470 in Java, wie auch später in Turkestan und dem nördlichen Teil des jenseits der Sahara gelegenen Afrika.

Aus der 1947 erfolgten Teilung Indiens ging der neue islamische Staat Pakistan hervor.

Ein eigentlicher Priesterstand ist im Islam nicht vertreten. Ein wegen seiner Kenntnisse als geeignet angesehenes Gemeindemitglied leitet den Gottesdienst; mitunter gibt es auch hierfür den für die Gemeinde angestellten und bezahlten *Iman* (d. h. Vorbild oder Führer).

Ulemo — im Persischen *Molla* — werden die Kenner des Korans und des islamischen Gesetzes genannt.

Interesant ist, daß der Islam keine eigentliche Missionstätigkeit kennt, sondern sich nur auf Grund seiner streng monotheistischen Gottesschau, des individuellen Ritus, den der Gläubige ausüben muß, verbreitet.

Die Bekenner des Islam heißen *Moslem* (Muslim) oder persisch *Musulman;* die Bezeichnung *Mohammedaner* wird von den Moslems selbst nicht gebraucht, weil sie schließlich den Propheten *Mohammed* nicht in der Weise verehren wie etwa die Christen Christus. Bei allem Respekt und Liebe dem Begründer ihrer Religion gegenüber, ist es doch immer *Allah,* dem die volle Hingabe des Herzens und des Geistes gehören soll.

Der Kultus ist von strengster Einfachheit; weder werden Bilder noch Musik verwandt. Jeder Moslem hat die Pflicht, fünfmal täglich, nämlich vor Sonnenaufgang, am Mittag, am Nachmittag, bei Sonnenuntergang und zwei Stunden später, nachdem er sich mit Wasser (in der Wüste mit Sand) gewaschen, ein rituelles *Gebet* zu sprechen. Zu einem Gemeindegottesdienst mit Predigt versammeln sich die Moslems jeweils am Freitag in der *Moschee* (arab. mesd-schid = Bethaus). Alle Tage werden die Gebetstunden vom *Minaret* (Turm) der Moschee durch einen Gebetsrufer (mu-essin) verkündigt, mit dem stereotypen Ruf: »Gott ist groß! Ich bezeuge, daß es keinen Gott gibt außer Allah und daß Mohammed der Gesandte Gottes ist. Herbei zum Gebet!«

Nach der Überlieferung soll *Moses* die jüdische Religion gegründet haben, weshalb diese Religion auch nach ihm oft als Mosaismus bezeichnet wird. Er soll um 1250 v. Chr. gelebt haben; sein Name erklärt sich nach 2. Mos. 2,10 (?) als »ein aus dem Wasser Gezogener«, andererseits wieder soll das hebräische Moscheh (Moses) auf ein ägyptisches Lehnwort zurückgehen, das »das Kind« bedeutet (von Gott gegeben).

Vom Volksstamme Juda leitet sich das Wort — »Jude« — ab, während das Wort »Israelit« vom Stamme *Israel* kommt. Beide Ausdrücke sind in ihrer Bedeutung identisch, auch auf das Wort *Hebräer* (Ebräer) muß hier hingewiesen werden. Ursprünglich war dies der Name eines Nomadenvolkes (Chapiri), das im 14. Jahrhundert v. Chr. in Palästina eindrang und später sich mit dem Volk Israel vermischte.

Moses ging aus einer Verbindung von *Amram* und *Jochebed* (2. Mos. 6,20) aus dem Stamme *Levi* hervor und erblickte in Ägypten das Licht der Welt. Nun hatte gerade der Pharao ein Gesetz erlassen, alle neugeborenen jüdischen Knaben zu ertränken; in ihrer Not setzten die Eltern das Kind in einem Schilfkorb am Nilufer aus. Hier wurde der Knabe von der Tochter des Pharao selbst gefunden; sie hatte Mitleid mit ihm, ließ ihn von seinen Eltern erziehen, um ihn später selbst an Sohnes statt anzunehmen. Als junger Mann ließ sich Moses dazu hinreißen, einen Ägypter zu erschlagen, der wiederum einen Frondienst leistenden Juden mißhandelt hatte. Auf seiner Flucht kam er nach Midean und ehelichte dort *Zippora*, die Tochter eines Priesters. Die eigentliche Wende seines Lebens widerfuhr ihm als Schafhirt auf dem Berge Horeb; ein Engel erschien ihm in einem feurigen Dornbusch, und Gottes Stimme rief ihn auf, sein Volk Israel aus der ägyptischen Herrschaft zu befreien. Der Auszug aus dem Land Ägypten geschah unter vielerlei Wunderzeichen. Am Berg *Sinai* angelangt, stieg Moses allein zum Gipfel empor und empfing dort unter Donner und Blitz von Gott die mit göttlichen Schriftzeichen versehenen Tafeln mit den *10 Geboten* (2. Mos. 31,18). Die Israeliten benutzten hingegen die Abwesenheit ihres obersten Priesters und Anführers dazu, sich in rauschhaften Festen zu ergehen und dabei auch das *Goldene Kalb* anzubeten. Als Moses zurückkam und diese furchtbare Abgötterei erblicken mußte, zerschlug er in seinem Grimm die Gesetzestafeln, doch bald verzieh er auf Gottes Geheiß dem sündigen Volk und machte zwei neue Tafeln, die sich wieder mit Gottes Schriftzügen bedeckten. Dann zog sich Moses erneut auf den Berg zurück und verbrachte dort 40 Tage und Nächte. Ihm widerfuhr die Gnade, die Herrlichkeit Gottes zu schauen und er erhielt von ihm weitere Gesetze. Sein Volk führte er nun weiter dem gelobten Land entgegen, das er selbst nicht mehr betreten, aber doch, weit entfernt, von einem Berg aus sehen sollte (4. Mos. 27,12). Im hohen Alter von 120 Jahren hauchte er auf dem Berge Nebo seinen Geist aus; Gott begrub ihn selbst (3. Mos. 34,8), damit sein Grab für alle Zeiten unentdeckt bleiben sollte.

So ist also nach biblischen Berichten am Sinai ein sakrales Verhältnis zwischen dem Gott der Väter und den verschiedenen Stämmen Israels begründet worden; dieses Verhältnis hat als Bundesschluß *(beth)* den absoluten Monotheismus des Judentums offenbart. Einerseits gibt es für Israel in Zukunft nur noch den einen Herrn und Weltenlenker »den Gott Israel«, und andererseits wieder erkennt Gott das Volk Israel unter allen Völkern der Erde als »seine Gefolgschaft« an. Durch diese göttliche Anerkennung wurde das Volk Israel zum »auserwählten Volk«; 613 Ge- und Verbote verbriefen gesetzmäßig den Bund und den Willen Gottes. In der Thora (5 Bücher Moses) sind alle Gesetzesakte ausdrücklich niedergelegt. Der Priester Esra verkündete ungefähr 450 v. Chr. die Thora als Grundgesetz des Volkes. Der von Moses überlieferte Gottesname galt als so heilig, daß er nicht ausgesprochen werden durfte; seine Konsonanten lauten im biblischen Text JHVA. Als übliche Namensform gilt heute der Ausdruck *»JAHVE«*.

Der Bund mit Jahve: »Höre Israel, der Herr unser Gott ist ein einziger Gott! Und du sollst den Herrn, deinen Gott lieben, von ganzem Herzen, von ganzer Seele, von ganzem Vermögen! . . .«

Mit diesen Worten wird das absolute Bekenntnis des Judentums zum Monotheismus ausgedrückt (5. Mos. 6,4–9). Das Tetragramm (4 Zeichen) JHVA wurde später mit den Vokalzeichen von ADONAJ versehen, *(»Herr«)*, woraus dann die Ausdrucksform von JEHOVA entstanden ist. Der jüdische Glaube bedient sich auch noch anderer Namen Gottes; außer JAHVE wird oft von ZEBAOTH gesprochen (Herr der Heerscharen), oder von *E L* — eljol (der Höchste und *E L* — schaddaj (der Allmächtige); auch tritt der Name ELOHIM öfter in den Moses-Büchern auf; diese pluralistische Bezeichnung bedeutet eigentlich »Götter«.

Die Thora gebietet kultisch-zeremonielle Pflichten gegen Gott; bedeutend ist hier vor allem die Sabbat-Feier, welche die Arbeitsruhe am siebenten Tage verlangt. Das liturgische Kalenderjahr (Passah, Wochenfest, Laubhütten, Sabbat und Großer Versöhnungstag) will mit seinen Festtagen den Gläubigen zur besonders innigen Einkehr und Rückverbindung mit Gott bewegen; der strenggläubige Jude hingegen versucht auch den profanen Alltag mit Gebeten zu heiligen. Das Gebet wird in festgelegter Form am Morgen, Mittag und Abend gesprochen. Das Morgengebet wird bereits dadurch zu einem Ritus erhoben, weil ein *Gebetsmantel* (Tallet) umgelegt wird, nämlich ein viereckiges Woll- oder Seidentuch, mit Fransen versehen; mitunter kann hierfür auch ein unter der Kleidung getragenes Tüchlein (Arba Kanfot) verwendet werden. Werktags dienen beim Morgengebet auch zwei Gebetsriemen (Tephellim), am linken Arm gegenüber dem Herzen befestigt und an der Stirn, zur tieferen Versenkung. An die Gebetsriemen ist jeweils eine Kapsel mit Pergamenttröllchen angehängt, welche die vier Thorastellen 2. Mos. 13,1–10, 11–16 und 5. Mos. 6,4–9; 11, 13–21 enthalten. Der orthodoxe Ritus verlangt, daß die Männer beim Beten das Haupt stets bedeckt halten müssen. Auch ist es notwendig, daß die Gebete stets nach Jerusalem (Misrach = Sonnenaufgang, Ostseite) gesprochen werden.

An der eminenten Bedeutung des Gebetes sehen wir, daß der einzelne Jude der Träger des religiösen Lebens sein soll. Daher ist auch die Synagoge nur gottesdienstlicher Versammlungsort. Die Rabbiner (Priester) sind zugleich Seelsorger, Lehrer der Überlieferung und Richter in religionsgesetzlichen Fragen. Enthält die Bibel die sittlichen Weisungen für die Gemeinschaft mit Welt und Gott, so sind im Talmud die Anwendungen und Schlüsse für das tägliche Leben gegeben worden. Im Talmud sind in zwölf dicken Folianten die Diskussionen der rabbinischen Gelehrtenakademien zwischen 200 v. und 500 n. Chr. aufgezeichnet worden. Der Talmud ist für die Praxis der jüdischen Lebensführung grundlegend; gibt er doch detaillierte Vorschriften und Verbote aus dem biblischen Wortlaut für alle nur denkbaren Fälle und Situationen des Lebens.

Da die ungemein subtile Dialektik und Kasuistik des Talmud jedoch mit der Zeit *theosophisch* gerichtete Gläubige nicht befriedigen konnte, traten besonders im Mittelalter starke Strömungen einer jüdischen *Mystik* zutage. So hat sich vor allem im 13. Jahrhundert von Spanien und Südfrankreich aus die geistige Bewegung »Kabbala« (d. h. Überlieferung) verbreitet. Nach der »Kabbala« steht Gott als ein von seiner Schöpfung unberührtes Überwesen oder Urlicht über dem sichtbaren Himmel. Der »Urgott« hat eine Stufenfolge von Weltschichten ins Sein gerufen, die eine »Verbindungsleiter« zwischen dem Geistigen und dem Materiellen darstellen, vom höchsten Licht bis herab zur Finsternis der Materie. So existieren himmlische Lichtfunken (Schechina = Krone des Lichtes) in allen irdischen Dingen, und am Gläubigen liegt es, diese Funken aus ihrer Verhüllung zu befreien. Mit anderen Worten, das Gute, Hohe, Reine und Geistige lebt auch noch in jedem Tierwesen wie auch im bösen Menschen vergraben; es muß nur als der »unendliche Schatz« gehoben und entdeckt werden. Als kabbalistisches Hauptdokument gilt das in aramäisch geschriebene Buch ZOHAR, (d. h. Glanz); es wird dem Rabbi Simon bar Jochai aus dem 2. Jahrhundert zugeschrieben. Nach neuesten Forschungen aber dürfte das Werk von dem 1305 verstorbenen Kabbalisten Mosche ben Schemtob de Leon aus Guadalajara verfaßt worden sein. Der erste Druck des ZOHAR erschien 1558 in Cremona. In der Mitte des 18. Jahrhunderts entstand der sogenannte Chassidismus. Die biblische Bezeichnung Chasid hängt mit Gnade, Heiligkeit und Liebe zusammen. Die Chassidim sind eine Bewegung von Frommen, die sich vor allem in Polen, Rumänien und der Ukraine ausbreitete. Ihr Begründer war der Rabbi, Israel ben Eliser aus Miedzyborz (1700–1760), auch Baalschem genannt, das heißt »Meister des guten Namens«. Dieser große Wanderprediger und Wundertäter ist der Hauptträger der chassidischen Legenden, die mit ihrem einzigartigen mystischen Tiefsinn wahre Perlen der gesamten Weltliteratur darstellen. Kein anderer als Martin Buber hat das Verdienst, daß er durch seine dichterischen Nacherzählungen dem Chassidismus zahllose Freunde auch anderer Glaubensrichtungen gewonnen hat.

Das Judentum ist heute weltweit verbreitet; in dem im Jahre 1948 gegründeten Staat Israel leben nur ungefähr 13 % aller Juden.

In den furchtbaren Verfolgungen der jüngsten Vergangenheit haben etwa ein Drittel aller Juden das Leben verloren; es ist selbstverständlich, daß das Verhältnis zwischen Juden und Christen seither mehr als belastet ist.

Martin Buber hat der auch heute noch gültigen jüdischen Glaubenshaltung in einem jüdisch-christlichen Religionsgespräch in Deutschland Ausdruck gegeben, das noch im Januar 1933 im jüdischen Lehrhaus Stuttgart zwischen ihm und Karl Ludwig Schmidt geführt worden ist. Da die Ausführungen des großen jüdischen Philosophen die innerste jüdische Geisteshaltung bekunden, seien hier noch angeführt:

»Ich lebe nicht fern von der Stadt Worms, an die mich auch eine Tradition meiner Ahnen bindet; und ich fahre von Zeit zu Zeit hinüber. Wenn ich hinüberfahre, gehe ich immer zuerst zum Dom. Das ist eine sichtbar gewordene Harmonie der Glieder, eine Ganzheit, in der kein Teil aus der Vollkommenheit wankt. Ich umwandle schauend den Dom mit einer vollkommenen Freude. Dann gehe ich zum jüdischen Friedhof hinüber. Der besteht aus schiefen, zerspellten, formlosen, richtungslosen Steinen. Ich stelle mich da rein, blicke von diesem Friedhofgewirr zu der herrlichen Harmonie empor, und mir ist, als sähe ich von Israel zur Kirche auf. Da unten hat man nicht ein Quäntchen Gestalt; man hat nur die Steine und die Asche unter den Steinen. Man hat die Asche, wenn sie sich auch noch so verflüchtigt hat. Man hat die Leiblichkeit der Menschen, die dazu geworden sind. Man hat sie. Ich habe sie. Ich habe sie nicht als Leiblichkeit im Raum dieses Planeten, aber als Leiblichkeit meiner Erinnerung bis in die Tiefe der Geschichte, bis an den Sinai hin. Ich habe da gestanden, war verbunden mit der Asche und quer durch sie mit den Urvätern. Das ist Erinnerung an das Geschehen mit Gott, die allen Juden gegeben ist. Davon kann mich die Vollkommenheit des christlichen Gottesraumes nicht abbringen, nichts kann mich abbringen von der Gotteszeit Israels. Ich habe da gestanden und habe alles selber erfahren, mir ist der Tod widerfahren: all die Asche, all die Zerspelltheit, all der lautlose Jammer ist mein; aber der Bund ist mir nicht aufgekündigt worden. Ich liege am Boden, hingestürzt wie diese Steine. Aber aufgekündigt ist mir nicht. Der Dom ist, wie er ist. Der Friedhof ist, wie er ist. Aber aufgekündigt ist uns nicht worden. Wenn die Kirche christlicher wäre, wenn die Christen mehr erfüllten, wenn sie nicht mit sich selbst rechten müßten, dann würde, meint Karl Ludwig Schmidt, eine schärfere Auseinandersetzung zwischen ihnen und uns kommen. Wenn das Judentum wieder Israel würde, wenn aus der Larve das heilige Antlitz hervorträte, dann gäbe es, erwidere ich, wohl die Scheidung unabgeschwächt, aber keine schärfere Auseinandersetzung zwischen uns und der Kirche, vielmehr etwas ganz anderes, das heute noch unaussprechbar ist. Ich bitte Sie zum Schluß, auf zwei Worte hinzuhören, die einander zu widersprechen scheinen, aber einander nicht widersprechen.

Im Talmud (Jebamot 47 a) wird gelehrt: Der Proselyt, der in diesem Zeitalter kommt, um ins Judentum aufgenommen zu werden, zu dem spricht man: »Was hast du bei uns ersehen, daß du dazu übertreten willst? Weißt du denn nicht, daß die von Israel in dieser

Zeit gepeinigt, gestoßen, hingeschleudert, hingetrieben werden, daß die Leiden über sie gekommen sind?« Wenn er spricht: »Ich weiß, und ich bin nicht würdig«, dann nimmt man ihn sogleich auf.

Es möchte scheinen, das sei jüdischer Hochmut. Es ist keiner. Es ist nichts anderes als die Kundgebung, deren man sich nicht entschlagen kann. Die Not ist eine wirkliche Not, und die Schande ist eine wirkliche Schande. Aber es ist ein Gottessinn darin, der uns spricht, daß uns Gott, wie er uns verheißen (Jes. 54, 10), aus seiner Hand nicht hat fallen lassen.

Und im Midrasch (Schemot Rabba XIX. Sifra zu 3. Mos. 18, 5 heißt es: »Der Heilige, gesegnet sei Er, erklärt kein Geschöpf ungültig, sondern alle nimmt Er auf. Die Tore sind geöffnet zu jeder Stunde, und wer hinein zu gelangen sucht, gelangt hinein. Und so spricht Er (Ez. 26, 2): ›Öffnet die Tore, / daß komme ein bewährter Stamm‹ (Goj zaddik), / der Treue hält.«

Es ist hier nicht gesagt: Daß Priester kommen, daß Leviten kommen, daß Israeliten kommen; sondern es ist gesagt, daß komme Goj zaddik.

Das erste Wort handelte von den Proselyten, dieses nicht, es handelt vom Menschenvolk. »Die Gottestore sind offen für alle. Der Christ braucht nicht durchs Judentum, der Jude nicht durchs Christentum zu Gott zu kommen.« (S. Jüdisch-christliches Religionsgespräch in neunzehn Jahrhunderten, die Geschichte einer theologischen Auseinandersetzung. Atharva-Verlag, Frankfurt/Main 1949.)

SHINTOISMUS

Das Wort *shin-to* bedeutet ›Weg der Götter‹.

Der Shintoismus ist eine Religion, die in Japan beheimatet ist und dort neben dem Buddhismus besteht.

Die Geschichte des *Shinto* kennt drei Perioden; die erste, deren Beginn in mythischer Zeit liegt, endet mit der Einführung des Buddhismus im Jahre 552. Die zweite Periode geht bis zum 9. Jahrhundert; während dieser Zeit rangen Shintoismus und Buddhismus hart um die Priorität beim Volke. Die Folge hiervon war eine weitgehende Durchdringung des Shintoismus mit buddhistischem Geistesgut.

Mit der Wiedereinsetzung der Macht des Kaisertums im Jahre 1868 (die Kaiser waren seit 1192 durch die *Shogune* = Kronfeldherren,

d. h. die erblichen ›Hausmeier‹ praktisch entmachtet gewesen) beginnt die dritte Periode, während der man versuchte, Shintoismus und Buddhismus streng voneinander zu trennen.

Der ›gereinigte Shinto‹ wurde schließlich zum offiziellen Staatskult erhoben; als Gegenwirkung hierzu entstanden wiederum eine Reihe von volkstümlichen Sekten.

Da in Japan lange Zeit alle Texte nur auf mündlicher Überlieferung basierten, entstanden erst nach Übernahme der chinesischen Schrift sogenannte ›heilige Schriften‹; z. B. wurde die ›Geschichte der Begebenheiten im Altertum‹, das Werk *Kodschiki* erst im Jahre 712 aufgezeichnet. Das 927 in fünf Büchern herausgegebene *Engischiki* faßt in fünfzig Büchern religiöse und staatliche Rituale zusammen; besonders die im achten Buch befindlichen 27 liturgischen Texte sind für den Shintoismus grundlegend, da sie noch heute als Vorbild für Gebete dienen.

Der Shintoismus stellt im Kern eine einfache *Naturreligion* dar; seine Mythen haben große Ähnlichkeit mit denen primitiver Völker.

Die Japaner, die eine hohe geistige Kultur besitzen, sind aber dieser Naturreligion aus diesem Grunde treu geblieben, weil sie die japanische Reichsgründung in den Mittelpunkt des gesamten kosmischen Geschehens stellt und somit Land und Herrscher in eine göttliche Sphäre hebt.

Die Anzahl der *Kami*, d. h. Götter und Geister ist überaus zahlreich; es wird sogar von 800 Myriaden Kamis gesprochen. Das Weltregiment liegt nicht in den Händen eines einzigen Schöpfergottes, sondern wird von einem Götterrat bestimmt. Die Beherrscherin der Himmelsgefilde ist die Sonnengöttin *Amaterasu*, die als göttliches Symbol den Spiegel besitzt; ihr Heiligtum befindet sich in *Ise*.

Der Mondgott *Tsukiyomi* hat heute nur geringe Bedeutung; hingegen genießt der Sturm- und Meergott *Susanowo* große Verehrung, besonders als Beschützer der Liebespaare.

Ein wichtiger Gott ist auch *Atago*, der Gott des Feuers, der sein Haupttheiligtum auf dem Atago-Berg bei *Kyoto* besitzt; häufig wird er bei Feuersbrünsten angerufen.

Als Gott der Nahrung wird *Inari (Reis-Mann)* angerufen; sein heiliges Tier ist der Fuchs. In den Tempeln Inaris werden darum stets Füchse gehalten oder durch Statuen dargestellt.

Der Shintoismus kennt weiter noch eine Unzahl von Gottheiten, Geistern und höheren Naturwesen; sie alle haben ihre verschiedenen

Aufgaben; die einen beherrschen Erdbeben und andere Naturerscheinungen oder stehen mannigfaltigen Berufsarten vor. Es gibt auch heilige Tiere, Berge und körperliche Attribute, die verehrt werden; so war in früheren Zeiten weitgehend der *Phalluskult* bekannt.

Ferner sind eine Reihe von Kaisern, Feldherren, Staatsmännern mit göttlichen Ehren bedacht worden.

Die *Kamis* (Götter) werden durch Hersagen von liturgischen Gebeten (Norito) und das Opfern von Reis und Sake (Reiswein) verehrt. In früheren Zeiten wurden den Göttern auch Tier- und Menschenopfer dargebracht; heute begnügt man sich mit *nachgebildeten* Spenden von Pferden und anderen Tieren usw.

Der Kult wird im Hause verrichtet, aber auch in aus öffentlichen Mitteln unterhaltenen Schreinen *(Miya).*

Unter buddhistischem Einfluß wurden auch größere Heiligtümer errichtet; meist handelte es sich aber bei den ›Schreinen‹ um einfache Holzhäuser, die aus einer Gebetshalle und einer Haupthalle bestehen.

Vor der Gebetshalle klatscht der Gläubige in die Hände, um den Gott auf seine Anwesenheit aufmerksam zu machen und dann erst sagt er sein Gebet her. In der Haupthalle verbirgt ein großer Vorhang den ›Gottesleib‹ *(Shintai);* d. h. in einem Beutel befindet sich ein den Gott vertretendes Symbol (Waffe, Spiegel oder dgl.).

Der Shintoismus kennt auch Prozessionen mit Tanz und Musik und vor allem Wallfahrten, so zu den heiligen Bergen (Fudschisan) und Tempeln.

Die Kulthandlungen üben Priester aus, die ihr Amt ererbt haben und als verheiratete Laien keinerlei Zölibat kennen.

Da der Shinto durch seine hervorragende Kaiserverehrung eine politische Macht erster Güte darstellte, hat die amerikanische Besatzungsmacht nach der Kapitulation Japans (1945) die enge Verknüpfung zwischen Staats-Shinto und Politik getrennt, um eine wirkliche ›Demokratisierung‹ zu gewährleisten. Der Kaiser mußte in seiner Neujahrsbotschaft 1946 ausdrücklich auf seine ›göttliche Stellung‹ verzichten.

ZARATHUSTRISCHE RELIGION

Die persischen Glaubensnormen sind die ethisch und logisch höchsten, nicht nur der arischen, sondern der gesamten polytheistischen Weltanschauung; wie auch die Perser eine besonders wertvolle Literatur und in ihr die größten Dichter in der späteren Islam-Äre aufweisen.

Der Name des Religionsstifters *Zarathustra* (gesprochen: Saraschtra) heißt in der Übersetzung eigentlich: ›Besitzer von Kamelen‹; aber seine Anhänger gaben ihm die Bedeutung: ›Stern des Glanzes‹.

Über seine Lebenszeit gibt es höchst widerspruchsvolle Überlieferungen; die einen wollen ihn im Jahrhundert des Buddha an seinem heiligen Werk sehen, während andere wieder behaupten, Zarathustra habe 258 Jahre vor Alexander dem Großen gelebt und gelehrt; dann hätte er etwa in der Zeit zwischen 580 und 500 v. Chr. gelebt. Wahrscheinlich jedoch muß seine Existenz in eine weit ältere Epoche versetzt werden, da z. B. die Griechen ihn bereits in einer weit entfernten Vorzeit, etwa 6000 Jahre vor Plato wirksam sehen wollten.

Diese Datierung der Lebenszeit des Propheten ist zweifellos zu früh gegriffen; man kann die Datierung zwischen 1000 und 500 v. Chr. annehmen; vielleicht wird eines Tages noch ein eindeutiger wissenschaftlicher Beweis hierüber erbracht werden.

Jedenfalls kann dieser Kampf der Meinungen der einzigartigen Größe Zarathustras keinen Abbruch tun.

Wenn auch seine Lebensgeschichte von Legenden umwoben ist, so dürfte sie doch im Kern einigen Wahrheitsgehalt beanspruchen.

Bereits vor seiner Geburt soll die Mutter *Dugdhova* von der leuchtenden Glorie der Könige, dem *›Shvarna‹* umstrahlt gewesen sein. Sein Vater *Pourushaspa* stand einem Stamm von Viehzüchtern als Priester vor und gehörte dem Geschlecht der Spitamas an.

Auf wunderbare Art soll der Junge *Zarathustra* von ihn verfolgenden Dämonen und bösen Menschen errettet worden sein.

Bereits als Zwanzigjähriger folgte er seiner inneren Stimme, die ihn allein in die Wüste und die Berge gehen hieß, um über Gott und Welt nachzudenken. Im Alter zwischen dreißig und vierzig Jahren hatte er das entscheidende Erlebnis, das dem des Mohammed sehr ähnlich war. Am Flusse Daitya (Oxus?) erschien ihm der Engel *Vohu Mano* und führte ihn zum Lichtthron des höchsten Gottes *Ahura Mazda,* der ihm seinen Willen kundtat. (Mohammed hatte gleichermaßen in einer Höhle die Vision des Engels *Gabriel,* der ihn zu *Allah* brachte.)

In den folgenden zwölf Jahren versuchte der Prophet vergeblich, Anhänger für seine neue Lehre zu gewinnen.

Sein Glaube jedoch blieb unerschütterlich, zumal er mehrere neue Visionen hatte, in denen er siegreich Dämonen und Teufel abwehrte.

Eines Tages nun nahm überraschend der Fürst *Vishtaspa* mit seiner Gattin und seinem ganzen Hofe den Glauben des Propheten an. Dieser ehelichte eine vornehme Frau und wurde der führende Ratgeber im Staate.

Doch der alte Feind Vishtaspas, der Nachbarfürst *Ardschataspa* fiel mit einem großen Heer ins Land ein, und Zarathustra starb im Alter von 77 Jahren während der Kämpfe.

Das heilige Buch der Perser ist das *Zend-Avesta;* der ursprüngliche Name war nur *Avesta* (Wissen); das *Zend* bedeutet nichts anderes als ›Kommentar‹. So schließt also das Zend-Avesta alle späteren Kommentare mit ein.

Von dem ursprünglichen Werk sind heute nur Bruchstücke enthalten, da viele Texte zur Zeit Alexander des Großen in Verlust gerieten. Die restlichen 21 Bücher wurden in einem Kanon von Priestern im 3. und 4. Jahrhundert n. Chr. neu zusammengestellt, doch konnte sich dieser über die Zeiten hinweg auch nur in Bruchstücken erhalten.

Das heutige in altiranischer Sprache abgefaßte Avesta weist folgende fünf Teile auf:

1. den *Yasna* (Opfer), ein Ritualbruch, das auch die uralten *Gathas* (Gebetshymnen) des Zarathustra enthält;
2. den *Vispered* (›alle Herren‹), ein liturgisches Werk, das bei Feiern rezitiert wird;
3. die *Yashts,* Loblieder auf Gottheiten;
4. den *Vendidad* (Gesetz gegen die bösen Geister), ein religiöses Gesetzbuch mit ethischen und kultischen Reinigungsvorschriften;
5. das *Khorda* (d. h. kurze) *Avesta,* ein Gebetbuch.

Zarathustra lehrt:

Die Welt ist der Kampfplatz zwischen Licht und Finsternis; das gute und böse Prinzip leben in ewigem Widerstreit miteinander; das gute Prinzip ist in *Mazda Ahura* verkörpert und das böse in *Angra Mainyu.*

Später wurde der ›erleuchtende Herr der Ghatas‹ meist *Ahura Mazda* genannt; aus diesem Wort leitet sich die heut übliche Form *Ormazd* (nicht Ormuzd, denn das ›u‹ ist nur eine englische Transkription für ein kurzes ›a‹) ab.

Der Widerpart Angra Mainyu wurde später mit *Ahriman* bezeichnet.

Der Ahura Mazda ist der Urheber der geistigen Schöpfung, er erschaft die Engel, guten Geister und *Fravashis;* hier haben wir es mit den geistigen Urbildern des Menschen zu tun.

Die *Fravashis* sind das geistig Innerste und Höchste, das Ewige in jeder raum- und zeitlich sich entwickelnden Erscheinungsform, die platonischen Ideen. Außer den Menschen als ewig fortlebenden Indi vidualitäten haben noch auf- und abwärts nur die Lichtgeister und die dem Guten Dienenden *Fravashis* bleibende Licht- und Lebenskeime, während das jedem Lichtwesen Entgegenstehende, gleichsam das eigene, losgelöste Selbst in seiner Verkehrung Darstellende in der Geister- und Naturwelt keine Lebenskeime besitzt.

Das Tiefste aber der ganzen Anschauung ist, daß die Fravashis weiblich dargestellt werden; das Geistig-Ewige eines jeden Wesens ist sein Weibliches. Sehr schön poetisch gibt ein Zendfragment folgendes Bild: In der dritten Nacht nach dem Tode, in welcher die Seele des Gerechten noch bei ihrem Leibe weilt, steigt vor derselben unter den lieblichsten Düften ihr eigenes Gesetz auf, wie mit einem jungfräulichem Leibe, lichtglänzend, geflügelt, ein glänzender Keim, jungfräulich stark, rein wie das Reinste dieser Welt. Die Seele des Gerechten spricht zu ihm: »Wer bist du? Unter allen Wesen, die mit Körpern umgeben, habe ich nie ein reineres gesehen als dich!« Dann antwortet das jungfräulich schöne Gebilde der Unsterblichkeit: »Ich bin dein eigenes Gesetz, ich bin das, was du Reines gesucht hast, dein reiner Gedanke, dein reines Wort, dein reines Wirken, dein reines Gesetz von dir selbst, solange du im Leibe warst. Demnach was du Gutes getan, bin ich jetzt, so herrlich, so heilig, so rein, über alle Furcht erhaben!«

Im Gegensatz zu den Fravashis, die auch als gute Schutzgeister fungieren, müssen die *Daevas* angesehen werden, die als böse Dämonen dem Menschen Schaden zufügen, wo sie immer nur können. Gefährlich sind auch die Dämoninnen, wie die Lüge *(Drudsch* oder *Drug)*, die *Pairikas* u. a.

Herr über die zahllosen bösen Geister ist *Anga Mainyu* (Ahriman), der auch im ewigen Widerstreit mit dem Lichtgott *Ahura Mazda* liegt.

Da die heutigen Perser mehr zum Monotheismus neigen, sagen sie, daß der *Mazdaismus* schon immer nur den *einen* Gott gekannt habe: *Ahura Mazda* sei in seiner Himmelswelt Herr über alle geschaffenen und ungeschaffenen Wesen, auch über Anga Mainyu, zu dessen eigentlichem Gegenpart habe er ausdrücklich den ›guten Geist‹ *(Spentamainyu)* geschaffen.

Der Priester, *Mobed* genannt, besorgt allein die Ausübung kultischer Riten; ihm obliegt vor allem der Dienst am *Heiligen Feuer*. –

Die Zarathustrische Religion ist auch in Indien unter den sogenannten *Pársi*-Gemeinden verbreitet. Die hauptsächlich in der Stadt Bombay angesiedelten Pársi sind Perser, die um ihres Glaubens willen ihre alte Heimat verlassen haben. Heute leben ungefähr 160 000 Anhänger des *Parsismus*, wie gesagt, in Bombay, aber auch in der Umgebung wie in einigen nahe der Westküste Indiens liegenden Städten.

KURZBIOGRAPHIEN

ABRAHAM A SANCTA CLARA (eig. Hans Ulrich Megerle); geb. in Kreenheinstetten am 2. 7. 1644, gest. in Wien am 1. 12. 1709. Augustiner-Barfüßer; kraftvoller, das witzige Wortspiel liebender Prediger gegen Laster und Unsitten der Gesellschaft (Vorbild für die Kapuzinerpredigt in Schillers »Wallenstein«).

*

ABU SA'ID IBN ABI'L CHEIR; persischer Mystiker. Geb. 967, gest. 1049. Der Begründer der extrem-pantheistisch persischen Mystik.

*

ALDRIN, EDWIN s. Seite 286.

*

ANGELUS SILESIUS (eigentlich Johann Scheffler); geb. in Breslau Ende 1624, ebenda gestorben am 9. 7. 1677. Mystischer Dichter des Barock. Frommer, bilderreicher Sänger; wirkte auf die Entwicklung des Kirchenliedes ein.

*

ARATOS, griechischer Dichter und Gelehrter aus Soli in Kilikien, lebte in der 1. Hälfte des 3. Jahrhunderts v. Chr. am makedonischen, dann am syrischen Königshof.

*

ARNDT, ERNST MORITZ VON; geb. in Schoritz auf Rügen am 26. 12. 1769, gest. in Bonn am 29. 1. 1860. Anhänger des Freiherrn vom Stein. Sänger des deutschen Widerstandes gegen Napoleon Bonaparte.

Arnim, Achim von; geb. in Berlin am 26. 1. 1781, gest. in Wiepersdorf in der Mark am 21. 1. 1831. Zusammen mit Clemens Brentano Hauptvertreter der Heidelberger Romantik. Beide gaben von 1805–08 die bekannte Volksliedersammlung »Des Knaben Wunderhorn« heraus.

*

Augustinus, Aurelius, hl. (28. August); einer der großen abendländischen Kirchenlehrer; geb. am 13. 11. 354 n. Chr. in Tagaste (Numidien), gest. in Hippo am 28. 8. 430. Sohn eines auf dem Totenbett getauften Römers und der heiligen Monika. Nach ausschweifend verlebter Jugend Lehrer für Rhetorik in Karthago, Rom und Mailand. Der Manichäismus und der Neuplatonismus hielten ihn lange Zeit in Bann, bis er sich unter dem Einfluß des hl. Ambrosius zum Christentum bekehrte und taufen ließ (387). Seit 395 Bischof in Hippo Regius. In den Gesichtskreis des gesamten Abendlandes drangen seine überzeitlichen »Confessiones« und das Werk vom Gottesstaat: »De civitate Dei«. Die geistige Vorherrschaft der römischen Kirche vor der griechischen ist auf sein Wirken zurückzuführen.

*

Baader, Franz Xaver von; geb. in München am 27. 3. 1765, ebenda gestorben am 23. 5. 1841. Deutscher katholischer Philosoph. Ursprünglich Arzt und Bergingenieur. Baader bekämpfte Kants Subjektivismus und seine Trennung der Ethik von der Physik und die individualistische Philosophie.

*

Bacon, Francis, Lord Verulam; geb. in London am 22. 1. 1561, gest. in Highgate am 9. 4. 1626. Englischer Staatsmann (Lordkanzler), Rechtslehrer, Begründer der modernen englischen Philosophie auf naturwissenschaftlich-empirischer Grundlage.

*

Baer, Carl Ernst von; geb. 1792, gest. 1876. Rußlands größter Zoologe und Anthropologe. Begründer der Embryologie, entdeckte das Ei der Säugetiere.

BASILIUS DER GROSSE, hl. (14. Juni), Kirchenlehrer; geb. in Caesarea (Kappadokien) um 330; gestorben 379. Vater und Organisator des Mönchtums im Osten. 370 Bischof von Caesarea und Metropolit von Kappadokien. Wird zu den vier großen Kirchenlehrern des Ostens gezählt.

*

BEETHOVEN, LUDWIG VAN; geb. in Bonn am 16. 12. 1770, gest. in Wien am 26. 3. 1827. Überragender Komponist der Klassik, Meister aller Ausdrucksmöglichkeiten der Musik. Diesem vielseitigsten Genie der klassisch-romantischen Ära verdankt die Musikwelt ein beständiges Repertoire an musikalischen Werken aller Gattungen. Der in Bonn geborene, väterlicherseits aus einer niederländischen Familie, mütterlicherseits aus einer rheinischen Familie stammende Beethoven trat mit 13 Jahren erstmalig als Komponist hervor; wurde nach dem Tode des Vaters Schüler von Haydn in Wien. Von wohlhabenden Wiener Aristokraten gefördert, konnten Beethovens Talente sich voll entfalten. Im Verlaufe seines Lebens, das in den letzten zwei Jahrzehnten von der unaufhaltsamen Verschlechterung seines Hörempfindens und von der immer größer werdenden Distanz zu seiner Umwelt überschattet war, hat Beethoven Maßstäbe gesetzt, die bis heute ihre Gültigkeit beibehalten haben, vornehmlich in den Bereichen der Symphonie, der Instrumentalkonzerte und der Kammermusik.

*

BENÉT, STEPHEN VINCENT; geb. am 22. 7. 1898 in Bethlehem, Pa., gest. am 13. 3. 1943 in New York; amerikanischer Schriftsteller. Behandelte phantasievoll vor allem folkloristische Motive. Sein Epos des Bürgerkrieges, »John Brown's Body« (1928), gewann den Pulitzer-Preis.

*

BEN-GAVRIÊL, M. Y.; geb. in Wien am 15. 9. 1891, gest. in Jerusalem am 17. 9. 1965. Israelischer Schriftsteller, Essayist und Journalist. Im 1. Weltkrieg österreichischer Offizier, lebte seit 1927 in Jerusalem.

*

BERDJAJEW, NIKOLAI ALEXANDROWITSCH; geb. in Kiew am 6. 3. 1874, gest. in Clamart bei Paris am 23./24. 3. 1948. Russischer Religionsphilosoph; er entwickelte eine personalistische, spiritualistische Existentialphilosophie orthodoxen Gepräges.

BERNANOS, GEORGES; geb. am 20. 2. 1888 in Paris, gest. in Neuilly am 4. 7. 1948. Schrieb Essays und Romane. Dichter souveräner Weltschau, der der hohlen Zivilisation der Gegenwart ein neues Bild des freien Menschen aus katholischen Perspektiven entgegenzustellen sucht. Hauptwerke: »Sous le Soleil de Satan« (Die Sonne Satans), »Journal d'un Curé de Campagne« (Tagebuch eines Landpfarrers). Zwei Grundprobleme beherrschen das Werk von Bernanos: das Geheimnis des Bösen (bes. in den Seelenkämpfen der Priestergestalten) und die unerbittliche Auseinandersetzung mit dem Tode, verdichtet im Alpdruck der Todesangst. Der Mensch wird am Rande des Nichts zu einer letzten Entscheidung aufgerufen; in Bernanos' christlicher Sicht kann einzig die Gnade Gottes erlösend helfen.

*

BIRGITTA (BRIGITTA) VON SCHWEDEN, hl. (8. Oktober). Mystikerin, Ordensstifterin und Reformerin ihrer Zeit. Geb. in Finstad bei Uppsala um 1303; gest. in Rom am 23. 7. 1373.

*

BJÖRNSON, BJÖRNSTJERNE; geb. in Krikne (Österdalen) am 8. 12. 1832, gest. am 26. 4. 1910 in Paris. Schuf radikal-ideenkämpferische Romane, historische und bürgerliche Dramen. 1903 Nobelpreis für Literatur. Leitete den naturalistischen Durchbruch in der norwegischen Literatur mit ein. Lebendiger, begeisterungsstarker, im Grundton seiner Dichtung heiterer Geist; tief religiöse Natur.

*

BLAKE, WILLIAM; geb. in London am 28. 11. 1757, ebenda gest. am 12. 8. 1827. Englischer Dichter, Maler, Graphiker. Schuf neben einfachen Liedern visionär-prophetische Dichtungen und mystisch-ekstatische Bilder.

*

BÖHME, JAKOB; geb. 1575 in Altseidenberg bei Görlitz, gest. in Görlitz am 17. 11. 1624. Deutscher protestantischer Theosoph und Naturphilosoph. 1612 trat er mit einer Schrift »Aurora oder Morgenröte im Aufgang« hervor und fand Leser und Anhänger, vor allem unter dem schlesischen Landadel. Seine Lehre verband alchemistische Naturphilosophie und Mystik zu einem pantheistischen System von Tiefe und Originalität.

BONHOEFFER, DIETRICH s. Seite 177.

*

BOYLE, ROBERT; geb. in Lismore (Irland) am 25. 1. 1627, gest. in London am 30. 12. 1691. Englischer Naturforscher. Erkannte als erster den Zusammenhang von Druck und Volumen bei Gasen. – »Boyle-Mariotte-Gesetz«, von Boyle 1665 formuliert.

*

BRAUN, WERNHER VON; geb. am 23. 3. 1912 in Wirsitz bei Bromberg, gest. am 16. 6. 1977 in Alexandria bei Washington, D.C. Deutsch-amerikanischer Raketenforscher.

*

BRENTANO, CLEMENS; geb. in Ehrenbreitstein am 8. 9. 1778, gest. in Aschaffenburg am 28. 7. 1842. Begründete mit Görres und Achim von Arnim die »Heidelberger Romantik«. Von nachhaltiger Wirkung seine Volksliedersammlung »Des Knaben Wunderhorn« (1805–08; zusammen mit Achim von Arnim) und »Trösteinsamkeit«. Unstet und genialisch, phantasiereich und tiefsinnig als Lyriker und Erzähler.

*

BROD, MAX; am 27. 5. 1884 in Prag geb., am 20. 12. 1968 in Tel Aviv gest. Lebte seit 1939 in Tel Aviv. Vom Expressionismus beeinflußter Schriftsteller. Mit Franz Kafka befreundet, dessen Werke er herausgab.

*

BRUCKNER, ANTON; geb. in Ansfelden (Oberösterr.) am 4. 9. 1824, gest. in Wien am 11. 10. 1896. Bruckner ist der gewaltigste nachklassische Symphoniker. Seine Werke sind von tiefer Gläubigkeit erfüllt.

*

BUBER, MARTIN, geb. in Wien am 8. 2. 1878, gest. in Jerusalem am 13. 6. 1965. Seit 1938 Professor für Soziologie an der Universität in Jerusalem. Buber gehörte zu den führenden geistigen Persönlichkeiten des heutigen Judentums, besonders des »Zionismus«, dessen kulturell ethische Ausprägung er literarisch begründete. Buber brachte dem Westen die lebendige Glaubenswelt des Chassidismus nahe. 1954 Friedenspreis des Deutschen Buchhandels.

Buchman, Frank; geb. in Pennsburg am 4. 6. 1878, gest. in Freudenstadt am 7. 8. 1961. Amerikanischer lutherischer Pfarrer. Gründete die Oxford-(Gruppen-)Bewegung, später »Moralische Aufrüstung«, die sich eine Besserung der Weltverhältnisse durch sittliche Besserung des einzelnen Menschen zum Ziel gesetzt hat. Hauptsitz in Caux am Genfer See.

*

Byron, George Gordon Noel, Lord; geb. in London am 22. 1. 1788, gest. in Mesolongion (Griechenland) am 19. 4. 1824. Englischer Dichter der Romantik. Glänzender, leidenschaftlicher Geist von tiefer Anlage. Seine wechselnden Stimmungen weltschmerzlicher, tragischer oder ironisch abwehrender Art bestimmen sein lyrisches Werk. Von großem Einfluß auf die Weltliteratur seiner Zeit (Byronismus). Starb als Beteiligter am Freiheitskampf der Griechen.

*

Cardenal, Ernesto s. Seite 289.

*

Carrel, Alexis; geb. in Lyon am 28. 6. 1873, gest. in Paris am 5. 11. 1944. Französischer Chirurg und Biologe. Organtransplantation (1908) und Gewebezüchtung (1910). Erhielt für seine bahnbrechenden Forschungen den Nobelpreis (1912) für Medizin.

*

Chateaubriand, François-René de; geb. in St. Malo am 4. 9. 1768, gest. in Paris am 4. 7. 1848. Französischer Schriftsteller, Diplomat unter Napoleon I. und der Restauration. Außenminister 1822–24. Bedeutendste literarische Erscheinung zwischen der Vorromantik um Rousseau und der eigentlichen französischen Romantik um Victor Hugo, Lamartine, de Vigny, de Musset. Hervorragender Stilist. Seine ersten Werke »René«, »Attala« und »Le génie du christianisme« (alle 1802) machten ihn weltberühmt. Sein Lebenstraum: »eine Mönchszelle auf einer Theaterbühne« (Fr. Sieburg).

*

Claudel, Paul; geb. am 6. 8. 1868 in Villeneuve-sur-Fère-en-Tardenois (Aisne), am 23. 2. 1955 in Paris gestorben. Diplomatischer Dienst in den USA, in China, Prag, Frankfurt, Hamburg. 1926 Botschafter in den USA, 1934 in Brüssel. Der junge Claudel ausgesprochen materialistisch orientiert. Beeinflußt von Rimbauds Dichtung konvertierte Claudel 1886. Sein dichterisches Werk dient der Verkündigung des christlich-katholischen Glaubens: »Mittagswende«, »Verkündigung«, »Der seidene Schuh«, »Johanna auf dem Scheiterhaufen«. Beachtenswert der Briefwechsel A. Gide–P. Claudel. »Wenn ich höre, daß irgendeine fromme Seele sich meiner bedient, mit einem Wort, daß ich etwas für Gott zu tun vermochte, dann fühle ich, daß ich nicht umsonst geschrieben und gelebt habe.«

*

COLONNA, VITTORIA; geb. in Castel Marino (Colli Albani) 1492; gest. in Rom am 25. 2. 1547. Italienische Dichterin; christlich-platonische Humanistin aus altem Geschlecht, gefühlsechte Lyrikerin. Seit 1538 mit Michelangelo befreundet, von ihm besungen.

*

DANILO, Fürst von Montenegro, Begründer des erblichen Fürstentums Montenegro; geb. am 21. 5. 1826, ermordet am 13. 8. 1860 in Cattaro (Kotor).

*

DANTE ALIGHIERI; geb. in Val d'Elsa bei Florenz am 30. 5. 1265, gest. in Ravenna 13./14. 9. 1321. Italienischer Dichter, einer der erhabensten Gestalter und Denker des ausgehenden Mittelalters. In der lat. Abhandlung »De vulgari eloquentia« erstrebte Dante eine italienische Hochsprache über die Mundarten hinaus. Sein Hauptwerk, das großartige Weltgedicht »La divina Commedia« (Die göttliche Komödie) beschreibt die visionäre Wanderung des Dichters durch Hölle (Inferno), Fegfeuer (Purgatorio) und Himmel (Paradiso). Er gehört mit Shakespeare, Calderon und Goethe zu den vier Großen der Weltliteratur. Seine Jugendlyrik im »dolce stil nuovo« kreist namentlich um Beatrice Portinari.

*

DARWIN, CHARLES; geb. in Shrewsbury 12. 2. 1809, gest. in Down (Kent) am 19. 4. 1882. Englischer Naturforscher. Begründer der modernen Abstammungslehre. Von Darwins Werk ging ein weitwirkender Einfluß auf die allgemeine Auffassung der Natur und auf das politische und künstlerische Denken aus (»Darwinismus«).

*

DAUTHENDEY, MAX; geb. in Würzburg am 25. 7. 1867, gest. in Malang (Java) am 4. 9. 1918 (Grab in Würzburg). Lyriker des impressionistischen Naturempfindens, exotische Novellen und Reisetagebücher, Buchdramen.

*

DAVID (hebr. = der Geliebte), aus dem Stamme Juda. Nachfolger Sauls als 2. König (1004–972) Altisraels. Kampf Davids gegen Goliath in den Philisterkriegen. Festigte als König die innere Einheit. Nach außen Schaffung eines Großreiches vom Libanon bis zum Roten Meer. Eroberung Jerusalems (Reichszentrum mit Bundeslade).

*

DAVY, HUMPHRY; geb. in Penzance (Cornwall) am 17. 12. 1778, gest. in Genf am 29. 5. 1829. Englischer Chemiker. Erkannte den Zusammenhang zwischen chemischen und elektrischen Kräften; erfand unter anderem »die Davysche Sicherheitslampe«.

*

DESCARTES, RENÉ (Renatus Cartesius); geb. in La Haye (Touraine) am 31. 3. 1596, gest. in Stockholm am 11. 2. 1650. Französischer Gelehrter und Philosoph. Sein mathematisch geschultes philosophisches Denken, das Beeinflussung durch Sinneswahrnehmungen ablehnte, ließ ihn an allem zweifeln, außer an der Tatsache des Zweifels selber. Von ihr aus kam er zu dem Schluß »Cogito, (ergo) sum« und wurde Begründer des »Rationalismus« und der neueren Philosophie überhaupt sowie bedeutender Anreger zu mathematischem Fortschritt.

*

DICKENS, CHARLES; geb. am 7. 2. 1812 in Landport bei Portsmouth, gest. in Gadshill Place bei Rochester am 9. 6. 1870; Pseudonym: Boz; volkstümlichster englischer Erzähler des 19. Jahrhunderts. Ausgezeichnet durch eindringliche Charakterzeichnung und Milieuschilderung. Unübertroffen sein pointierter Humor und der romantische Zauber, die auch in seinen bittersten Romanen zu finden sind.

Dionysius der Grosse, hl. (17. November). Bischof von Alexandrien (190–265); seit 231 Haupt der alexandrinischen Katechetenschule.

*

Dostojewskij, Fjodor Michailowitch; in Moskau am 11. 11. 1821 geboren, gest. am 9. 2. 1881 in Petersburg (Leningrad). Seine großen Romane schuf Dostojewskij nach seiner vierjährigen Verbannung nach Sibirien. Seine Romane wenden sich dem Leben der Armen und Erniedrigten wie überhaupt menschlicher Verzweiflung zu. Der Dichter predigt die Rückkehr zu Gott. »Er sah die Wurzeln alles Übels im Fehlen einer Religion ... Er war ein ›Gottsucher‹ wie Iwan Karamasow, von allen Zweifeln heimgesucht« (H. Kohn). – Albert Camus hat vor einigen Jahren Dostojewskijs Roman »Die Dämonen« dramatisiert.

*

Droste-Hülshoff, Annette Freiin von; geb. auf Schloß Hülshoff bei Münster i. W. am 10. oder 14. 1. 1797, gest. in Meersburg am 24. 5. 1848. Lyrikerin und Erzählerin von schwerblütig-herber Kraft, mit intensivem Naturgefühl und realistischer Beobachtung; von stiller Größe; mystisch, empfindungsreich, religiös. Vor allem bekannt durch ihre Balladen.

*

Dschelal ed-Din Rumi, der größte mystische Dichter der Perser; geb. in Balch 1207, gest. in Konya 1273, wohin sein Vater ausgewandert war. Dschelal ist der Stifter des Ordens der Mewlewije, von den Europäern »tanzende Derwische« genannt.

*

Duke, Charles s. Seite 287.

*

Dürer, Albrecht; geb. am 21. 5. 1471 in Nürnberg, ebenda gest. am 6. 2. 1528. – 1486 trat Dürer, der Sohn eines aus Ungarn stammenden, in Nürnberg lebenden Goldschmieds, in die Werkstatt Wolgemuts ein. Wanderschaft: Colmar (Isenheimer Altar), Basel. Seine erste Reise nach Venedig unternahm er zweifellos um 1494/95. Zurück in Nürnberg eröffnete er eine Werkstatt. An Stichen schuf Dürer unvergleichliche Meisterwerke »Apokalypse« (1498). Seine zweite

Italienreise (zwischen 1505 und 1507) machte ihn mit der Harmonie und Komposition der venezianischen Meister bekannt. Werke jener Zeit: »Adam und Eva« (1507), »Allerheiligenaltar« (1511). In jener Zeit hauptsächlich Kupferstiche und Holzschnitte »Die Große und die Kleine Holzschnittpassion« (1510–12); »Melancholie«. Der gefeierte Künstler stand im Dienst Kaiser Maximilians. Er reiste in die Niederlande und malte 1526 sein letztes großes Meisterwerk: »Die vier Apostel«. Später auch theoretische Schriften. Dürer hinterließ das schönste, vielseitigste und tiefste Oeuvre der deutschen Renaissance.

*

ECHNATON, Name des ägyptischen Königs Amenophis IV. (1375–1358 v. Chr.), Gemahl der Nofretete. Sein »Sonnengesang« ist ein Meisterwerk der ägyptischen Dichtung.

*

ECKHART (Eckart, Eckehart, genannt Meister Eckhart); geb. um 1260 in Hochheim bei Gotha, gest. im Herbst 1327 in Köln. Wichtigster Vertreter der deutschen Mystik des Mittelalters. Lehre vom »Seelenfünklein« oder »Seelengrund«, in dem sich, unter Voraussetzung geistiger Abgeschiedenheit, die »unio mystica« (die Vereinigung mit Gott) vollzieht.

*

EEDEN, FREDERIK WILLEM VAN; geb. in Haarlem am 3. 4. 1860, gest. in Bussum bei Amsterdam am 16. 6. 1932. Niederländischer Schriftsteller. Christliche Ideale und Sozialgefühl. Gehörte zur literarischen Gruppe der »Tachtiger«.

*

EHRENBERG, CHRISTIAN GOTTFRIED; geb. in Delitzsch am 19. 4. 1795, gest. in Berlin am 27. 6. 1876. Deutscher Naturforscher und Mediziner, Schöpfer der wissenschaftlichen Infusorienkunde. Begleiter Alexanders von Humboldt auf seiner Reise nach Asien.

*

EICHENDORFF, JOSEPH, FREIHERR VON; geb. auf Schloß Labowitz bei Ratibor am 10. 3. 1788, gest. in Neisse am 26. 11. 1857. Dichter der Romantik. Mit Brentano und A. v. Arnim befreundet. Teilnahme an den Befreiungskriegen 1813–14; preußischer Staatsdienst bis 1844. Heimatnaher Dichter des Waldes, der sein tiefes Naturempfinden oft ins Religiöse und Wunderbare zu steigern wußte. Als Prosaist wurde er vor allem durch seine Erzählung »Aus dem Leben eines Taugenichts« bekannt. Ursprünglich stimmungsvoller, melodischer Lyriker in Lied und Gedicht.

*

Einstein, Albert; geb. in Ulm am 14. 3. 1879, gest. in Princeton (New Yersey) am 18. 4. 1955. Einer der bedeutendsten Physiker, der, abgesehen von der grundlegenden Umgestaltung der modernen physikalischen Erkenntnis durch die Schaffung der speziellen und allgemeinen Relativitätstheorie, auf zahlreichen Gebieten der Physik bahnbrechend gewirkt hat. Nobelpreis für Physik 1921.

*

Emerson, Ralph Waldo; geb. in Boston am 25. 5. 1803, gest. in Concord bei Boston am 27. 4. 1882. Amerikanischer Philosoph und Dichter. Prediger der Unitarier (1826–32). Emersons Werk steht am Anfang der idealistischen Philosophie in den USA und ist ein poetisch beschwingter Appell an den amerikanischen Menschen zur Selbstbesinnung im Kampf gegen oberflächliches Wesen.

*

Erasmus von Rotterdam, Desiderius (eigentlich Gerhard Gerhards); geb. in Rotterdam am 28. 10. 1466 (1469?), gest. in Basel am 12. 7. 1536. Niederländischer Humanist. Das Anliegen des Erasmus von Rotterdam waren die Pflege humanistischer Bildung und die Wiederherstellung des ursprünglichen Christentums durch Zurückgehen auf die Quellen und Reinigung der Frömmigkeit von äußerem Zeremoniell. Weite Kreise erwarteten von ihm eine Reform der Kirche. Er erstrebte sie durch Abstellung der kirchlichen Mißbräuche von oben her. Als Schriftsteller gelang ihm die Verbindung von germanischer Geistigkeit und romanischer Form. Sehr lesenswert sein »Lob der Torheit«.

*

Eugen, Prinz von Savoyen, der »edle Ritter«; geb. in Paris am 18. 10. 1663, gest. in Wien am 21. 4. 1736. Einer der größten Feldherrn und Staatsmänner Österreichs. Kämpfte siegreich gegen die Türken, die

Franzosen und zusammen mit Marlborough gegen französisch-bayrische Truppen. Er war der eigentliche Gründer der österreich-ungarischen Doppelmonarchie. Aus Dankbarkeit baute ihm der Kaiser Schloß Belvedere in Wien. Prinz Eugen schuf auch eine bedeutende Kunstsammlung.

*

EUSEBIUS, Bischof von Caesarea in Palästina. Theologe und Kirchenhistoriker. Geb. um 263 in Palästina, gest. in Caesarea am 30. 5. 339.

*

FARADAY, MICHAEL; geb. in Newington (Surrey) 22. 9. 1791, gest. in Hampton Court bei London am 25. 8. 1867. Englischer Naturforscher; Entdecker der Chlor-Wasserstoff-Verbindung und des Benzols. Mit H. Davy zusammen führte er Forschungen über die Verflüssigung der Gase durch. Er formulierte das Induktionsgesetz, die elektrochemischen Äquivalentgesetze und schuf den Begriff des elektrischen Feldes. Zur Messung der Elektrizitätsmenge erfand er das Voltameter; 1836 fand Faraday die jedem Isolator eigene Dielektrizitätskonstante. Ferner stellte Faraday die magnetische Drehung der Polarisationsebene in durchsichtigen Körpern fest (Faraday-Effekt) und entdeckte den Diamagnetismus.

*

FAULHABER, MICHAEL KARDINAL s. Seite 197.

*

FEDERER, HEINRICH; geb. in Brienz am 7. 10. 1866, gest. in Zürich am 29. 4. 1928. Schweizer Dichter; Erzähler von starkem Naturempfinden und gläubiger Menschlichkeit.

*

FÉNELON, FRANÇOIS DE SALIGNAC DE LA MOTHE, französischer Erzbischof (Cambrai), Prediger, politischer Schriftsteller, Erzieher. Geboren auf Schloß Fénelon (Périgord) am 6. 8. 1651, gest. in Cambrai am 7. 1. 1715. Neben Bossuet der bedeutendste Kanzelredner und religiöse Persönlichkeit ersten Ranges im Zeitalter Ludwigs XIV.

FICHTE, JOHANN GOTTLIEB, geb. in Rammenau (Oberlausitz) am 19. 5. 1762, gest. in Berlin am 29. 1. 1814. Deutscher Philosoph. Fichtes Hauptwerk wurde seine Wissenschaftslehre (1794). Sie setzte sich die Aufgabe, die Selbstentfaltung des Ich als Vernunftnotwendigkeit zu begreifen, und betonte aufs stärkste die weltschöpferische Produktivität des reinen Ich. Völkische Einstellung in seinen »Reden an die deutsche Nation« (1807–1808).

*

FIRDAUSI, meist fälschlich Firdusi genannt, Abu 'l-Kasim Mansur, der größte epische Dichter der Perser. Geb. in Tos in Chorassan 939, ebenda gestorben 1020.

*

FLEMING, SIR ALEXANDER s. Seite 200.

*

FOUCAULD, CHARLES DE s. Seite 200.

*

FRANKLIN, BENJAMIN; geb. in Boston am 17. 1. 1706, gest. in Philadelphia am 17. 4. 1790. Nordamerikanischer Politiker, Schriftsteller und Naturwissenschaftler; ursprünglich Buchdrucker. Entdecker der atmosphärischen Elektrizität und Erfinder des Blitzableiters. 1776 Gesandter in Frankreich.

*

FRANZ VON ASSISI, FRANZISKUS, Ordensstifter, geb. in Assisi 1181/82, ebenda gest. am 3. 10. 1226. Er genießt unter Katholiken und Andersgläubigen die gleiche Bewunderung.

*

FRANZ VON SALES (29. Jan.), Bischof von Genf (1602–22), geb. auf dem Stammschloß der Familie Sales bei Thorens (Savoyen) am 21. 8. 1567, gest. in Lyon am 28. 12. 1622. Stiftete 1610 den Orden der Heimsuchung Mariä (Salesianerinnen). 1877 zum Kirchenlehrer und 1923 zum Patron der katholischen Presse und der katholischen Schriftsteller erklärt.

Galilei, Galileo; geb. in Pisa am 15. 2. 1564, gest. in Arcetri am 8. 1. 1642. Für seine Zeit bahnbrechender italienischer Physiker und Astronom. Seine Messungen der Fallbewegungen und der Pendelschwingungen ließen ihn das Trägheitsprinzip der Mechanik erkennen. Mit einem selbstkonstruierten Fernrohr gelangen Galilei bedeutende astronomische Entdeckungen (z. B. Jupitermonde), die damals unerwünschte Beweise gegen das von der Kirche verteidigte Weltsystem lieferten. Nach einem Inquisitionsverfahren gegen ihn mußte Galilei öffentlich der kopernikanischen Lehre abschwören (sein Widerruf »Eppur si muove« scheint legendär zu sein) und wurde 1633 für kurze Zeit in Rom gefangengesetzt. 1637 erblindete er.

*

Gândhî, Mohandâs Karamchand, gen. Mahâtma Gândhî (Große Seele); geb. in Porbandar (Kâthîâwâr) am 2. 10. 1869, ermordet in New Delhi am 30. 1. 1948. Führer der indischen nationalen Bewegung; streng religiöser Hinduist, Vorkämpfer für überlieferte indische Einfachheit der Lebensweise. Bis 1914 Advokat der Inder in Südafrika. In Indien Führer der politischen »Non Cooperation« gegen England (gewaltloser Widerstand = »Satyagraha«). 1924–37 und 1940–41 Präsident der Kongreßpartei. Kämpfte mit dem Mittel des Hungerstreiks im Gefängnis, wo er einen großen Teil seines Lebens verbringen mußte.

*

Gauguin, Paul; geb. am 7. 6. 1848, gest. am 8. 5. 1903 in La Dominica (Marquesas-Inseln). 1875 begann er, ein vollkommener Autodidakt, zu malen. Verließ der Malerei zuliebe seine Familie, lebte eine Zeitlang in Pont-Aven (Bretagne), reiste dann nach Martinique. Rückkehr und erneute Reise, diesmal nach Tahiti. Hier schuf er einige seiner frappierendsten Werke. Sein Œuvre übte ungeheuren Einfluß auf die Kunst des 20. Jahrhunderts aus. Neben seinen Gemälden fertigte Gauguin auch Lithographien, Holzschnitte und Skulpturen an. Lange mit van Gogh befreundet. S. Maugham hat Gauguins Leben einen seiner besten Romane gewidmet: »Silbermond und Kupfermünze«.

*

Gauss, Carl Friedrich; geb. in Braunschweig am 30. 4. 1777, gest. in Göttingen am 23. 2. 1855. Deutscher Mathematiker und Astronom.

Ab 1807 Professor und Direktor der Sternwarte in Göttingen. Einer der bedeutendsten Mathematiker; auf vielen Gebieten bahnbrechend: Zahlentheorie, Algebra, Analysis, Theorie der elliptischen Funktionen, Fehlerrechnung u. a.

*

GERHARDT, PAUL; geb. in Gräfenhainichen (Sachsen) am 12. 3. 1607, gest. in Lübben (Brandenb.) am 27. 5. oder 7. 6. 1676. Deutscher lutheranischer Theologe und Liederdichter. Bedeutendster Vertreter der religiösen Lyrik des 17. Jahrhunderts.

*

GOETHE, JOHANN WOLFGANG VON; geb. in Frankfurt am Main am 28. 8. 1749, gest. in Weimar am 22. 3. 1832. Der größte deutsche Dichter, dessen universaler Geist alle Wissens-, Lebens- und Kunstgebiete umfaßte. Grundmotiv seines umfangreichen Schaffens war das eigene Leben, das sich von der »Sturm- und Drangperiode« der Jugendzeit zur einsamen und abgeklärten Höhe eines vollendeten und in sich geschlossenen Menschentums entwickelte. Werke von bleibendem Wert: die Natur- und Liebeslyrik, »Faust«, I. und II. Teil. Außerdem (in zeitlicher Reihenfolge): »Götz von Berlichingen« (1771 bis 1773), der Roman »Werther« (1774), der Goethes europäischen Ruhm begründete; der Bildungsroman »Wilhelm Meisters Lehrjahre« (1795–1796), der »Westöstliche Diwan« (1819), der Eheroman »Wahlverwandtschaften« (1829), die Autobiographie »Dichtung und Wahrheit« (1814 bis 1833) u. a.

*

GORKI, MAXIM (Pseudonym für Alexei Maximowitsch Peschkow), russischer Schriftsteller; geb. am 14. 3. 1868 in Nischnij-Nowgorod, gest. am 18. 6. 1936 in Moskau. 1906–1913 und 1921–30 in Süditalien (Capri, Sorrent). Weltbekannt durch sein Drama »Nachtasyl« (1902).

*

GÖRRES, JOH. JOSEPH VON; geb. in Koblenz am 25. 1. 1776, gest. in München am 29. 1. 1848. Deutscher Gelehrter und Pionier der politischen Journalistik. Bis 1824 sich weltanschaulich wandelnd (Herder, Schelling, romantisches Eindringen ins deutsche Mittelalter, Katholizismus). Kämpfte im »Rheinischen Merkur« für Freiheit der Person und des Volkstums. 1827 Professor für Universalgeschichte in München; Mitarbeiter an den »Historisch-politischen Blättern«. Görreskreis um die Zeitschrift »Eos« (1828 bis 1832).

*

Gotthelf, Jeremias (eigentlich Albert Bitzius), Schweizer Erzähler; geb. in Marten am 4. 10. 1797, gest. in Lützelflüh am 22. 10. 1854. Seit 1832 Pfarrer ebenda. Ursprüngliche, große Begabung, innerlich anteilnehmender Menschenbeobachter, Sprachschöpfer. Seine Werke enthalten überzeitlich gültige soziale, psychologische und religiöse Einsichten.

*

Grimm, Jacob; geb. in Hanau am 4. 1. 1785, gest. in Berlin am 20. 9. 1863. Professor in Göttingen und Berlin. Deutscher Philologe der Romantik, Begründer der wissenschaftlichen Germanistik. Unsterblich durch die Aufzeichnung der Kinder- und Hausmärchen.

*

Guardini, Romano; geb. in Verona am 17. 2. 1885, gest. in München am 1. 10. 1968. Katholischer Theologe. Professor in München. Hervorragend als Religionsphilosoph. Friedenspreis des Deutschen Buchhandels 1953.

*

Guyon, Jeanne Marie Bouvier de la Mothe, französische Mystikerin; geb. in Montargis (Loire) am 13. 4. 1648, gest. in Blois am 9. 6. 1717. Neigte schon als Kind zu asketischer Frömmigkeit und wandte sich später der mystischen Gedankenwelt zu. Sie ist eine Hauptvertreterin des Quietismus. Bekannt sind ihre geistlichen Beziehungen zu Fénelon, der sie gegen Bossuet verteidigte; trotzdem wurde sie mehrere Jahre in der Bastille eingekerkert.

*

Hakuin der Zen-Meister. Bedeutender japanischer Mystiker im 17. Jahrhundert. Zen: geistige und körperliche Hinwendung auf das Absolute; mit der naturalistischen Weltanschauung des Taoismus verbundene Mystik. Starker Einfluß auf die amerikanische Beatnik-Literatur der Nachkriegszeit. Siehe J. Kerouac »On the road«.

Pablo Picasso (1881–1973), »Die erste heilige Kommunion«. Der Künstler schuf dieses eindrucksvolle Gemälde im Alter von 15 Jahren.

HAMMARSKJÖLD, DAG s. Seite 206.

*

HARVEY, WILLIAM; geb. in Folkestone am 1. 4. 1578, gest. in Hempstead (Essex) am 3. 6. 1657. Englischer Anatom und Physiologe, Entdecker des Blutkreislaufs. Begründer der physikalischen Physiologie. Gegner der Urzeugung.

*

HAUPTMANN, GERHART; geb. in Obersalzbrunn am 15. 11. 1862, gest. in Agnetendorf am 6. 6. 1946. Bedeutendster Vertreter des deutschen Naturalismus, der sich später der symbolhaften Idealisierung zuwandte. Als Dramatiker von Weltruf erhielt Hauptmann 1912 den Nobelpreis. Berühmte Bühnenwerke: die naturalistischen Dramen »Vor Sonnenaufgang« (1889), »Die Weber« (1892), »Hanneles Himmelfahrt« (1893), »Florian Geyer« (1895), »Fuhrmann Henschel« (1898), »Rose Bernd« (1903), »Vor Sonnenuntergang« (1932) u. a.; Märchendramen, Versdramen, erzählende Werke und Gedichte.

*

HEBBEL, FRIEDRICH; geb. in Wesselburen (Dithmarschen) am 25. 3. 1813, gest. in Wien am 13. 12. 1863. Bedeutend besonders durch seine psychologisch vertieften, düster-problematischen Tragödien, die den Konflikt des Individuums mit einer höheren Ordnung behandeln. Dramen: »Judith« (1841), »Maria Magdalena« (1844), »Herodes und Mariamne« (1850), »Agnes Bernauer« (1855), »Gyges und sein Ring« (1856), »Die Nibelungen« (1862); außerdem Gedankenlyrik.

*

HEGEL, GEORG WILHELM FRIEDRICH; geb. in Stuttgart am 27. 8. 1770, gest. in Berlin am 14. 11. 1831. Größter philosophischer Systematiker des 19. Jahrhunderts. Seine Philosophie gilt als »absoluter Idealismus«; Grundprinzip ist das lebendige Subjekt (= Ich), das sich unendlich entfaltet und zugleich bei dieser Selbstentfaltung stets bei sich bleibt. Das absolute Sein (allgemeine Substanz und Wesenheit) hat sich mit logischer Notwendigkeit zur Welt entwickelt. Die Geschichte sah er in ihrem Wesen noch als »Fortschritt im Bewußtsein der Freiheit« an.

Gotthard Kuehl (1850–1915), »Vor der Schicht«. Das Gemälde, das um 1900 entstand, hängt in der Neuen Pinakothek in München.

Heidenstam, Verner von; geb. in Olshammer am 6. 7. 1859, gest. in Övralid am 20. 5. 1940. Nobelpreisträger für Literatur 1916. Überwinder des Naturalismus. Begründer der neuschwedischen Renaissance.

*

Hesse, Hermann; geb. in Calw (Württ.) am 2. 7. 1877, gest. am 9. 8. 1962 in Montagnola (Tessin). Lyriker von anfänglich romantischer Grundstimmung; scheu, zärtlich, naturhingegeben, resigniert, voll melodiösen Reizes. Als bedeutender Erzähler gestaltet Hesse mit vollendeter Sprachkunst den Typus des sensitiven und problematischen Einzelmenschen. Goethepreis 1946, Nobelpreis 1946, Friedenspreis des Deutschen Buchhandels 1955. Der Roman »Das Glasperlenspiel« (1943) vollzieht Einordnung in die menschliche Gemeinschaft.

*

Hildegard von Bingen, hl. (17. Sept.); geb. auf Burg Böckelheim bei Kreuznach 1098, gest. in Rupertsberg bei Bingen am 17. 9. 1179. Äbtissin der von ihr gegründeten Klöster Rupertsberg und Eibingen. Mystikerin, geistliche Schriftstellerin von umfassendem Einblick in das gesamte damalige Leben.

*

Hölderlin, Johann Christoph Friedrich; geb. am 20. 3. 1770 in Lauffen am Neckar, gest. in Tübingen am 7. 6. 1843. Vor allem Lyriker (Hymnen, Elegien). Seit 1802 Anfälle von Geisteskrankheit, seit 1806 unheilbar krank. Oft schwerverständlicher Lyriker von expressiver, hymnischer Ausdruckskraft, beherrscht von der Sehnsucht nach der Antike und vom Kult des Schönen. Gedichte; Roman »Hyperion« (1797–1799); »Empedokles« (1797–1807).

*

Huch, Ricarda; geb. in Braunschweig am 18. 7. 1864, gest. in Frankfurt am Main am 17. 11. 1947. Verbindet dichterische Schau in romantischer Empfindung und philosophischer Deutung; beachtenswert auch als Kulturhistorikerin. Werke: Gedichte, Romane (»Aus der Triumphgasse«, »Vita somnium breve«), literarhistorische Schriften, historische Studien.

Hugo, Victor; geb. in Besançon am 26. 2. 1802, gest. in Paris am 22. 5. 1885. Mit den frühen Dramen »Cromwell« und »Hernani« anerkanntes Haupt der französischen Romantik. Bedeutender Lyriker: verskünstlerisch virtuos und rhetorisch überschwenglich in der Frühzeit; später abgeklärter, empfindungsreicher, im Wohllaut harmonischer. Als Erzähler breit ausladend.

*

Humboldt, Alexander, Freiherr von; geb. in Berlin am 14. 9. 1769, ebenda am 6. 5. 1859 gestorben. Naturforscher von universeller Bildung und einer der berühmtesten Reisenden. Reisen in Westeuropa 1790, in Amerika 1799–1804, in Zentralasien 1829.

*

Huygens, Christian; geb. im Haag am 14. 4. 1629, ebenda gest. am 8. 6. 1695. Niederländischer Mathematiker, Physiker und Astronom. Begründer der Wellentheorie des Lichts.

*

Ibsen, Henrik; geb. in Skien am 20. 3. 1828, gest. in Oslo am 23. 5. 1906. Norwegischer Dichter; Vertreter eines wahrheitsstrengen, richtenden Realismus von pessimistischer Grundstimmung. Seine bei allmählicher Enthüllung der Vorgeschichte auf die Endphase konzentrierten Problemdramen waren von großem Einfluß auf die europäische Literatur.

*

Ignatius von Loyola (Iñigo de Loyola; 31. Juli), Ordensstifter; geb. im Kastell Loyola (Azpeitia) um 1491, gest. in Rom am 31. 7. 1556. – Ursprünglich Ritter, 1521 bei Pamplona schwer verwundet; bildete sich theologisch an den Hochschulen Alcalá, Salamanca und Paris. Nach Errichtung der »Societas Jesu« (Jesuiten) 1540 und Wahl zum General 1541 schuf Ignatius die Ordenskonstitutionen. 1622 heiliggesprochen.

*

Irvin, James s. Seite 287.

Jammes, Francis; geb. am 2. 12. 1868 in Tournay (Hautes-Pyrénées), gest. am 1. 11. 1938 in Hasparren. Naturnaher Dichter, der aus antiker Idyllik und unter Claudels Einfluß den Weg zur Kreatur- und Naturliebe und zu allumfassender Weltfröhlichkeit franziskanischer Prägung findet. Liebevoller Schilderer der Heimatlandschaft, des Baskenlandes. Werke: »Die Gebete der Demut«, »Das Paradies der Tiere«, »Der Pfarrherr von Ozeron« u. a. m.

*

Jean Paul, eigentlich Jean Paul Friedrich Richter; geb. in Wunsiedel bei Hof am 21. 3. 1763, gest. in Bayreuth am 14. 11. 1825. Meister der Erzählung, ausgezeichnet durch reiche Phantasie und Gemüt wie durch humorvoll eindringlichen Sinn für die Wirklichkeit des Unscheinbaren. Meistgelesener Autor seiner Zeit.

*

Johannes vom Kreuz (San Juan de la Cruz); bedeutender spanischer Mystiker und Kirchenlehrer, hl. (24. Nov.); geb. in Fontiveras am 24. 6. 1542, gest. in Ubeda am 14. 12. 1591. Begründer des Ordens der »Unbeschuhten Karmeliter«.

*

Jung, Carl Gustav; geb. in Keßwil am 26. 7. 1875, gest. in Küßnacht am 7. 6. 1961. Schweizer Psychologe und Facharzt für Psychotherapie. Überwand die Einseitigkeit der Psychoanalyse, indem er das individuelle Unbewußte durch das kollektive Unbewußte ergänzte, worin die erblichen Archetypen (Urformen) ruhen. Animus-Anima-Theorie.

*

Kalidasa, der größte Dichter Indiens, Dramatiker, Epiker und Lyriker, lebte im 5. Jahrhundert n. Chr. am Hofe der Gupta-Könige.

*

Kant, Immanuel; geb. in Königsberg am 22. 4. 1724, ebenda gest. am 12. 2. 1804. Durch seine »Kritiken« begründete er eine neue Epoche der Philosophie, die sich zugleich gegen den Dogmatismus der »historischen Religionen« wie gegen den Skeptizismus, namentlich der Aufklärung, richtete. Religion ist Kant gleichbedeutend mit moralisch sinnvoll geführtem Leben. Kants Ethik bestimmt den Begriff des guten (autonomen) Willens durch die Formel des von der Vernunft vorgeschriebenen kategorischen Imperativs: Handle so, daß die Maxime deines Handelns ein allgemeines Gesetz werden könnte.

*

KAZANTZAKIS, NIKOS; geb. in Heraklion (Kreta) am 18. 2. 1885, gest. in Freiburg i. Breisgau (Exil) am 26. 10. 1957. Griechischer Schriftsteller. Nach dem 1. Weltkrieg Leiter einer Rückführungskommission für Flüchtlinge. Später Professor in Athen. Machte das Volksgriechische literaturfähig durch Befreiung vom byzantinischen Ballast.

*

KELLER, GOTTFRIED; geb. in Zürich am 19. 7. 1819, ebenda am 15. 7. 1890 gestorben. Begann als Maler (München 1840–42); seine dichterische Entwicklung erfolgte in Zürich (1842–48). Studien in Heidelberg und Berlin (1848–54) vertieften seine Weltanschauung; zur Befreiung aus dem Bann der Romantik und zu Wirklichkeitsbejahung verhalf Keller die Philosophie L. Feuerbachs (ohne dessen atheistisches Bekenntnis).

*

KEPLER, JOHANNES; geb. in Weil der Stadt (Württ.) am 27. 12. 1571, gest. in Regensburg am 15. 11. 1630. Deutscher Astronom. Kaiserlicher Mathematiker und Hofastronom Rudolfs II. in Prag. In seinem Werk »Astronomia nova« veröffentlichte er die beiden ersten Keplerschen Gesetze. Planetentafeln (»Tabulae Rudolphinae«).

*

KERNER, JUSTINUS; geb. in Ludwigsburg am 18. 9. 1786, gest. in Weinsberg am 21. 2. 1862. Deutscher Arzt und Dichter der Spätromantik. Warmherziger, frommer Lyriker des schwäbischen Dichterkreises; Autor volksliedhafter Gedichte und Balladen. Daneben okkultistische Aufzeichnungen.

*

KIERKEGAARD, SÖREN AABYE; geb. in Kopenhagen am 5. 5. 1813, ebenda am 11. 11. 1855 gestorben. Dänischer protestantischer Schriftsteller und Religionsphilosoph. Betonte den Konflikt zwischen Geist und Leben (»Pfahl im Fleisch«), das tätige Leben aus dem Glauben und die religiös-christliche Lebensform des kreatürlichen (nicht autonomen) Menschen, welche er im Sinne einer radikalen Erneuerung des Christentums gegenüber der bestehenden Kirche vertrat; darin Pascal verwandt. Hauptwerke: »Entweder – Oder« (1843), »Furcht und Zittern« (1844), »Der Begriff der Angst«, »Die Krankheit zum Tode« (1849).

*

KIPLING, RUDYARD; geb. in Bombay am 30. 12. 1865, gest. in London am 18. 1. 1936. Englischer Schriftsteller; schuf eindrucksvolle, beobachtungsreiche Bilder aus dem angloindischen Leben. Kraftvolle Balladen. Nobelpreis für Literatur 1907.

*

KIVI, ALEKSIS; geb. 1834, gest. 1872. Finnischer Dichter. Er starb sehr jung und lebte ein Leben in bitterer Armut und starb in Umnachtung: daher sagt man von ihm, er habe nur vom Herbst bis zur Weihnachtszeit gelebt und nie einen Sommer gesehen. Seine Volkskomödien gehören zum festen Bestand der finnischen Theater. »Sieben Brüder« – der erste finnische Roman – wurde in viele Sprachen übersetzt.

*

KOCHANOWSKI, JAN, poln. Dichter und Humanist; geb. in Sycyna 1530, gest. in Lublin am 22. 8. 1584. Wegbereiter der ital. Renaissance in Polen (Krakauer Hof).

*

KOLBE, PATER MAXIMILIAN s. Seite 224.

*

KÖLCSEY, FRANZ, ungarischer Dichter; geb. in Szöademeter am 8. 8. 1790, gest. Cseke am 24. 8. 1838. Liberaler Politiker, Kunstkritiker und Essayist. Besonders wertvoll sind seine patriotischen Gedichte. Er schuf die ungarische Nationalhymne.

*

KOLUMBUS, CHRISTOPH (ital.: Cristoforo Colombo; span.: Cristóbal Colón); geb. in Genua zwischen 25. 8. und 31. 10. 1451, gest. in Valladolid am 21. 5. 1506. – Italienischer Seefahrer in spanischen Diensten, Entdecker Amerikas. Verfolgte, durch Ptolemäuskarten und den Florentiner Naturforscher Toscanelli angeregt, den Plan, Indien auf dem Westweg zu erreichen. Schwer krank und im Glauben, den Westweg nach Indien gefunden zu haben, kehrte er nach Spanien zurück, wo man ihn beschuldigte und wo er einsam und verbittert starb. Gebeine in Sevilla.

*

Kopernikus, Nicolaus; geb. in Toruń (Thorn) am 19. 2. 1473, gest. am 24. 5. 1543 in Frombork (Frauenburg). Astronom. Von 1506–1512 Arzt in Heilsberg. Sechsbändiges Hauptwerk »De revolutionibus orbium coelestium«. Seine fundamentale Erkenntnis war: Die Erde und die übrigen Planeten umkreisen die Sonne, der scheinbar tägliche Umlauf der Sonne ist nur die Folge der Erdrotation (Kopernikanisches Weltsystem).

*

Lamartine, Alphonse de; geb. in Mâcon am 21. 10. 1790, gest. in Paris am 28. 2. 1869. Französischer Dichter der Romantik. Erst Gardeoffizier, dann Diplomat und 1848 demokratischer Politiker. Romantiker von gefühlsbetonter, religiös gestimmter Denkweise, Traum und Wirklichkeit verbindender Visionskraft und melodiöser Form.

*

Lao-tse (Lau-tsï = alter Meister?) chines. Philosoph; kann als Verfasser des »Tao-tê-king« nicht vor dem 4. Jh. v. Chr. gelebt haben (die legendäre Tradition machte ihn zu einem älteren Zeitgenossen des Konfuzius, 6. Jh. v. Chr.). In seinen kurzen, oft mehrdeutigen, sinnsprüchehaften Werken erweist sich Lao-tse als der tiefste chines. Denker. Er verbindet die Ethik mit einer umfassenden Weltschau. Welt und Leben werden vom »Tao« heherrscht.

*

Laplace, Pierre-Simon Marquis de, geb. in Beaumont-en-Auge am 28. 3. 1749, gest. in Paris am 5. 3. 1827. Französischer Mathematiker und Astronom. In einem Werk über Himmelsmechanik behandelte Laplace unter anderem die Bahnen des Erdmondes und der Planeten und besonders die Lehre von den gegenseitigen Störungen der Planeten. Bekannt ist ferner die Nebularhypothese über die Entstehung des Sonnensystems (Kant-Laplacesche Theorie). Auf dem Gebiet der

Mathematik gab er Grundlegendes zur Entwicklung der Wahrscheinlichkeitsrechnung.

*

Lasker-Schüler, Else (eigentlich Else Walden); geb. in Elberfeld am 11. 2. 1869, gest. in Jerusalem am 22. 1. 1945. Deutsch-jüdische Dichterin. Expressionistisch, sinnlich-farbenprächtig, phantastisch, mit mythischem Kern. Befreundet mit Gottfried Benn, Karl Kraus u. a. Extravagant. Gedichte, Novellen, Roman, Drama (»Die Ruhr«).

*

Lavater, Johann Caspar; geb. in Zürich am 15. 11. 1741, ebenda gest. am 2. 1. 1801. Schweizer, protestantisch, philosophischer Schriftsteller. Antiaufklärerischer Vertreter des »Sturm und Drang«, später mit mystisch-schwärmerischem Einschlag. Sein Hauptwerk: »Physiognomische Fragmente« (4 Bde., 1775–1778; in viele Sprachen übersetzt).

*

Leibniz, Gottfried Wilhelm; geb. in Leipzig am 1. 7. 1646, gest. in Hannover am 14. 11. 1716. Deutscher Philosoph und enzyklopädischer Gelehrter, Ingenieur und Diplomat. Einer der größten abendländischen Denker; suchte die mechanistisch-cartesianische Methodik in der Philosophie mit dem christlich-scholastisch-platonisch-aritotelischen Weltbild in Einklang zu bringen. In seinem bekanntesten Werk, der »Theodizee« (1710), erklärte Leibniz, daß diese Welt die beste aller möglichen Welten sei. Seine Doktrin von den »fensterlosen«, kraftbegabten Monaden (»Monadologie«, 1714) steht als metaphysischer Pluralismus gegen Spinozas Alleinheitstheorie. In seiner »Lehre von der prästabilierten Harmonie« vertrat Leibniz die Ansicht, daß Gott alle Substanzen so geschaffen habe, daß sie untereinander in genauer Übereinstimmung stehen. Voltaire hat in seinem Roman »Candide« die optimistische Philosophie verspottet.

*

Leino, Eino; geb. 1878, gest. 1926. Finnischer Lyriker; das herausragende Genie der finnischen Dichtung.

Lenau, Nikolaus (eigentlich Nikolaus Niembsch, Edler v. Strehlenau); geb. in Csatád (rumän. Banat) am 13. 8. 1802, gest. in Oberdöbling bei Wien am 22. 8. 1850 (seit 1844 geisteskrank). Österreichischer Dichter. In seinen stimmungsvollen Gedichten und epischen Dichtungen erklingen Heimat- und Rastlosigkeit, Weltschmerz, hoffnungslose und leidenschaftliche Liebe. Epen: Faust (1836), Savonarola (1837), Die Albigenser (1842), Don Juan (aus Nachlaß, hg. v. A. Grün, 1851).

*

Leonardo da Vinci; geb. in Vinci bei Empoli am 15. 4. 1542; gest. auf Schloß Cloux bei Amboise am 2. 5. 1519. – Seine Ausbildung erhielt er in der Werkstatt Verrocchios in Florenz; 1472 trug er sich in die Lukas-Gilde ein. Seine ältesten Werke sind die Predellen der »Verkündigung«. 1482 trat er in den Dienst von Ludovico il Moro in Mailand und arbeitete an der Reiterstatue des Francesco Sforza (1490–1494). In dieser Zeit entstanden die meisten seiner architektonischen Entwürfe, er malte die »Felsengrotten-Madonna« und das Fresko des »Heiligen Abendmahls« (1495–97) im Refektorium von S. Maria delle Grazie, Mailand. 1513 ging er nach Rom und ließ das große Fresko »Anghiari-Schlacht« für den Palazzo delle Signoria in Florenz unvollendet zurück. In Rom wissenschaftliche Arbeiten für den Papst. Er malte die »Mona Lisa« und die »Anna Selbdritt«, bevor er 1516 dem Ruf von Franz I. nach Frankreich folgte. Leonardo war auch als Bildhauer, Architekt, Philosoph, Dichter, Naturforscher und Ingenieur gleich schöpferisch: ein Universalgenie. Doch sein Hauptinteresse galt der wissenschaftlichen Forschung.

*

Lermontow, Michail Jurjewitsch; geb. in Moskau am 14./15. 10. 1814, gest. (Duell) in Pjatigorsk am 27. 7. 1841. Russischer Dichter. Musikalität, tiefes, oft weltschmerzliches lyrisches Empfinden und Gestaltungskraft kennzeichnen seine Lyrik und epischen Dichtungen. Die Dramen zeigen starke Spannung. »Ein Held unserer Zeit« (autobiographisch gefärbtes Prosawerk) begründete den psychologischen Roman.

*

Lessing, Gotthold Ephraim; geb. in Kamenz (Sachsen) am 22. 1. 1729, gest. in Braunschweig am 15. 2. 1781. Genialer Kritiker und

Wegbereiter der deutschen Klassik; berühmt durch sein Lustspiel »Minna von Barnhelm« (1763; gedruckt 1767), seine Dramen »Emilia Galotti« (1772) und »Nathan, der Weise« (1779; Toleranz und Menschlichkeit verherrlichendes Ideenschauspiel) sowie durch seine »Hamburgische Dramaturgie« (2 Bde., 1767—69). Ferner: »Die Erziehung des Menschengeschlechts« (1780). In kritischen Schriften verwarf Lessing den Formzwang der französischen Klassik und ihrer Nachahmer, pries dagegen Shakespeare und gab der Kunsttheorie eine neue Richtung (»Laokoon«, 1766).

*

LIEBIG, JUSTUS VON; geb. in Darmstadt am 12. 5. 1803, gest. in München am 18. 4. 1873. Deutscher Chemiker, Professor in Gießen und München. Er entwickelte Analysenmethoden und Geräte (Liebigscher Kühler), die noch heute verwendbar sind, und entdeckte zahlreiche neue Stoffe, wie Chloroform u. a. Liebig ist der Schöpfer der modernen Düngerlehre und Erfinder des nach ihm benannten Fleischextrakts.

*

LINNÉ, CARL VON; geb. in Råshult (Schweden) am 23. 5. 1707, gest. in Uppsala am 10. 1. 1778. Schwedischer Naturforscher. Begründer der modernen Pflanzenbeschreibung. Führte die binäre Nomenklatur (Doppelbenennung) ein und stellte das Linnésche System auf, ein nach Merkmalen der Geschlechtsorgane angeordnetes Pflanzensystem. Hauptwerk: »Systema naturae« (1735).

*

LORBEER, JAKOB s. Seite 240.

*

LUTHER, MARTIN; geb. in Eisleben am 10. 11. 1483, gest. ebenda am 18. 2. 1546 (Grab in der Schloßkapelle zu Wittenberg). Am 31. 10. 1517 schlug er seine berühmten 95 Thesen an die Schloßkirche zu Wittenberg und verweigerte den Widerruf unter Appellation an ein allgemeines Konzil und eröffnete damit seinen Konflikt mit der Kirche, der zur Reformation führte. Seine Wirkung ging über die erste Gestaltung, die das Luthertum annahm, weit hinaus. In Fabel, Kirchenlied, namentlich aber in seiner aus der damaligen Volkssprache heraus gestalteten Bibelübersetzung (1522—46) erweist sich über das Religiöse hinaus seine große schöpferische Kraft.

Maeterlinck, Maurice; geb. in Gent am 29. 8. 1862, gest. bei Nizza am 6. 5. 1949. Belgischer Schriftsteller flämischer Abstammung. Dichter der traumhaft fließenden Atmosphäre (Symbolismus). Naturmystik und philosophische Naturdurchdringung (»Das Leben der Bienen« [1901], »Die Intelligenz der Blumen« [1907]). Drama »Pelléas und Mélisande« (1892) wurde von Debussy vertont. Nobelpreis für Literatur 1911.

*

Mallarmé, Stéphane; geb. in Paris am 18. 3. 1842, gest. in Valvins-sur-Seine am 9. 9. 1898. Französischer Dichter. Schuf aus musikalischem Erleben neue dichterische Ausdrucksmöglichkeiten in hochkultivierter Wortkunst. Zusammen mit Verlaine Schöpfer des Symbolismus.

*

Mauriac, François; geb. in Bordeaux am 11. 10. 1885, gest. in Paris am 1. 9. 1970. Französischer Romancier und Essayist. Von christlicher Haltung; behandelt in seinen Romanen voll spannungsreicher Psychologie das Problem der Existenz des Bösen in der modernen Welt. Nobelpreis 1952. »Das Ziel Ihrer Romane«, schreibt André Gide einmal an den Dichter, »besteht weniger darin, Sünder zum Christentum zurückzuführen, als Christen darauf hinzuweisen, daß es auf Erden auch noch anderes gibt als den Himmel . . . Wäre ich mehr Christ, ich wäre zweifellos weniger Ihr Schüler.«

*

Maxwell, James Clerk; geb. in Edinburgh am 13. 6. 1831, gest. in Cambridge am 5. 11. 1879. Englischer Physiker. Maxwell veröffentlichte für die verschiedensten Gebiete der Physik grundlegende Arbeiten (darunter die Maxwellsche Lichttheorie, das Maxwellsche Gesetz der Geschwindigkeitsverteilung, die Maxwellsche Theorie des elektromagnetischen Feldes, welche die Grundlage für die moderne Elektrodynamik bildet).

*

Mayer, Pater Rupert s. Seite 243.

*

Meyer, Conrad Ferdinand; geb. in Zürich am 11. 10. 1825, gest. in Kilchberg bei Zürich am 28. 11. 1898. Vom romantischen Formsinn durchdrungen, gestaltete C. F. Meyer mit Vorliebe geschichtliche Stoffe aus der Renaissance und der Reformation. Nach anschaulichen Sinnbildern strebender Dichter. Prosa: »Jürg Jenatsch« (1876), »Der Schuß von der Kanzel« (1878), »Gustav Adolfs Page« (1882), »Die Versuchung des Pescara« (1887), »Angela Borgia« (1891).

*

Michelangelo Buonarroti. Italien, Florenz und Rom. Geb. am 6. 3. 1475 in Caprese (Toskana), gest. am 18. 2. 1564 in Rom. – Er erhielt seine Ausbildung in Florenz, arbeitete bei Ghirlandaio und trat dann in die Werkstatt ein, die Lorenzo Medici in den Gärten von S. Marco unterhielt. Um 1497 wurde er mit dem »Bacchus« berühmt, 1501 vollendete er die »Pietà« in der Peterskirche und kehrte nach Florenz zurück, wo er den Karton für die »Schlacht von Cascina« malte. Papst Julius II. rief ihn 1505 nach Rom, um sich von ihm sein Grabmal bauen zu lassen, und gab ihm den Auftrag zu den Deckenfresken in der Sixtinischen Kapelle (1508–1512). Papst Paul III. beauftragte ihn mit der Darstellung des »Jüngsten Gerichts« (1536–1541). Michelangelos Malerei ist eine Fortsetzung seiner Skulpturen. Vor allem das »Jüngste Gericht« beeinflußte die jungen Maler nachhaltig; in seiner diagonalen Komposition und den kühnen Verkürzungen lag der italienische Manierismus begründet. Michelangelo betätigte sich auch als Architekt und war ein bemerkenswerter Dichter.

*

Milton, John; geb. in London am 9. 12. 1608, ebenda gest. am 8. 11. 1674. Englischer Dichter; versöhnte das Renaissance-Ideal sinnlicher Schönheit mit dem Ernst des Puritanertums. »Paradise lost« (gedr. 1667): Motiv des mit der Sünde ringenden Menschen. Aus seiner Verherrlichung der Vernunft und des Willens spricht protestantisch-angelsächsischer Geist seiner Zeit. Einfluß auf Klopstocks »Messias«.

*

Mohammed (Muhammed, arab. = der Gepriesene), arabischer Prophet und Religionsstifter, geb. in Mekka um 570 n. Chr., gest. in Medina am 8. 6. 632. Anfänglich Kaufmann. Predigte seit ca. 610 auf Grund von persönlichen Offenbarungen seinen heidnischen Mitbürgern den strengen Monotheismus, das Nahen des Gerichts, Paradiesesfreuden und Höllenqualen, lehrte geistigen, opferlosen Gebetsgottesdienst, bezeichnete sich (nach Moses und Christus) als abschließenden Boten Gottes. In Mekka bedrückt, wanderte Mohammed 622 mit seiner Gemeinde nach Medina aus (»Hedschra«) und gründete dort den »islamischen Gottesstaat«.

*

More, Sir Thomas (latinisiert: Morus); geb. am 7. 2. 1478 in London, ebenda gest. am 6. 7. 1535. Englischer Humanist und Staatsmann. Heiliggesprochen am 19. 5. 1935. Lord Chancellor Heinrichs VIII. Wegen seiner Weigerung, die Erbfolge Anna Boleyns in Verbindung mit der Suprematie des Königs über die Kirche zu beschwören, wurde More 1535 hingerichtet. Sein politisches Hauptwerk, die »Utopia«, ist Ausdruck der humanistischen Sehnsucht nach der auf Erkenntnis gegründeten vollkommenen menschlichen Gemeinschaft.

*

Morgenstern, Christian; geb. in München am 6. 5. 1871, gest. in Meran am 30. 3. 1914. Deutscher Lyriker. Populär namentlich seine Tiefsinn und Absurdität mischenden Grotesken.

*

Mörike, Eduard; geb. in Ludwigsburg am 8. 9. 1804, gest. in Stuttgart am 4. 6. 1875. Einer der größten deutschen Lyriker: gemüt- und humorvolle Idyllen, Liebeslieder von quellender Ursprünglichkeit sowie volksliedhafte Romanzen. Meisterhafter Erzähler in der Novelle »Mozart auf der Reise nach Prag«. Autobiographischer Roman: »Maler Nolten« (1832), »Das Stuttgarter Hutzelmännlein« (1853) u. a.

*

Nasir ad-Din at-Tusi, persischer Astronom, Polyhistoriker und schiitischer Politiker; geb. in Tus (Chorasan) am 18. 2. 1201, gest. in Bagdad 26. 6. 1274, errichtete die Sternwarte zu Maragha und verfaßte u. a. ein Lehrbuch der Astronomie sowie Planetentafeln.

*

Nebukadnezar (auch Nabuchodonasor), Name zweier babylonischer Könige, von denen der erste von 1146 bis 1123 und der zweite von 605 bis 562 v. Chr. regierten. Nebukadnezar II., mächtigster König des neubabylonischen Reiches, baute Babylon aus; auf seinen Zügen gegen Westen belagerte er 598 vorübergehend Jerusalem und eroberte es 587.

*

NEWMAN, JOHN HENRY, englischer Kardinal; geb. am 21. 2. 1801 in London, gest. in Edgbaston bei Birmingham am 11. 8. 1890. Ursprünglich anglikanischer Theologe. Urheber und geistiges Haupt der »Oxfordbewegung« des 19. Jahrhunderts. 1845 trat er zur römisch-katholischen Kirche über; wurde 1847 Priester, 1879 Kardinal.

*

NEWTON, SIR ISAAC; geb. am 4. 1. 1643 in Woolsthorpe bei Grantham (Lincolnshire) (25. 12. 1642 alten Stils), gest. am 31. 3. 1727 (20. 3. alten Stils) in Kensington. Englischer Physiker, Mathematiker und Astronom. Einer der größten Naturforscher der Geschichte. In seinem Werk »Philosophiae naturalis principia mathematica« begründete Newton die klassische theoretische Physik. Seine drei Axiome gelten mit geringen Korrekturen heute noch. Gravitationsgesetz (1666). Er berechnete die Massen des Mondes und der Planeten, erfand ferner die »Fluxionsrechnung« (Differentialrechnung). In seinen optischen Untersuchungen entdeckte er die Zerlegung des Lichtes in Spektralfarben (Newtons Ringe) und begründete eine Emissionstheorie des Lichtes.

*

NIETZSCHE, FRIEDRICH; geb. am 15. 10. 1844 in Röcken bei Lützen (Sohn eines protestantischen Pfarrers), gest. (nach längerer geistiger Umnachtung) in Weimar am 25. 8. 1900. Deutscher Kulturphilosoph. Im Kampf gegen Pessimismus und Skeptizismus und in der Überwindung des Nihilismus, der für Nietzsche die Voraussetzung für seine Lehre von der »ewigen Wiederkehr des Gleichen« war, gelangte er zu einer schrankenlosen Bejahung des Lebens. Im Bild des Übermenschen sind die neuen, höchsten Werte vereint, und im Willen zur Macht erblickte Nietzsche das letzte Lebensprinzip. Seine geistesgeschichtliche Bedeutung liegt in der Kritik, die sich gegen das Lebenssystem des bürgerlichen Zeitalters richtete.

*

NIKLAUS VON FLÜE, genannt Bruder Klaus, Schweizer Mystiker, hl. (25. Sept.); geb. in Flüeli ob Sachseln (Kanton Obwalden) 1417; im

Ranft gest. am 21. 3. 1487. Bauer, Ratsherr und Richter; verließ mit Einwilligung seiner Frau 1467 seine Familie und lebte bis zum Tode als Einsiedler. Ausgezeichneter Vermittler; rettete an der Tagsatzung von Stans (1481) die Eidgenossenschaft vor dem Bürgerkrieg. Heiligsprechung am 15. 5. 1947.

*

Nisami, Abu Mohammed Iljas ibn Jussuf Scheich Nissam od-Din, persischer Dichter; der Begründer des romantischen Epos. Geb. in Tafrisch bei Kum 1141, gest. in Gandscha 1209. Verfaßte außer lyrischen Gedichten fünf als »Chamse« (Fünfer) zusammengefaßte Epen.

*

Novalis (eigentlich Freiherr Friedrich von Hardenberg); geb. in Oberwiderstedt (Thüringen) am 2. 5. 1772, gest. in Weißenfels am 25. 3. 1801. Schwärmerisch-mystischer Dichter und Autor des bedeutendsten Romans der Romantik »Heinrich von Ofterdingen«; zu erwähnen sind noch die innig empfundenen »Geistlichen Lieder« und die »Hymnen an die Nacht« (1800).

*

Ørsted, Hans Christian; geb. in Rudkjøbing (Langeland) am 14. 8. 1777, gest. in Kopenhagen am 9. 3. 1851. Dänischer Physiker. Entdeckte 1820 die Ablenkung einer Magnetnadel durch den elektrischen Strom. Nach ihm benannt ist das Ørsted als Einheit der magnetischen Feldstärke im absoluten elektromagnetischen Maßsystem.

*

Paracelsus, Philippus Aureolus Theophrastus Bombastus von Hohenheim genannt Paracelsus, geb. am 10. 11. (17. 12.?) 1493 bei Einsiedeln (Schwyz), gest. am 24. 9. 1541 in Salzburg. Arzt und Reformator der Medizin. Führte ein unstetes Dasein als Wanderarzt. Wandte sich heftig gegen Buchgelehrsamkeit und traditionelle Medizin. Schöpfer einer neuen Theorie der Heilkunde, die den Menschen ins Zentrum des Naturgeschehens stellt. Begründete die Iatrochemie (Anwendung chem. Substanzen als Heilmittel).

PASCAL, BLAISE; geb. in Clermont-Ferrand am 19. 6. 1623, gest. in Paris am 19. 8. 1662. Französischer Mathematiker, Physiker und Philosoph. Bedeutende mathematische Untersuchungen zur Geometrie, Infinitesimalrechnung und Wahrscheinlichkeitsrechnung. Erfinder des Barometers. 1654 erlebte Pascal eine Bekehrung und wandte sich in Port-Royal einem Leben harter Askese zu. Zentrum seiner philosophischen Erkenntnis war die Erfassung der menschlichen Lebensführung. Seine »Pensées sur la religion«, eine großangelegte Apologie des Christentums, blieben Fragment.

*

PESTALOZZI, JOHANN HEINRICH; geb. in Zürich am 12. 1. 1746, gest. in Brugg am 17. 2. 1827. Schweizer Pädagoge, einer der größten Erzieher aller Zeiten. Wurde zum Reformator des Unterrichts und Pionier der Volksschule. – Die weltumfassende Wirkung seines Werkes lag in der völligen Hingabe seines Wesens an den notleidenden Menschen, den er in Beziehung zu Gott und zur Natur stellte.

*

PETRARCA, FRANCESCO; geb. in Arezzo am 20. 7. 1304, gest. am 19. 7. 1374 in Arquà. Italienischer Dichter; besang wie keiner vor ihm Schmerz und Wehmut seiner Leidenschaft (zu Laura de Sade) und wurde dadurch Vorbild für die Liebeslyrik in Europa. Vereinigte als erster das geistig-relig. Erbe des Mittelalters und die neuen Keime der antiken Kultur.

*

PÉTURSSON, HALLGRÍMUR, isländischer Dichter; geb. 1614 (?), gest. am 27. 10. 1674, gilt als bedeutendster Psalmen- und Hymnendichter Islands.

*

PLANCK, MAX KARL ERNST LUDWIG; geb. in Kiel am 23. 4. 1858, gest. am 4. 10. 1947 in Göttingen. Erhielt 1918 als Schöpfer des Planckschen Wirkungsquantums den Nobelpreis für Physik. Seine Quantentheorie brachte eine neue Auffassung des gesamten Naturgeschehens und bildet einen der Grundpfeiler der modernen Physik.

Plotin (Plotinos), griechischer Philosoph; geb. in Lykopolis (Ägypten) 205 n. Chr., gest. in Minturnae 270. Mitbegründer des Neuplatonismus; von bedeutendem Einfluß auf die christliche Mystik (Befreiung der Seele aus dem Materiell-Sinnlichen und ihre Vereinigung mit dem Ur-Sein, dessen Emanationen die Welt gebildet haben).

*

Puschkin, Alexander Sergejewitsch; geb. in Moskau am 6. 6. 1799 (26. 5. alten Stils), gest. (Duell) in Petersburg am 10. 2. 1837 (29. 1. alten Stils). Hervorragende Sprach- und Gestaltungskraft von tiefer Empfindung, getragen von nationalen Impulsen und dem Gedanken der Humanität. Befreite sich selbst (namentlich in der Tragödie »Boris Godunow« und im Versroman »Ewgenij Onegin«) und die russische Literatur von fremder Abhängigkeit und gewann sich und ihr einen hohen Platz in der Weltliteratur.

*

Pythagoras, griechischer Philosoph aus Samos; geb. um 570 v. Chr., gest. wahrscheinlich in Metapont 496. Eine fast mythische Figur. Pythagoras lehrte die Seelenwanderung und bildete einen Geheimbund (Pythagoreer). Der von ihm bekannt gemachte »Pythagoreische Lehrsatz« war im Prinzip schon den alten Babyloniern, Sumerern, Ägyptern und Indern vertraut.

*

Ramakrishna, Religionslehrer des Hinduismus; geb. in Karmapukar am 20. 2. 1834, gest. bei Kalkutta am 16. 8. 1886.

*

Ramses, ägyptisch Ramesse (»Rê hat ihn geboren«); elf ägyptische Könige der 19. und 20. Dynastie.

*

Rilke, Rainer Maria; geb. in Prag am 4. 12. 1875, gest. in Val-Mont bei Montreux am 29. 12. 1926. Als einer der sprachgewaltigsten und persönlichsten Lyriker schuf er in seinen Gedichten einen beseelten Kosmos, den »Weltinnenraum«. Lyrisches: »Die Weise von Liebe und Tod des Cornets Christoph Rilke« (1899; Prosagedicht), »Das Stundenbuch« (1899–1902), »Das Buch der Bilder« (1902), »Das Marienleben«

(1913), »Duineser Elegien« (1923), »Sonette an Orpheus« (1923) und anderes. Im Mittelpunkt von Rilkes Werk steht die Geistwerdung in der Seele. Sie breitet sich empfindungsreich über alles Außerpersönliche, auch Transzendente (Gott, Tod) aus und schafft so einen beseelten Kosmos, den »Weltinnenraum«.

*

Ritter, Carl, deutscher Geograph; geb. am 7. 8. 1779 in Quedlinburg, gest. in Berlin am 28. 9. 1859. Mit A. von Humboldt Begründer der modernen geographischen Wissenschaft.

*

Saint-Exupery, Antoine de s. Seite 259.

*

Schelling, Friedrich Wilhelm; geb. in Leonberg (Württ.) am 27. 1. 1775, gest. in Bad Ragaz am 20. 8. 1854. Deutscher Philosoph. Eine der bedeutendsten und umstrittenen Gestalten des deutschen Idealismus; brachte dessen wichtigste Gedanken mit der Romantik und der christlichen Tradition zur Synthese (»Positive Philosophie«).

*

Schenkendorf, Max von; geb. in Tilsit am 11. 12. 1783, gest. in Koblenz am 11. 12. 1817. Deutscher Dichter. Schürte mit seinen Liedern (»Freiheit, die ich meine« u. a.) die Begeisterung für den Freiheitskampf 1813–15.

*

Schiller, Friedrich von; geb. in Marbach (Württ.) am 10. 11. 1759, gest. in Weimar am 9. 5. 1805. Geborener Dramatiker und sozialer Revolutionär; erfüllt von hohem sittlichem Pathos; leidenschaftlicher Verfechter der politischen und menschlichen Freiheitsidee. Bedeutend auch als Balladendichter. Hauptwerke: Jugenddramen »Die Räuber«, »Fiesko«, »Kabale und Liebe«. Dramen im klassischen Stil: »Don Carlos«, »Wallenstein-Trilogie«, »Maria Stuart«, »Die Jungfrau von Orleans«, »Die Braut von Messina«, »Wilhelm Tell«. Gedankenlyrik, historische Abhandlungen usw.

Schneider, Reinhold; geb. in Baden-Baden am 13. 5. 1903, gest. in Freiburg i. Br. am 6. 4. 1958. Deutscher Schriftsteller. Verinnerlichter Gestalter und Deuter der Geschichte und des Zeitgeschehens. Friedenspreis des Deutschen Buchhandels 1956.

*

Schweitzer, Albert; geb. in Kaysersberg am 14. 1. 1875, gest. am 5. 9. 1965 in Lambarene. Elsässischer protestantischer Theologe, Philosoph, Arzt und Musiker (Orgel). Begründer der konsequent-eschatologischen Auffassung des Urchristentums; als Kulturphilosoph betont er die Ehrfurcht vor dem Leben. Großer Organist und Bach-Interpret. 1913 begründete er sein berühmtes Negerspital in Lambarene (Äquat.-Afrika). 1952 Friedens-Nobelpreis. Besonders bekannt geworden durch seine eindringliche Warnung vor den gesundheitlichen Gefahren der Atombombenversuche (April 1957).

*

Seuse, Heinrich (lat.: Suso); geb. in Überlingen oder Konstanz am 21. 3. um 1295, gest. in Ulm am 25. 1. 1366. Deutscher Mystiker, Dominikaner. Schüler Meister Eckharts in Köln; gehörte mit diesem und Tauler zu den bedeutendsten deutschen Mystikern. 1831 seliggesprochen.

*

Shakespeare, William; getauft in Stratford on Avon am 26. 4. 1564, ebenda gest. am 23. 4. 1616. Der größte Dramatiker aller Zeiten. In seiner Kunst liegt ein untrügliches Gefühl für die höchsten sittlichen Werte, wie uneigennützige Liebe, Hingabe, stete Treue, Mut, Wahrheit, Gerechtigkeit, Humor und menschliche Würde. Bedeutend auch seine Sonette. Er beherrschte alle Möglichkeiten dramatischen Ausdrucks. Da seine Werke zeitlos sind, werden sie auch heute noch am meisten aufgeführt und immer wieder verfilmt. Die großen Rollen, die er geschaffen hat, zu spielen, ob Hamlet, Ophelia, Macbeth, die Königsrollen, Prospero oder die zahllosen übrigen, ist der Wunsch jedes Schauspielers.

*

Spenser, Edmund; geb. in London um 1552, ebenda gestorben am 16. 1. 1599. Englischer Dichter. Sein unvollendetes, in genial archaisierender Sprache (Spenserstanze) geschriebenes Epos »The Faerie Queene« (1589–96) ist eine romantische Allegorie von der Suche des vollkommenen Ritters Artus (Leicester) nach der Feenkönigin Glorianna (Elisabeth).

*

SPINOZA, BENEDICTUS DE (Baruch Despinoza), jüdisch-niederländischer Philosoph; geb. am 24. 11. 1632 in Amsterdam, gest. in Den Haag am 21. 2. 1677. Spinozas System ruht auf dem Grundbegriff der einen, absoluten, unendlichen Substanz, die Ursache ihrer selbst ist und mit der Natur, aber auch mit Gott als identisch erscheint. Gott ist also der Welt immanent (Pantheismus).

*

STEIN, EDITH s. Seite 268.

*

STIFTER, ADALBERT; geb. in Oberplan (Böhmerwald) am 23. 10. 1805, gest. (Selbstmord wegen Krankheit) in Linz am 28. 1. 1868. Österreichischer Dichter. In seinen Erzählungen hervorragender, seelisch vertiefter Naturschilderer, dessen Stil und Sprache Zeugnis von strenger künstlerischer Selbsterziehung ablegen.

*

STRAUSS UND TORNEY, LULU VON; geb. in Bückeburg am 20. 9. 1873, gest. in Jena am 19. 6. 1956. Deutsche Lyrikerin und Erzählerin.

*

STRINDBERG, AUGUST; geb. in Stockholm am 22. 1. 1849, ebenda gest. am 14. 5. 1912. Strindbergs Dichtungen, die »Fetzen seiner Seele«, mit dem Stempel scharfer Beobachtung haben die Weltliteratur wesentlich beeinflußt.

*

SWAMMERDAM, JAN, holländischer Zoologe und Arzt; geb. am 12. 2. 1637 in Amsterdam, gest. (an Malaria) ebenda am 15. 2. 1680. Erfinder der Farbinjektion von Blutgefäßen, Wachsinjektion (1667); Entdecker der roten Blutkörperchen (1668).

Swedenborg, Emanuel von, schwedischer Naturforscher und Theosoph; geb. am 29. 1. 1688, gest. in London am 29. 3. 1772.

*

Symeon der Neue Theologe, byzantinischer, christlicher Mystiker; geb. 949 n. Chr., gest. in Konstantinopel am 12. 3. 1022.

*

Synesios von Kyrene, griechischer Philosoph, um 400 n. Chr., Neuplatoniker der Alexandrinischen Schule, Dichter und Rhetor, trat zum Christentum über und wurde 411 Bischof von Ptolemaïs, ohne seinen Neuplatonismus aufzugeben.

*

Thâkur (engl.: Tagore), Rabîndranâth, geb. in Kalkutta am 7. 6. 1861, gest. in Sânhinikêtan am 7. 8. 1941. Indischer Dichter, Philosoph und Musiker. Namentlich Lyrik (ind. Geist, neue Formen und Rhythmen). Dramen von europäischem Symbolismus beeinflußt; Prosa (Romane, zahlreiche Novellen), formal vom englischen Roman abhängig, gibt erste realistische Schilderung des modernen indischen Alltags. Literatur-Nobelpreis 1913.

*

Taine, Hippolyte, französischer Geschichtsschreiber und Geschichtsphilosoph; geb. in Vouziers (Dép. Ardennes) am 21. 4. 1828, gest. in Paris am 5. 3. 1893. Lehrer der Rhetorik, Professor der Kunstgeschichte an der Ecole des Beaux-Arts in Paris, seit 1878 Mitglied der Académie Française. Seine beiden Hauptwerke fußen auf der Milieutheorie. Taine war neben Renan der einflußreichste wissenschaftliche Schriftsteller der jungen III. Republik. Seine Kunst der psychologischen und der historischen Deutung wurde für Zola und Maupassant zum Vorbild.

*

Tauler, Johannes; geb. in Straßburg um 1300, ebenda gestorben 16. 6. 1361. Deutscher Mystiker und Prediger, Dominikaner. Schüler Meister Eckharts. Von hervorragender Ausdruckskraft.

Tegnér, Esaias, schwedischer Dichter, geb. am 13.11.1782 in Kyrkerud (Värmland); gest. am 2.11.1846 in Växjö. Romantische Vorliebe für das Altnordische, das er idealisierte und verchristlichte.

*

Mutter Teresa s. Seite 273.

*

Tersteegen, Gerhard s. Seite 274.

*

Thoma, Hans; geb. in Bernau (Schwarzwald) am 2.10.1839, gest. in Karlsruhe am 7.11.1924. Deutscher Maler und Graphiker. Meister eines poetischen Realismus.

*

Thomas von Aquin (1323 von Papst Johann XXII. hl. gesprochen; Fest am 7. März). Katholischer Kirchenlehrer, der größte Scholastiker des Mittelalters (»Doctor angelicus, communis«). Geb. um 1225 in Roccasecca, gest. am 7.3. 1274 in Fossanuova bei Terracina.

*

Thomas von Kempen (a Kempis), Mystiker. Geb. in Kempen (Niederrhein) 1379 oder 1380, gest. in Agnetenberg bei Zwolle (Holland) 25.7.1471. Wirkte als Seelsorger, Novizenmeister und geistlicher Schriftsteller. Die ihm zugeschriebenen vier Bücher »De imitatione Christi« (»Nachfolge Christi«) wurden das nach der Bibel verbreitetste Werk der Weltliteratur.

*

Tolstoi, Lew (Leo) Nikolajewitsch, Graf, geb. in Jasnaja Poljana (Gouv. Tula) am 9.9.1828, gest. in Astapowo am 20.11.1910. Russischer Erzähler. Mit der Natur eng verwachsen und mit dem Volke (gegen die sogenannten Gebildeten) liebend verbunden, schuf er farbenprächtige Bilder der russischen Landschaft, der bäuerlichen und der adeligen Welt, voll Unmittelbarkeit und unübertroffenem Realismus. In seinen späteren Werken verurteilt er sein bisheriges Leben, fragt mit eindringlicher Problemstellung nach dem Lebenssinn und der richtigen sozial-ethischen und religiösen Lebensführung.

TRAKL, GEORG; geb. in Salzburg am 3. 2. 1887, gest. in Krakau am 3. 11. 1914. Seine Themen von Herbst und Verfall, Fluch und Erlösungssehnsucht deuten auf das Verhängnis des Weltkrieges.

*

VEGA, LOPE FÉLIX DE VEGA CARPIO; geb. in Madrid am 25. 11. 1562, ebenda gestorben am 27. 8. 1635. Spanischer Dichter. Schuf in der spanischen »comedia« Vereinigung des Tragischen mit dem Komischen, Betonung der dramatischen Handlung. Charakteristisch ist sein ausgeprägter Ehrbegriff. Von seinen etwa 1800 Stücken sind etwa 470 erhalten. Themen aus den verschiedensten Lebensgebieten. »Autos sacramentales«. Lyrik von echt volkstümlicher Prägung. Prosa: Schäferroman, Novelle.

*

VILLON, FRANÇOIS (eigentlich Montcorbier, nannte sich Villon nach seinem geistlichen Protektor); geb. in Paris 1431, gest. nach dem 5. 1. 1463 (letzte Erwähnung Villons). Genialer Poet (Balladen), der bedeutendste französische mittelalterliche Lyriker. – Sein zwischen Missetat und Reue schwankendes, vom Bewußtsein der Vergänglichkeit aufgewühltes Leben spiegelt sein intensives, naturwüchsiges, brutal und auch klagendes oder ironisch ausgedrücktes Werk.

*

VIVEKANANDA; geb. 1862, gest. 1902; ein Apostel des modernen Hinduismus.

*

VOLTAIRE (eigentlich François-Marie Arouet); geb. in Paris am 21. 11. 1694, ebenda gest. am 30. 5. 1778. Französischer Schriftsteller, Historiker und Philosoph der Aufklärung. Skeptischer und universaler Geist; Wegbereiter der Französischen Revolution; griff im Namen der Toleranz ins Zeitgeschehen ein.

*

VONDEL, JOOST VAN DEN, niederländischer Dichter des »Goldenen Zeitalters«; geb. in Köln am 17. 11. 1587, gest. in Amsterdam am 5. 2. 1679.

WALTHER VON DER VOGELWEIDE; geb. um 1170 (in Österreich, Tirol?), gest. um 1230 in Würzburg (?). Der bedeutendste deutsche Lyriker des Mittelalters. Ausgeprägte Persönlichkeit von starker Empfindung und ethischer Grundhaltung. Fahrender Ritter. Politische Lyrik. Zarte und volkstümliche Tanz- und Liebeslieder; hoher Minnesang, in den Altersliedern dem Jenseitigen zugewandt.

*

WERFEL, FRANZ; geb. am 10. 9. 1890 in Prag, gest. am 27. 8. 1945 in Beverly Hills (Kalifornien). Universitätsstudium. Im 1. Weltkrieg Soldat. 1938 emigriert Werfel nach Frankreich; beim Einmarsch der deutschen Truppen in abenteuerlicher Flucht nach den USA; schreibt als Dank für seine Rettung das Buch von Lourdes: »Das Lied von Bernadette«. Werfel beginnt mit Gedichten, die auf expressionistische Weise (unter dem Einfluß der Psalmen, Klopstocks, Schillers, Whitmans) zur Menschlichkeit aufrufen: »Weltfreund«. An die Stelle der strengen Form tritt das überwogende moralische Pathos. »Trotz allem realen Elend muß unser höchstes Glück und Daseinsziel die Entfaltung und Steigerung des inneren Lebens sein.«

*

WHITMAN, WALT; geb. in West Hills (Long Island) am 31. 5. 1819, gest. am 26. 3. 1892 in Camden (New Jersey). Sohn eines Farmers; Buchdrucker, Lehrer, Journalist. Seine Lyrik, darunter »Leaves of Grass« (1855), werden von einem hohen Pathos getragen, das sich an der Bibel, an Ossian, Homer, Dante orientiert. Whitman kämpft als Demokrat für den humanitären Fortschritt, er besingt die Freiheit, das natürliche Leben, aber auch Technik und Zivilisation. Von besonderem Einfluß auf die moderne amerikanische und europäische Lyrik, bes. auf den Expressionismus in Deutschland.

*

WILDE, OSCAR; geb. in Dublin am 15. 10. 1854, gest. in Paris am 30. 11. 1900. Irischer Dichter; geistvoller Vertreter des Ästhetizismus; glänzender Stilist, paradoxer Satiriker, Märchenerzähler und Lyriker.

*

ZARATHUSTRA (pers.; griech. Zoroaster), altpers. Prophet, dessen Herkunft und Lebensdaten nicht sicher feststehen. Sieht man in Zarathustra den Verfasser des »Gāthās«, dann weist die Sprache auf nord- oder ostpersische Herkunft. Seine Lehre, ein ethischer Dualismus, der den Kern der persischen Religion ausmacht, bekämpft vom Standpunkt der reineren Hirtenreligion die eingedrungenen orgiastischen Kulte. In den späteren Teilen des »Avesta« erscheint Zarathustra als Gesetzgeber, der Reinheits- und Ritualbräuche vorschreibt.

*

ZWEIG, STEFAN; geb. in Wien am 28. 11. 1881, gest. (Selbstmord) in Petropolis (Brasilien) am 23. 2. 1942. Findet rasch Zugang zum literarischen Leben. Im 1. Weltkrieg sucht er in der Schweiz mit Romain Rolland und anderen auf ein friedliches Europa hinzuarbeiten. Als Österreich 1938 angegliedert wird, geht Zweig nach Nordamerika, später nach Brasilien. Zusammen mit seiner Frau scheidet er 1942 aus dem Leben. »Ich grüße alle meine Freunde, mögen sie die Morgenröte noch sehen. Ich, allzu Ungeduldiger, gehe ihnen voraus.« Zweigs Novellen, seine Essays und romanhaften Biographien zur Kultur- und Geistesgeschichte, wie auch seine Lebenserinnerungen zeigen den Dichter als einen feinfühlig-psychologischen Zergliederer und als blendenden Stilisten. Zweig ist der meistgelesene deutschsprachige Autor in der Welt.

*

ZWINGLI, HULDRYCH (Ulrich); geb. am 1. 1. 1484 in Wildhaus (Toggenburg); gefallen am 11. 10. 1531 bei Kappel. Schweizer Reformator, Theologe, Humanist und Politiker. Erst von Erasmus beeinflußt. Das Vorbild Luthers und eigene innere Entwicklung ermutigten ihn nach seiner Berufung als Leutpriester an das Großmünster in Zürich 1519 zu immer kühnerem Hervortreten.

ANFÄNGE DER GEBETE UND GLAUBENSBEKENNTNISSE

QUELLENNACHWEIS ZU DEN SCHÖNSTEN GEBETEN UND DEN GLAUBENSBEKENNTNISSEN

DIE SCHÖNSTEN GEBETE

Christliche Kirchengebete

Schott, Meßbuch der Heiligen Kirche, Mainz 1884.

J. M. Sailer, Gebete der Christen, München 1803.

M. Luther, Ein 'feste Burg; P. Gerhardt, O Haupt voll Blut und Wunden, aus Harfentöne, Berlin 1896, S. 96 und 104.

Deutschland, Österreich und Schweiz

Morgengebet, Abendgebet für ein Kind, Tischgebete, Gebet für Eltern und Geschwister, Reue-Gebete, aus Christlicher Hausschatz, Karlsruhe 1908.

Angelus Silesius, Liebe, aus Heilige Seelenlust (Geistliche Lieder), Mannheim 1838, S. 112.

M. Luther, Bittgebet und Gebet, aus Gebete, Wittenberg 1876, S. 79 und 86.

Thomas von Kempen, Gebet, aus Von der Nachfolge Christi (De imitatione Christi), Düsseldorf 1887, S. 138.

J. Tauler, Wie Du willst, Maria, aus Müller, Deutsche Mystik, Leipzig 1876, S. 33.

Meister Eckhart, Gebete, aus Müller, Deutsche Mystik, Leipzig 1876, S. 88.

H. Seuse, Gottesminne, aus Deutsche Schriften, Übertr. v. N. Keller, Regensburg 1926, S. 399.

Es ist ein Ros' entsprungen. Die Ernte aus acht Jahrhunderten deutscher Lyrik, ausgewählt von W. Vesper, Ebenhausen bei München 1919, S. 26.

Walther v. d. Vogelweide, Morgengebet, aus Deutsche Volkslieder des Mittelalters, ausgewählt von F. Kern, Berlin 1922.

H. v. Bingen, Hymnus zu Ehren des Hl. Geistes, aus Müller, Deutsche Mystik, Leipzig 1876, S. 55.

Gesang der Kreuzfahrer. Deutsche Volkslieder des Mittelalters, ausgewählt von Fritz Kern, Berlin 1922, S. 192.

Anbetung der Hirten, aus dem »Heiland«. F. Lienhard, Deutsche Seele, Weimar 1918, S. 117.

Das Wessobrunner Gebet. G. Karpeles, Allgemeine Geschichte der Literatur, Berlin 1891, S. 294.

Altgermanisches Gebet, Edda, Meran 1888, S. 366.

Der Wala Wahrwort, Preisung aus der Edda, Meran 1888, S. 401.

Schweizer Alpsegen, Meran 1888, S. 43.

Zwinglis Kappeler Gebetslied. Gebete und Lieder, Hg. A. Kanert, Leipzig 1864, S. 33.

Niklaus von Flüe, Pater Noster, Gebete und Lieder, Hg. A. Kanert, Leipzig 1864, S. 52.

J. Gotthelf, Schweizer Gebet, Gebete und Lieder, Hg. A. Kanert, Leipzig 1864, S. 53.

FRANKREICH

F. de Fénelon, Morgenandacht. Das Innere Seelen-Leben, nach den Schriften Fénelons. Hg. P. J. Bruckner S. J., Einsiedeln 1882, S. 561 ff.

J. M. Bovier de la Mothe-Guyon, Mystisches Gebet. Das innere Gebet von Frau v. Guyon, Greifswald 1921, S. 26 f.

F. de Sales, Gebet um Gnade, aus Das innere Seelen-Leben, Hg. P. J. Bruckner S. J., Einsiedeln 1882, S. 614 f.

HOLLAND

J. v. d. Vondel, Gebet, aus Geistliche Dichtungen, Jena 1910, S. 32.

ENGLAND

Anglikanisches Gebet, Gebet der Englischen Kadetten, aus Book of Prayers, Manchester 1899, S. 24.

DÄNEMARK

Gebet. (Übersandt von der Kgl. Dänischen Botschaft am 13. 3. 1961; wird zu Beginn des Gottesdienstes gesprochen.)

SCHWEDEN

E. Tegnér, Morgengesang, aus Leben, Meran 1888, S. 212.

Hl. Brigitta von Schweden, Lobpreisung, aus Leben, Meran 1888, S. 320.

ISLAND

Hallgrimur Petursson, Gebet aus dem 17. Jh. (Übersandt von Bischof Sigirbjörn Einarson.)

FINNLAND

Gebet aus dem Nationalepos Kalewala, Übersetzer A. Schiefner.

ITALIEN

Franz v. Assisi, Sonnengesang, nach dem italienischen Text bei Savj-Lopez und M. Baroli, Straßburg 1903.

Thomas v. Aquin, Eucharistischer Hymnus, Privarium Rom, Gratiarum actio post missam, 1890.

Spanien
Juan de la Cruz (Johannes vom Kreuz), Lebendige Liebesflamme, Leben, Meran 1888, S. 306. Übers. Kardinal M. Diepenbrok, Gedichte d. hl. Joh. v. Kr., München 1924.

Portugal
Fatima-Bittgebet. (Übersandt von der Portugiesischen Botschaft 1964.)

Polen
Preisung und Bittgebet für das Vaterland. (Übersandt von dem polnischen Priester M. P. aus Warschau 1963.)
J. Kochanowski, Gebets-Psalm, H. Nitschmann, Der polnische Parnass, Ausgewählte Dichtungen der Polen, 1875, S. 44.

Jugoslawien
Gebet, Übers. St. Mark, Dubrovnik 1964.

Ungarn
F. Kölcsey, Volkshymne, Leben, Meran 1888, S. 37.

Montenegro
Slawisches Gebet des Bischofs V. Danilo, Der Bergkranz, aus Petar Petrovic-Njegos, dem montenegrinischen Fürsten und Bischof Vladika Peter II, 19. Jh.

Sibirien
Gebet eines teleutischen Schamanen, aus W. Radloff, Die Sprachen der türkischen Stämme Süd-Sibiriens, Petersburg 1866, Bd. I, S. 238.
Gebet der Burjaten, aus P. Wilhelm Schmidt, Der Ursprung der Gottesidee, 1952, Bd. X, S. 220.

Byzanz
Symeon der Neue Theologe, Der stumme Jubel, Bonn 1926, S. 50.

Griechenland
Synesius von Kyrene, Aus dem Morgengesang, Gesänge in christlicher Vorzeit, Übers. C. Fortlage, 1844, S. 318 f.
Eusebius, Gebet, Zu Gott führen viele Wege, Hg. L. Rosten, Bad Nauheim 1956, S. 212.
Hymnus an die Sonne des Dionys von Alexandrien. Übers. J. G. v. Herder, aus G W, Stuttgart 1912, Bd. VI.
Pythagoras, Hymne an Zeus, Leben, Meran 1888, S. 266.
Orphischer Hymnus an das Licht. Meran 1888, S. 264.
Homerischer Hymnus an die Mutter Aller, Meran 1888, S. 261.

Palästina (Israel)
Gebet von der Vorlesung der Thora. Gebetsbuch der jüdischen Gemeinde, Berlin 1927, S. 7.

Afrika
Befreie mich, Gebet, aus P. Paulitschke, Etnographie Nordafrikas, Berlin 1896, Bd. II, S. 43.
Gebet eines Ewestammes in Süd-Togo. J. Spieth, Die Ewestämme, Leipzig 1909, S. 791.
Lied der Massaifrauen bei der Geburt eines Kindes. K. Buchholz, Die Religion der Primitiven, Leipzig und Berlin [o. J.], S. 24.
Tägliches Morgengebet der Massai. Faßmann, Anthropos IV, Freiburg/Schweiz 1909, S. 679.
Bittgebet der Buschmänner. C. Meinhof, Religion der schriftlosen Völker Afrikas, Tübingen 1913, S. 38.
Ostafrikanisches Gebet. A. Merensky, Deutsche Arbeit am Njassa-See, 1894, S. 114.
Gebet eines Ewepriesters. J. Spieth, Die Ewestämme, Leipzig 1909, S. 462.
Bittgebet an Wak. W. Schneider, Die Religion der afrikanischen Naturvölker, Münster 1891, S. 91.
Gebet eines Schilluk am Grab der Ahnen. Karl Buchholz, Die Religion der Primitiven, Leipzig und Berlin [o. J.], S. 26.
Äthiopisches Marienlied. A. Schimmel, Lyrik des Ostens, 1952.

Arabien
Der Allmächtige und Allwissende. T. F. Grigull, Der Koran (Anfang der 57. Sure), Halle [o. J.], S. 423 f.
Der Du die Herrschaft inne hast. T. F. Grigull, Der Koran, Halle [o. J.], S. 37 f.
Ich bitte Dich um das Gute. H. Wiesel, Achmed ibn Tajmija, Das Buch des frommen Wortes, Berlin 1814, S. 48.
Bitte um Vergebung. T. F. Grigull, Der Koran [o. J.], S. 35.
Preisung. T. F. Grigull, Der Koran, Halle [o. J.], S. 329.
Führe uns die gerade Straße. J. Hell, Von Mohammed bis Ghazâli, Jena 1915, S. 3
Morgengebet aus Mesopotamien. J. Hell, Von Mohammed bis Ghazâli, Jena 1915, S. 81.
Preislied aus Mesopotamien. J. Hell, Von Mohammed bis Ghazâli, Jena 1915, S. 85.
Abdallah-Ansari, Gebet, aus Munadschat, Übers. A. Schimmel.

Indien
R. Tagore, Dankgebet, aus Fruchtlese, München 1918, S. 141 f.
Gebetspsalm, aus M. Macnicol, Psalms of Maratha Saints, 1919.

Gebet der Kandhs. E. B. Tylor, Die Anfänge der Kultur, 1873, Bd. II, S. 369.
Gebet der Hindu. Tulasi Dasas, Ramauan.
G. Arjun, Preisung, aus Ernst Trumpp, Die Religion der Sikhs aus dem Adi Granth, Leipzig 1881.
Gebet der Sikhs. F. Heiler, Sadhu Sundar Singh, München 1924, S. 17.
Rama-Candra, Sei gnädig. Heinrich Weinel, Das Gebet in den Religionen der Gegenwart, Leipzig und Berlin [o. J.], S. 25.
Gebet der Götter an Brahma. A. Hillebrandt, Kalidasa, Breslau 1921, S. 149 f.
Gebet des Schlangenkönigs Kaliya an Krishna. A. Paul, Krishnas Weltensang, 1905, S. 9 f.
Vishnu-Purana, Lobeshymne. A. Paul, Krishnas Weltensang, 1905, S. 88 f.
Gebet Ardschunas an Krishna. Bhagavadgita, übertr. v. E. Arnold, Dt. v. F. Hartmann, Zürich 1946, S. 65.
Rigveda, Bittgebet. K. F. Geldner, Rigveda, Göttingen 1923, S. 281.

Persien

H. K. Iranschähr. Die Heilkraft des Gebetes, Brevier der erwachten Seele, Zürich 1960, S. 16.
H. K. Iranschähr, Dankgebet der erwachten Seele, Zürich 1960, S. 16 und 33.
Baha-Allah, Gebete, Verborgene Worte, Übers. J. v. Werthern, 1948, S. 85.
Zarathustra, Gebet, Chr. Bartholomae, Die Gathas des Awesta, Zarathustras Verspredigten, 1905, S. 1 f.
Zarathustra preist Ahura Mazda. Yasna 37, 1–13 Geldner; 43, 1–5, Spiegel II, Avesta, 1852, S. 137 und 146.
Gebet aus dem heiligen Buch Zendavesta. Yasna, Spiegel II, a. a. O., [o. J.], Seite 149.
Anrufung, Mithras-Liturgie aus dem sog. »Kronstück« der Mithras-Liturgie, Übers. W. Schulze [o. J.].
Dschelal-eddin-Rumi, Gebet, Rückerts Werke, Bd. IV, Berlin [o. J.], S. 87.
Reiche mir die Hand. Rückerts Werke, Berlin [o. J.], Bd. IV, S. 86 f.
Bitte, Rückerts Werke, Berlin [o. J.], Bd. IV, S. 78.
Anbetung. Rückerts Werke, Berlin [o. J.], Bd. IV, S. 90 u. 95.
Gebetserhörung. Rückerts Werke, Berlin [o. J.], Bd. IV, S. 96 u. 100.
Nisami, Erbarme Dich meiner, Rückerts Werke, Berlin [o. J.] Bd. IV, S. 288 f.
Abu, Bittgebet Rückerts Werke, Berlin [o. J.], d.B IV, S. 136.
Nasir Ibn Chosrau, Dankgebet, H. Ethé, Buch der Erleuchtung, Zeitschrift der Deutschen Morgenländischen Gesellschaft, Leipzig 1880, Bd. XXXIV, S. 641 f.
Abu Said, Bekenntnis, Alexander Baumgartner, Die Literaturen Westasiens und der Nilländer, Freiburg 1901, S. 567.
Firdausi, Du bist, F. Rückert, Firdausis Königsbuch, Berlin 1890, Bd. XXVI.

Türkei

Gebet aus Chotscho. Textbuch zur Religionsgeschichte, Hg. E. Lehmann und H. Haas, Leipzig/Erlangen 1922, S. 175.

Babylon

Hymne auf den Sonnengott. A. Ungnad, Die Religion der Babylonier und Assyrer, Jena 1921, S. 189.

Gebet an Ishtar. Sumerische und akkadische Hymnen und Gebete, Hg. K. Hoenn, eingel. u. übertr. v. A. Falkenstein u. W. v. Soden, Zürich 1953, S. 336.

Nimurtahymne. H. Zimmermann, Babylonische Gebete und Hymnen, Leipzig 1905, Bd. I, .S 448.

Nimurtahymne. A. Ungnad, Die Religion der Babylonier und Assyrer, Jena 1921, S. 177.

Nebukkadnezar an Marduk. Sumerische und Akkadische Hymnen und Gebete, Hg. v. K. Hoenn, eingel, u. übertr. v. A. Falkenstein u. W. v. Soden, Zürich 1953, S. 283.

Afghanistan

Im Namen Allahs, des Erbarmers, des Barmherzigen. (Übersandt von der Kgl. Afghanischen Botschaft 1961.)

China

Gebet an die Göttin Kwanyin. Meran 1888, S. 274.

Gebet aus H. v. Glasenapp, Die nichtchristlichen Religionen, Frankfurt 1957, S. 75.

Das Unnennbare von Lao-tse. R. Wilhelm, Lao-tse und der Taoismus, 1926.

Chinesisch-buddhistisches Gebet. H. L. Reichelt, Der chinesische Buddhismus, 1926, S. 112.

Gebet aus dem Shi-King. Übers. V. v. Strauß-Torney.

Tibet

Das Gebet an den Guru. Evans-Wentz, Yoga und Geheimlehren Tibets, München 1937, S. 217.

Nepal

Gebet. (Übersandt von der Royal Nepalese Embassy, London.)

Vietnam

Gebete. (Übersandt von der Botschaft der Republik Vietnam 1963.)

Japan

Li Hung Tschang, Gebet an die Göttin der Seide, Leben, Meran 1888, S. 279.

Gebet der Ainu beim wilden Tanz gegen den Wasserdämon. O. W. Schmidt, Der Ursprung der Gottesidee, 1931, Bd. III, S. 458.

Eile mich zu heilen. K. Buchholz, Die Religion der Primitiven, Leipzig und Berlin [o. J.], S. 25.

Polynesien

Opfergebet der Batak, J. Warneck, Die Religion der Batak, Leipzig 1913, S. 380.

Gebet der Eingeborenen – Mur-Tanz. G. F. Vicedom, Die religiösen Voraussetzungen zur Aufnahme der biblischen Botschaft auf Neuguinea, Evangelische Missionszeitschrift 1942, 3, S. 142.

Abendgebet. H. Nevermann, Götter der Südsee, Stuttgart 1947, S. 55.

Gebet einer Südsee-Insulanerin. P. Gauguin, Noa Noa 1940.

Australien

Gebet der presbyterianischen Kirche, übersandt von der Australischen Botschaft 1963. Das Gebet wurde von Kenneth T. Henderson und B. Litt verfaßt und ist der Sammlung »Prayers for Citizensphip« von Herrn Henderson entnommen. Es wurde vom Moderator-General der presbyterianischen Kirche Australiens, Hector Harrison. O. B. E., M. A., B. D. ausgewählt und Pastor J. W. Uebergang der lutherischen Kirche in Canberra sorgte für die Übersetzung durch eines seiner Gemeindemitglieder, Frau K. Schuetz.

Nordamerika (USA)

Gebet eines unbekannten Soldaten. G. Jooss, Der Eiserne Vorhang im Christentum, Mannheim

Gebet der Dene-Indianer. D. G. Brinton, Religion of Primitive Peoples, 1897, S. 107.

Gebet der Algonkin-Indianer. P. Schmidt, Der Ursprung der Gottesidee, Münster 1912, Bd. II, S. 731.

Gebet der Kekchi-Indianer. C. Sapper, Das nördliche Mittelamerika, Braunschweig 1897, S. 288.

Abendgebet der Kekchi-Indianer. C. Sapper, Das nördliche Mittelamerika, Braunschweig 1897, S. 289.

Mexiko

Gebet eines Aztekenfürsten. Th. Waitz, Anthropologie der Naturvölker, Leipzip 1864, Bd. IV, T. 2, S. 70.

Altmexikanischer Hymnus. L. Perenz, Altmexikanische Hymnen, 1906.

Peru
Hymnus der Inkas. Übers. G. Wolters, Berlin 1924.

Karibische Inseln
Morgengebet der Tambuneger. C. G. A. Olddendorp, Geschichte der Mission auf den Karibischen Inseln, Barby 1777, Bd. I, S. 326.

Argentinien
Reue-Gebet und Bitte an Maria. (Übersandt von der Argentinischen Botschaft 1963.)

Brasilien
Gebet. (Übersandt von der Brasilianischen Botschaft, 1961.)

GLAUBENSBEKENNTNISSE GROSSER PERSÖNLICHKEITEN

Abraham a Sancta Clara, Der sich auf Gott verläßt. J. Sellmair, Trost der Weisheit, München 1946, S. 91 f.
Angelus Silesius, Sprüche. Der Cherubinische Wandersmann, Hg. Ch. Waldemar, München 1960.
Arndt, E. M. v., Es steht noch eine unsichtbare Kirche. F. Lienhard, Meister der Menschheit, Stuttgart 1921, S. 167 ff.
Arnim, L. A. v. , Gebet. Gedichte, Stuttgart 1890.
Aurobindo, S. Rose von Gott. Flammenworte. 10 Gedichte von S. Aurobindo Ashram, Pondicherry/Indien 1953.
Baader, F. v., Vom inneren Licht erleuchtet werden. Aus Baaders Mystische Einkehr, Bautzen 1899.
Bacon, F., Ohne Gott – ohne Wert, Bacons Works, Übers. Ch. Waldemar, London 1876, S. 77.
Baer, C. E. v., Von der vierfachen Sehnsucht, Leben, Meran 1888, S. 502 f.
Beethoven, L. v., Gebet. J. Sellmair, Trost der Weisheit, München 1946, S. 150.
Berdjajew, N. A., Die Überwindung wird nur möglich. J. Sellmair, Trost der Weisheit, München 1946, S. 116 f.
Bernanos, G., Über das Gebet. Tagebuch eines Landpfarrers, Frankfurt 1956, S. 136 f.
Blake, W., Nicht laß ab. Übers. A. v. Bernus. Das Irdische Paradies, Nürnberg 1947, S. 18.
Braun, W. v., Meine Überzeugung. Kultur, 27, 1957.
Brentano, C., Gebet. Aus Deutsche Geschichte, Leipzig 1923, S. 66.
Brod, M., Mein Glaube. (An den Herausgeber am 5. 4. 1964.)

Bruckner, A., Von der Ehrfurcht. A. Bruckner, Wien 1945, S. 193.
Boyle, R., Weise Absichten des Schöpfers. Leben, Meran 1888, S. 492.
Buchmann, F., Gott hat einen weisen Plan, aus »Sinn der moralischen Aufrüstung«, Caux 1952.
Byron, G. N. G., Ein Geistwesen ging mir vorbei. Das irdische Paradics, Nachdichtung v. A. v. Bernus, Nürnberg 1947, S. 58.
Chateaubriand. F. R., Gebet. J. Sellmair, Trost der Weisheit, München 1946, S. 231.
Claudel, P., Gebet, Übers. H. v. Baltharsar, Einsiedeln [o. J.].
Colonna, V., Sehnsucht nach Gott. Übers. G. v. Herder, Stuttgart 1961.
Dante, Gebet, Göttliche Komödie, Stuttgart 1921.
Dauthendey, M. , Gebet. Deutsche Geschichte, Leipzig 1923.
Davy, Die Religion ist das Leuchtfeuer, Leben, Meran 1888, S. 500 f.
Descartes, R., Substanz, die keines anderen Wesens. Geistiges Leben, Magdeburg 1886, S. 28.
Dickens, Ch., Das Gebot der Liebe. J. Sellmair, Trost der Weisheit, München 1946, S. 106.
Dostojewski, F., Darin liegt der ganze Glaube. J. Sellmair, Weisheit der Sibylle, München 1946, S. 198.
Droste-Hülshoff, A. v., Am vierten Sonntage nach Ostern. Dichtungen, Stuttgart 1917.
Dürer, A., Gebet. Deutsche Stimmen, Hamburg 1937, S. 14.
Eeden, F. v., An Gott. Gott und Mensch. Übers. O. Hauser.
Ehrenberg, Ch. G., Bewußt werden des großen Gotteshauses. Leben, Meran 1888, S. 503.
Eichendorff, J. v., Spruch. Deutsche Gedichte. Leipzig 1923, S. 18.
Einstein, A., Das kosmische Erlebnis der Religion. L. Barnett, Einstein und das Universum, Frankfurt/M. 1952.
Emerson. R. W., Bittgebet, J. Sellmair, Trost der Weisheit, München 1946, S. 231.
Eugen, (Prinz), Tägliches Gebet. Wiener Gebetbuch, 1922, S. 68.
Faraday, M., Religion und Wissenschaft. Leben, Meran 1888, S. 502 f.
Federer, H., Gebet, Gedichtsammlung, Ich lösche das Licht, 1930.
Fichte, J. G., Gebet. Fichtes Gedanken, Berlin 1922, S. 17.
Franklin, B., Ahme Jesus nach. Leben, Meran 1888, S. 494.
Galilei, G., Die Wahrheit der Heiligen Schrift, Leben, Meran 1888, S. 490.
Ghandi, M., Das tägliche Gebet. Speeches and Writings (1896-1922), Einl. D. F. Andrews.
Gauß, C. F., Halten wir fest an dem Glauben, Leben, Meran 1888, S. 498.
Goethe, J. W. v., Wandrers Nachtlied, Goethe – Das Schönste aus seinem Werk, Hg. Ch. Waldemar, München 1960, S. 118.
Görres, J., Gottes Feuer brennt. J. Sellmair, Weisheit der Sibylle, München 1946, S. 250 f.

Grimm, J., Ich glaube. J. Sellmair, Weisheit der Sibylle, München 1946, S. 211.

Guardini, R., Theologisches Gebet, Du bist groß. Theologische Gebete, Frankfurt/M. 1953, S. 28 f.

Hakuin, der Zen-Meister, Hymnus der Erleuchtung. H. Dumoulin, Bern [o. J.].

Harvey, W., Göttliche Ordnung herrscht. Leben, Meran 1888, S. 491.

Hauptmann, G., Die Engel sprechen zu Hannele, Hanneles Himmelfahrt. W. Knevels Brücken zum Ewigen, Braunschweig 1927, S. 93.

Hebbel, F., Die Weihe der Nacht. Deutsche Gedichte, Leipzig 1923, S. 75.

Hegel, G. W. F., Glaube ist dem Wissen nicht entgegengesetzt. Philosophische Schriften, Leipzig 1912, S. 119.

Heidenstam, V. v., Das Bild der Himmelskönigin in Heda. Übers. F. Ege.

Hesse, Hermann, Das Glasperlenspiel. Der Blütenzweig, Zürich [o. J.].

Hölderlin, F., Je näher die Seele Gott ist. J. Sellmair, Weisheit der Sibylle, München 1946, S. 220.

Huch, R., Gebet in höchster Not. Gedichte, Leipzig [o. J.].

Hugo, V., Erscheinung. Übers. A. Neumann. (Von Frau K. Neumann, München, zur Verfügung gestellt.)

Humboldt, A. v., Das Christentum ist für die Einheit. Leben, Meran 1888, S. 497.

Huygens, Ch., Wer das Universum betrachtet, Leben, Meran 1888, S. 493.

Ibsen, H., Chor der Unsichtbaren. Übers. Ch. Morgenstern in »Dichtungen«, [o. J.].

Jammes, F., Gebet, mit den Eseln in das Himmelreich einzugehen. Übers. E. Stadler.

Jean Paul, Gebet. Jean-Paul-Brevier, Jena 1913.

Jung, C. G., Die Seele besitzt eine religiöse Funktion. Psychologie und Alchemie, Zürich 1944, S. 26.

Kant, I., Das moralische Gesetz. Kants Philosophie, Magdeburg 1917, S. 87.

Kazantzakis, N., Meines Gottes Schrei. Rettet Gott, Wien/München 1948, S. 90.

Keller, G., Stille der Nacht. Gedichte, Zürich 1913, S. 28.

Kepler, J., Hymnus. Leben, Meran 1888, S. 491

Kerner, J., Unerhörtes Gebet, Gedichte, Stuttgart [o. J.], S. 39.

Kierkegaard, S., Gebet. Werke, Kopenhagen 1903, Bd. II.

Kipling, R., Auferstehung der Maler. Übers. L. Goldscheider, Berlin 1929.

Kolumbus, Chr., Gebet. Leben – Organische Philosophie und Poesie, Meran 1888, S. 489.

Kopernikus, N., Allwirkender Baumeister der Welt, Astronomische Schriften, Amsterdam 1876 1876, S. 332.

Lamartine, A. de, Gebet, Französische Dichtungen, Straßburg 1889.

Laplace, P. S., Eine erste Ursache bestimmt die Bewegung. Leben – Organische Philosophie und Poesie, Meran 1888, S. 496.

Lasker-Schüler, E., O Gott, schließ um mich Deinen Mantel. W. Knevels Brücken zum Ewigen, Braunschweig 1927, S. 129.
Lavater, J. C., Gott, der Du die Liebe bist. Dichtungen, Zürich 1876.
Leibniz, G. W., Monaden – beständige Ausstrahlungen Gottes. Ausgewählte Schriften, Hannover 1837, S. 79.
Lenau, N., Gebet, S. W., Stuttgart und Leipzig [o. J.], S. 118.
Lermontow, M., Gebet. Übers. F. Bodenstatt in Gedichte, 1866.
Lessing, G. E., Das Gleichnis von den drei Ringen. Nathan der Weise, Berlin 1926.
Liebig, J. v., Naturkenntnis führt zum Glauben. Leben – Organische Philosophie und Poesie, Meran 1888, S. 504 f.
Linné, K. v., Ich bewundre die Weisheit des Schöpfers. Leben – Organische Philosophie und Poesie, Meran 1888, S. 494.
Maeterlinck, M., Gebet. Übers. K. L. Ammer, Gedichtanthologie, Berlin [o. J.].
Mallarmé, St., Lobgesang Johannes des Täufers. St. Mallarmé, Übers. R. Netzer, München 1958.
Mauriac, F., Das Erlebnis der Gnade. K. A. Götz, Literatur im Anruf der Zeit, Heidelberg 1954, S. 31.
Maxwell, J. C., Bittgebet, Gebetsbuch, Wien 1906.
Meyer, C. F., In Harmesnächten. Gedichte, Leipzig 1926.
Michelangelo Buonarroti, Erbauungen, Innsbruck 1902, S. 33.
Milton, J., An Jehovah. Englische Dichtungen, Leipzig 1902, S. 44.
Morgenstern, Ch., Gebet, Dichtungen, München [o. J.].
Mörike, E., Gebet. Gedichte, Stuttgart 1919, S. 26.
Morus, Th., Glaube und Vernunft. J. Sellmair, Trost der Weisheit, München 1946, S. 90.
Newton, I., Gott – der Weltregierer. Leben – Organische Philosophie und Poesie, Meran 1888, S. 493.
Nietzsche, F., An den unbekannten Gott. W. Knevels Brücken zum Ewigen, Braunschweig 1927, S. 150.
Novalis, Wenn alle untreu werden. Schriften und Gedichte, Berlin 1837.
Ørsted, Philosophie und Poesie, Meran 1888, S. 500.
Paracelsus, Ph., Gebet eines Arztes, W., Hg. B. Aschner, Jena 1926.
Pascal, B., Gebet. Religio/Pascal, Hg. E. Rieger, 1928, S. 28 f.
Pestalozzi, J. H., Die Quelle der Gerechtigkeit. Pestalozzis Gedankenwelt, Zürich [o. J.].
Planck, M., Es gibt keine Materie an sich. M. Planck auf einem Gelehrtenkongreß in Florenz.
Puschkin, A., Gebet. Übers. J. v. Guenther.
Ramakrishna, Gebet an die göttliche Mutter. O. Wolff, Indiens Beitrag zum neuen Menschenbild, Hamburg 1957, S. 36.
Rilke, R. M., Und bauen Dich. Stundenbuch, Leipzig 1934.
Ritter, C., Vom Segen des Gebetes. Leben – Organische Philosophie und

Poesie, Meran 1888, S. 501 f.
Rotterdam E. v., Was Gott denen bereitet hat. Leben, Meran 1888, S. 332.
Schelling, F. W., Die Geschichte ist ein Epos. Schriften, Leipzig 1869, Bd. I.
Schenkendorf, M. v., Gebet. Gedichte, Berlin 1839, S. 101.
Schiller, F., Drei Worte (Die Worte des Glaubens, gekürzt). Schiller – Das Schönste aus seinem Werk, Hg. Ch. Waldemar, München 1960.
Schneider, R., Allein den Betern kann es noch gelingen. Gedichte, Zürich/München 1957.
Shakespeare, W., Sieh, wie die Himmelsflur. Der Kaufmann von Venedig, Leipzig 1928, S. 96.
Spenser, E., Er nur ist schön. Übers. F. Freiligrath, Gedichte, Stuttgart 1897, S. 12.
Spinoza, B., Worin die Seligkeit besteht. Spinozas W., Amsterdam 1912, Bd. I, S. 66.
Stifter, A., Herr, was von Dir kömmt, ist gut. J. Sellmair, Trost der Weisheit, München 1946, S. 183 f.
Strauß und Torney, L. v., Herr, geh' mir nicht vorbei, W. Knevels Brücken zum Ewigen, Braunschweig 1927, S. 224.
Strindberg, A., Gebet und Mein Glaube. Lillus, Strindberg-Brevier, Zürich 1949, S. 167 ff.
Swammerdam, J., Der Mensch muß alles von Gott empfangen. Leben – Organische Philosophie und Poesie, Meran 1888, S. 493.
Tagore, R., Bengalisches Gebet. Indische Dichtungen, Hamburg 1923, S. 24.
Taine, H., Die Sonne Christi. H. Vaihe, Paris 1906, S. 118.
Thoma, H., Betend unsre Knie beugen. J. Sellmair, Trost der Weisheit, München 1946, S. 175.
Trakl, G., Gesang des Abgeschiedenen. W. Knevels Brücken zum Ewigen, Braunschweig 1927, S. 228.
Tolstoi, L., Der Glaube ist gesteigertes Licht. Religio, Zürich 1959.
Vega, F. L. de., Das höchste Heil. J. Sellmair, Trost der Weisheit, München 1946, S. 103.
Villon, F., Ballade, Übers. K. L. Ammer, Frz. Dichtungen [o. J.].
Vinci, Leonardo da, Alles ist Gleichnis. L.-da-Vinci-Brevier, Rom 1884, S. 127.
Voltaire, Fr.-M., de, Gebet, Übers. A. Neumann. (Mit Erlaubnis von Frau K. Neumann, München, veröffentlicht.)
Werfel, F., Die Heimkunft des Heilandes. W. Knevels Brücken zum Ewigen, Braunschweig 1927, S. 246.
Whitman, W., An den Gekreuzigten. (Für diese Ausgabe übers. v. Ch. Waldemar) Poems New-York 1917.
Wilde, O., Mein Glaube. Wilde-Auswahl, München 1923, S. 18.
Zweig St., Daß ich mich in Gluten klärte. Gedichte, Leipzig 1930, S. 36.

ERLEUCHTUNGEN UND VISIONEN DER HEILIGEN UND MYSTIKER

Aurobindo. Der integrale Yoga. Hg. O. Wolff, Hamburg.

Der Baalschem, Martin Buber: Die Erzählungen der Chassidem. Zürich 1949. S. 125 ff.

Jakob Böhme. Der schlesische Mystiker; herausgegeben und eingeleitet von Charles Waldemar. München 1959. S. 86 ff.

Bernhard von Clairvaux. Vom mystischen Leben. Wiesbaden 1949. S. 208.

Eckhart. Vom Wunder der Seele. Hg. F. Moerr. Leipzig [o. J.], S. 44 ff.

G. Fox. William Penn über George Fox und die Quäker. Tagebuch von G. Fox. Übers. M. Röhm, 1950. S. 40 f.

Franziskus von Assisi. Das Leben des heiligen F. v. A. Geschrieben durch den Bruder Celano. Basel 1919. S. 69 ff.

Mahatma Gandhi. Gandhi, Der Heilige und der Staatsmann in eigenen Aussprüchen. Ausgewählt u. eingel. von B. B. L. Bedi und F. M. Houdson, 1933. S. 27 ff.

Al-Ghazâli. Das Elixier der Glückseligkeit. Übers. H. Ritter. 1923. S. 15.

Jeanne Marie de la Mothe-Guyon. Das innere Gebet, Leipzig 1910. S. 44 ff.

Hildegard von Bingen. Liber vitae meritorum bei Pitra, Analecta sacra VIII, Montecassino 1882.

Ignatius de Loyola. Lebenserinnerungen des hl. I. v. L.. nach A. Feder. Regensburg 1922. S. 38 f.

Katharina von Siena. Der stumme Jubel. Bonn 1926. S. 260 ff.

Jane Leade. Aus J. Böhmes englischem Jüngerkreis. 1. Sechs unschätzbare mystische Traktätlein, Amsterdam 1696. S. 69.
2. Ein Gartenbrunn, gewässert durch die Ströme der göttlichen Lustbarkeit. Amsterdam 1697. S. 147. S. 147 u. S. 238.

Plotin, Auswahl aus seinen Schriften. Jena 1903, S. 38 u. 40.

Ramakrishna, Das Antlitz des Schweigens, von Dhan Gopel Mukerji, München 1957, S. 106 ff.

Serafim, Russische Mystik. Eine Anthologie. Übertragungen von Reinhold von Wolter. Düsseldorf 1957.

Seuse. Deutsche Schriften. Regensburg 1929.

Teresa à Jesu. Das Leben . . . von ihr selbst beschrieben. Sämtl. Schriften 1, Regensburg 1903, S. 391 ff.

Die Seelenburg. Sämtl. Schriften IV, 1 S. 254 ff.

E. Swedenborg. Himmel und Hölle. Beschrieben nach Gehörtem und Gesehenem von Emanuel Swedenborg. Aus der lateinischen Urschrift übersetzt von J. Tafel, Stuttgart 4 1894, S. 311 f. und S. 385 ff.

Die Wonnen der Weisheit von Immanuel Swedenborg. Aus der lateinischen Urschrift. Übers. J. Tafel, Universitäts-Bibliothekar zu Tübingen. Tübingen 1845, Bd. I, S. 2 ff.

QUELLENNACHWEIS
NICHTCHRISTLICHE RELIGIONEN

Allgemeine Literatur

Gustav Mensching, Das lebendige Wort. Baden-Baden 1952.
N. Söderblom, Das Werden des Gottesglaubens, ²1926.
H. v. Glasenapp, Die fünf großen Religionen. 2 Bde., 1951.
Konrad Haemmerling, Die fünf Weltreligionen. 1947.
Die großen nichtchristlichen Religionen. Stuttgart 1954.
Die Religionen der Erde. Hg. C. Clemen. ²1949.
A. Anwander, Die Religionen der Menschheit. ²1949.
G. Mensching, Die Religionen und die Welt. ²1949.
J. Hastings, Encyclopaedia of Religion and Ethics. 12 Bde., 1908–1926.
G. Mensching, Geschichte der Religionswissenschaft. 1946.
H. J. Schoeps, Gottheit und Menschheit. Die Religionsstifter und ihre Lehren. 1950.
G. Mensching, Leben und Legende der Religionsstifter. 1955.
G. Schmalz, Östliche Weisheit und westliche Psychotherapie.
Quellen der Religionsgeschichte, Gesellschaft der Wissenschaften. Göttingen 1909.
A. Bertholet, Religionsgeschichtliches Lesebuch. ²1926.
Religiöse Stimmen der Völker, Hg. W. Otto.
H. Gunkel, Schöpfung und Chaos in Urzeit und Endzeit. 1895.
J. J. Bachofen, Mutterrecht und Urreligion. 1954.
Ringgren/Strom, Die Religionen der Völker. Stuttgart 1956.

Ägyptische Religion

E. Otto, Ägypten. 1953.
R. Lepsius, Das Totenbuch der Ägypter. 1842.
G. Steindorff, Die Blütezeit des Pharaonenreiches. 1926.
A. Erman, Die Religion der Ägypter. ³1934.
H. Bonnet, Reallexikon der ägyptischen Religionsgeschichte. 1952.
H. Kees, Totenglaube und Jenseitsglaube der alten Ägypter. 1926.

Babylonisch-assyrische Religion

Hch. Zimmern, Babylonische Hymnen und Gebete. 1905.
M. Jastrow, Die Religionen Babyloniens und Assyriens. 2 Bde., 1905–1912.
Arthur Ungnad, Die Religion der Babylonier und Assyrer. Jena 1921.
Karl Hoena, Sumerische und akkadische Hymnen und Gebete. Zürich 1953.

Baha-Allah-Religion

J. E. Esslemont, Bahâ'U'lláh und das neue Zeitalter. ³1948.
Verborgene Worte. Übers. J. v. Wertheim. 1948.

BUDDHISTISCHE RELIGION
H. Haas, Amida Buddha, unsere Zuflucht. 1910.
K. Schmidt, Buddha, die Erlösung vom Leiden. 1921.
K. Schmidt, Buddhas Lehre. Konstanz.
E. Leumann, Buddha und Mahâvira, die beiden indischen Religionsstifter. Untersuchungen zur Geschichte des Buddhismus VI. 1921.
K. Schmidt, Buddhistische Heilige. Konstanz 1947.
E. Conze, Der Buddhismus. Wesen und Entwicklung. Freiburg.
H. v. Glasenapp, Buddhistische Mysterien. Stuttgart 1940.
H. v. Glasenapp, Die Philosophie der Inder. Stuttgart.
H. W. Stromeyer, Der Buddhismus in Indien und im Fernen Osten. Zürich 1936.
Die Reden des Buddha. Übers. H. Oldenberg. 1922.
Die Reden Gotama Buddhos. Übers. K. E. Neumann. 3 Bde., 1922,
W. Mangelsdorf, Erlebnis Indien. Hamburg 1950.
Pâli-Buddhismus, Übers. v. K. Seidenstücker. [2]1923.
So spricht Buddha. O. W. Barth Verlag. 1953.
The teachings of the compassionate Buddha. New American Lirary 1955.
H. Oldenberg, Buddha, sein Leben, seine Lehre, seine Gemeinde. 1921.

CHINESISCHE RELIGION
Liu tsin sen, China und Japan im Spiegel der Geschichte. Zürich 1944.
Dschuang dsi, Das Buch vom südlichen Blütenland. Düsseldorf.
Ch. Waldemar. Das Kleinod des Lao-tse. Rothenburg o. d. T. 1960.
Das wahre Buch vom quellenden Urgrund. Übers. R. Wilhelm. 1921.
H. Hockmann, Chinesische Philosophie. 1927.
E. Faber, Die Grundgedanken des alten chinesischen Sozialismus oder die Lehre des Philosophen Micius. 1877.
R. Wilhelm, Die Seele Chinas. 1926.
A. Forke, Geschichte der alten chinesischen Philosophie (Hamb. Univ. Abhandl. a. d. Geb. d. Auslandskunde. Bd. 25). 1927.
W. Grube, Geschichte der chinesischen Literatur. 1902.
R. Wilhelm, I Ging. Buch der Wandlungen. Düsseldorf 1924.
R. Wilhelm, Kung-tse, Leben und Werk. 1925.
R. Wilhelm, Lao-tse und der Taoismus. 1926.
Mong-dse. Übers. R. Wilhelm. 1916.
Lao-tse, Tao te king. Thiele 1949.
W. Grube, Religion und Kultus der Chinesen. 1910.
J. J. M. de Groot, Universismus. Die Grundlage der Religion und Ethik des Staatswesens und der Wissenschaften Chinas. 1918.

Griechische Religion

H. Gressmann, Die orientalischen Religionen im hellenistisch-römischen Zeitalter. 1930.

E. Rohde, Psyche, Seelenkult und Unsterblichkeitsglaube der Griechen. 1910.

T. Schermann, Spätgriechische Zauber- und Volksgebete. 1919.

Ch. Waldemar, Der Schlüssel zur Urkraft. Die Taten des Herakles in tiefenpsychologischer Deutung, München 1961.

F. Teubert, Griechische Religionswelt. Leipzig 1888.

Hinduistische Religion

Ausgewählte Kapitel aus der Prasannapâda. Übers. S. Schayer. 1931.

Bhâgavatpurâna. Übers. E. Burnouf.

W. Eidlitz, Bhakta. Hamburg 1951.

W. Bohm, Chakras. Weilheim/Obb. 1953.

Lauenstein, Das Erwachen der Gottesmystik in Indien. 1943.

Swami Omkarananda, Dawn of divine life. Rishikesh 1955.

R. Rolland, Das Leben des Ramakrishna. Zürich.

Sri Aurobindo, Der integrale Yoga, Übers. O. Wolff. 1957.

Der Sang der Hehr-Erhabenen. Bhagavadgitâ. Übers. R. Otto. 1935.

P. Deussen, Die nachvedische Philosophie der Inder. Stuttgart 1949.

Swami Vivekananda, Inana Yoga. Zürich 1940.

Swami Vivekananda, Erkenntnisse des Hinduismus. Übers. R. Földy. 1953.

Swami Vivekananda, Gespräche auf den Tausend Inseln. 1944.

Swami Vivekananda, Jnâna-Yoga, Préfaces de R. Rolland et de P. Masson-Oursel.

H. Chaudhuri, Ghose Shri Aurobindo, the prophet of live divine. 1951.

O. Wolff, Indiens Beitrag zum neuen Menschenbild. 1957.

Ruben, Krishna. Instanbuler Schriften. 1943, Bd. XVII.

J. Herbert, Indischer Mythos als geistige Realität. Weilheim/Obb.

Radhakrishnan, Indian Philosophy. London 1911.

Mahatma Gandhi, Jung Indien. Zürich 1924.

Swami Vevekananda. Karma Yoga, Bhakti Yoga. Zürich.

Krishnas Weltengang. Übers. A. Paul. 1905.

Swami Akhilananda, Mental health and Hindu Psychology. London 1911.

Paramhansa Yogananda, Autobiographie eines Yogi. Weilheim/Obb.

Saurapûrânam. Übers. W. Jahn. 1909.

So spricht Ramakrishna. Weilheim/Obb. 1953.

H. Kühn, Tat und Versenkung. Mainz 1948.

Swami Sivananda, Ten Upanishads. Calcutta 1956.

Swami Sivananda, Übungen zu Konzentration und Meditation. Weilheim/Obb.

A. Huxley, Vedanta an the Western Word. London.

Paramhansa Yogananda, Whispers from eternity. Selfrealisation, Los Angeles.

R. Rolland, Worte des Ramakrishna. Zürich 1924.

Swami Sivananda, Yoga vedanta sutras. Rishikesh 1955.
Swami Sivananda, Yoga Asanas. Madras 1955.
Ch. Waldemar, Das Geheimnis des Kaiser-Yoga. Kettig.
Ch. Waldemar, Jung und gesund durch Yoga. Zürich 1959.

ISLAM

L. Massignon, Al-Hallaj, Martyr mystique de l'Islam. 1922.
Ibn Ishak, Das Leben Mohammeds. Übers. G. Weil. 1864.
M. Grünert, Das Gebet im Islam. 1911.
J. Richter, Der Islam als Religion, Leipzig 1927.
E. Kellerhals, Der Islam. Basel 1945.
Maulana Sadr ed Din, Der Koran. Berlin 1939.
Enzyklopädie des Islam. Hg. M. Th. Houtsma u. a. 1913.
T. Andrae, Die Person Mohammeds. 1918.
R. Hartmann, Die Religion des Islam. 1944.
Maulana Sadr ed Din, Einleitung in den heiligen Koran.
H. Frick, Ghazâlis Selbstbiographie. Vergleich mit Augustins Konfessionen. 1919.
The Namaz, Jaqueen. Karatschi 1955.
Handwörterbuch des Islam, Hg. A. J. Wensinck u. I. A. Kramers. 1941.
Lieder von Dschelâl ed-din Rumi. Übers. G. Rosen. 1849.
T. Andrae, Mohammed, sein Leben und sein Glaube. 1932.
R. A. Nicholson, The Mystics of Islam. 1914.
C. H. Becker, Vom Werden und Wesen der islamischen Welt. Islamische Studien. 2 Bde., 1924–1932.
F. Meyer, Vom Wesen des islamischen Mystik. Basel 1943.
I. Goldziher, Vorlesungen über den Islam. ²1925.
E. Mittwoch, Zur Entstehungsgeschichte des islamischen Gebets und Kultus. 1913.

JÜDISCHE RELIGION

J. Jeremias, Moses und Hamurapi. ²1903.
E. Sellin, Alt-Test. Theologie aus religionsgeschichtlicher Grundlage. 2 Bde., 1933/1936.
M. Kegel, Das Gebet im Alten Testament. 1908.
F. Perles, Das Gebet im Judentum. 1904.
P. Volz, Der Prophet Jeremia. 1921.
J. Wellhausen, Die kleinen Propheten. ³1898.
M. Noth, Die Welt des Alten Testaments. Theolog. Hilfsbücher. 1953, Bd. III.
K. Marti, Dodekapropheten. 1904.
O. Eisfeld, Einleitung in das Alte Testament. 1934.
G. Fohrer, Elia. 1957.
Hosea-Kommentare von K. Marti. 1904. E. Sellin. ³1929.

B. Duhm, Kommentar zu Jesaja. 1901.
E. Sellin, Mose. 1922.
A. P. Davies, Der Fund von Qumran. Die Schriftrollen vom Toten Meer und die Bibel. 1958.
S. Dubnow, Geschichte des Chassidismus. 2 Bde., 1931.
Jüdisch-christliches Religionsgespräch in 19 Jahrhunderten. 1949.
Martin Buber, Die Heilige Schrift. 1962.

Shintoistische Religion

G. Rosenkranz, Der Weg der Götter (Shinto). Gehalt und Gestalt der japanischen Nationalreligion. 1944.
P. W. Schmidt, Der Ursprung der Gottesideee. 1931, Bd. III.
K. Werther, Naturreligionen. Jena 1908.

Zarathustrische Religion

Avesta. Übers. K. F. Geldner. 3 Bde., 1885–1895.
Avesta. Die heiligen Schriften der Parsen. Übers. F. Spiegel. 1852.
Avesta. Übers. F. Wolff. 1910.
H. Lommel, Die Religion Zarathustras. 1930.
Ch. Bartholmas, Die Gathas des Questa, Zarathustras Bergpredigten. 1905.
O. Hansen, Der Tarsismus in Die großen nichtchristlichen Religionen. 1954.

Für die freundlicherweise erteilten Abdruckgenehmigungen der jeweiligen Texte sei folgenden Verlagen gedankt:

Artemis-Verlag, Zürich: Gebet – aus Sumerische und akkadische Hymnen und Gebete, eingel. und übertr. von A. Falkenstein und W. von Soden;
Sri Aurobindo-Verlag, Zollikon bei Zürich: Sri Aurobindo, Rose von Gott aus »Flammenworte«;
Otto-Wilhelm-Barth-Verlag, Weilheim/Obb.: Gebet an den Guru (Tibet) aus Evans Wentz »Yoga und Geheimlehren Tibets«;
Christian-Verlag, Bad Nauheim: Gebet des Eusebius, aus »Zu Gott führen viele Wege«;
Claudius Verlag, München: Gebet von Heinrich Riedel aus »Herr bleibe bei uns«;
Eugen Diederichs-Verlag, Düsseldorf: L. v. Strauß und Torney, Gott – aus den gesammelten Gedichten und Balladen »Reif steht die Saat«;
Donau-Verlag, Wien: N. Kazantzakis, Meines Gottes Schrei, aus »Rettet Gott«;
S. Fischer-Verlag, Frankfurt/Main: Stefan Zweig, Daß ich mich in Gluten klärte, und der Übersetzung des Gebetes von Verhaeren; Franz Werfel, Die Heimkunft des Heilands, aus »Gedichte«;
Francke-Verlag, Bern: Hakuin, Hymnus der Erleuchtung aus H. Dumoulin »Zen«;
Fretz & Wasmuth-Verlag, Zürich: Hermann Hesse, Das Glasperlenspiel, aus »Der Blütenzweig«;
Matthias-Grünewald-Verlag, Mainz: Mutter Teresa von Kalkutta, Geistliche Texte, Mainz 1980;
Jakob Hegner-Verlag, Köln: Georges Bernanos, Über das Gebet, aus »Tagebuch eines Landpfarrers« und Reinhold Schneider, Allein den Betern kann es noch gelingen, aus »Sonette vom Leben und Zeit«;
Insel-Verlag, Frankfurt/Main: R. M. Rilke, Und bauen Dich, aus dem »Stundenbuch«;
Johannes-Verlag, Einsiedeln: Gebet von Claudel, Übers. H. U. v. Balthasar aus G. W., Bd. I;
Jugenddienst-Verlag, Wuppertal: Ernesto Cardenal, Psalmen, 11. Auflage, 1981;
Christian Kaiser-Verlag, München: Dietrich Bonhoeffer, »Widerstand und Ergebung«, München 1977;
Verlag Ernst Kaufmann, Lahr: Theo Brüggemann, »Worauf es ankommt«;
Verlag Josef Knecht, Frankfurt/Main: Romano Guardini, Gottes Größe, aus »Theologische Gebete«;
Kösel-Verlag, München: Else Lasker-Schüler, O Gott, schließ um mich Deinen Mantel fest;
Manz-Verlag, München: Seuse, Gebet aus »Deutsche Schriften«;

Piper-Verlag, München: Lobgesang Johannes des Täufers, Übers. R. Netzer, aus »Stéphane Mallarmé«;
Karl Rauch Verlag, Düsseldorf: Antoine de Saint-Exupéry, Gebete der Einsamkeit, 1954;
Rex Verlag, Luzern/Stuttgart: Gebete von Pater Rupert Mayer und von Charles de Foucauld aus: Nigg, Walter, »Mit Mönchen beten«, © Rex Verlag, Luzern/Stuttgart;
Speidel'sche Verlagsbuchhandlung, Wien: Countee Cullen, Litanei des schwarzen Volkes, Übers. J. Luitpold, aus »Afrika singt«.

In einigen wenigen Fällen konnte der Quellennachweis nicht erbracht werden, noch ließen sich Autorisationen erreichen, da der Verbleib der Urheberrechte nicht geklärt werden konnte. Herausgeber und Verlag bleiben bemüht, etwa notwendige Ergänzungen in einer folgenden Auflage zu berücksichtigen.